Introduction to Hotel Management

호텔경영학원론

김의근 · 선동규 · 문성열 · 이철우 · 전용수 · 추승우 · 김영식

백산출판사

머리말

본 교재는 호텔관련 학계와 업계에 종사하는 7명의 저자가 모여 서로의 전공을 살려 1999년 2월 28일에 초판발행을 시작으로 여러 대학에서 교재로 채택하여 준 결과, 2006년 3월 20일에 6판을 발행하여 지금까지 사용하였으나, 늦은 감이 있지만 최근 호텔 경영시스템의 중요성과 트렌드의 변화에 적응하기 위해 본 교재의 내용을 일부 개정하여 2013년 2월에야 신판을 발행하게 되었다.

본 교재는 다음의 세 가지 관점을 생각하며 개정하였다. 첫째는 호텔경영의 전반적인 부분을 서술하고자 노력하였다. 이유는 대부분의 호텔관련 교재들이 다루었던 한정적인 부분보다는 보다 폭넓은 부분을 다루고자 노력하였으며 한정적인 부분을 극복하기 위해 7명의 저자들이 참여하였다.

둘째는 이론지향적인 부분보다는 실무지향적인 부분에 치중하고자 하였다. 이를 위해 풍부한 실무경험을 겸비하고 학계에서도 인정받는 유능한 인재양성에 조그마한 도움이 되고자 개정하게 되었다.

셋째는 호텔관련 분야를 전공하는 학생들의 호텔경영에 대한 이론적 이해와 기본적인 실무적 기술함양으로 미래 호텔업계의 유능한 인재양성에 조그마한 도움이 되고자 개정하게 되었다.

본 교재는 아직도 생각했던 것보다 모자람이 많고 부끄러운 면이 많지만 개정할 때마다 부족한 점을 보완하여 보다 나은 교재로 거듭날 수 있도록 지속적인 이론과 실무에 대한 연구를 꾸준히 하여 이상적인 교재가 되도록 노력할 것이다.

본 교재 개정에 함께해 주신 다른 공동저자 분들께 감사드리며, 또한 개정판 발행을 위해 장소제공과 물심양면으로 적극 지원해주신 백산출판사 진성원 상무님께 머리 숙여 감사드립니다.

공저자

차 례

제1장 총 론

제1절 호텔의 개념

1. 호텔의 어원

호텔의 어원은 손님, 나그네라는 뜻을 가진 라틴어의 hospes에서 비롯되었고, 여기에서 hospitalitys(융숭한 대접)가 파생되었으며, hospitale은 hospitalis의 중성형으로 순례자, 참배자 또는 나그네를 위한 숙소의 뜻을 지닌 말이다. 이 hospitale이라는 말에서 hospital, hostel, inn 등으로 변천하여 오다가 오늘날의 전형적인 숙박시설인 hotel로 발전한 것이다.

호텔 어원 중 하나인 hospital이라는 말은 현재 '병원'이라는 뜻으로 사용되고 있지만 원래 두 가지 의미로서 사용되었다. 첫째는 여행자의 숙소 또는 휴식의 장소이며, 둘째는 병자나 부상자를 치료하고 간호하는 시설로서의 의미를 지니고 있었다. 전자의 성격이 발전하여 hostel, inn 또는 현대의 hotel이 되었고, 후자의 성격이 지금의 병원이 된 것이다.

중세의 숙박시설은 수도원을 중심으로 발달하였는데, 당시에는 병의 치료를 겸해 숙식을 제공해주는 시설을 갖추고 있었으므로 병원과 호텔과 같은 개념으로 인식되고 있었다. 이러한 의미에서 호텔과 같은 서비스산업을 "Hospitality Industry"라고 표현하고 있는데, 호텔의 손님을 "consumer"라 하지 않고 "guest"라고 하는 것도 아마 이는 환대정신을 내포하고 있기 때문일 것으로 판단된다.

2. 호텔의 개념

1) 고전적 개념

과거 호텔의 기능은 가정을 떠나 여행을 하는 여행객들에게 인간의 가장 기본적인 욕구충족을 시켜주는 것을 목적으로 하는 것으로서 잠자는 곳(숙박기능), 먹는 곳(음식기능), 그리고 안전한 곳(보호기능) 등 장소적인 기능이 주체를 이루고 있었다. 따라서 호텔의 의미도 주로 여행객들에게 객실과 식음료를 제공하고 그 대가를 받아 운영하는 곳으로 인식되었다.

2) 현대적 개념

후기 산업사회에 들어오면서 가처분 소득의 증대, 가치관의 변화 등으로 인해 호텔의 개념도 변화하고 있다. 과거 여행객들에게 객실과 식음료를 제공하여 그 대가를 받는 곳에서 숙박, 식음료의 제공과 더불어 여가, 오락, 휴식, 문화, 건강, 사업활동과 관련된 시설을 갖추고 무형의 인적서비스를 부가하여 여행자는 물론이고 지역주민에게까지 봉사하는 공공기관의 성격을 가지게 되었다.

호텔의 목표시장(target market)이 여행자뿐만 아니라 지역주민(local resident)까지 넓혀졌고, 호텔의 기능이 다양해졌다. 과거의 호텔은 타 지역에서 온 여행객이 주 고객이어서 그들에게 숙식을 제공하는 것이 주기능이었다. 그러나 최근 들어 호텔이 지역사회(local community)의 중심지로 자리 매김함에 따라 여행객은 물론 지역주민을 위한 여가, 오락, 건강, 문화, 사업활동과 관련된 시설과 프로그램을 갖춘 곳이 되었다.

최근 호텔을 묘사할 때 "Home away from Home"으로 많이 표현하고 있는데 이것은 (자신의) 집을 떠난 집(호텔)이라는 의미로 자신의 집을 떠나 여행하는 사람이 자신의 집처럼 편안하고 안전하게 느낄 수 있는 곳을 말한다. 또한 호텔 고객은 호텔에 대해 자신의 집처럼 편안한 것을 원하면서도 자신의 집에서 느낄 수 없는 새로운 것을 기대한다. 이 새로움의 대상은 호텔의 내·외장, 시설 등의 하드웨어(hard ware)와 인적서비스 등의 소프트웨어(soft ware)로 나눌 수 있다. 이 편안함과 새로움은 서로 반대되는 개념일 수 있으나 이를 잘 조화시켜 고객을 만족시키는 것이 호텔경영 성공의 핵심요인 중의 하나라고 할 수 있다.

제2절 호텔의 역사

1. 호텔의 역사

1) 고대의 숙박업

호텔이라는 단어가 등장한지는 불과 200년 밖에 되지 않지만, 인간이 여행을 하면서 숙박을 한 기록을 보면 기원전까지 거슬러 올라가야 한다. 고대 바빌로니아의 함무라비법전에는 여인숙의 운영에 관한 입법 내용이 남아있으며, 폼페이의 유적 중에는 여인숙으로 추정되는 아치형의 건물형태가 남아있다.

고대 이집트인들은 종교적 목적으로 여행을 하였으며 또한 중앙정부와 식민지 간의 교류를 위하여 공무로 방문하는 내방객을 맞이한 출영소가 주요 도로 및 도시에 설립되기도 하였다. 그러나 여행이 본격적으로 나타난 것은 그리스 시대인데, 이때의 여행은 주로 신전참배를 위한 종교적 목적과 올림피아에서 개최된 고대 올림픽을 참가하기 위하여 또한 에게해에 산재하는 여러 섬들에 요양이나 즐거움을 추구하기 위하여 많은 여행을 하였다. 이 시기에는 여행자들이 이용할 만한 상업적인 숙박시설이 발전하지 못하여 주로 민박이나 성지의 신전을 이용하였다. 그러나 로마시대에 들어와서는 도로망이나 교통수단의 발달과 화폐경제 등으로 인해 여행이 활발해졌으며 이에 따라 숙박시설도 번창하게 되었다. 민박이나 민가를 개조한 상업적 여인숙이 등장하였으며, 장거리 여행자를 위하여 당시에는 우체국(posting house)으로 불렸던 호텔도 건설되었다. 또한 로마제국의 사자(使者)가 숙박하기 위한 여관(hospitum)이 도로변에 위치하고 있었으며, 지중해 연안을 중심으로 무역의 성행은 대상들의 이동을 촉진시켰으며 이들을 위한 여관(caravaserai)이 또한 캐러반 루트를 따라 지어졌다.

2) 중세의 호텔업

로마제국이 멸망 후 약 1,000년간은 암흑의 시대(The Dark Age)로서 여행이 제한되었을 뿐만 아니라 교역이나 물물교환을 위한 지역 간의 이동도 극히 제한되어 도로와 숙박시설이 황폐화되었다. 중세시대 때는 사람들의 가치관이나 생활양식에 종교의 영향력이 지배하던 시기가 되어 세속적인 향락을 금기시하였고 근검절약을 강조하여 경제활동이 쇠퇴하였으며 여행의 안락함과 편리함도 사라지게 되었다.

중세시대의 여행의 침체기에도 불구하고 이동이 가능했던 사람들은 군인, 종교 순례자, 그리고 모험심과 호기심이 많은 소수의 일반인이나 상인들이었다. 특히 순례여행자들은 여행을 통하여 신앙심을 고취하기 위해 성지를 중심으로 하여 종교여행을 하였는데, 이들의 숙박장소는 주로 수도원이나 교회였다. 당시의 수도원은 성지순례자뿐만 아니라 여행객에게도 시설을 개방하여 제공함으로써 숙박시설의 역할을 대신하게 되었다. 어떤 수도원(또는 교회)은 이들을 위한 별도의 건물을 지었는데 이것을 '제나더카이움(Xenodocheions)'이라고 하였다.

그러나 종교적 봉사정신으로 제공되는 수도원의 숙박시설도 12세기 무렵부터는 종교 세력의 쇠퇴와 더불어 그 수도 줄어들었으며 십자군의 원정, 대상들의 대규모 이동, 식민지 개척을 위한 해상여행의 증가 등으로 수도원의 일부는 영리적 숙박시설(inn)로 발전하게 되었다.

3) 근대의 호텔업

(1) Inn의 시대

14~17세기 사이에 일어난 문예부흥(Renaissance)과 대항해 그리고 아메리카의 지리적 발견은 유럽중심의 세계관을 파괴하며, 지중해 중심의 무역을 신대륙까지 확대시킴으로써 상업적 여행을 증가시켰다. 또한 16세기 초에 나타나기 시작한 그랜드 투어(Grand Tour)는 17~18세기에 들어와 귀족들에게 일반화됨에 따라 유럽을 장기간 순회여행하는 것을 유행시켰다. 이 시대에는 이미 중세기 말에 생긴 숙박시설인 인 길드(inn guild)가 발전하였으며 그 숫자도 많은 편이기 때문에 여행하기 쉬워져서 여행자에게 크게 기여하였다. 그러나 인(inn)은 현대의 호텔에 비하여 시설은 매우 빈약하였으며 여행에 필요한 최소한의 필요조건인 수면, 음식, 생명·재산보호에 관련된 사항만을 제공하였다.

17세기에 영국에서 페더호텔(Feathers Hotel)이 생겨난 후 호텔이라는 용어가 소개되기 시작했고, 18세기에 들어와서 여행의 증가에 따라 데비드 로(David Low)에 의해 1774년에 코벤드 가든에 있는 아처(Lord Archer)경(卿)의 농가에 'First Family Hotel'을 개관함으로써 현대적 호텔의 모형이 나타났다.

그러나 오늘날 호텔로서의 기업형태는 18세기 이후 영국의 산업혁명을 계기로 농촌인구의 도시로의 이동과 국내외 시장유통과 원료공급을 위한 상거래가 활발하게 일어나 상인들의 교류가 일어나고 이를 뒷받침할 증기기관을 이용한 기차・기선 등의 교통기관이 혁신적으로 발전하여 인간은 여행을 쉽게 할 수 있게 되었으며, 이에 따라 종래와 다른 새로운 형태의 숙박시설에 대한 시대적 요청이 생기게 되었다.

(2) Grand Hotel의 시대

19세기에 들어서며 유럽에서는 새로운 사상이 태동하면서 정치적으로 많은 변혁이 일어났다. 그 결과로 인하여 왕정은 공화정으로 바뀌고 귀족세력의 점진적인 붕괴현상이 일어나게 되었다. 따라서 그들의 사교모임이 궁정에서 밖으로 옮겨지게 되어 새롭게 사교장으로 등장한 곳이 바로 호텔이었다. 호텔은 이들의 감각을 맞추기 위하여 자연히 호화성을 강조하여 건물의 외관이나 내장, 가구, 요리, 직원의 복장, 서비스방법 등이 궁전의 그것을 흉내 내어 호화로울 수밖에 없었다. 호텔은 중세시대부터 내려오던 인(inn)과는 전혀 다른 기능을 가졌는데, 단순히 여행자를 숙박시키는 기능보다는 숙박과 음식과 관계되는 호화와 사치를 제공하는 장소로서 등장하였고 귀족세력이 붕괴된 후에는 새로운 부유계층을 위한 사교장으로 등장한 것이다.

최초의 근대적 호텔 개념은 1807년 독일의 온천휴양도시인 바덴바덴에 건립된 바디쉬 호프(Der Badische Hof)로 인(inn)과는 달리 건축구조도 호화스러운 양식을 취하고 기둥이 있는 홀과 이동식 무대장치, 연회장 등의 시설과 로마풍의 목욕탕에 냉・온수의 공급하는 등 현대 호텔의 초기적 모습을 띠고 있었다. 그래서 호프(hof)라는 용어를 사용하며 인(inn)에서 호텔로 넘어가는 가교의 역할을 했다는 평가도 있다.

1850년에 파리에 설립된 그랜드 호텔(Le Grand Hotel)은 회사조직체에 의한 호텔 경영의 최초의 호텔이며, 이 호텔의 명칭은 고급호텔의 대명사로 오늘날에도 사용되고 있다. 또한 1855년에는 나폴레옹3세의 제의에 의해 루브르호텔(Hotel du Lourver)이 건립되었다. 1874년에는 독일의 베를린에 카이젤 호프(Kaiser Hof), 1876년에는 프랑크푸르트 호프(Frankfurter Hof)가 건립되었다.

그러나 그랜드 호텔 시대의 대표적인 호텔경영자는 세자르 리츠(Cesar Ritz)이다. 리츠는 1889년 사보이 호텔(The Savoy Hotel)을 경영하였으며, 1897년에는 호텔 리츠(Hotel Ritz)를 건립하였고, 1899년에는 런던에 칼튼(The Carlton)을 개업하여 성공을 거두었으며 그 후로 보스턴에 리츠 칼튼이라는 호텔이 생겨나는 등 오늘날까지 최고급호텔로서의 명성을 유지하고 있다.

리츠는 1850년 스위스의 농촌에서 태어나 15세 때에 호텔 길드의 도제로서 호텔 수업을 시작하였다. 그 후 그는 17세 때에 프랑스 파리로 이주하여 당시 유명한 식당인 보와상(The Voison)의 웨이터가 되었다. 1877년 27세 때에는 다시 스위스로 돌아가 호텔 그랜드 내셔널(Hotel Grand National)의 지배인이 되었다. 그러나 리츠의 성공 시발점은 서양조리 역사에 남는 에스코피에르(G.A. Escoffier)와의 만남에 있다. 이들은 사보이 호텔에서 함께 일을 하면서 전성기를 맞이하였고, 이후 1897년에 호텔 리츠를 개업하면서 대성공을 거두었다. 1918년 지병인 신경쇠약으로 세상을 떠났는데 그의 뜻을 이은 "Ritz Development Company"가 설립되었고, 이 회사는 호텔경영 사상 최초로 프랜차이즈에 의한 체인화를 시행하였으나, 현대의 프랜차이즈와는 다른 원시적인 형태의 프랜차이즈 모습이었다.

리츠는 호텔경영에 탁월한 능력을 지니고 있었는데 첫째, 서비스맨으로서의 탁월한 재능을 지니고 있었다. 리츠는 "Guest is always right"라는 경영이념 아래 호텔 경영의 모든 초점을 고객에 맞추었다. 심지어 그는 고객의 행동 하나하나를 관찰하여 개별 고객의 개성에 맞추어 서비스를 제공하였다. 둘째, 요리의 황제라고 불리는 에스코피아의 협업이었다. 에스코피아는 조리방법을 체계화시켰으며 또한 리츠와 함께 여성고객의 중요성을 인식하여 그들을 만족시키는 다양한 요리를 개발하였다. 셋째, 법과 새로운 관행을 창출하였다. 당시만 해도 법률로 금지되었던 일요일의 영업을 가능케 하여 부부 동반으로 일요일에 외식하는 관행을 정착시켰으며,

오후 11시까지 되어 있던 영업시간을 12시 30분까지 연장하여 운영하도록 하였다. 특히 그는 남성전용의 클럽이 많았던 런던에서 여성을 동반하지 않는 손님을 거절하여 식사에 여성을 동반하는 관행을 만들었다.

그러나 리츠의 호텔경영은 많은 한계점을 가지고 있는데 이를 살펴보면 첫째, 너무 고객 위주의 경영으로 인해 출자자의 관심사항(이익창출)을 등한시했고, 직원에게는 적절한 대우를 제공하지 못하였다. 둘째, 그의 호텔은 일반대중의 이용시설로서는 적절하지 못하였다. 사실 그랜드 호텔시대 때에는 귀족들을 위한 매우 호화스러운 호텔과 서비스 시설이 매우 낮은 호텔로 대별되는데, 모든 계층의 사람을 대상으로 하는 공공성을 가진 호텔업의 사회적 사명에서 본다면 그 한계점을 가지는 것이다.

(3) Commercial Hotel의 시대

유럽에서 근대 호텔사업의 발전을 위한 터전을 마련하였으나 크게 성장하지 못하고 그 대신 신대륙에서 융성한 발전을 하였다. 이는 첫째, 유럽에서의 호텔은 귀족이나 부호의 전유물로 인식하였으나, 미국에 있어서 호텔은 경제적 능력만 있으면 누구든지 쉽게 이용할 수 있는 자유스러운 분위기를 가지고 있어 일반 대중들이 자유롭게 이용할 수 있었다. 둘째, 유럽은 의례에 있어 거추장스러울 정도로 격식을 중요시 여겨 복잡하였는데 반해, 미국은 실질적인 것만을 추구하는 실용주의적 사고 때문에 합리적인 호텔경영을 하였다. 셋째, 유럽인들보다는 미국인들이 잦은 여행성향을 가지고 있어 여행객들이 많았다. 넷째, 호텔의 요금이 유럽에 비하여 훨씬 대중적이어서 일반 대중이 이용하기 부담이 없었다. 그리고 마지막으로 미국의 숙박업자들은 유럽인들에 비하여 진취적이어서 호텔산업을 더욱 발전시킬 수 있었다.

미국에서의 호텔이라는 용어는 1794년에 건립된 뉴욕의 시티 호텔이라고 전해지나, 최초의 현대식 호텔은 1829년 보스턴의 트레몬트 하우스(Tremont House)이다. 170여개의 객실과 최초의 로비가 만들어졌으며 또한 벨보이 제도, 객실에 욕실을 설비하는 등 당시로서는 파격적인 시설과 운영을 도입하였다. 1893년에는 뉴욕의 중심가에 월도프 아스토리아 호텔(Waldorf Astoria Hotel)이 건립되었으며, 이 호텔의 경영자인 푸마는 월도프 매뉴얼을 작성하여 운영지침으로 삼아 서비스를 체계화시키는데 많은 공헌을 하였다.

그러나 20세기에 들어와 늘어나는 여행객의 수요에 따라 상용고객이 원하는 숙박시설의 형태, 서비스의 개발, 중산층 고객들에게 맞는 숙박시설이 필요하게 되었다. 이러한 시기에 호텔왕으로 불리는 스타틀러(Elsworth M. Statler)가 1908년에 버펄로에 스타틀러 호텔을 건립하였다. 스타틀러는 '1달러 50센트로 욕실 딸린 객실을(a room and a bath for a dollar and a half)'라는 선전문구로 당시로는 파격적인 가격으로 판매하여 대단한 성공을 거두었다. 스타틀러는 호텔의 경영이념은 중산층 고객을 대상으로 하여 쾌적하고 편리한 호텔서비스를 제공하여 호텔의 비품들에 대한 표준화, 능률화, 그리고 합리화를 추구하였으며 적절한 요금으로 호텔이용의 대중화를 유도하였다.

스타틀러의 호텔경영은 여러 가지 의미에서 혁신적이었는데 첫째, 그는 호텔사업의 사회적 중요성을 인식했던 최초의 호텔경영자로서 호텔업을 근대산업의 한 부분으로 끌어 올렸다. 호텔은 결코 사치와 호화성이 전부가 아니고 편리성과 쾌적성이며 가격의 타당성이라고 인식하였던 것이다. 둘째, 경영자로서 창조력과 경영이념을 갖추고 테일러(Taylor)의 과학적 관리기법을 도입하여 경영을 하였다. 그는 직원의 조직과 업무, 원가관리, 채용과 교육 등을 과학적으로 접근하여 경영관리체계를 능률주의에 입각한 철저한 단순화, 표준화와 과학적인 계수관리를 추진했다. 셋째, 포드(Fordism)의 영향을 받아 쾌적하고 편리한 서비스를 적절한 가격으로 판매하여 호텔의 대중화를 실현시켰다. 당시 포드는 기업의 목적은 영리추구에만 있는 것이 아니라 기업의 목적인 이윤은 봉사의 결과로서 얻어진다는 저가격의 봉사주의를 강조하였는데, 이에 스타틀러는 저가격을 실현하기 위해 건물의 구조, 객실의 설계, 주방의 설계 등에 합리화를 꾀하였다. 넷째, 교육사업에 관심이 많아 코넬대학에 거액을 희사하여 인재육성에 힘을 쏟았다. 다섯째, 현대적 의미의 프랜차이즈를 처음 시작하여 규모의 경제를 이루었고 호텔산업의 경쟁력을 강화시켰다.

스타틀러 호텔은 1930년 초 대공황으로 인해 전 미국 호텔의 85%가 도산되었음에도 불구하고 스타틀러 호텔은 하나도 도산하지 않고 건재하였으나, 1954년 스타틀러 호텔이 힐튼(Conrad Hiton)에게 인수됨으로써 스타틀러의 시대는 막을 내리게 되고 힐튼호텔의 시대가 등장하게 되었다.

4) 현대의 호텔산업

현대 호텔의 역사는 미국 호텔의 역사라 해도 과언이 아닐 정도로 미국을 중심으로 이루어지고 있다. 대공황을 거치고 제2차 세계대전으로 인해 군인들의 이동과 전후 복구활동으로 인해 호텔업은 호황기를 맞게 된다. 자동차의 보급과 다른 교통수단의 발전은 여행객을 더욱 증가하게 만들었으며, 제2차 세계대전 후의 공황을 우려한 미국정부는 인력 고용창출 효과가 높은 고속도로 확장사업에 힘을 기울여 고속도로가 많이 생겨나게 되었다. 이로 인해 1950년대는 고속도로 주변에 모텔이 대거 등장하게 되었다. 자동차와 항공기의 발달은 여행객을 증가시켰으나 여행기간을 줄어들게 하였다. 이는 결국 호텔 체재일수를 줄이는 결과를 초래하였으나 여행 횟수는 증가하게 되었다. 또한 프랜차이즈 시스템에 의한 호텔과 모텔이 본격적으로 등장하게 만들었다. 이러한 추세에 부응하여 체인호텔 시스템을 도입한 쉐라톤(Sheraton), 힐튼(Hiton) 등과 같은 대규모의 호텔체인이 등장하게 되었다. 이 호텔체인기업들은 체인화를 추진하기 위하여 기존 호텔들의 매입, 신규호텔 건축, 리스, 프랜차이징, 경영대리계약 등의 방식을 병행하여 체인 확대를 시도하였다.

현대의 호텔경영에 있어서 가장 중요하게 대두되는 체인화는 여러 가지 방법이 있으나, 힐튼은 경영대리계약(management contract)방식으로 주로 체인화를 하였으며, 홀리데이 인(Holiday Inn)의 창업자이자 전후 숙박산업 최대의 기업가인 윌슨(Kemmons Wilson)은 주로 프랜차이즈(franchise)의 방식으로 체인을 구축하였다.

힐튼은 대부분 호텔 매입을 통하여 거대한 체인화를 구축하였고, 그의 독특한 경영방식으로 호텔업계에 많은 영향을 미쳤는데, 첫째, 경영대리계약 방식을 완성시켰다. 그는 푸에르토리코 정부와 호텔의 건설・운영에 관한 계약을 체결하면서 토지와 호텔의 건설은 푸에르토리코 정부가 부담하고, 호텔의 운영은 힐튼호텔이 담당하도록 한 것이 계기가 되어 경영대리계약에 주력하게 되었다. 둘째, 호텔산업을 다국적 산업화시켰다. 힐튼은 푸에르토리코에서의 성공에 자신을 얻어 해외로 진출하게 되었으며, 1964년도에는 해외 체인호텔만을 전담하는 힐튼 인터내셔널(Hilton International Co.)을 독립적으로 설립하여 전 세계적으로 거대한 호텔체인망을 구축하게 된다. 이와 같이 힐튼은 호텔산업을 국제적인 산업으로 끌어올리는데 획기적인 업적을 남겼다. 셋째, 호텔의 유휴공간(space)을 유용하게 이용하였다. 힐튼은 호텔의 건축면적 가운데 불필요한 공간을 없애고 수입과 직결되는 부분으로 만들었으며 또한 단위면적당 이익을 고려하여 시설물들을 배치하였다. 넷째, 철저한 재무관리(financial management)와 능률주의에 입각한 호텔경영을 하였다. 그는 전 호텔의 가동률과 수지상황에 관한 데이터를 전송받아 미리 설정해 놓은 예측치와 비교·검토하여 영업실적을 파악하였으며 또한 직원에 대한 동작·시간연구 성과에 따른 철저한 능률주의를 실천하였다.

이에 반하여 윌슨은 프랜차이즈 방식을 통한 체인화를 구축하면서 세계 최대의 숙박기업을 만들었다. 일부 호텔전문가들은 힐튼의 시대는 가고 홀리데이 인의 시대가 왔다고도 할 정도였다. 힐튼이 스타틀러의 호텔을 인수하기는 하였지만 스타틀러의 정책을 따르지 않았던 반면에, 윌슨은 스타틀러의 중저가 정책을 경영이념으로 채택하여 계승한 홀리데이 인은 중저가 정책에 적절한 품질의 서비스를 제공하였고, 힐튼은 고가격에 고품질의 서비스를 제공하였다. 또한 힐튼이 대규모 호텔을 경영대리계약 방식으로 확장하는데 비하여 중소규모 호텔을 프랜차이즈 방식으로 확장하였다. 그래서 힐튼은 대규모이며 비교적 디럭스(deluxe)한 호텔을 인수 또는 건축하였기 때문에 많은 투자비가 요구되었다.

그러나 윌슨이 성공하게 된 것은 시대적 배경이 자동차의 소유가 일반화되고, 고속도로가 속속 건설됨에 따라 자동차로 여행하는 여행객들의 증가로 자연히 새로운 숙박시설의 수요가 증가하였기 때문이다. 또한 저가격 숙박시설의 경영 노하우를 가지고 있었는데, 그는 인건비를 절약하기 위하여 다양한 방법을 연구하여 고객의 셀프서비스 방식을 채택함으로써 이를 달성할 수 있었다. 그리고 윌슨은 고객욕구가 다양하게 변화함을 인식하여 상품의 다양성을 추구하여 이를 적절하게 소화해내었기 때문에 성공할 수가 있었다.

2. 한국 호텔의 역사

1) 삼국시대 – 조선시대

우리나라의 숙박시설에 관한 최초의 기록은 삼국사기에 나타난다. 관영으로 역관(驛館)이 신라 소지왕 9년에 개설되었다. 역관은 주로 관리들이 지방순찰 시 숙소로 이용되었다. 통일신라시대에 장보고에 의해서 당나라에 신라방이 건립되어 정치·외교 사절이나 유학을 떠나는 신라인에게 숙소로 제공되었다. 그리고 당나라의 수도인 장안으로 가는 길목에는 신라관이나 신라원을 설치하여 숙식을 제공했다.

고려시대에는 참역제가 발달하여 역마를 두고 역장, 역리 등의 관리가 있어 공문서의 전달, 공물의 수송, 공무로 왕래하는 관리들에게 교통 및 숙박의 편의를 제공했다. 처음으로 공설주막(公設酒幕)이 개설되어 선비들의 숙식장소로 이용되었고, 절에서도 숙식을 제공하고 그 대가로 돈을 받기도 했다. 또한 고려 말기에는 송나라와 활발한 경제교류를 하면서 두 나라 상호간에 숙박시설을 만들어 사신과 상인을 위해 숙식을 제공했다. 고려시대의 특이한 사항은 지방관에게 전답을 주어 이를 재원으로 삼아 공용여행객뿐만 아니라 일반대중의 숙소로도 제공토록 했는데, 이러한 점으로 미루어 짐작해 보면 중앙정부가 사회복지 분야와 국민여행에 지대한 관심이 있었던 것으로 추정된다.

조선시대에도 고려시대의 참역제가 지속되어 역이 산재해 있었다. 경국대전에 의하면 전국에 537개의 역이 있었으나 새로운 숙박시설인 관(館)이 공무여행객들이나 고관을 위해 지방관위(地方官衛)에 부설됐다. 하급 숙박시설로는 원(院)이 설치되었으나, 원은 사용범위가 제한되었기 때문에 점차 폐지되고 일반 여행객을 위한 점(주막)이 발달되기 시작했다. 조선 초기에 생겨난 주막의 영업형태가 커지고 매매행위가 확대됨에 따라 객주라는 계층이 나타났다. 이들은 주요도시와 항구를 중심으로 위탁매매를 주업으로 하는 물상객주와 숙박을 전문으로 하는 보상객주가 있었고 조선 말기에는 객주조합을 결성해 전국의 경제활동에 커다란 영향력을 끼쳤다. 이러한 객주들은 19세기말에는 인천, 부산, 원산 등을 중심으로 확대돼 전국적으로 480여 개소에 달했다.

구한말의 숙박시설로는 1876년 한국이 일본과 수호조약을 체결한 후 부산, 인천, 원산이 개항이 되고 일본 공사관이 설치되었다. 신미양요 이후인 1882년에는 미국과도 한미수호통상조약이 체결됨에 따라 미국공사관도 설치되었다. 이어 영국, 프랑스, 러시아 등이 우리나라에 진출을 계획하는 등 한반도는 열강들의 이권쟁취 각축장이 되었다. 개항 이후 일본인의 진출이 급속히 늘어나 개항년도인 1883년에 일본상인 거류민이 400여명, 1890년에는 2,650여명까지 늘어났다. 이들에 의하여 들어온 업종이 금융업, 운수업, 무역업, 잡화상, 여관업, 식당업 등이 있었으며, 미국인들은 인천에서 양주판매업 등을 하기 시작했다. 이러한 경제상황에서 숙박업은 외국인들에 의해 발전했고 그 이용객들도 대부분이 외국인들이었다.

1887년에 요정과 숙박을 전문으로 하는 시천여관이 일본인에 의해 생겨난 것을 시작으로 남산 주변과 충무로 지역을 중심으로 숙박시설이 늘어났다. 1908년에는 전국의 여관이 123여개에 이르렀고 1927년에는 철도역을 중심으로 전국적으로 확대되었으나, 운영형태는 대부분이 한식과 일식으로서 호텔의 발전과 맥을 달리하고 있었다.

2) 개항 이후 – 해방 전

우리나라에 호텔이라는 숙박시설이 처음 등장한 것은 1888년 인천의 대불호텔이다. 1876년 일본의 강압에 의해 체결된 강화조약으로 부산, 제물포, 원산 등 3개항이 개항되어 일본 및 서구인의 왕래가 빈번해지고 이들 외국인들의 편의를 위한 낯선 모습의 일본식 또는 서구식 숙박시설이 호텔이라는 간판을 걸고 처음으로 등장하였는데 이것이 대불호텔이다. 일본인인 호리 리기다로(掘力太郎)의 의해 세워진 대불호텔은 인천에 3층 규모의 객실 11개를 갖춘 고급건물이었다. 이후 대불호텔이 호황을 누리자 이태(怡泰)라는 청나라 사람이 대불호텔 바로 맞은편에 1층에는 양잡화상을 하면서 2층에는 객실 8실을 갖춘 스튜어드 호텔(Steward Hotel)을 건립하였다.

1890년대에서 호황을 누리던 인천지역의 호텔업은 경인선의 개통으로 인해 쇠퇴기를 맞이하면서 숙박시설의 수요가 늘어난 서울에서 고급화된 호텔이 등장했다. 1902년 독일 여성인 존타크(Sontag)에 의해 건립된 손탁호텔이다. 손탁이라는 호텔이름은 이 호텔의 주인인 안트와네트 존타크의 한국이름 孫澤(손택)에서 따온 것이다. 한・불・영・노어에 능통한 손탁은 양반의 서양식기와 서양식 인테리어, 식품류의 구입 등에 대한 자문으로 고종과 왕비의 신임을 얻어 정동 29번지에 있는 대지 184평의 집 한 채를 하사받아 그 자리에 2층 양옥을 지어 2층에는 왕실의 귀빈을 모시는 객실로, 1층에는 보통 객실과 식당, 회의장 등을 갖추고 있었다. 여관형태를 벗어난 서구식 호텔의 건축과 운영을 했던 손탁호텔은 우리나라 숙박시설의 일대 전환기를 가져왔다. 처음으로 프랑스요리를 선보인 서양식 식당은 우리나라 식당 발전사에 새장을 열어주었으며 객실, 가구, 장식품, 악기, 의류 및 요리가 서양식으로 제공된 숙박시설로 등장하는 등 우리나라 호텔경영사에도 큰 의의를 주고 있기도 하다. 그 외 1909년에 역시 정동에 프랑스인이 고종황제로부터 희사받은 건물을 호텔로 지은 정동의 하남(何南)호텔과 1911년에 일본인이 개업한 남산입구의 소복(笑福)호텔이 있었다.

1900년대에 들어 철도교통의 발달로 철도 이용객의 편의를 위해 철도역을 중심으로 숙박시설이 번창하였는데, 서울과 부산 간의 경부선이 개통된 후 1912년 부산역사의 건물의 2층에 철도여객을 위한 호텔객실을 지어 이용하게 된 것이 철도호텔의 효시가 되었다. 그 후 신의주철도호텔(1912), 조선호텔(1914)에 이어 금강산호텔(1915), 장안사호텔(1918), 온양온천호텔(1920), 평양철도호텔(1925) 등과 1929년 이전에 설립된 중앙호텔, 동래호텔, 월미도호텔 등이 그것이다.

철도의 개통과 더불어 1929년에 일본항공의 항공노선이 개설되어 교통이 더욱 편리해지자 1936에 일본의 노구찌(野口)에 의해 상용호텔인 반도호텔이 개관되었다. 8층 콘크리트 건물로 150명을 수용할 수 있는 111개의 객실을 보유한 반도호텔은 서구식 호텔로서 미국의 버펄로 스타틀러(Buffalo Statler)호텔의 대중용 상업호텔 경영방식을 처음으로 도입했으며 당시 시설규모로서는 최대였다.

3) 해방 후

해방 후 1960년대에 정부시책의 지원과 민간기업의 노력으로 호텔은 눈부신 발전을 거듭하는데 1960년대 이전인 1949년에는 빅토리 호텔이 교통부로 인도·경영되고, 1950년도에는 온양, 대구, 설악산, 무등산, 화진포에 호텔이 개관되며, 1952년에는 대원호텔 등의 민영호텔이 탄생하게 된다. 1959년에는 교통부에서 대구, 서귀포, 설악산, 무등산에 신규호텔이 건설되었으며 그해 11월에 철도호텔을 관광호텔로 명칭을 바꾸었다.

1960년대에는 1961년 「관광사업진흥법」 제정으로 관광호텔은 획기적인 발전을 하는 계기가 마련되었고, 1962년 국제관광공사가 설립되어 반도호텔, 조선호텔과 지방호텔 7개의 호텔경영권을 인수받았다. 1963년도에는 워커힐호텔이 오픈하게 되며, 또한 1966년에는 순민간자본으로 세워진 세종호텔이 문을 열게 되었다.

1970년, 80년대의 호텔산업은 정부주도 하에 운영되던 호텔들이 하나 둘씩 민영화하기에 이르렀고, 민간자본으로 대규모 호텔들이 신축되었다. 1975년 서울프라자호텔, 1978년에는 하얏트호텔, 부산 조선비치호텔, 코모도호텔이 개관되었으며, 1979년에는 신라호텔이 개관되었다. 80년대에 들어와서는 86아시안게임과 88서울올림픽을 전후하여 대대적인 호텔 신축이 이루어졌다.

3. 국내 호텔의 현황 및 미래경영전략

호텔산업은 경제성장에 따른 부의 확대와 국제 교류 증가에 따라 성장하는 대표적인 서비스업종의 하나로서 굴뚝 없는 산업, 고부가가치 산업, 고용효과가 큰 자본집약적인 산업이다. 호텔의 영업실적은 비즈니스 및 관광 등 외래방문객수의 변화에 큰 영향을 받고 있으며, 외래방문객의 수는 수출입 관련, 세계경제동향, 소득변화, 환율, 국제적 이벤트 등 다양한 요인의 영향을 받고 있다.

서울 특1급 호텔들의 매출액 변화를 살펴보면 외래방문객의 감소가 두드러졌던 2003년 약 10%의 외형감소는 사스와 테러, 이라크전쟁과 북핵문제 등으로 인한 것이며 전 세계 관광산업의 침체기였고, 국내 호텔업계 역시 그 여파로 시장이 크게 위축되게 되었다.

2005년과 2006년에는 한류열풍이 쇠퇴하고 원화강세로 가격경쟁력 저하로 외래방문객 증가가 각각 3.5%, 2.2%에 그치면서 정체 상태를 보였다. 특히, 전체 외래방문객의 40%를 차지하는 일본 관광객이 2005년 독도 및 역사교과서 문제에 따른 한일관계 경색으로 0.1% 감소한데 이어, 2006년에도 북한미사일, 핵실험 등으로 4.1% 감소한 것이 전체 외래방문객 정체에 영향을 미친 것으로 보인다.

2007년 상반기 중국, 미주, 동남아 시장의 방문객수 증가에도 불구하고 원화강세에 따른 가격경쟁력 저하로 일본 관광객이 감소하였으나, 하반기에는 방한 캠페인,

인센티브 단체 유치로 전체 외래방문객의 수는 전년 동기 대비 4.8% 증가하였다. 또한 2007년에는 전반적으로 호텔들이 객실가동률을 높이기 위해 저가정책을 시행하면서 객실 매출은 전년 대비 소폭 상승한 모습이다. 한편 2008년 미국발 세계 금융위기로 인한 세계 경제불황과 유가상승 등의 영향으로 해외여행을 자제하는 분위기가 대두되었으나 2008년 하반기 원화가치 하락으로 인해 외래입국자수가 증가하면서 호텔업체들의 실적이 개선되었다.

2008년 말 기준 전국관광호텔 객실수는 전국 6만 9천실, 서울지역 2만 3천실(33%)이며 서울지역 내 특1급 호텔 객실수는 전국의 39%를 상회한다. 즉 국내 호텔산업은 고급호텔 위주의 공급체계를 보유함에 따라 다양한 시장수요를 충족시키지 못하고, 국내 관광물가가 고평가되면서 외래방문객 방문유인이 저하되고 특급호텔간의 시설과 서비스경쟁으로 인하여 비용이 상승하고 다른 나라에 비해 경쟁력이 떨어지는 요인이 되고 있다.

2009년 특1급 호텔의 실적은 2008년 말 발생한 글로벌 경기침체에도 유례없던 고환율 수혜로 객실부문 실적이 개선되면서 식음료, 연회 등의 매출부진을 만회하는 모습을 보였다.

2010년 5월 입국자는 전년 동월대비 38% 늘어난 62.9만 명을 기록하였다. 이와 같은 증가율은 2006년 이래 최대 수준으로 일본인 방한객이 28% 증가하였고, 중국인 방한객은 93% 급격하게 늘어났다. 일본인 방한객의 경우 원/엔 환율이 반등하고, 엔/달러 환율이 하락하여 구매력이 강화됨으로써 입국자 추이가 증가하고 있으며, 중국인 방한객 역시 중국 경제의 고성장 기조와 함께 위안화 절상 추이로 인하여 증가폭을 키우고 있다. 이에 국내 호텔업의 객실 이용객 추이는 꾸준히 증가하고 있는 것으로 추정된다.

〈표 1-1〉 연도별 전국관광호텔 실적 추이(단위 : 백만원, %)

구 분	2005년	2006년	2007년	2008년	2009년	증감율
객 실	1,130,730	1,111,295	1,162,563	1,328,503	1,516,418	14.1
부대시설	1,696,860	1,917,792	1,738,446	1,769,431	1,662,547	-6.0
계	2,827,590	3,029,087	2,901,009	3,097,934	3,178,965	2.6

자료 : 한국관광호텔업협회, 2010

〈표 1-2〉 연도별 관광호텔 및 객실수 증가 추이

구 분	2005년	2006년	2007년	2008년	2009년
호텔수	558	580	593	610	621
객실수	58,950	60,596	61,540	64,154	67,171

국내 호텔산업은 (주)호텔롯데, (주)조선호텔, (주)호텔신라 등의 특1급 호텔들이 높은 점유율을 나타내고 있으며, 부대사업으로 면세점, 식음료, 카지노 등의 다양한 사업을 확장하여 부대수입 역시 큰 폭으로 증가하고 있는 추세를 나타내고 있다.

〈표 1-3〉 국내 호텔 매출 분석(매출단위 : 억)

	호텔수	총매출액	객실 부문 매출	식음료부문 매출	기타 부문 매출
전국 호텔	569	53,394	21,355 (40.0%)	13,569 (31%)	15,491 (29%)
전국 300실 이상의 특급호텔	53	33,977	11,271 (33.2%)	10,229 (30.1%)	12,477 (36.7%)
서울 소재 300실 이상의 특급호텔	23	26,393	7,681 (29.1%)	7,707 (29.2%)	11,005 (41.7%)
제주도 소재 300실 이상의 특급호텔	7	1,996	1,040 (52.1%)	661 (33.1%)	295 (14.8%)
전국 100~300실 규모의 호텔	145	13,115	6,682 (50.9%)	-	-
전국 50~100실 규모의 호텔	229	-	53.5%	-	-
전국 50실 미만의 호텔	-	-	54.8%	-	-

자료 : 금융감독원(2011년 기준)

* <표 1-2> 한국관광호텔업협회(2010년)와 <표 1-3> 금융감독원(2011년)의 자료들 간에는 조사기준에 따라 호텔수의 차이가 발생하였음.

서울 소재 300실 이상의 23개 특급호텔의 매출이 전국 569개 호텔 매출의 거의 절반인 49.4%에 해당되고 전국 300실 이상의 53개 특급호텔 매출의 77.7%에 해당되는 것을 볼 때, 서울 소재 특급호텔의 매출에 지나치게 편중되어 있음을 알 수 있다.

호텔 총매출 대비 객실매출의 비중은 호텔등급이 올라갈수록 떨어지고 있음을 알 수 있고 서울 소재 300실 이상의 특급호텔 객실매출 비중이 전국호텔평균과 제주도 소재 300실 이상의 특급호텔 객실매출 비중보다 많이 낮음을 알 수 있다.

<표 1-3>에서 기타 부문 매출은 연회매출, 면세점매출, 입대사업매출 등을 포함하고 있으나 실제적으로 대부분 호텔들은 연회매출을 식음료매출에 포함시키고 있다. 이를 감안하면 특급호텔의 식음료매출이 객실매출의 2배 정도가 됨을 추정할 수 있다. 특히 서울 소재 300실 이상의 특급호텔의 기타 부문 매출이 41.7%에 이르는 것은 국내 최대 규모의 호텔인 신라·롯데호텔의 면세점사업 매출이 객실 및 식음료 매출의 4~5배에 이르기 때문일 것이다.

〈표 1-4〉 국내 주요 특급호텔 매출액 및 시장점유율

업체명	매출액(단위 : 천원)	시장점유율(단위 : %)
(주)호텔롯데	505,480,742	31.42
(주)조선호텔	178,283,575	11.08
(주)호텔신라	177,133,660	11.01
파르나스호텔(주)	169,023,773	10.51
(주)씨디엘호텔코리아	86,030,023	5.35
(주)부산롯데호텔	80,257,538	4.39
센트럴관광개발(주)	68,961,668	4.29
(주)파라다이스호텔부산	67,486,588	4.19
전원산업(주)	59,970153	3.73
(주)칼호텔네트워크	46,298,433	2.88
오라관광(주)	27,954,994	1.74
(주)웨스테이트디벨롭먼트	26,907,571	1.67
(주)호텔인터불고대구	24,847,570	1.54
(주)호텔서교	24,223,169	1.51
남우관광(주)	23,187,767	1.44
(주)해운대그랜드호텔	16,825,472	1.05
(주)호텔캐피탈	10,188,333	0.63
(주)퍼시픽호텔	7,385,554	0.46
보문관광(주)	4,665,436	0.29
(주)호텔금오산	2,532,566	0.16
(주)파라다이스제주	1,220,442	0.08

주 : 1. 2009년 매출액 기준
　　2. 부가사업(면세점, 외식, 골프장, 카지노 등) 제외한 호텔부문 매출액 기준

한편 2004년 8월 최초 6성급 호텔인 W호텔(253실)과 2005년 All-suite호텔인 파크하얏트호텔(185실)의 개관 이후 추가적인 공급물량 증가는 미미하나, 특1급 호텔의 지속적인 리노베이션으로 호텔들 간의 경쟁이 더욱 치열해질 전망이다. 또한 장기투숙객뿐만 아니라, 중국 여행패키지 등을 통한 단기체류자까지 영업을 확대하고 있는 장기투숙호텔(Serviced Residence Hotel)의 공급물량 역시 수도권을 중심으로 증가되고 있고, 최근 해외 중저가 비즈니스호텔이 국내 진출이 늘어나고 있고 롯데, 신라 등도 비즈니스호텔의 출점 및 출점계획을 가지고 있다.

다만, 경기침체와 객실영업의 경쟁심화 등 제반 어려움 속에서도 각 호텔들은 다년간 축적된 브랜드가치를 바탕으로 연회장 등 식음료 매출 및 면세점, 베이커리, 피트니스센터 등 부대사업에 적극적으로 진출함으로써 상당 수준의 외형확대를 이루고 있으며 경기변동에 따른 영업가변성도 일정 수준 완화시키고 있어 향후 호텔업계의 지속적인 성장이 가능할 전망이나 베이커리 부문은 재벌이 영세사업자의 사업부문을 침해한다는 여론에 밀려 철수하고 있다.

국내 특1급 호텔업체 중 독자브랜드를 고수하고 있는 호텔은 호텔롯데, 호텔신라, 임페리얼팰리스 호텔 정도에 불과하여 나머지 호텔업체들은 대부분의 아래의 표와 같이 해외 유명 호텔과 체인계약을 맺고 있다. 국내 체인형태는 합작투자(joint venture), 프랜차이즈(franchise) 및 경영대리계약(management contract)으로 구분할 수 있다. 우리나라의 경영대리계약 형태는 1967년 미국 호텔기업인 웨스틴(Westin)사와 (주)조선호텔이 25년간 계약을 체결하여 운영한 것이 효시이다. 해외 체인호텔들은 우수한 기술과 자본, 브랜드파워와 시장침투전략을 앞세워 경영대리계약 전략을 선호하여 왔으며 국내의 소유회사도 경영상의 리스크 최소화, 선진 경영기법 전수, 브랜드 제고 등을 목적으로 해외 유명 체인호텔들과 경영대리계약을 체결하여 호텔을 운영하고 있다. 한편 국내의 법적 제도 미비와 기업들의 협상력 부족으로 막대한 로열티 지불, 소유회사의 경영간섭 배제, 인사권, 계약의 종료권, 구매권, 기타 조항들에 다양한 문제도 발생하고 있다.

〈표 1-5〉 국내 주요 체인호텔 현황

<table>
<tr><th>Hotels</th><th>형 태</th><th>계약본사</th><th>계약조건</th></tr>
<tr><td>조선호텔
Westin Chosun</td><td>경영대리계약</td><td>Westin Hotel Company</td><td>• 마케팅 수수료, 경영수수료 = 매출액 일정비율
- 2008년 18억원
• Jane Packer와 기술도입계약, 브랜드 사용 로열티 계약
- 2008년 0.6억원</td></tr>
<tr><td>파르나스호텔
Grand/Coex
Intercontinental</td><td>경영대리계약</td><td>Intercontinental Hotels Group
- 2010</td><td>• 시스템용역보수, 경영수수료
- 2008년 48억원</td></tr>
<tr><td>남우관광
Renaissance</td><td>경영대리계약</td><td>Ramada Pacific Ltd.
- 2015</td><td>• 기술제공료(판매홍보비, 경영위탁수수료)
- 2008년 16억원</td></tr>
<tr><td>씨디엘코리아
Millenium Hilton Seoul</td><td>프랜차이즈계약</td><td>Hilton International Co.
- 2013</td><td>• Hilton International-franchise 계약
- 로열티, 마케팅 수수료 : 객실수입 일정률
- 2008년 13억원
• Millenium 라이센스계약(상호사용)</td></tr>
<tr><td>전원산업
The Ritz-Carlton</td><td>경영대리계약</td><td>The Ritz Carlton Hotel Company
- 2010</td><td>• 기술제공료, 로열티</td></tr>
<tr><td>센트럴관광개발
JW Marriott Seoul</td><td>경영대리계약</td><td>Marriott International
- 네덜란드
- 2000~20년간</td><td>• MHI 경영대리계약
- 경영대리 수수료 : MHI기준 총매출액 0.25%
• IHC와 상표사용
- Base Royalty Fee : IHLC.기준 총매출액 1.75%
- Incentive Royalty fee : IHLC기준 영업이익 10%
- 국제판촉수수료 : IHLC.기준 총매출액의 1.5%
- 2008년 46억원</td></tr>
</table>

자료 : KIS Credit Monitor, 2010. 05. 10

호텔롯데는 사업지역의 고른 분포와 다각화된 사업포트폴리오를 갖추고 있으며, 사업부문별 확고한 입지를 갖추고 있다. 최근 성장 동력 확보를 위해 마포롯데시티호텔과 같은 중저가 비즈니스호텔 사업에 진출하고 국내사업(부산, 잠실, 울산, 제주 등) 및 해외사업(모스크바, 하노이 호텔 및 면세점)을 진행하는 등 향후 사업영역확대와 사업안정성 제고가 기대된다. 또한 제주와 서울에 호텔을 운영하고 있는 호텔신라는 2008년 인천공항 면세점 진출을 시점으로 AK면세점도 인수하여 면세점부문 중심의 영업력 강화가 예상되며 외식, 피트니스클럽, 여행사업에도 진출하면서 사업부문을 다양화하고 있다. 즉 독자브랜드를 보유한 호텔업체들의 경우 경기변동 등의 외부요인으로 인한 객실사업부문의 영업위험을 완화하고 사업 확장을 통해 성장동력을 확보하고자 보유역량을 토대로 신규호텔, 외식사업, 면세점 등 다

방면의 사업부문에 투자지출을 지속하고 있다.

이러한 신규사업 확대는 투자는 사업목적, 투자대상 및 규모에 따라 외형확대, 사업안정성 제고, 경쟁력 강화 등의 긍정적인 기능도 있지만, 재무안정성 저하, 핵심역량 분산 등의 부정적인 영향도 야기할 수 있다. 다만 국내 특1급 호텔업체들의 투자는 장기적으로 사업포트폴리오, 영업효율성, 재무구조 측면에서 상당한 변화가 예상되며 경쟁력 강화를 위한 노력의 일환으로 지켜볼 필요가 있다.

제3절 호텔경영의 의의

1. 호텔경영의 개념

자본주의 경제에서는 개별경제(경제의 주체)의 단위로 정부, 해외, 기업, 가계로 나누어지는데, 이 중 기업이 경영학의 주 연구대상이어서 종래의 연구성과물의 대부분이 기업의 문제를 중심으로 다루어져 왔다고 볼 수 있다. 특히 기업의 문제 중 제조기업의 문제를 주 대상으로 하여 왔다. 따라서 경영학 이론은 제조기업에 맞추어져 개발되었고 또한 발전되었다. 그러나 경제의 규모가 확대되고, 인간의 욕구가 다양해지며 사회가 복잡해짐에 따라 금융기관(은행, 보험, 증권회사 등), 호텔, 병원, 유통기업(백화점, 편의점), 외식업 등의 분야도 산업영역의 큰 부분을 차지하게 되었다. 이에 따라 이들 서비스기업에 적합한 경영이론의 개발도 요구되는데, 이는 과거 제조기업에 맞추어져 있던 경영학의 이론으로 문제 해결을 충분히 할 수 없기 때문이다. 경영학은 실천학문이며 또한 각 산업의 특성과 문화에 적합한 이론을 개발・발전하였기 때문에 제조기업의 경영이론을 그대로 서비스산업에 적용하기에는 무리가 많았다.

그러나 호텔경영학의 이론이 경영학의 이론과 완전히 다르며 또한 별개인 것은 결코 아니다. 경영학의 연구대상이 조직체의 구조와 기능을 밝히며 또한 경영관리의 대상이 되는 어떤 조직체나 혹은 다른 활동을 합목적으로 경영관리하는 기술을 밝히는 것이므로 호텔경영학은 경영학의 응용과학의 한 분야라고 할 수 있다. 그러므로 호텔경영학은 경영학을 바탕으로 한 경영일반이론과 호텔의 특수성을 감안한 특수이론을 연구한 이론이라고 할 수 있으며 호텔경영론은 호텔의 특수성만을 기술한 것이라고 할 수 있다.

경영학의 근본적인 관심사는 경영체의 활동이 그 경영체가 사회에 대해 가지고 있는 순기능적 목적인 특정의 재화와 용역의 생산과 배분에 있다고 하면 그 목적을 달성하기 위해서 자금, 판매, 물자, 인재, 정보라는 경영에 필요한 자원을 어떻게 최적하게 배분·관리하느냐 하는 것이 경영의 중심이 된다. 즉 자금운용을 위한 재무관리, 직원의 관리를 인사관리라고 하는 것과 같이 그 대상의 특정부문에 대한 전문적인 관리가 연구되는 것이다. 따라서 호텔경영학도 호텔경영적 측면에서 이런 부분에 대한 전문적인 관리가 연구되는 것이다.

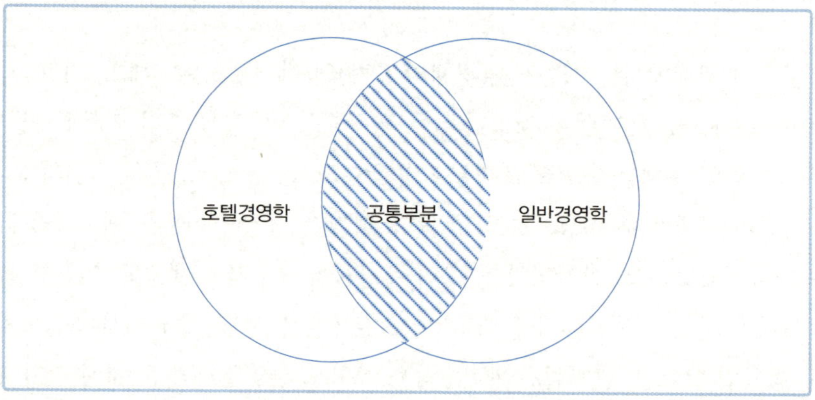

[그림 1-1] 호텔경영학의 개념

2. 관광산업에서의 숙박업의 비중

관광구조에 대한 가장 일반적인 주장은 관광주체, 관광매체, 관광객체 등 세 가지 요소의 결합 및 상호작용으로 보는 견해이다. 관광주체는 관광을 행하는 주체로 관광객을 지칭하며 관광수요시장이다. 관광객체는 관광대상물로서 관광객의 관광욕구를 충족시켜주는 관광매력물을 말하며 관광공급시장을 의미한다. 관광매체는 관광주체와 관광객체를 연결시켜주는 매개체로서 관광욕구와 관광대상을 의도적으로 연결시키는 관광사업자이다. 관광매체는 공간적 매체, 시간적 매체 그리고 기능적 매체로 구분할 수 있는데, 숙박시설은 이들 중 시간적 매체에 속한다고 볼 수 있다. 그러나 최근의 리조트 호텔들은 단순히 관광객과 관광대상을 연결시키는 매체로서의 역할에 그치지 않고 관광객체로의 변모를 시도하고 있다. 즉 호텔 기능과 시설의 다양화와 복잡화로 인해 관광객의 관광욕구를 충족시키는 관광대상이 되고 있다. 호텔 내의 카지노시설, 수영장이나 피트니스시설 그리고 다양한 부대시설(극장, 오락, 여흥시설)들이 관광객을 유인하고 매력물로 자리잡아 가고 있는 실정이다.

관광매체가 관광객체로 변모한 대표적인 예는 호화 유람선(cruise ship)과 클럽 메드(Club Med)이다.

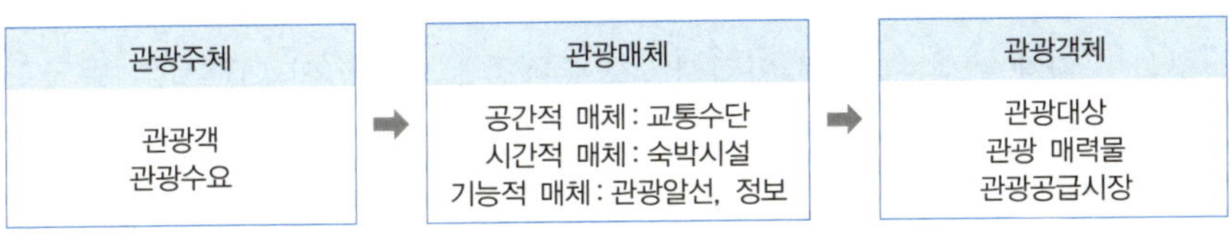

[그림 1-2] 관광의 구조와 관광매체의 위치

아래의 도표 <표 1-6>에 의하면, 국내를 방문한 외래방문객의 총지출 경비를 분석하면 가장 큰 부문이 숙박비로 전체 경비의 31%나 해당된다. 또 식음료비 중 일부는 호텔에서 지출되었을 것이기 때문에 방문객이 호텔에서 지출한 실제 경비는 35% 이상 되리라 추정된다.

〈표 1-6〉 방한 외래 개별 방문객 지출경비 분석

	2003	2002
총경비	$1,614	$1,565
숙박비	$501(31%)	$478(31%)
쇼핑비	$339(21%)	$324(21%)
유흥비	$255(16%)	$238(15%)
식음료비	$233(14%)	$255(16%)
기타경비	$286(18%)	$270(17%)

자료 : 한국관광공사, 외래방문객 여론조사, 2004

제4절 호텔사업의 특성

1. 경영상의 특성

1) 인적서비스에 대한 의존성

호텔기업의 상품은 객실, 식음료, 기타 부대시설과 같은 유형성을 띤 물적서비스에다 무형적인 인적서비스를 포함해야 비로소 하나의 상품으로서 그 가치를 가진다. 잘 훈련되고 교육받은 직원에 의해 호텔상품이 생산되고 판매될 때 고객으로부터 긍정적인 반응을 이끌어낼 수 있다. 호텔직원의 사기, 태도, 직무만족, 조직몰입은 호텔 이용객의 만족도와 직결되는 동시에 노동생산성의 제고는 경영효율에 크게 영향을 미치게 된다. 따라서 인적서비스에 대한 호텔기업의 의존성은 매우 높을 수밖에 없다.

2) 과도한 고정자산 비중

호텔기업은 건물, 토지, 비품, 집기 등과 같은 고정자산의 시설투자가 총자본에 비하여 높은 비율을 차지한다. 일반적으로 제조업은 상품이나 현금과 같은 유동자본의 비중이 크며, 고정자산이 차지하는 비율은 약 40% 내외인데 비하여 호텔은 약 70% 이상이나 차지한다. 이는 고정자산인 토지와 건물 자체가 하나의 상품으로써의 역할을 하기 때문이다.

3) 낮은 자본회전율

호텔기업은 거액의 자본이 투자되어 건설되지만 그 매출액은 투자된 자본에 비하여 상대적으로 매우 낮고 자본의 회전율도 매우 낮다. 이러한 점이 호텔경영을 압박하는 요인이 되는 것이다. 일반적으로 제조업의 자본회전율이 약 0.82, 무역업이 약 3.9인데 비하여 호텔업은 약 0.4 정도로 나타나고 있다.

4) 연중무휴의 영업

호텔기업은 객실 투숙고객의 유형 중 객실의 주 이용고객이 외국인이나 가정을 떠나 여행하는 여행자들이 대다수를 차지하는 경우가 많다. 따라서 이들을 대상으로 단 하루도 휴업을 할 수가 없는 영업상의 특성이 있다. 하루 24시간, 1년 365일 휴업 없이 계속적으로 영업을 해야 하므로 호텔기업 측면에서는 직원의 야간수당, 휴일수당, 초과수당 등 인건비의 부담이 증가될 뿐만 아니라 직원의 입장에서도 불규칙적인 교대근무, 주말근무, 공휴일 근무 등 근무조건이 타 산업에 비해 불리하다.

연중무휴의 영업을 통해 매출 발생의 기회가 높은 것은 하나의 장점이지만 호텔시설물의 노후화 측면에서는 단점으로 작용할 수 있다.

2. 시설상의 특성

1) 상품화된 고정자산

호텔기업은 호텔시설 자체가 하나의 상품으로 판매되는 특성을 가지고 있다. 토지, 건물, 내부시설의 설비, 비품 및 집기 등을 완전히 갖추어 놓아야만 호텔상품으로서의 가치를 지니게 된다. 호텔건물 및 시설 등에 많은 투자를 한다.

2) 시설의 조기노후화

호텔기업은 다양한 고객들이 이용하기 때문에 타 산업에 비하여 건물이나 시설들이 일반적으로 빨리 노후화되어 상품의 경제적 효용가치의 상실이 빠르고 국제수준 유지를 위한 개보수의 부담이 크다. 일반적으로 호텔건물의 표준수명이 40년인데 비하여 일반건물의 수명은 60년으로 보고 있다.

〈표 1-7〉 고정자산 내구년한

구 분	호텔시설물	일반시설물
철근콘크리트건물	40년	60년
냉난방시설	23년	25년
객실용품	5년	10년
일반가구	5년	10년
전화설비	8년	10년

3. 상품상의 특성

1) 이동의 불가능성

호텔상품은 다른 제조업의 상품과 달리 고객이 찾아와야 된다는 것이다. 일반 제조업의 상품은 생산자와 소비자가 떨어져 있어도 유통과정을 통해 고객이 원하는 곳에서 사용할 수 있으나, 호텔상품은 고객이 직접 호텔을 방문하여 구매하지 않으면 안된다는 것이다. 호텔상품의 이동 불가능성은 장소적 독점을 지니고 있다는 것을 의미하며 호텔이 입지한 곳의 환경이나 풍경은 그 호텔만이 가지는 독점적 지위를 갖는다.

2) 소멸성

서비스는 저장이 불가능하며 소멸되기 때문에 재고라는 개념이 없다. 따라서 객실상품이나 인적서비스는 고정화되어 있어 그 당일에 판매되지 않으면 다시는 팔 수 없게 된다.

3) 공급의 비탄력성

일반상품은 수요가 증가하면 대량생산으로 수요와 공급의 균형을 유지할 수 있다. 하지만 호텔상품의 경우, 일시에 몰리는 객실의 수요는 추가생산이 불가능하고 식당의 주문은 그 날 준비된 양만큼만 판매가 가능하며 초과 주문은 별도의 조치가 없는 한 수용이 어렵다. 따라서 호텔은 예측시스템(forecasting system)을 최대한 가동하여 객실점유율과 매출극대화를 동시에 달성하기 위해 효율적인 수익성관리(yield management)를 추진하여 기회손실을 줄이고 매출을 극대화하여야 할 것이다.

4) 주문생산

일반 제조업의 상품은 규격과 수요예측에 의하여 생산하지만, 호텔식음료 상품의 경우에는 고객이 식음료 영업장에 직접 찾아와 개별주문을 하면 비로소 생산에 착수한다. 따라서 호텔의 식음료 상품은 연회부문을 제외하고는 원칙적으로 생산에 관한 계획이나 예측이 어려우며, 생산과 판매가 거의 동시에 이루어지므로 일반

제조업의 완제품처럼 대량생산도 거의 불가능하다. 음료와 제과류를 제외하고 음식 완제품의 재고는 있을 수 없다.

제5절 호텔의 분류

1. 위치에 따른 분류

1) 도심지 호텔(Downtown Hotel)

도심지 호텔은 도시의 중심지에 위치한 호텔로서 시티 호텔(city hotel)이라고도 불린다. 보통 도시의 비즈니스와 쇼핑 등이 원활히 이루어지는 도시의 중심가에 위치하여 교통이 편리할 뿐만 아니라 비즈니스를 위한 다양한 시설을 갖추고 있어 주로 상용, 공용 또는 도시를 방문하는 관광객들이 많이 이용하며, 또한 연회장, 전시장 등이 있어 도시민들의 사교의 장으로나 공공장소 등으로도 사용된다. 도심지 호텔은 대부분 다른 호텔보다는 식음료 매출이 높고 주중 객실점유율이 주말보다 높다.

2) 교외 호텔(Suburban Hotel)

교외 호텔은 도심지 호텔과는 달리 도시에서 벗어난 한가한 교외에 위치한 호텔을 말한다. 교외 호텔은 공해, 소음, 주차장의 어려움을 갖고 있는 도심지 호텔에 비하여 지가(地價)가 싸고 중심지역의 슬럼화와 호텔부지의 부족현상으로 인하여 호텔이 교외로 진출한 것은 비교적 넓은 주차장을 가지고 있으며 또한 공기와 경치가 좋은 곳에 위치하기 때문에 자동차 여행객의 증가와 더불어 급격히 증가하고 있다.

3) 리조트 호텔(Resort Hotel)

리조트 호텔은 글자 그대로 휴양지에 위치한 호텔로서 휴양을 즐기고 건강을 회복하고자 하는 여행객을 위한 호텔이다. 입지의 특성상 리조트 호텔은 해안, 산악, 온천지, 피서지, 피한지 등에 위치하기 때문에 경영의 특성을 가진다. 리조트 호텔은 여행 시즌에 고객이 몰려드는 성수기(on season)와 이와 반대되는 비수기(off season)가 뚜렷하여 호텔의 수입이 불안정하며, 입지적 조건으로 인해 시설의 유지・보수가 어려워 그 훼손도가 높아 상대적으로 경영의 어려움을 가져온다. 또한 입지 의존성이 높아 그 인근 지역의 자연자원의 훼손이 생기면 호텔경영도 어려움을 겪게 된다. 최근에는 비수기의 객실점유율 하락을 막기 위하여 컨벤션 유치와 다양한 이벤트에 심혈을 기울이고 있다.

4) 공항 호텔(Airport Hotel)

공항 호텔은 공항 근처에 위치하여 비행편의 연결을 위하여 기다리는 항공 여행객이나 항공기 승무원을 위한 호텔로 시작하였다. 에어포트 호텔의 발전은 항공기를 이용하는 여행객의 증가와 공항이 거대화함에 따라 도심과 거리가 멀어져 도심지 호텔 이용을 기피하려는 여행객이 증가하여 빠른 속도로 증가하고 있다. 즉 항공기를 이용하는 여행객 중 시간과 경비의 절약을 위해 공항근처에 있는 호텔을 선호하기 때문에 이들을 대상으로 한 호텔이다. 국내도 인천공항이 생기면서 인근에 많은 호텔들이 많이 생기고 있다.

5) 시포트 호텔(Seaport Hotel)

시포트 호텔은 에어포트 호텔과 동일한 성격으로 항구에 위치하여 발전된 호텔로서 선박을 이용하는 여행객이나 선원들을 위하여 설립된 호텔이다. 시포트 호텔은 기항선객의 편의를 제공하기 위해 교통이 편리한 위치에 있다는 것으로 일반 호텔과 특별히 구분되는 것은 거의 없고, 다만 항만부두에 인접해 있는 것만 다를 뿐이다. 해상운송이 줄어들며 시포트 호텔도 점차 줄어들고 있다.

6) 모텔(Motel)

모텔은 자동차 여행객을 위해 고속도로에 인접하여 설립된 숙박시설을 말한다.

모텔이란 원래 자동차 여행자용의 호텔이라는 Motorist's Hotel의 약어를 일컫는 말이나, 현재에는 Motor Hotel과는 달리 사용되고 있다. 모텔은 자동차의 보급과 고속도로의 발달로 자동차 여행객이 급격히 증가하자 이들을 위하여 자동차 주차를 용이하게 할 수 있도록 만들어진 숙박시설이다. 모텔은 도시나 교외에 위치하는 비즈니스 모텔과 고속도로 근처에 있는 하이웨이 모텔이 있고 규모는 대개 50실 이하이다.

모텔은 대부분 셀프서비스의 형식으로 운영되며, 비교적 호텔보다는 이용하기 간편하게 1~2층의 단층으로 되어 있고 객실 바로 앞에 자동차를 주차할 수 있게 되어 있고 가격도 저렴한 편이다. 모텔 숙박객 체재기간은 통상 1~2일 정도이다.

7) 역전 호텔(Station Hotel)

철도역 근처에 위치한 호텔을 지칭하는 것으로 유럽에서 흔히 있는 호텔이다. 유럽에서는 유레일(Eurail)이 발전하여 철도를 이용한 여행객이 많아 이들을 위하여 각국의 주요 도시역마다 역전 호텔이 많다. 미국의 경우에는 항공기의 이용이 보편화되기 전에는 철도를 많이 이용하였기 때문에 20세기 중반까지는 역전 호텔이 매우 성행하였다. 국내에서도 1960년대까지는 철도청에서 전국 곳곳에 여러 호텔을 경영하였으나 현재는 없다.

2. 이용목적에 따른 분류

1) 상용 호텔(Commercial Hotel)

상용 호텔은 대부분 도시의 중심지에 위치하여 주로 상용목적을 가진 단기체재의 여행객을 대상으로 하여 호텔에서 업무를 보는데 불편함이 없도록 팩스, 복사기, 컴퓨터, 프린터기 등 사무기기를 갖춘 비즈니스센터를 운영하며 객실 외에 다양한 부대시설을 운영한다. 각종 소규모 회의를 할 수 있는 회의실과 업무를 위한 거래자와의 접촉이나 상담을 할 수 있는 다양한 업무기기 등을 갖추고 있다. 또한 호텔 내의 호텔이라고 불리는 귀빈층(executive floor)을 운영하기도 한다.

그러나 상용 호텔의 주고객은 상용목적을 가진 여행객이지만, 더불어 단체관광객이나 개인관광객 등 다양한 고객이 이용할 수 있는 이유는 대부분의 상용호텔이 교통이 편리한 도심에 위치하고 있기 때문이다.

2) 컨벤션 호텔(Convention Hotel)

각종 회의를 유치하기 위해 일반 호텔보다는 비교적 규모가 큰 호텔로서 회의에 참석하기 위해 투숙하는 고객들을 충분히 수용할 수 있는 객실을 가지고 있어야 한다. 컨벤션 호텔은 각종 회의를 치르기에 충분한 대회의장 및 주차장이 완비되어 있으며 다양한 연회장이나 전시실 그리고 통역시설, 영상과 영화를 감상할 수 있는 시설 등도 갖추어야 한다. 최근에는 원격화상회의시설, 컴퓨터를 통한 회의시스템 등을 보유하는 호텔도 증가하고 있다.

컨벤션 호텔은 투숙객들을 동시에 수용하여 동시에 식사를 할 수 있는 제반시설, 주방 그리고 식음료서비스를 위해 충분한 인력이 확보되어야 한다.

3) 휴양지 호텔(Vacational Hotel)

휴양지 호텔은 주로 관광이나 휴양을 즐기기 위한 여행객을 대상으로 건립된 호텔로 대부분의 리조트 호텔은 사우나, 수영장, 테니스장과 같은 스포츠 시설과 동계 리조트에서는 스키와 눈썰매를 즐길 수 있는 시설까지 갖추고 있는 경우도 있으며, 이외에도 골프, 하이킹, 요팅(yachting) 등 호텔의 위치 또는 주변 조건에 따라 다양한 시설을 갖추고 있다.

3. 시설수준에 따른 분류

1) 고급 호텔(Deluxe Hotel)

고급 호텔은 시설들이 호화스럽고 고급스러운 호텔을 지칭하는 것으로 호텔의 건립에 대규모 자본이 투자되며, 따라서 이용요금도 매우 높은 호텔이다. 고급 호텔의 객실은 보통 호텔보다는 넓으며 다양한 장식을 하여 고급스럽게 꾸미며, 식음료 영업장은 물론 다른 부대시설 등도 다양하고 호화스럽게 만든다. 대표적인 체인

호텔의 브랜드로서 Marriott, Hyatt, Westin, Ritz Carlton, Renaissance, Sheraton, Four Season, Hilton, Intercontinental 등을 들 수 있다.

2) 중가 호텔(Average Hotel)

객실 요금이 보통수준으로 고급 호텔보다는 저렴하지만 이코노믹 호텔보다는 비싼 호텔로 보통 수준의 호텔을 말한다. 현재 세계 호텔시장 중 가장 큰 비중을 차지하고 있다. Holiday Inn, IBIS, Crown Plaza 등이 여기에 속하며, 1980년대에 메리어트호텔그룹이 중저가 시장에 뛰어들기 위해 'Courtyard by Marriott' 브랜드를 출시하였고, 2000년대에 들어서 하얏트 그룹에서는 'Hyatt Place'라는 브랜드로서 중가 호텔 시장에서 빠르게 성장하고 있다. 우리나라에서는 '한국관광공사'가 추진하고 있는 BENIKEA 브랜드가 이 범주에 속한다고 하겠다.

3) 저가 호텔(Economic Hotel)

객실요금이 저렴한 대신 한정된 서비스를 제공하는 호텔을 말한다. 단기 출장객이나 저비용으로 여행하는 관광객을 대상으로 객실과 간단한 조식을 제공하거나 비즈니스에 필요한 시설과 장비를 제공하는 호텔의 형태로 이러한 수준의 호텔로서 우리나라에는 일본계 저가 비즈니스호텔 그룹인 토요코인 호텔이 진출해 있다. 토요코인은 2008년 4월 한국의 부산에 중앙점을 1호점으로 개설하여 2012년까지 6호점 개설을 하였다.

4. 체재기간에 따른 분류

1) 장기투숙호텔(Serviced Residence Hotel)

일반적으로 호텔이 단기 숙박객을 위주로 운영되는데 반하여, 장기투숙호텔은 장기 숙박객을 위주로 운영되기 때문에 운영체계 및 시설도 이에 맞추어져 있다. 장기투숙호텔은 다른 호텔과는 달리 객실 내에 주방시설 등을 갖추고 있으므로 이에 따라 식음료 영업장 등은 비교적 소규모이며 객실판매를 위주로 한다. 장기투숙

호텔이 아파트먼트와의 차이는 호텔식의 메이드서비스(maid service)가 있으며, 또한 최소한의 식사와 음료서비스가 제공되는 식당을 갖추고 있는 것이다. 보통 최소 숙박계약기간은 15일이다. 국내에서 대표적인 장기숙박호텔은 그랜드힐튼호텔과 쉐라톤워커힐 타워 등이 있으며, 최근 들어서 오크우드 프리미어와 프레이저 등과 같이 외국계 장기투숙호텔 전문 그룹들과 국내 자생 브랜드의 장기투숙호텔이 레지덴셜 서비스호텔이란 명칭으로 많이 진출하고 있다.

2) 단기체재호텔(Transient Hotel)

보통 대부분의 호텔은 단기체재호텔로서 단기로 호텔을 이용하는 고객을 주 대상으로 영업하는 호텔로 우리가 일반적으로 개념 짓는 호텔이다. 단기체재호텔은 역이나 공항 근처에 입지하여 이곳을 이용하는 고객을 주 대상으로 하는 호텔과 시내 중심가에 위치하여 상용고객을 주 대상으로 하는 호텔로 구분할 수 있다.

5. 명칭에 따른 분류

1) 호텔(Hotel)

여러 등급의 숙박시설의 명칭 중 여러 가지 측면에서 상층부에 있는 것을 호텔이라고 할 수 있다. 미국의 경우 시설이 나쁘고 서비스가 형편없는 곳에서도 호텔이라는 명칭을 쓰는 곳도 있으나 대부분은 시설과 서비스가 다른 곳보다 우월하고 가격도 비싼 곳을 호텔이라는 명칭을 사용하고 있다. 국내에서는 호텔이라는 명칭 사용은 법적인 기준을 충족시켜야 사용할 수 있다.

2) 모텔(Motel)

모텔은 Motor와 Hotel의 합성어로서 자동차 여행객이 편리하게 사용할 수 있도록 설계되어진 숙박시설로 가격이 저렴하며 주로 고속도로 주위에 위치하며 규모면에서는 주로 50실 미만이다. 규모가 크고 시설과 서비스가 좋은 모텔을 모터 호텔이라고 하나 그 범주의 경계는 명확하지 않다.

3) 인(Inn)

인(inn)은 현대적 의미의 호텔이 등장하기 이전에 나타난 초기적 숙박시설을 말한다. 따라서 오늘날 호텔에서 제공하는 다양한 서비스와 시설보다는 간결한 내용의 서비스와 단출한 시설을 갖춘 중저가의 숙박시설을 의미한다.

4) 유스호스텔(Youth Hostel)

유스호스텔은 대량관광(mass tourism)의 일환으로 발전한 청소년여행, 즉 유스 트래블(youth travel)과 직결되어 성장을 보여주고 있는 젊은이를 위한 숙사를 말한다. 호텔이나 다른 숙박시설이 영리를 목적으로 하는데 비하여 유스호스텔은 경제력이 약한 청소년들이 여행을 통하여 건전한 심신단련을 도모하며, 나아가서는 여행 중 단체생활을 익힘으로써 봉사와 우애의 정신, 그리고 국토보호의 정신을 함양케 하며 학교 교육의 재확인을 기대할 수 있는 성과를 위하여 마련된 공공적 성격이 강한 숙박시설이다. 유럽 등에서는 매우 발달되어 있다. 우리나라에는 서울의 서울유스호스텔, 부산의 아르피나 등이 있다.

5) 보텔(Boatel)

보텔은 시텔(seatel), 리버텔(riveltel), 플로텔(floatel) 등과 같이 수면 위에 있는 모든 숙박시설을 총칭하는 것으로 주로 폐선이 된 호화 유람선을 개조하여 보텔로 사용하고 있다.

6) 펜션(Pension)

펜션은 유럽에서 발전된 전형적인 하숙식 숙박시설이다. 비교적 소규모의 객실을 가지고 있으며, 제한된 서비스를 하는 곳으로 숙박비가 저렴하다. 단기 체재객보다는 장기 체재객에게 할인요금의 혜택을 주며 요금제도도 1박에 3식을 포함하는 풀펜션(full pension)과 1박에 2식을 포함하는 세미펜션(semi-pension) 등이 있다. 우리나라는 2000년대 가족관광의 붐을 타고 제주도와 남해안에 대규모의 펜션마을이 조성되어 있으며, 주로 가족여행객이나 학생 연수 고객들을 대상으로 운영 중에 있다.

7) 롯지(Lodge)

롯지는 펜션과 큰 차이는 없으나 그 명칭이 풍기듯 독특하고 아름다운 이미지를 갖는 전형적인 프랑스의 시골 숙박시설이다. 국가의 보호와 지도 아래 프랑스 관광사업의 진흥을 위하여 지원을 받고 있는 시설로서 보통 30~50개의 객실을 가지고 있다. 미국에도 이러한 명칭을 사용하는 많은 숙박시설이 있다.

6. 경영 및 자본구조의 형태에 따른 분류

1) 독립경영호텔(Independent Hotel)

소유주가 호텔에 직접 투자하여 경영하는 방식이다. 체인호텔에 비하여 의사결정이나 경영 정책에 대하여 간섭이나 규제를 받지 않아 비교적 자유로운 경영을 하는 호텔경영방식이나 경영 노하우의 부족으로 경영상의 위험이 체인호텔보다는 높다고 하겠다. 그러나 유럽의 경우 많은 독립경영호텔들이 오랜 역사를 가지고 운영되어지고 있으며, 세계의 저명한 인사들이 수십 년간 단골고객으로서 이용하고 있다.

2) 체인호텔(Chain Hotel)

독립경영호텔이 독자적인 경영만으로는 성장의 한계성을 느껴 여러 호텔을 엮어 체인화 함으로써 규모의 경제를 실현할 수 있게 되었다. 세계적인 호텔기업들이 체인화를 모색하고 고객 수요에 따른 다양한 브랜드를 개발하여 체인화를 이끌어왔다. 모(母) 회사 역할을 하는 체인본부는 전문인력 활용, 공동마케팅 활동, 전 세계적 예약망 구축, 공동구매 및 배송, 공동투자 등을 앞세워 브랜드를 키워가고 있으며, 상호, 건축양식, 실내장식, 로고와 색상, 서비스의 표준화로 보다 체계적이고 전략적으로 시장을 확대해 가고 있다.

(1) 본사직영호텔(Chain-Owned Hotel)

체인본사가 직접 투자하여 경영하는 호텔로 체인의 명성에 걸맞은 규모의 호텔을 건립하여 운영한다. 보통 지역본부(regional headquarter) 역할을 하며 교육장소로 활용되기도 한다.

(2) 임차경영호텔(Leased Hotel)

토지 및 건물의 투자에 대한 자금조달능력을 충분히 갖고 있지 않은 사람이 제3자의 호텔을 일정한 계약에 의하여 임차하여 운영하는 방식이다. 호텔의 임대인은 호텔 내·외부 시설뿐만 아니라 비품이나 가구 등에 대한 투자를 하고, 임차인은 이를 임차계약에 의한 일정한 임차료를 지불하고 경영하는 경우가 보통이고, 이때 임차료는 영업실적과는 관계없이 임대인에게 지불하는 경우와 영업실적에 따라 일정한 비율로 지불하는 경우 그리고 앞의 두 가지를 혼합하여 일정한 최소 액수의 임차료와 영업실적에 따른 매출액의 일정비율을 합하여 지불하는 방식이 있다.

(3) 프랜차이즈 호텔(Franchise Hotel)

프랜차이즈는 가맹자(franchisee)와 가맹본부(franchisor) 간에 계약을 하여 가맹자가 가맹본부에게 호텔설립 시 입지선정부터 상표사용, 교육·훈련, 판매, 선전, 마케팅과 시장조사 등 경영 전반적인 부문에 이르기까지 모든 면을 지도와 자문을 하는 방식이다. 따라서 프랜차이즈 호텔이란 프랜차이즈 계약에 의해 운영되는 호텔로서 가맹점이 가맹본부에게 가맹비(initial fee)와 로열티(royalty)를 지급하는 호텔을 말한다. 이는 Holiday Inn과 Sheraton Group 등에서 많이 쓰이는 체인화 선략이다.

(4) 경영대리계약호텔(Management Contract Hotel)

경영관리기술을 파는 방식으로 일명 힐튼(Hilton)방식이라고도 부른다. 경영 노하우(know-how)를 가지고 있는 호텔이 계약을 통해 다른 호텔을 경영하는 방식의 호텔이다. 호텔소유회사는 호텔경영전문회사로 부터 총지배인을 비롯한 주요 전문가를 파견받아 이들이 직접 경영하는 방식으로 대리경영에 따른 경영대가(management fee)를 지불하는 방식을 말한다.

경영대리계약은 프랜차이즈와 여러 가지 점에서 유사하나, 호텔경영전문회사로부터 호텔의 총지배인을 포함한 주요 스태프들이 파견되어 직접 경영을 담당하는 반면에 프랜차이즈 호텔에서는 총지배인을 포함한 주요 스태프를 파견하지 않는 것이 차이점으로 경영대리계약에서는 호텔경영전문회사가 호텔운영 전권을 갖고 있다.

경영대리계약 방식의 대상 호텔은 대규모이거나 고급호텔들이 주류를 이루고 있다.

(5) 조인트 벤처(Joint Venture)

자본제휴를 통하여 호텔을 설립하여 운영하는 것을 말한다. 보통 합작투자 호텔이라고 불리는 것으로 일정지분의 자본이 상호 투자된 합작호텔을 말한다. 프랜차이즈나 경영대리계약과 같은 호텔의 체인방식은 경영노하우 등을 위한 체인이라면, 조인트 벤처는 경영노하우와 자본을 동시에 추구하는 체인이다. 우리나라에서는 초기 라마다 르네상스호텔이 대표적인 경우이다.

(6) 리퍼럴 그룹(Referral Group)

프랜차이즈나 경영대리계약 등에 의한 체인호텔이 증가함에 따라 단독경영호텔(independent hotel)들은 경쟁에 위협을 느껴 다른 독립경영호텔들과 상호협력 하에 공동선전, 판매전략 및 예약서비스 등의 획일화를 위한 조직, 즉 동업자결합에 의한 경영방식으로 운영되는 호텔을 말한다.

프랜차이즈나 경영대리계약에 의한 호텔에 비하여 호텔의 소유자가 경영권에 대한 전권을 행사하나 리퍼럴 조직에 가입한 회원사의 시설과 서비스의 수준을 일정하게 유지하기 위해 기준을 정하였으며 이 기준에 적합한지를 정기적으로 점검받게 된다. 또한 선전·광고비를 공동부담하게 되며 예약망을 서로 연결하여 체인호텔과의 비슷한 효과를 추구한다. 그러나 프랜차이즈나 경영대리계약에 의한 체인호텔보다는 구속력이 약하므로 체인의 결속도로 약하다. 그러나 결과적으로 이들도 프랜차이즈 형태로 점점 발전되어 가고 있다. 미국의 Best Western이 대표적이다.

7. 법적 규정에 따른 분류

우리나라에서는 관광호텔업을 「관광진흥법」에 의해 특1등급부터 3등급까지 5등급으로 나누고 있다. 관광호텔업의 등급은 관광호텔 등급의 평가기준에 규정된 각 평정부문별 요소를 심사하여 그 점수를 합산하여 결정하는데, 만약 합산한 점수가 전체 점수의 90% 이상일 경우는 특1등급으로 결정된다. 구체적인 관광호텔업의 등급결정기준은 <표 1-8>과 같다.

〈표 1-8〉 관광호텔업 등급의 결정기준

구 분	특1등급	특2등급	1등급	2등급	3등급
결정기준	90% 이상	80% 이상	70% 이상	60% 이상	60% 미만
비 고	각 등급결 평점기준은 「관광진흥법 시행규칙」 제3항의 규정에 의하여 문화체육관광부장관이 고시한 관광호텔업의 등급결정을 위한 평정기준에 의한다.				

제6절 호텔의 조직

1. 호텔조직의 개념

1) 호텔소식의 의의

인간이 조직생활을 영위한다는 것 자체에 대한 가치판단에 관계없이 인간은 누구나 출생해서 죽을 때까지 조직생활을 해야 한다. 조직체 유형에는 가정과 같은 자연조직과 기업과 같은 인위적인 조직이 있다. 이와 같이 인간이 조직을 벗어나서 존재할 수 없는 것은 인간이 인간으로서의 가치를 발견하고, 가치를 인정할 수 있는 근거가 조직이라는 테두리 안에서 서로 협력할 때만 존재하기 때문이다. 더구나 조직은 개인에게 정서적 · 지적 · 경제적 욕구를 충족시켜줄 뿐만 아니라 협력을 통하여 개인의 목표를 보다 잘 성취시켜 주기 때문에 필요하다고 한다.

2) 호텔조직의 특성

(1) 공동체적 특성

조직은 업무의 양과 질의 거대함과 복잡성으로 인해 협동적 노력을 하기 위해 조성되는 것이다. 업무의 양이 많아 개인이 처리할 수 없으므로 협동을 통해 이를 달성하려고 하는 것이며, 또한 업무의 질이 복잡하여 이를 혼자서 해결하기가 어려우므로 협동을 하는 것이다. 따라서 조직은 협동의 체계라고도 할 수 있는데, 이를 위해서는 개인의 목표가 아니라 조직의 공통된 목표달성을 위하여 노력을 해야 한다. 더구나 호텔의 서비스 특성상 어느 한 조직의 잘못은 호텔 전체의 잘못으로 인식되기 때문에 이를 위해서는 조직 전체가 하나의 유기체처럼 결합되어 움직여야 된다.

(2) 계층의 확실성

조직은 공동체인 만큼 보통 분명한 계층구조를 가지고 있다. 조직은 명령을 하달하고, 작업결과를 평가하고, 그것에 대한 책임을 지는 상위자와 그 상위자에게서 시달되는 작업 내용을 충실히 실천하는 하위자들로 구성되어 있는 것이 보통이다. 이러한 계층구조는 여러 가지 형태가 있으나 최고책임자를 정점으로 하여 하부로 내려올수록 관리영역이 넓어지는 피라미드 형식의 관료주의 조직이 가장 보편적이다. 이러한 조직의 계층구조를 그림으로 나타낸 것이 조직도이다.

(3) 목표의 추구

조직은 반드시 그 조직이 추구하는 사명이나 운영목표를 갖게 된다. 이것이 호텔이라는 조직은 무슨 이유 때문에 존재하는가, 아니면 궁극적으로 우리 호텔은 무엇을 추구하는가와 같은 것들이다. 조직의 사명이나 운영목표는 조직의 분류기준이 되기도 한다. 즉 공익성을 추구하는 소비자보호단체, 수익성을 추구하는 일반사기업 그리고 양자를 동시에 달성해야 하는 지하철공사와 같은 공공투자기관 등은 사명이나 운영목표에 따라 분류된다.

(4) 고유의 운영규칙

조직은 그 사명을 달성하기 위해 반드시 고유한 운영법칙이나 규율 등을 갖고 있다. 이러한 운영규칙이 제정되는데 있어 강제성이 클수록 규범적인 조직의 성격을 띠고, 작을수록 자율적인 조직의 성격을 띠게 된다. 전쟁에서의 승리라는 궁극적 사명을 지닌 군대조직이나 철저한 대고객서비스와 고객만족이라는 존립 이유를 지닌 호텔조직은 엄격한 운영규칙을 지닌 반면, 동창회나 사교단체 등은 몇 가지 운영규칙만을 갖는 자율적인 조직이다.

(5) 영구성의 추구

조직의 수명은 조직의 사명이나 운영목표의 달성 여부와 직결되어 있다. 대개의 조직은 사명을 성공적으로 달성하게 되면 규모가 커지며, 수명 또한 연장되는 것이 일반적이다. 영리추구라는 기업의 사명이 신속하고 효과적으로 달성될수록 기업은 규모를 늘리고 오래 존속할 수 있는 반면, 운영목표의 달성에 실패하면 도산하여 기업은 그 수명을 다하게 되는 것이다.

2. 호텔조직의 형태

1) 조직의 기본형태

(1) 라인조직(Line Organization)

라인조직은 상사와 부하 사이의 관계가 하나의 직선처럼 연결되어 있고, 직접 상사에 대해서만 이 책임을 지고 권한을 행사할 수 있는 부문관리조직이다. 이 조직은 각 구성원의 상호관계가 마치 군대에 있어서의 지휘명령의 종속관계와 비슷하다 하여 군대식 조직이라고도 부른다.

(2) 기능식 조직(Function Organization)

기능식 조직은 라인조직의 단점을 보완하기 위해 과학적 관리법의 창시자인 테일러(F. W. Taylor)가 창안한 조직형태로서 직능식 조직이라고도 한다. 이는 라인조직이 수직적 분화를 중요시한데 반해, 수평적 분화관계에 중점을 두고 관리자의 업무를 기능화하여 부문별로 전문적인 관리자를 두고 지휘・감독하는 조직형태이다. 라인조직이 부하에 대한 지휘・감독하는 상위자가 단수인데 비해 기능식 조직은 복수인 점에 그 특색이 있다.

(3) 스태프 조직(Staff Organization)

스태프 조직은 경영활동의 원만한 수행을 돕고 각 부문 상호간의 조정을 도모하여 경영자를 보좌하기 위한 조직을 말한다. 이는 라인조직을 보강하는 제도로서 전문적인 사항에 관한 라인조직을 보완하려는 것으로 집행기관이 아니라 지휘・명령의 권한은 부여되지 않는다.

(4) 라인스태프 조직(Line and Staff Organization)

과학적 관리법을 적극적으로 지원한 에머슨(H. Emerson)이 테일러의 기능식 조직의 형태를 변형・개발시킨 이 조직은 라인조직의 지휘・명령의 통일성을 살리는 동시에 그의 단점을 보충하기 위하여 참모제도를 병설시킨 조직이다. 모든 지휘・명령은 라인의 장을 통해서 이루어지며, 스태프인 전문가는 직접 지휘・명령의 권한이 없고 단지 라인의 장에 대한 조언자로서의 역할만 담당하게 되는 조직이다.

(5) 라인기능 조직(Line and Function Organization)

라인조직과 기능식 조직의 장점만을 모아 만들어진 조직형태로 라인조직의 지휘・명령의 통일성을 유지하면서 조정의 원리를 확보하는 한편, 수평적 분화에 의한 책임과 권한을 확립하여 위임의 원리를 충분히 받아들이려는 것이다. 그러나 이 조직은 라인조직과 기능식 조직의 장점을 얻었다기보다는 오히려 결과적으로 양조직의 단점을 드러내게 되었다. 즉 기능식 조직의 병용으로 라인조직의 지휘・명령의 통일성을 잃게 되고, 기능식 조직에 있어서의 전문화가 중간간부의 개재에 의하여 충분히 그 효과를 발휘할 수가 없으므로 이는 널리 보급되지 못하였다.

2) 호텔조직의 형태

호텔이 기업으로서 경영활동을 유지・발전하기 위해서는 경영의 주체라고 할 수 있는 인적자원의 조직관리가 절대적으로 필요하다. 그러나 어느 조직에서도 완벽한 조직형태는 있을 수 없으며 호텔의 경우에도 마찬가지이다. 따라서 각 호텔조직은 그 호텔의 내・외부 환경을 고려하여 적절한 조직을 형성하여야 한다. 즉 호텔의 입지조건이나 제공하는 상품의 수준, 규모, 구조적 형태, 소유형태 그리고 경영이념이나 방침 등 다양한 변수들을 고려하여 최적의 조직형태를 구성해야 한다.

그리고 일반적으로 호텔의 조직은 조직의 기본적인 형태에서 살펴보면 크게 라인조직과 스태프 조직 혹은 라인과 스태프 조직의 혼합으로 구성되어 있는데, 이를 기능에 의한 조직형태를 살펴보면 크게 객실부분(front of the house), 식음료부분(back of the house), 그리고 관리부분(management department)으로 크게 구분되며, 이를 세분하여 보면 현관부분, 객실관리부분, 식당부분, 주장부분, 연회부분, 조리부분, 회계부분, 시설부분, 관리부분 등으로 구분할 수 있다.

호텔의 조직도는 경영자의 철학, 객실규모, 부대시설규모, 입지, 체인 여부 등에 의하여 결정된다.

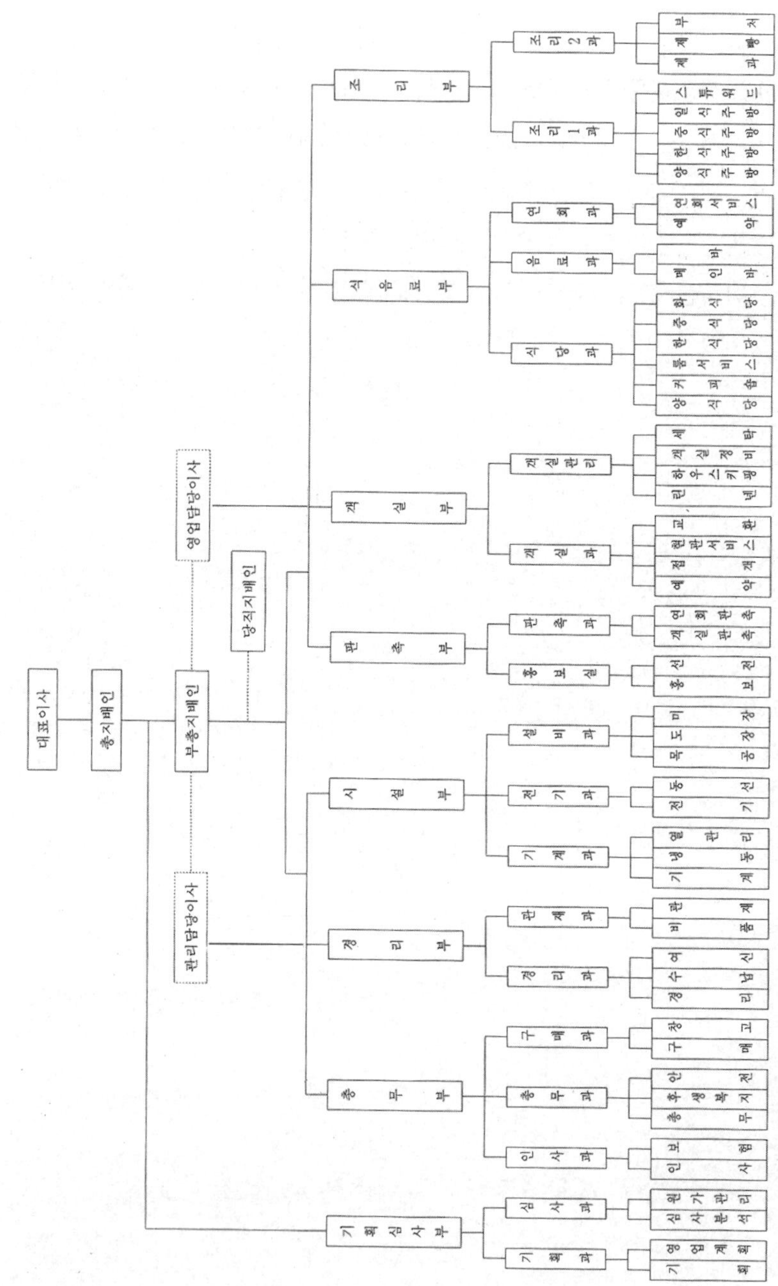

자료: 한국관광협회, 관광호텔서비스 매뉴얼 참조 저자 수정 보완

※ 설명: 영업부문 영업지배인(이사), 관리부문 관리지배인(이사)를 조직기구상 둘 수 있다.

[그림 1-3] 대규모 호텔의 조직도

제7절 호텔산업의 트렌드와 미래

한국의 호텔산업은 2012년 외래관광객 1,000만 시대에 진입과 더불어 고객의 다양한 욕구, 글로벌화된 경제상황, 정보기술의 발전, 사회의 변화, 인구의 변화를 포함한 많은 환경변화가 예상되는 가운데 우리나라 호텔산업은 우리 경제성장의 속도에 맞추어 고도의 발전을 할 것으로 예상된다. 다만, 세계적인 체인호텔들이 속속 한국에 진출하고, 국내 호텔들도 자체 브랜드의 가치를 높이기 위해 점점 대형화, 체인화, 다양화되어가고 있음을 알 수 있다. 최근에 두드러진 양극화 현상이 더 심화되면서 해외 브랜드를 앞세운 고급스런 대규모 체인호텔과 중저가, 객실 중심의 영업을 하는 독립호텔로 이원화될 것임을 예측할 수 있다. 뿐만 아니라 우리나라 호텔의 체인 브랜드가 외국시장에서 세계적 호텔체인과 치열한 경쟁을 치룰 날도 그리 멀지 않을 것으로 본다.

1. 호텔경영 패턴의 변화

지난 10년간의 호텔산업 트렌드를 요약한다면, 호텔숙박 주 이용자는 부유층이나 해외 비즈니스 고객에서 상용여행객, 관광여행객 및 현지주민들로 이용자의 폭이 확대되었다는 점이다. 투자자의 관심도 이윤 추구의 중소자본에서 다양한 목적과 대자본의 참여(해외투자 포함) 및 국민복지, 공공투자의 증대라는 투자의 목적 또한 시대의 흐름 속에 변화해 가고 있는 실정이다.

소유 측면에서는 대기업 오너 또는 가족으로 국한되는 것이 일반적이고 운영 측면에서는 다국적 호텔체인 그룹들에 의한 운영이라는 한계점을 벗어나지는 못했지만 그동안 경험과 연륜을 충분히 쌓은 호텔경영진이 양성되었다. 호텔시설 역시 설비의 표준화, 편리화, 간소화, 저비용화 및 하드웨어를 중시하였다면, 최근에는 새로운 콘셉트의 개발을 위한 과감한 투자와 리모델링과 정보화 사회에 대응하는 대규모 IT 투자 등이 두드러진 현상이다.

정보화는 선택이 아닌 필수로서 고객관계형성을 위한 CRM의 필수적인 운영에까지 도달하게 되었다. 인적서비스의 성격 역시 기능 중시의 일반적인 서비스 제공에서 개인화된 서비스와 문제해결 위주의 서비스에 고객감동과 엔터테인먼트를 제공해 줌으로서 더욱 심화된 서비스가 중시되었으며, 이를 위해 각 호텔기업들은 내부 임직원들의 교육을 더욱 강화하였다.

이와 같은 이유로 가처분 소득이 높고 소비력이 높은 VVIP 대상의 6성급 호텔들의 개발이 진행되었으며, 경기침체로 합리적인 서비스에 중저가 숙박업체의 선호가 증가하는 현상이 일어났다. 이와 더불어 주 5일 근무제로 인한 여가소비가 증가함으로써 도심지를 떠나 체험관광이나 휴양을 위한 특화된 리조트나 펜션과의 경쟁으로 인해 숙박산업의 경쟁강도는 더욱더 높아지게 된 것이다.

〈표 1-9〉 호텔경영의 패턴 변화

	상용호텔시대 (20C 초반)	새로운 호텔시대 (20C 후반)
주요 이용객	부유층 · 해외비즈니스 고객	상용고객 · 관광여행객 · 현지주민
투자자의 관심	이윤추구(중소자본)	다양한 목적 · 국민복지 · 공공투자 증대(대자본)
경영방침	비용지향 · 박리다매	마케팅지향 · 지역지향 · 경영의 다각화
경영형태	규모의 경제추구	체인경영의 다양화
시설의 성격	설비의 표준화 · 편리화 · 간소화 · 저비용 · 하드웨어 중시	콘셉트 개발의 과감한 투자 · 대규모 IT 투자
인적서비스	기능 중시	개인화 서비스 · 엔터테인먼트 중시

2. 호텔기업의 콘셉트화

호텔 간의 경쟁이 치열해지면서 차별화의 일환으로 새로운 콘셉트를 개발하기 시작하였다.

'호텔이 고객의 마음을 읽다'라는 관점에서 시작된 호텔의 콘셉트화는 기존의 호텔기능에 다양한 콘셉트들을 접목시켜 그 콘셉트에 관심을 가진 고객들을 유도하는 새로운 시장세분화전략의 한 형태라고 볼 수 있다.

콘셉트는 특정계층의 고객에게 집중하기 위해서나 엔터테인먼트적 요소를 더하여 고객에게 깊은 인상을 주는 관점에서 접근되었다.

여유 있는 젊은이를 겨냥한 W호텔, 독서를 즐기는 마니아들을 위한 미국 뉴욕의 맨해튼 라이브러리 호텔, 21세기 IT 세대들의 증대됨에 따라 이들의 욕구를 반영한 트위터 호텔인 네덜란드 타운하우스 호텔, 공항에서 장시간 대기하는 대기승객들의 심리를 파악하여 '공항 안 미니호텔' 콘셉트를 도입한 독일 공항 NAPCAB 등이 있고, 라스베이거스에는 기원 전 이집트를 주제로 한 Luxor호텔, 영화를 주제로 한 MGM호텔, 옛 로마시대를 주제로 한 Caesare Palace호텔 등이 있다.

부티크호텔의 출현은 기능적인 것에서 나아가 스타일적인 것이 요구되고 있고 휴식 역시 문화의 한 장르가 되어가는 시대가 오고 있는 것을 말해준다.

부티크호텔의 개념은 1984년 모간스 호텔그룹(Morgans Hotel Group)의 첫 번째 호텔인 모간스를 디자인한 호텔계의 이노베이터, 아인슈레거(Ian Schrager)에 의해 도입됐다. 이들은 여행객을 위한 숙소로서의 호텔이 아닌 라이프스타일을 즐길 수 있는 문화, 예술, 엔터테인먼트 공간으로서의 호텔에 주목하게 되었고, 그 이후 독자적인 콘셉트의 소규모 호텔을 지칭하는 부티크호텔이 탄생했다. 부티크호텔의 가장 큰 특징은 획일적인 룸과 식당, 로비 등을 갖춘 전형적인 호텔의 구성요소에 손님들이 모여 즐길 수 있는 바, 라운지, 극장과 같은 사교적 엔터테인먼트 공간을 추가하고 홈시어터, 스파 등 방 마다 다른 독특한 콘셉트의 인테리어를 통해 예술적 문화공간을 표현한다는 점이다. 이러한 장점 때문에 세계적인 패션업계 사람들과 하이엔드(high-end) 라이프스타일을 지향하는 사람들로 인하여 부티크호텔의 활성화를 이끌어내고 있다.

3. 호텔기업의 사업다각화 전략

특급호텔이 사업 다각화에 적극적으로 나서고 있다. 이와 같은 현상은 객실 중심의 매출 한계를 극복하는 한편 호텔 내 외식서비스 운영노하우와 브랜드 인지도를 활용해 호텔사업의 수익성을 높이겠다는 전략이다. SK가 운영하는 워커힐은 코엑스 컨벤션센터 내에 펍&레스토랑 '위즈윗'과 프리이엄 라이브 뷔페 '비자비' 등 직영 레스토랑 2개를 운영 중에 있고, 인천공항 내 환승 호텔과 라운지를 포함한 직영 레스토랑 9개, 골프장 클럽하우스 레스토랑 7개, 실버타운 레스토랑 1개 등 총 19개의 특급 호텔 중 최다의 외식사업을 운영하고 있다.

호텔신라는 빵을 함께 파는 커피 전문점 '아티제'를 운영, 롯데호텔은 고려당으로부터 베이커리 브랜드 '포숑' 운영 계약을 따낸 뒤 최근 브랜드 고급화 작업에 착수하였다. 그리고 도어맨, 하우스키핑 등 객실서비스 부문을 신규사업으로 진출한 사례도 생겨나고 있다. 웨스틴 조선호텔은 신한 BNP파리바와 계약을 맺어 오피스 빌딩 '스테이트 타워'에 대한 서비스 운영 중에 있고, 기존 호텔에서 이뤄지던 영접, 컨시어즈, 하우스키핑, VIP 의전, 보안 및 안전, 조경, 주차관리 등의 서비스를 임차인에게 제공하고 VIP만을 위한 공간인 멤버십클럽을 운영해 오피스에서도 호텔서비스를 누릴 수 있도록 하였다.

외국인 관광객과 내국인 해외 여행객들이 증가하면서 호텔기업들의 면세점사업도 강화되고 있는 추세이다.

4. 호텔산업의 전략적 제휴화

오늘날 전략적 제휴는 호텔업계에도 필요불가결한 과정으로 인식되고 있다. 점차 치열해지고 있는 경쟁상황에서 호텔기업이 경쟁우위를 확보하고 유지 존속되기 위해서는 동종 호텔기업 상호간은 물론 관련 서비스기업과도 적절한 형태의 전략적 제휴를 모색하지 않을 수 없는 상황으로 되고 있기 때문이다.

신라호텔 서울과 인터콘티넨탈호텔 서울은 1997년 업계 최초로 특급호텔 간 공동마케팅 계약을 체결하고 양쪽 호텔에서 공동으로 사용할 수 있는 '더블 초이스 카드'를 발급하여 2012년 현재까지 활발히 운영되고 있으며 쉐라톤 워커힐, 밀래니엄 힐튼 서울, 리츠칼튼 서울 등 3개 호텔들이 전략적 제휴를 통하여 '수퍼트리플 카드'를 만들어 고객들로부터 많은 사랑을 받고 있다.

기타 서비스기업과의 전략적 제휴는 호텔기업과 항공사 간 그리고 호텔기업과 카드사 간에 많이 운영되고 있는 상용고객 우대제도 등이 있다.

5. 중소형 호텔의 체인화

경기침체의 상황에 의해서 호텔산업도 고품격 및 고가격 호텔타입에서 기능적인 호텔을 선호하는 추세로 바뀌면서 각 호텔업계는 이에 대응한 새로운 마케팅전략 구축의 필요성이 대두되었다. 이와 같은 관점에서 중소규모의 호텔들이 체인화 시스템에 관심을 가지게 되었다. 2001년 뉴서울호텔이 베스트웨스턴(Best Western) 1호 체인으로 가입한 것을 시작으로 2012년 현재 10개의 체인으로 늘어났으며, 유럽 최대의 호텔체인인 ACCOR GROUP의 브랜드 중 하나로 중저가 시장을 목표시장으로 하는 IBIS호텔이 2002년 도입되어 지속적인 성장세를 이어나감으로써 많은 중소형 규모의 호텔업주들이 점차적으로 눈을 돌리고 있는 실정이다. 국내 중소규모의 호텔브랜드로서 롯데호텔에서 운영하는 CITY 7이 성황리에 운영 중에 있고, 한국관광공사의 BENIKEA 브랜드도 국내 중소형 호텔의 체인화를 주도적으로 이끌고 있으며, 2013년부터 신라호텔에서 경기도 동탄 신도시를 기점으로 하여 '신라스테이(Stay)'라는 중소형 호텔브랜드를 설립 운영할 계획이다.

6. 도심복합형 호텔로 상권 형성

특히 도심호텔을 중심으로 두 종류 이상의 시설기능을 병합한 건물로서 다양한 기능이 복합되어 있는 호텔이 많이 들어설 것으로 본다. 복합화는 고객의 편의성, 시설 간의 시너지 효과를 가져 올 수 있어 고객의 선호도가 높을 것으로 본다. 상업시설, 역사(驛舍), 오피스빌딩, 공공시설, 카지노, 컨벤션센터, 면세 및 명품관 등과 복합화가 이루어지고 있으며 싱가포르의 웨스틴 스탬포드 또는 서울의 롯데호텔이 좋은 예라고 할 수 있겠다.

7. 대량개별 고객화

단체여행객에 비해 개별여행객의 수요가 꾸준히 증가추세에 있어 이들은 보다 다양한 생산체계와 서비스를 필요로 한다. 소비자들의 해외여행 경험 증가, 교육수준의 향상, 가처분 소득 증대, 라이프스타일의 변화, 외국인 관광객의 증대 등에 따라 호텔상품에 대한 욕구가 다양해짐으로서 이러한 고객동향을 반영한 다양한 상품구성은 앞으로의 호텔업계가 당면한 중대과제라 할 수 있다. 이용고객의 다양성을 존중하고, 개별고객에게 맞는 호텔시설과 서비스를 개발하여 매뉴얼화하고, 이를 상황에 맞게 적용하는 경영관리가 필요하게 될 것이다. 호텔이 지향하는 고객유치 전략이 시장에서 효과를 발휘하지 못할 것으로 보며 호텔고객의 세분화는 가족단위 젊은 휴가객, 비즈니스 고객, 여성 고객, 실버세대 고객 등으로 대별되고, 특히 실버층을 위한 시설은 보다 고급스럽고 안락하며, 실내조명, 음향, 엔터테인먼트와 각종 안내서의 디자인, 색상, 활자의 크기 등도 보다 세심하게 고려되어야 할 것으로 본다. 뿐만 아니라 가격과 서비스도 호텔 선택의 기준으로 작용할 것이다.

8. 호텔경영의 친환경화

환경문제가 전 세계적으로 인간생활에 많은 변화를 가져오고 있다. 호텔처럼 많은 물자, 많은 쓰레기가 모이고, 일시에 많은 에너지자원을 필요로 하는 업체에는 필연적으로 환경오염에 대한 대책이 의무화되어 가고 있다. 재활용자원의 관리 및 폐기물 처리시스템의 연구개발에 많은 관심을 보여야 할 것이다. 따라서 환경친화적 경영에 대한 적절한 투자가 필요하게 될 것이며 환경친화적인 조경과 건물 유지관리를 호텔문화로 승화시켜 나가야 할 것이다.

제2장 객실 부문관리

제1절 객실영업업무 개요

제2절 객실예약업무

제3절 프런트데스크업무

제4절 고객서비스업무

제1절 객실영업업무 개요

1. 객실영업의 중요성과 기능

시대의 변천에 따라 호텔의 상품도 객실 중심에서 식음료, 연회, 국제회의, 비즈니스, 문화행사, 공연, 레저·스포츠, 쇼핑, 사교·오락, 휴식 등 여러 가지 상품으로 다변화되어 가고 있지만 호텔의 규모나 등급은 대체적으로 객실의 시설 수준이나 객실수가 변수가 되어 결정되어진다. 호텔영업의 대표적인 판매대상은 객실상품으로 객실판매는 호텔의 전반적인 영업에 영향을 미치게 되고 식음료 영업장과 부대시설 수익의 원천을 제공하는 호텔경영의 핵심상품이다. 또한 객실상품은 보관할 수 없는 특성이 있기 때문에 호텔의 이윤 극대화를 위해 일일 객실점유율을 높일 수 있는 강력한 판매활동이 요구된다.

현재 우리나라에서 각종 식당과 연회시설을 갖춘 특급 호텔의 경우 전체 총수입을 100%로 볼 때 객실부문 수입이 약 40% 이상, 식음료 수입이 약 40% 이상 그리고 기타부문 20%를 차지하고 있다. 따라서 호텔경영에 있어 객실의 점유율이 중요시되고 있으며, 호텔경영의 손익분기점도 객실 점유율(room occupancy rate) 여하에 많은 영향을 받는다.

프런트오피스는 고객서비스의 중심부분으로 고객의 호감을 창조하는 전략적 요지일 뿐만 아니라 단골고객 창출의 선도적 역할을 담당하는 곳이기도 하다. 프런트오피스의 주요 업무는 객실예약, 고객등록 및 객실배정, 투숙객의 편의서비스, 각종 안내 및 정보제공업무, 메시지관리업무, 고객영접서비스, 고객환송서비스, 비즈니스센터업무, 귀빈층에 관련된 제반 업무 등이 있다. 또한 최근 들어 고질화된 호텔경영의 고비용·저효율 기저를 타개하고 고객서비스 혁신을 위해 기존의 교환업무, 룸서비스 및 현관 안내업무를 통합한 새로운 고객서비스 조직을 객실영업부문에 포함시켜 고객지향적·서비스지향적인 호텔서비스기능의 주역으로 변화된 패러다임을 맞이하고 있다.

2. 호텔 객실상품의 변화추세

스타틀러(1863~1928)가 1908년 뉴욕의 버펄로에 300실 규모의 대형호텔을 설립하고, 고객의 안락함과 호텔의 효율적인 운영을 위해 강화문, 배관통로, 전신거울, 전화기, 대형옷장 등의 설치뿐만 아니라 세부장식에도 세심한 배려를 하였다. 최근 선두호텔들은 호텔객실을 이용하는 고객의 취향과 필요에 따라 실내장식, 가구, 장비 등 객실상품과 서비스를 다양화함으로써 객실상품 차별화전략을 구사하고 있다. 특실(suite room) 위주의 객실과 욕실의 공간을 대형화하여 킹 베드나 더블 베드형의 침실에 샤워 부츠, 욕조, 세면대 등이 갖추어진 욕실의 고급화, 대형화의 추세에 있다. 일반객실도 객실 내부는 고품질의 가구, 컴퓨터시스템에 의한 설비 및 장비, 분위기 연출이 가능한 실내조명 등 하드웨어에 충실할 뿐만 아니라 고급스럽고 다양한 편의품으로 서비스의 고급화로 바뀌어져 가고 있다. 또한 객실형태의 균일화로 가구류, 설비, 집기 등은 물론 객실내부의 색상도 단일화 추세에 있고, 융통성 있는 객실로의 변화로 연결문(connecting door)을 최대한 활용하여 집무실, 응접실, 침실로 변형이 가능하도록 하고, 최대의 객실공간 활용을 위해 텔레비전, 냉장고, 안전금고를 벽 속에 넣기도 하며 겸용 화장대와 책상을 비치하기도 한다. 다양한 실내오락(entertainment) 서비스를 위해 텔레비전 채널을 증설하여 유료주문영화, 외국 스포츠 및 뉴스 프로그램을 온종일 제공하기도 한다. 컴퓨터 인터페이스활용으로 객실상황판(room indicater), 실내 TV 퇴숙절차, TV 메시지서비스, 자동국제전화, 팩시밀리, 외부의 항공권, 렌터카, 물건구입 등에 활용할 수 있으며, 객실의 온도관리, 전력관리, 비상호출, 도난방지, 청소관리 등도 가능하게 하였다. 고객편의를 위한 급행서비스제도(express service system)와 버틀러제도(butler system)와 같은 섬세하고 정성스런 고객서비스 조직도 구성되고 있으며, 단골고객 관리기능을 강화하기 위해 고객이력관리제(guest history file management)도 구축되고 있다.

3. 일드 매니지먼트(Yield Management)

1970년대 미국에서 항공산업에 대해 규제완화법이 제정되어 항공사 간 심각한 경쟁체제에 돌입하게 되면서 가격할인이 등장하게 되는데, 이 가격할인에 따라 가장 수익적인 좌석판매율이 어느 부분인가를 계산해 수익적 부분(yield)을 모색하고 이를 관리하는 기법으로 나타나게 된 것이 일드 매니지먼트이다. 항공사 간의 경쟁이 심화됨에 따라 공시가격(full rate)으로는 좌석을 모두 채울 수가 없었기 때문에, 처음에는 무작정 할인만 하였으나 점차 항공사들은 효율적인 경영기법을 연구하기 시작했는데 최상의 수익을 올리기 위해 적절한 유형의 고객(right customer)에게 적절한 시간(right time)에 적절한 가격(right price)으로 좌석을 공급하기 위한 쪽으로 사고의 전환을 가져오게 되는데, 이것이 일드 매니지먼트를 낳게 하였고 이를 호텔에서 도입하여 호텔의 경영기법으로 사용한 것이다.

항공사에서는 공시가격의 승객으로만 좌석을 채울 수 없는 상황에서 이를 해결하려는 방법의 일환으로 할인된 가격을 제공하기 시작하였다. 항공사 상품의 소멸성이라는 성질 때문에 비어있는 좌석은 기회의 상실로 이어진다. 따라서 항공사들은 높게 할인된 가격으로 얼마의 좌석을 팔아야 하며 또한 늦게 예약하는 공시가격의 예약자들로 얼마의 좌석을 제공하는 것이 효율적인가를 예측해야 했다. 항공사들은 이와 같은 일드 매니지먼트기법으로 그들의 문제를 해결했다. 이것은 고객이 일정한 제한을 받아들인다면 같은 비행기에서도 다른 요금을 적용받아 그들은 특별한 혜택을 받을 것이라는 것이다. 즉 고객들이 같은 좌석을 구입했다 하더라도 승객들 간의 다른 구입조건들 때문에 다른 가격으로 구입했을 것이라는 것이다.

이것은 한정된 좌석수를 적절히 할당함으로써 이익을 극대화시키는 것을 의미한다. 호텔도 항공상품과 비슷한 상품이어서 서비스 일드 매니지먼트를 통해 객실이라는 한정된 상품의 효율성을 높여 매출의 극대화를 이룰 수 있다. 호텔에서의 일드 매니지먼트도 호텔의 객실이나 항공사의 좌석과 같이 소멸성의 상품을 판매하여 많은 이익을 내고자 하는 근본은 같다고 볼 수 있다. 이러한 일드 매니지먼트는 저렴한 가격과 높은 서비스 수준을 제공하여 고정적인 고객을 확보하는 방안으로 간주할 수 있다. 항공사와 크게 다르지는 않으나 호텔의 일드 매니지먼트를 한마디로 표현하자면 현재와 과거의 정보와 통계적 모델을 사용하여 수익과 고객서비스를 동시에 증대하려는 수익증대기법이라고 할 수 있다. 일드 공식은 다음과 같다.

$$\text{일드} = \frac{\text{실제 객실판매금액}}{\text{예상 객실판매총액}} \qquad \text{일드레이트} = \frac{\text{실제 판매객실수}}{\text{전체 판매가능객실수}}$$

4. 객실영업부문의 조직과 역할

1) 객실영법부문의 서비스조직

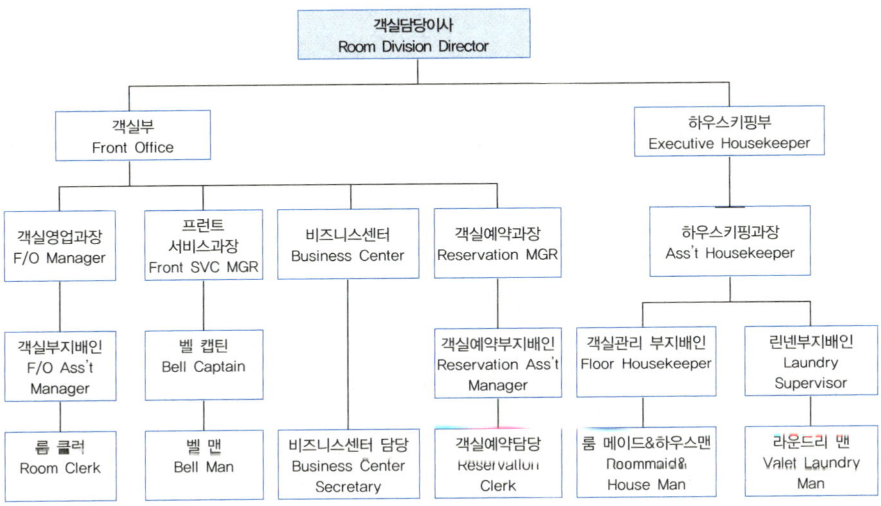

[그림 2-1] 호텔 객실영업부문 조직도

[그림 2-1]에서 보는 바와 같이 객실담당이사는 총지배인과 부총지배인의 지원 하에 고객에게는 감동적인 서비스를 제공하여 만족시키고 부서원에게는 개인적인 성장과 발전을 보장하며 호텔에는 매출증진으로 우량기업이 되도록 헌신적인 노력과 역량을 발휘해야 한다.

2) 객실영업부문의 역할

호텔의 조직은 크게 객실, 식음료, 마케팅, 관리 등으로 구분할 수 있고 객실부문은 다시 객실영업과 객실관리로 나눠서 조직관리를 하게 된다. 호텔의 객실영업부서는 대외적으로는 호텔을 이용하는 모든 고객을 최초로 영접하며 최후에 환송하는 핵심 고객접점부서로서 조직구성원의 행동에 따라 호텔의 이미지를 좌우할 수 있다. 최근 호텔마다 고품격 고객서비스의 실현으로 단골고객(repeat guest) 창출은 물론 호텔영업을 성공적으로 주도하기 위해 노력하고 있다. 대내적으로는 판촉정보나 각종 자료를 생산하여 마케팅활동을 돕고 일일영업을 마감하여 여신과 회계부서에 넘겨 각종 보고서의 기초 자료를 마련해 준다. 그 외 식음료영업, 조리부서, 시설관리부서, 객실관리부서와 수시로 업무협조를 통해 고객정보, 영업상황, 각종 현황, 행사안내, 비상사태 등의 정보를 공유함으로써 고객서비스에 만전을 기하며 최고경영층에게도 필요한 업무자료와 고객동향을 보고하므로 호텔의 전반적인 영업활동을 중추적인 위치에서 계속적으로 진행해 나가게 된다.

객실영업지배인과 부지배인이 수행하는 역할과 기능은 다음과 같으며 각급 구성원의 역할은 담당기능과 함께 설명한다.

(1) 객실영업지배인의 역할

객실영업지배인은 총지배인, 부총지배인 또는 객실담당이사의 지원을 받으며 객실영업업무를 총괄하고 인원배치, 예산수립, 정보교환, 각종 서비스프로그램 등을 개발하여 고객만족과 호텔 발전에 일익을 담당하게 된다. 주요업무는 다음과 같다.

① 업무에 적절한 인원확보
② 업무에 필요한 장비확보
③ 판매가능 객실수 확보
④ 판매전략 수립 및 집행
⑤ 고객서비스 프로그램 개발 및 실천
⑥ 이익목표 설정 및 추진
⑦ 정확한 고객정보 확보로 마케팅 및 판촉부서 지원
⑧ 타 부서와 협조하여 고객에게 최고의 서비스 제공
⑨ 소속원의 직무와 서비스에 대한 교육 및 모니터링
⑩ 내부고객만족을 위한 프로그램 개발 및 추진
⑪ 고객불평처리 및 사후관리

(2) 객실영업 부지배인의 역할

객실영업 부지배인은 객실영업지배인의 업무가 객실영업, 고객서비스, 코맨드센터, 비즈니스센터, 귀빈층 등 많은 부서를 함께 맡고 있을 때에는 실제적인 객실영업의 실무책임자로서 역할이 막중하지만, 호텔산업에서 일어나고 있는 구조조정의 일환으로 객실영업 부지배인이 예약지배인이나 당직지배인의 역할을 겸하는 경우도 많다. 주로 호텔로비에서 총지배인을 대리하여 고객 접점의 최전방 지휘자로서 고객의 영접 및 환송에 많은 시간을 할애하며 고객과 호텔 경영층의 중간 연결자 또는 문제 해결자로서의 역할과 객실영업부서원의 대고객서비스업무를 지원할 뿐만 아니라 고객과 직원의 안전과 회사의 재산을 보호하기 위해 24시간 비상운영체제를 지휘하는 임무도 수행한다. 주요 업무내용을 오전조, 오후조, 야간조로 구분하여 설명하면 다음과 같다.

① 오전조의 부지배인 업무내용

- 전임근무자와 인수인계 및 필요사항에 대한 조치
- 코맨드센터에 근무임을 통보하고 호텔 마스터키를 확인
- 야간회계감사가 제시한 일일영업보고서를 검토, 수정, 보완
- 근무에 필요한 제반 정보입수(객실현황, 연회행사, 경쟁호텔 객실점유 상황, 단체고객현황, 인수인계된 각종 보고서 및 통신문 파악, 객실영업부서 근무자 확인 등)
- 판매가능객실수의 확인 및 고장난 방 조치
- 예약상황과 룸 블로킹(room blocking)상태 정확성 여부 파악
- 도착 VIP 파악과 객실배정에 대한 확인 및 객실 청결상태 점검
- 출발 VIP 퇴숙절차 보조 및 배웅
- 근무 중 호텔 전체의 안전에 대해 체크하며 도난사고, 화재, 안전사고 및 고객 불평불만에 대해 재발방지를 위한 제반조치
- 장기 투숙객과 좋은 관계유지를 위해 빈번한 접촉시도
- 고객과 직원 간의 문제발생시 즉시 개입, 문제를 고객의 입장에서 해결
- 높은 수익성관리를 위해 프런트데스크 에이전트를 지원

- 객실관리부서의 객실점검요원들과 일일 객실점검 후 필요한 조치
- 긴급사태 발생시 임원진에게 보고하고 현장지휘 임무 수행
- 오후조와 업무교대에 대한 사항을 기록한 후 업무인계

② 오후조의 부지배인 업무내용

- 전임근무자와 업무를 인수인계 및 필요사항에 대한 조치
- 코맨드센터에 근무임을 통보하고 호텔 마스터키를 확인
- 객실현황, 연회행사, 경쟁호텔 객실상황, 단체고객현황, 인수인계된 각종 보고서 및 통신문 파악
- 근무에 필요한 제반정보입수 및 객실영업부서원과 일일 영업회의를 주재
- 예약상황과 룸 블로킹(room blocking) 상태의 정확성 여부 파악
- 도착 VIP 파악과 객실배정에 대한 확인 및 객실 청결상태 점검
- 도착 VIP 입숙절차 보조 및 객실안내
- 단체 및 여행사 고객영접 및 조식 종류, 인원, 장소 배정
- 근무 중 호텔 전체의 안전에 대해 체크하며 도난사고, 화재, 안전사고 및 고객 불평불만에 대해 재발방지를 위한 제반조치
- 장기투숙객과 좋은 관계유지를 위해 빈번한 접촉시도
- 고객과 직원 간의 문제발생시 즉시 개입, 문제를 고객의 입장에서 해결
- 높은 수익성관리를 위해 프런트데스크 에이전트를 지원
- 객실관리부서의 객실점검요원들과 일일 객실점검 후 필요한 조치
- 긴급사태 발생시 임원진에게 보고하고 현장지휘임무 수행
- 오후조와 업무교대에 대한 사항을 기록한 후 업무인계

③ 야간조의 부지배인 업무내용

- 전임근무자와 인수인계 및 필요사항에 대한 조치 확인
- 코맨드센터에 근무임을 통보하고 호텔 마스터키를 확인
- 판매가능객실수의 확인 및 고장난 방 조치상태 확인
- 각종 현황 파악 : 객실현황, 연회행사의 마감상태 확인, 경쟁호텔 객실상황

파악, 도착 단체고객 현황파악 및 조식 관련사항 점검, 인수인계된 각종 보고서 및 통신문 파악, 호텔 전부서 야간근무자 파악

- 프런트데스크 업무파악 : 입숙, 퇴숙, 조기퇴숙(unexpected check-out), 연박(stay over), 취소(cancellation), 도착불이행(no-show), 도착예정 고객파악 및 초과예약(over booking)시 턴 어웨이(turn away) 계획수립
- 투숙 VIP 및 장애인명단 작성
- 안전금고(safety box), 고객대여금(paid-out) 확인
- 객실요금할인(room discount) 확인
- 안전요원과 협조하여 각종 사무실, 창고, 업장의 시건장치 확인
- 근무 중 호텔전체의 안전에 대해 체크하며 도난사고, 화재, 안전사고 및 고객 불평불만에 대해 재발방지를 위한 제반조치
- 고객과 직원간의 문제발생시 즉시 개입, 문제를 고객의 입장에서 해결
- 시설관리요원과 협조하여 건물 냉·난방상태 점검 후 필요한 조치
- 긴급사태 발생시 임원진에게 보고하고 현장 지휘임무 수행
- 호텔영업보고서(daily morning reports)가 정확히 작성되었는지 점검 후 경영진과 관련부서 배포 확인
- 오전조와 업무교대에 대한 사항을 기록한 후 업무인계

5. 객실영업무문의 필요장비

고객의 예약, 체크인, 메시지 취급, 환전, 귀중품 보관, 열쇠 발급, 영업회계, 체크아웃 등 프런트데스크에서 고객의 신속한 서비스와 프런트 직원의 편의를 위해 많은 장비가 개발되어 보급되고 있다. 그러나 아직까지 중·소규모 호텔들은 투자비용 때문에 재래식 방법을 이용하여 프런트 업무를 이행하고 있는 곳도 적지 않다. 따라서 전산화된 프런트와 비전산화된 프런트의 장비를 함께 알아보도록 한다.

1) 프런트오피스의 장비

(1) 전산화된 프런트의 장비구성

① 컴퓨터 모니터와 스크린(computer monitor & screen)
② 고객원장 프린터(folio printer)
③ 메시지 프린터(message printer)
④ 고객자료 박스(top copy & bill box)
⑤ 현금서랍(cash drawer)
⑥ 객실열쇠서랍(key drawer)
⑦ 업무용 시계(time punch)
⑧ 통화 집계기(call accounting)
⑨ 객실열쇠 발급기(keycard issuing machine)
⑩ 객실열쇠기록 확인기(lock linker)
⑪ 신용카드 조회기(credit card checker)

(2) 비전산화된 프런트의 장비구성

① 예약스립 박스(reservation slip box)
② 객실 상황판(room rack)
③ 고객안내 상황판(information rack)
④ 우편 및 메시지 함(mail & message box)
⑤ 고객원장 및 전표 보관함(folio & bill bucket)
⑥ 위폐 확인기(dollar checker)
⑦ 신용카드 확인기(credit card validater easy check)
⑧ 교환가능 전화기(switchboard)
⑨ 현금등록기(cash register, posting machine : NCR42, Omron 등)
⑩ 현금서랍(cash drawer)
⑪ 귀중품보관 안전금고(safety deposit box)
⑫ 일부인 시계(time punch)

⑬ 열쇠함(key drawer)

⑭ 예약 상황판(reservation rack)

(3) 이용되는 전표(Vouchers/Slips)

① 외부 고객원장(city ledger)

② 이월전표(transfer voucher)

③ 현금지불전표(paid-out voucher)

④ 잡계정전표(miscellaneous voucher)

⑤ 환불전표(rebate voucher)

⑥ 고객 전언문(guest message slip)

⑦ 판매전표(sales slip)

⑧ 연회행사 정정표(banquet revise slip)

⑨ 고객등록카드(registration card)

⑩ 고객원장(guest folio)

⑪ 예약요청서(reservation request slip)

⑫ 식권(meal coupon)

⑬ 투숙 보너스권(stay credit coupon)

제2절 객실예약업무

1. 객실예약업무의 개요

1) 객실예약의 의의

호텔은 마케팅활동의 수확으로 고객을 유치하게 되는데, 그 첫 번째 단계가 예약이다. 예약은 객실을 이용하고자 하는 고객 또는 중개자에 의해 전화, 팩시밀리, 텔렉스, 편지, 인터넷, 직접방문 등을 통해 이루어진다. 이때 객실의 종류, 이용자 성명, 체재기간, 예약자 성명과 전화번호, 요금과 제반서비스, 지불조건에 따른 조치사항 등을 확정짓게 되며, 이런 자료는 한 고객이 입숙, 체재, 퇴숙 후에도 고객이력관리 파일에 저장되어 마케팅 활동에 이용되므로 정확성이 필요하다. 호텔경영에 있어서 객실판매가 가장 큰 영향을 미치므로 보유객실을 공표요금 또는 할인요금으로 모두 판매했을 때 호텔 경영진과 실무부서원이 바라는 이상적인 영업이 된다. 그러나 경쟁이 치열한 시장 내에서는 현실적으로 불가능한 일이므로 세계적 선두 체인호텔들은 객실점유율과 매출을 동시에 극대화시킬 수 있는 객실수익률관리(yield management) 프로그램을 개발하여 객실예약프로그램에 연계(interface)시켜 활용하고 있다.

Hotel New Otani Hakata

Hotel New Otani Hakata is the most exclusive hotel in Kyushu. It is ideally located to serve as a base of operations for both business and sightseeing.

ROOM RATES

Single	¥16,000~ ¥32,000
Twin	¥25,000~ ¥27,000
Double	¥28,000
Large Twin	¥29,000~ ¥35,000
Deluxe Twin	¥60,000
Suite	¥35,000~¥130,000
Royal Suite	¥230,000
Japanese Suite	¥25,000~ ¥45,000

- Extra Bed : ¥2,500 · Baby Cot : Free
- Checkout Time : 12 : 00 (Noon)

RESTAURANTS AND BARS.

14F	Japanese Cuisine	Senbazuru
1F	Restaurant	Green House
B1F	Continental Cuisine, & Bar Chinese Restaurant Japanese Restaurant	The Castillian Room Taikan-En Watahan

Sales & Reservations Offices

Honolulu Phone : 808-923-1555 Fax : (808)922-9404	**Los Angeles** Toll Free: USA&CANADA 800-421-8795 CALIFORNIA 800-273-2294 Fax: (213)620-9808
New York Phone : 212-308-7491 Fax : (212)980-1932	**Singapore** Phone : 338-3333 Fax : 339-2854
Hong Kong Phone : 5-292723 Fax : 5-8613549	**London** Phone : (071)731-4231/3 Fax : (071)384-1507

The New Otani

HOTEL NEW OTANI HAKATA

FUKUOKA CITY, JAPAN Phone : (092) 714-1111

Reservation (092)715-2000 Fax : (092)715-5658 CABLE : OTANI H-J

[그림 2-2] 공표요금

2) 예약의 기능

예약은 상품적 기능과 유통적 기능 두 가지를 가지고 있다. 일반적으로 상품적 기능은 핵심 상품, 실체적 상품, 부가적 상품의 3차원으로 나누어진다. 핵심적 상품이란 구매자가 실제 원하는 것이 무엇인가를 찾아내어 개발하여 만든 것이다. 고객이 객실을 구매하였지만 실제 구매한 것은 편안함, 안전감 등이라 할 수 있다. 실체적 상품이란 구매자가 구매한 눈에 보이고 사용하는 실체이다. 객실 그 자체가 여기에 포함된다. 부가적 상품이란 기업 간 경쟁이 점점 치열해지면서 고객에게 핵심적 기능이외에도 덤으로 더 주어 고객을 유치할 수 있도록 한 것이다. 예약과 같은 부가적 서비스를 그 예로 들 수 있다.

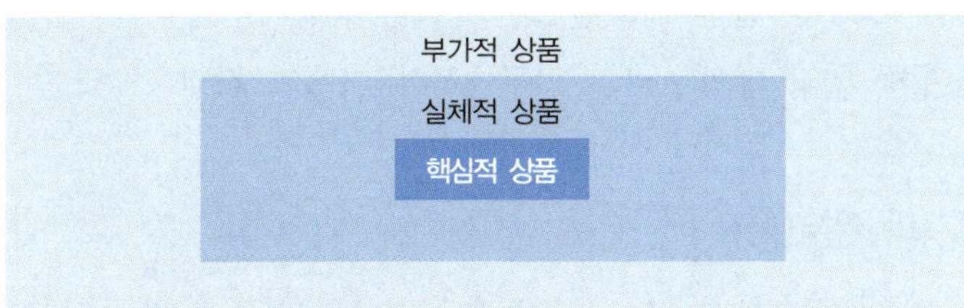

[그림 2-3] 상품의 3차원

예약은 유통직 기능도 있다. 유통이란 상품이나 서비스가 생산자로부터 소비자에게까지 이전되는 모든 과정이라 할 수 있다. 호텔도 고객에게 객실을 판매하기 위하여 다양한 유통조직을 가지고 있다. 보통의 유통조직은 상품을 구매자가 구매하기 쉽도록 구매자 곁으로 가지만 호텔의 유통조직은 고객을 호텔까지 예약을 통해 보내는 역할을 한다.

〈표 2-1〉 객실예약의 상품적 기능

실체적 상품	핵심적 상품	부가적 상품
객 실	편안, 안전	예 약
컴퓨터	서류작업의 용이함과 신속성, 정보취득, 오락	교육, 할부, 수선, 배달, 제품보증
책	정보취득, 오락, 지식증진	저자 사인회
화장품	멋	리필(refill)

2. 예약부서의 주요업무

호텔예약은 대부분 전화로 이뤄지므로 전화벨이 울리는 그 자체가 매출과 직결될 수 있다. 따라서 얼굴을 볼 수 없는 고객에게 호텔서비스 상품을 설명하고 매출로 연계시키는 능력은 실력으로 평가받을 수 있게 된다. 예약직원 개개인의 능력에 따라 호텔의 서비스 품질과 이미지를 고객에게 잘 알릴 수 있는 기회를 갖게 됨은 물론 객실, 식음료, 부대시설의 매출이 크게 좌우된다. 예약직원은 선발에서부터 인성, 적성, 서비스태도, 고객지향성, 업무가능성, 장래성 등을 충분히 감안하여 선발해야 하며 서비스 기본교육과 직무교육을 잘 연수받게 한 후 보직하게 함으로써 호텔 예약서비스의 질적 향상을 가져 올 수 있다. 업무평가는 주기적으로 실시하여 질적·양적 평가로 보상을 함으로써 내부고객관리와 외부고객관리가 동시에 이루어지도록 하여야 한다. 예약부서의 업무내용은 다음과 같다.

1) 예약부서의 업무내용

① 전화, 팩시밀리, 텔렉스, 편지, 인터넷, 직접방문 등을 통해 요청하는 예약문의에 답하며 예약을 성사시키기 위한 제반활동 이행

② 예약접수대장을 작성하여 도착일별, 문자순서별로 보관한다.

③ 예약확인서를 발송한다.

④ 당일 변경 또는 수정사항은 즉시 이행하고 프런트에 통보한다.

⑤ 예약상황과 판매가능객실을 수시로 파악하여 담당자와 협의한다.

⑥ 3개월, 1개월, 10일간 예상객실점유율과 예상매출액을 작성하여 관련부서에 제공한다.

⑦ 프런트 및 고객서비스 파트와 예약 및 VIP 예약에 대한 정보를 교환한다.

⑧ VIP 편의품(room amenities & F/B set up)을 상정한다.

⑨ 고객이력관리로 마케팅 업무를 보조한다.

⑩ 숙박등록업무를 보조한다.

3. 예약접수경로

휴양지 호텔(resort hotel)에는 호텔을 이용하고자 하는 고객이 직접 예약하는 경우도 많지만 대부분의 상용호텔(business hotel)들은 기업체의 비서나 실무부서, 예약센터, 여행사, 체인본부를 통해 예약이 접수되는 경우가 많다. 예약을 위해 이용하는 접수 수단도 전화, 팩시밀리, 편지, 인터넷, 직접방문 등이 있으며 개인컴퓨터를 이용한 통신접수나 체인호텔본부의 중앙예약사무실(CRO : central reservation office)과 전문예약망(GDS : grobal distribution system)으로 SABRE, ABACUS, APOLLO, TRAVEL WEB, LHW, UTELL 등을 이용하는 경우도 차츰 증가하는 추세에 있다. 특히 체인호텔의 예약망은 전 세계 자매회사나 예약망 이용 계약회사의 객실상황을 한눈에 볼 수 있도록 전산화되어 있고 다양한 고객관리 프로그램을 동시에 운영되어 단골고객(repeat guest) 창출의 수단으로 활용되고 있다.

1) 전화 예약

아직까지 예약접수방법으로 가장 많이 이용되는 수단이며 호텔의 서비스상품과 수준을 고객에게 알려 믿음을 줄 수 있고 예약의 가부를 신속하게 선날할 수 있다.

2) 팩시밀리 예약

보다 구체적인 내용을 한 번에 전달할 수 있는 장점이 있고 전화예약의 확인방법이나 견적서 제출방법으로 널리 활용되고 있다.

3) 편지 예약

가족단위 여행객이나 과거에 투숙한 경험이 있는 고객이 안부 겸 편지로 예약여부를 문의해 오는 경우가 있는데, 이때는 예약지배인이나 편지를 받은 당사자가 성의껏 답장을 보내 단골고객 확보에 도움을 줄 수 있다.

4) 인터넷 예약

대부분의 체인호텔들과 예약전문회사들은 세계적인 예약통신망을 구축하고 이를 통해 객실상황을 파악하며 예약을 집행하고 이를 우대고객관리 프로그램(mileage program)과 연계하여 혜택을 부여하기도 한다.

5) 직접방문 예약

규모가 큰 예약이나 식음료, 부대시설과 함께 이뤄지는 예약은 이를 확실히 성사시키기 위해 관련 담당자들이 직접 당사자를 방문하여 예약을 받게 되는데, 이때는 제반 조건들을 협의하여 결정하고 결과를 문서화하여 보냄으로써 내・외부적으로 행사에 차질이 없도록 한다.

6) 여행사를 통한 예약

국내・외 여행사로부터 접수되는 예약은 각 여행사와 계약한 제반 조건에 의해 요금, 지불방법, 고객특전 등이 결정되게 되며, 입숙 시 고객이나 여행사 안내원으로부터 예약확인서(reservation confirmation slip)를 제출받는다.

4. 예약접수 절차

위에서 언급한 예약경로를 통해 접수되는 예약은 먼저 고객이 요청하는 객실 형태별, 위치별 판매가 가능한 객실이 있는지 여부를 파악하고 고객의 요청에 꼭 맞는 객실이 없다면 가능한 객실을 추천하여 고객의 의사결정에 도움을 주어 판매로 연결한다. 이때는 프로정신으로 철저한 객실수익률관리 및 고객관리 측면에서 성의를 다해 업무에 임해야 한다. 간혹 예약초과, 필요한 객실형태, 부담이 가는 가격 등으로 고객과의 계약이 성사되지 않더라도 잠재고객관리라는 사실을 잊어서는 안되며 다른 호텔을 추천하더라도 그 고객에게 적당한 곳을 안내함으로써 고객의 자존심을 세워줌과 동시에 좋은 이미지를 남겨 다음번 예약과 연계시키도록 노력해야 한다.

예약문의
- → 가 능 — 고객이력 검토 — 예약수락 및 조건협상 — 내부조치
- → 불가능 — 감사 표시, 다른 호텔 추천으로 잠재고객관리

[그림 2-4] 예약접수 진행과정

예약을 접수할 때 정확한 대금회수, 높은 객실점유율과 확실한 단골고객관리를 위해 계약회사 후불(volume corporate credit)과 여행사 후불(travel agent credit)을 제외한 일반고객(FIT : free independent traveler)의 대금은 선금이나 신용카드결제 등 보장형 예약(guaranteed reservation)으로 유도하며 만약 비보장형 예약(non-guaranteed reservation)으로 예약이 완료되면 도착시간을 명확히 약속함으로써 투숙불이행(no-show)을 최소화하도록 한다. 호텔예약에 이용되었던 시스템은 1960년대, 1970년대 수작업으로 이뤄진 예약표찰(reservation rack), 1980년대 HIS(hotel information system) 시리즈, 1990년대 초반의 AS400을 거쳐 1990년대 말에는 Fidelio 6 시리즈가 이용되어 체인호텔의 예약망과 연계된 객실수익률관리(yield management)와 고객이력관리(guest history file management)를 범세계적으로 할 수 있는 예약시스템이 구축되어 효율성을 높여주고 있다. 고객으로부터 예약 요청이 있으면 가장 먼저 파악해야 할

〈표 2-2〉 객실현황

```
Fidelio 6.04(9) FM-HJL                        The Westin Chosun Beach, Pusan  06/12/98
 ┌──────Max Avail──────────────┬──────────────────────────────┐                  1998
 │ Room Type      Avail   Min  │                              │ ───────┬─────────
 │                             │                              │-10/12  │Fr-11/12
 │ SQ                 3     3  │ EA                  0     0  │────────┼─────────
 │ ST                11    11  │ EB                  6     6  │   286  │     286
 │ SF                 2     2  │ DS                  1     1  │     3  │       0
 │ DQ                20    20  │ OS                  1     1  │   283  │     286
 │ DT                35    35  │ ES                  2     2  │    80  │     119
 │ DF                13    13  │ RS                  0     0  │   203  │     167
 │ DA                 3     3  │ RB                  1     1  │     0  │       0
 │ DC                10    10  │ RA                  1     1  │   203  │     167
 │ DB                 4     4  │ NOR               102   102  │     0  │       0
 │ OD                 1     1  │ SUI                21    21  │   203  │     167
 │ ED                 6     6  │                              │    80  │     119
 │ ET                 3     3  │ Total             123   123  │ 28.27% │  41.61%
 └─────────────────────────────┴──────────────────────────────┘ 28.27% │  41.61%
 Event            │          │          │          │          │        │
 Day Type         │        C │        C │        C │        C │      C │       C
┌Max Avail──────────────────────┐      │      169 │      127 │     99 │     169
│Start                 06/12/98 │      │       51 │       35 │     36 │      59
│Days                  1        │      │       66 │       60 │ ┌──────────────────┐
│Ignore S&C Ceiling    Y        │      └──────────┴──────────┘ │- Record Turnaway │
└───────────────────────────────┘       Help                   └──────────────────┘
```

사항은 <표 2-2>와 같은 객실현황이다.

컴퓨터 모니터를 보면서 새로운 예약 스크린에 직접예약을 넣을 수도 있지만 정확성을 기하기 위해 <표 2-3>과 같이 예약스립에 기록하여 입력하고 스립은 도착일별, 문자순서별 보관 관리한다. 일반적으로 예약업무는 새로운 예약, 재방문객예약, 단체 및 여행사예약, 선불예약, 예약변경, 예약취소 등으로 구분하여 설명할 수 있으며, 예약은 호텔과 고객과의 약속을 정해 나가는 절차이므로 필요한 고객정보는 가능한 모두 파악하여 사후에 대비하는 것이 중요하므로 다음 사항을 포함하게 된다.

〈표 2-3〉 예약스립

<table>
<tr><th colspan="5">RESERVATIONS REQUEST SLIP</th></tr>
<tr><td>DATE</td><td>ARRIVAL</td><td>TIME
FLT/TRAIN
BUS/CAR</td><td>DEPARTURE</td><td>TIME</td></tr>
<tr><td rowspan="2">NAME</td><td colspan="2">LAST</td><td colspan="2">FIRST</td></tr>
<tr><td colspan="4">NATIONALITY : KOR/JP/USA/GER/FRANCE/OTHERS(　　)</td></tr>
<tr><td colspan="3">COMPANY</td><td colspan="2">BOOKED BY :</td></tr>
<tr><td>ROOM TYPE</td><td>EXEC</td><td>DLX</td><td>SUP</td><td>SUT</td></tr>
<tr><td colspan="3">ROOM RATE</td><td colspan="2">TEL NO/FAX NO</td></tr>
<tr><td colspan="5">REMARKS
VIP :　　DATE :　　CONFIRMATIONS NO :</td></tr>
</table>

① 모니터의 회계번호
② 도착, 출발일자 및 예정시각
③ 객실형태 및 개수
④ 고객 성명(단체명) 및 투숙인원
⑤ 회사명, 주소, 도시명, 우편번호, 전화번호
⑥ 예약자의 성명 및 관련자료(투숙자와 다른 경우)
⑦ 결정요금과 대금지불방법 및 신용카드 종류와 번호
⑧ VIP 여부 및 제공할 편의품 종류
⑨ 특별요청(어린이 동반, 장애인, 금연층 및 금연실 등)
⑩ 기타사항

1) 새로운 예약

예약직원이 서비스자세를 익히고 위의 10개항을 숙지한 상태에서 새로운 예약을 접수하게 되면 <표 2-4>와 같이 고객의 동의 하에 각 항목을 메워 나간다. 이때 IMPACT Confirm#는 체인호텔의 확인번호이며, Premier level#는 사업상 잦은 호텔 이용객을 위한 프로그램의 등급과 회원번호, Airline Partner#는 국내외 항공사나 렌터카 회사와 연계된 회원관리 프로그램, PROM001은 설정된 요금 중 프로모션 세분시장의 고객임을 나타내고 있다. FIT - 6pm Hold는 순수한 개별고객으로 오후 6시까지 예약이 유효하며 비보장성 예약임을 말한다. Source of Bus. CR3은 예약이 이뤄진 사무실을 나타내고, HTL Dire는 호텔의 소식지(news letter)를 보내도록 조치가 되었고, Special Req BS, FS는 특별요청으로 해변 객실과 과일을 원한다는 내부적 분류기호이다.

〈표 2-4〉 예약 모니터

```
Fidelio 6.04(9) FM-HJL                  The Westin Chosun Beach, Pusan  06/12/98

       Max Avail                                                    1998
  Room Type          Avail  Min
                                                              -10/12   Fr-11/12
  SQ                    3    3   EA              0     0
  ST                   11   11   EB              6     6        286      286
  SF                    2    2   DS              1     1          3        0
  DQ                   20   20   OS              1     1        283      286
  DT                   35   35   ES              2     2         80      119
  DF                   13   13   RS              0     0        203      167
  DA                    3    3   RB              1     1          0        0
  DC                   10   10   RA              1     1        203      167
  DB                    4    4   NOR           102   102          0        0
  OD                    1    1   SUI            21    21        203      167
  ED                    6    6                                   80      119
  ET                    3    3   Total         123   123     28.27%   41.61%
                                                               28.27%   41.61%
 Event
 Day Type                 C          C        C         C         C        C
Max Avail                                   169       127        99      169
Start               06/12/98                 51        35        36       59
Days                1                        66        60
Ignore S&C Ceiling  Y                                      - Record Turnaway
                                  Help
```

또한 CONFIRM은 확인전화를 완료했다는 표시로 투숙가능성이 높음을 말하고 있다.

2) 재방문객 예약

최신 개발된 호텔 프런트오피스 시스템은 재방문 고객(repeat guest)의 고객이력에 대한 정보들을 잘 보유하고 있어 다음 예약 시 고객과의 대화에 매우 편리하게 디자인되어 있다. <표 2-5>는 TWCB호텔의 회원으로서 지난번 투숙 시 객실요금, 객실번호, 체재기간 등을 참고로 예약을 접수하도록 되어 있고 계속 누적관리가 용이하다.

〈표 2-5〉 고객이력카드 모니터

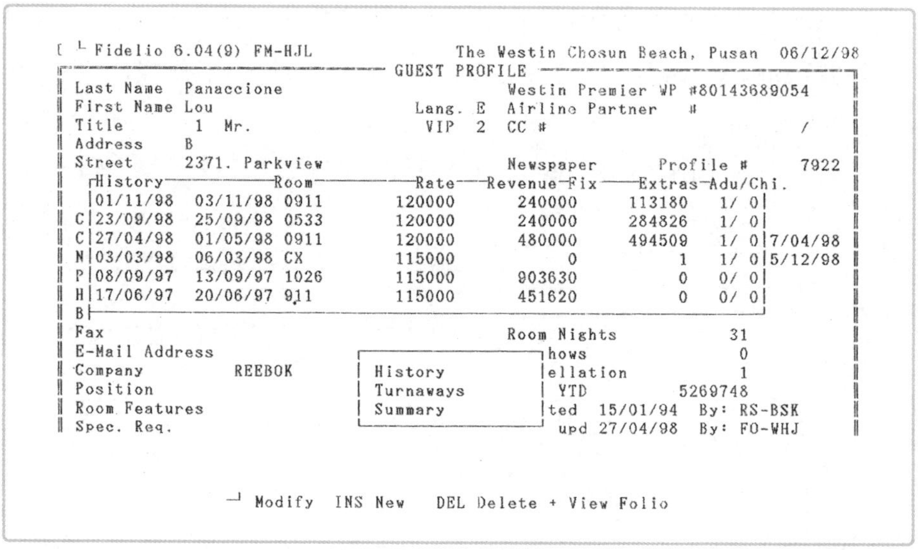

```
Fidelio 6.04(9) FM-HJL                 The Westin Chosun Beach, Pusan  06/12/98
                              GUEST PROFILE
Last Name  Panaccione                          Westin Premier WP #80143689054
First Name Lou                        Lang. E  Airline Partner   #
Title       1  Mr.                     VIP  2  CC #                          /
Address     B
Street      2371. Parkview                     Newspaper      Profile #     7922
 History             Room          Rate   Revenue Fix    Extras Adu/Chi.
  01/11/98  03/11/98 0911        120000    240000      113180   1/ 0
C 23/09/98  25/09/98 0533        120000    240000      284826   1/ 0
C 27/04/98  01/05/98 0911        120000    480000      494509   1/ 0 7/04/98
N 03/03/98  06/03/98 CX          115000         0           1   1/ 0 5/12/98
P 08/09/97  13/09/97 1026        115000    903630           0   0/ 0
H 17/06/97  20/06/97 911         115000    451620           0   0/ 0
B
Fax                                            Room Nights           31
E-Mail Address                                 hows                   0
Company          REEBOK      History           ellation               1
Position                     Turnaways          YTD           5269748
Room Features                Summary           ted  15/01/94  By: RS-BSK
Spec. Req.                                      upd 27/04/98  By: FO-WHJ

            Modify  INS New   DEL Delete + View Folio
```

3) 단체와 여행사 예약

단체와 여행사 예약은 여행사를 통한 개별고객과 단체고객 등으로 나뉜다.

(1) 여행사를 통한 개별고객

국내외 여행객이 특정지역의 사정을 잘 모르거나 간혹 싼 요금의 패키지를 여행사를 통해 구입하여 호텔에 투숙하게 되는데, 이때는 투숙객 입장에서는 개별고객이지만 호텔 입장에서는 여행사 단체고객으로 간주하고 예약절차를 거치게 된다.

<표 2-6>의 고객성명란에는 실제 투숙객이 아닌 여행사 고유번호와 예약번호가 적혀 있으며 식사관계가 명시되고 지불방법도 언급되어 있다.

〈표 2-6〉 여행사를 통한 예약 시 모니터

```
Fidelio 6.04(9) FM-HJL              The Westin Chosun Beach, Pusan  06/12/98
                              RESERVATION
Name       Knt Tko VIP Grp#1, M  Group                          Last Rate        0
Company                          VIP       2                    Last Room
Agent      SOEC                  Country  JP    Lang.      J    Last Visit    /  /
Source                           City                           Pref.Room

Arrival           06/12/98   Sunday       Conf./Share 56846/              R
Nights               2                      IMPACT Confirm #
Departure         08/12/98   Tuesday        Premier Level        #
Adult/Chld           1   0                  Airline Partner      #
Number of Rooms   1                         Arr.Flight           Arr.Time    :
Room Type         DB          Upgrade From  Dep.Flight           Dep.Time    :
Room No           0517    Disc.      0      PaymentCA                           /
Rate Code         GFT14     Rate Fixed N    Card Holder       Mr Ma/Sales mgr
Rate        KRW      60000                  Contact Name
Resv. Type         1 FIT - 6pm Hold         Deposit Recv'd           0   /  /
Time                  :                     Packages                  Newspaper
Block                                       Contact#                    Prt Rate?
Market            GFT  Group FI      Features
Source of Bus.    HSO  HTL Pusa      Special Req. BS,FS
Confirmation           Cmt: 4rms//rm only charge to soec T/A  Guide:Kim, In Sook
```

(2) 단체와 여행사를 통한 단체예약

단체예약은 협회, 공기업, 공익단체, 학교, 학회, 회사, 여행사 등을 통해 국제교류, 국제회의, 학술세미나, 관광서미트, 관광여행 등을 이유로 15인 이상이 동시에 투숙하므로 취급되는 예약형태로 주로 단체나 여행사의 이름으로 별도의 협의된 요금과 조건으로 예약이 이루어진다. 이때 고객 안내와 계산의 편의를 위해 여러 개의 계정으로 입력을 하게 되는데, 주로 객실요금과 조식은 GROUP-MASTER 계정에 입력하여 단체나 여행사에서 지불하고 나머지 식음료업장, 미니바, 부대시설, 전화요금, 비즈니스센터 등의 이용료는 본인이 지불하도록 한다. <표 2-7>은 GROUP-MASTER로서 Comments란에 20명/10실/KOLON T/A에서 지불이란 안내가 있고, <표 2-8>에는 <표 2-7>에 따른 개별예약으로 2명이 함께 투숙하며 그 중 1번이란 표시가 되어 있다. 이 예약을 근거로 객실에 투숙하여 퇴숙 시까지 연계되는 업무는 프런트오피스 에이전트 업무에서 설명하고자 한다.

〈표 2-7〉 단체예약 시의 모니터 I

```
Fidelio 6.04(9) FM-HJL                        The Westin Chosun Beach, Pusan  06/12/98
                                     RESERVATION
 Name        YY0612 MASTER           Group    YY0612 MASTER     Last Rate         0
 Company                             VIP       0                Last Room
 Agent       KOLON PUSAN             Country  JP    Lang.    J  Last Visit    /  /
 Source                              City                       Pref.Room

 Arrival         06/12/98   Sunday          Conf./Share 60712/              R
 Nights             2                         IMPACT Confirm #
 Departure       08/12/98   Tuesday           Premier Level         #
 Adult/Chld         0    0                    Airline Partner       #
 Number of Rooms    1                         Arr.Flight            Arr.Time   :
 Room Type       PM          Upgrade From     Dep.Flight            Dep.Time   :
 Room No         9007     Disc.       0       Payment                          /
 Rate Code       GTR02      Rate Fixed N      Card Holder
 Rate        KRW         0                    Contact Name
 Resv. Type       1 FIT - 6pm Hold            Deposit Recv'd           0    /  /
 Time               :                         Packages                Newspaper
 Block           YY0612                       Contact#                  Prt Rate?
 Market          GTR  Group To         Features
 Source of Bus.  DI1  HTL Dire         Special Req. BS
 Confirmation         Cmt: Rm&B/F 10rms, 20pax Charge to Kolon T/A G:Lee, Mi Ja
```

〈표 2-8〉 단체예약 시의 모니터 II

```
Fidelio 6.04(9) FM-HJL                        The Westin Chosun Beach, Pusan  06/12/98

Room RmT  Name            Arrival  Departure   Rooms   Agnt/Src Group/Co  ST
                              Routing Instructions
|0321 DC|1|                               |2|                                1|
|0321 DC|   Dept    All Other Postings    |   Dept    RT                     1|
|0322 DC|                                 |
|0322 DC|   Room    0321     Reg          |   Room    9007    Reg    60712
|0513 DC|                                 |
|0513 DC|   Name    YY0612, rM 06         |   Name    YY0612 MASTER
|0515 DC|                                 |
|0515 DC|
|0527 DC|3|                               |4|
|0527 DC|   Dept                          |   Dept
|     DB|
|       |   Room    ------ Reg --------   |   Room    ------ Reg --------
        |
        |   Name    YY0612, rM 06         |   Name    YY0612, rM 06

 1 Corre| 2 Window   3 Window   4 Window  Dates   Info     Routing From
 6 Optio                                                                 s
 A Add On        B Share         R Regcard        W Waitlist
```

4) 선불예약

호텔의 객실예약이 이루어질 때 신용카드나 현금으로 선수금을 받는 보장형 예약(guaranteed reservation)으로 유도하게 되는데, 이것은 고객의 스케줄을 어느 정도 확약 받게 되므로 호텔로서는 사전에 완벽한 준비를 할 수 있을 뿐만 아니라 매출 감소에 대한 위험 부담도 줄일 수 있고 투숙불이행(no-show)도 예방할 수 있게 된다. <표 2-9>의 Resv. Type을 보면 “3 FIT-Deposit G. Deposit Recv'd 338,800 19/11/98” 이라고 표기되어 있는데, 이는 “FIT 고객이 98년 11월 19일 현금으로 338,000원 선불했으며 예약은 보장되었다”는 내부언어로 표시가 되어 있다. 고객에게서 받은 예약금은 선수금 입금전표를 프린트하여 야간회계감사에게 넘기고, 현금은 당일로 입금고를 통해 관리부서에 전달한다.

〈표 2-9〉 선불예약 시의 모니터

```
[ └ Fidelio 6.04(9) FM-HJL               The Westin Chosun Beach, Pusan  06/12/98
                                RESERVATION
 Name        So, Chi Sub Mr.        Group                         Last Rate        0
 Company                            VIP        0                  Last Room
 Agent                              Country  KR    Lang.      K   Last Visit    /  /
 Source                             City                          Pref.Room

 Arrival          11/12/98    Friday        Conf./Share 58760/
 Nights             2                         IMPACT Confirm #
 Departure        13/12/98    Sunday          Premier Level         #
 Adult/Chld         2    0                    Airline Partner       #
 Number of Rooms    1                         Arr.Flight            Arr.Timo   :
 Room Type        EA          Upgrade From    Dep.Flight            Dep.Time   :
 Room No                 Disc.        0       PaymentCA                          /
 Rate Code        PREM05    Rate Fixed N      Card Holder      02-3462-4181 .
 Rate        KRW     140000                   Contact Name     Ms. Lee, Kyung Nam
 Resv. Type        3 FIT - Deposit G          Deposit Recv'd      338800   19/11/98
 Time               :                         Packages                Newspaper
 Block                                        Contact#                  Prt Rate?
 Market           PRE  Premium        Features
 Source of Bus.   DI1  HTL Dire       Special Req.
 Confirmation          Cmt: 30%disc
```

5) 예약변경

고객의 입장에서 호텔의 예약과 투숙은 사업상 업무를 보듯이 시간을 정확히 맞춰야 한다는 개념과는 조금 거리가 있다. 간혹 업무상 일정변경, 비행기 예약의 어려움, 교통체증, 천재지변 등 예기치 않았던 일로 인해 예약을 변경할 수밖에 없는 상황일 때 고객의 요청을 최대한 수용하여 서비스 지향적인 마인드를 고객에게 전할 수 있는 기회로 만들어야 한다. 예약변경이 접수되면, 먼저 변경하고자 하는 날의 객실상황을 파악하고 변경되는, 즉 날짜, 요금, 요금코드를 변경한 후 고객에게 명확하게 확인한다. 변경에는 고객의 요청에 의해 고객 성명이나 객실 종류를 바꿀 수 있으며 이때는 회원·비회원을 확인하며 제반 혜택도 함께 검토해야 한다.

6) 예약취소

고객의 일정이나 사정에 의해 예약이 취소되는 경우가 종종 있다. 이때는 누가, 언제, 어떤 이유로 취소했으며, 담당자는 누구였는지 정확히 확인하여 사후에 발생될 지도 모르는 문제점에 대비해야 한다. 예약취소가 접수될 때 피델리오 시스템(fidelio system)을 통해 처리되므로 프런트오피스의 업무를 도와주게 되고 판매가능객실 산출이나 고객과의 사후문제 또는 책임소재의 시비를 사전에 예방하게 되므로 예약취소 절차에 의해 잘 정리하는 습관을 길러야 한다. 간혹 단체 예약취소나 투숙 당일의 예약취소로 취소수수료 징수문제가 발생하게 되지만 모든 것을 법으로 처리하는 것보다 고객관리 측면에서 처리되어야 한다.

5. 마케팅활동을 위한 자료관리

1) 예측보고서

호텔은 매출을 극대화하기 위해 각 부문이 일별, 주별, 월별, 연별, 중·장기 계획을 세우게 되는데, 모든 계획의 기본은 매출과 객실점유율의 예측에서부터 시작된다고 볼 수 있다. 가장 기본적인 자료가 일별, 주별, 10일간, 월별 예측으로 예약책임자와 객실영업 지배인은 객실점유율과 매출에 대한 예측보고서를 작성하여 부서장회의(department head meeting)나 일일 영업지배인회의(morning briefing)에 보고한다. 이는 다른 영업부서의 영업준비 및 인력수급과 지원부서의 구매활동, 자금조달, 범호텔적 행사일정 관리의 기초자료가 된다. 이때 수정된 예측보고서는 실제 예약뿐만 아니라 경쟁사, 연휴, 비즈니스의 흐름 등 주요 환경적 요인을 최대한 고려하여 작성·배부하므로 정확성을 요구한다. 노련한 예약책임자나 객실영업지배인은 향후 영업을 정확히 예측함으로써 호텔서비스의 질 관리와 자재의 효율적인 관리에 도움을 주게 된다.

2) 판촉활동 기초정보 제공

뛰어난 상품지식, 창의적인 판매기획력, 충분한 경험을 보유한 판촉요원이 있는 호텔이라도 적시에 예약 원천을 파악하지 못하면 생산에 비해 인적, 물적 소모가 클 수밖에 없을 것이다. 예약직원은 예약접수와 동시에 그 회사나 개인이 보유한 호텔 이용 가능성에 대한 잠재시장을 파악하여 판촉정보(sales lead)를 작성하여 판촉요원에게 관련 정보를 제공함으로써 객실, 식음료, 연회, 부대시설부문의 판촉을 돕는 중요한 위치에 서게 된다. 그래서 간혹 대형호텔들은 예약부서가 마케팅부문에 소속되어 있는 호텔도 있지만 호텔의 전반적인 업무연계와 고객편의, 매출증진을 위해서는 객실영업부문에 속해 있으면서 프런트와 함께 업무를 추진하는 것이 바람직하다. 하지만 객실판매가 주업무이기 때문에 판촉직원에게 정확한 정보를 제공하고 마케팅부서와 정보를 공유하는 것이 매우 바람직한 일이라 하겠다.

3) 고객이력관리

호텔 간의 경쟁이 심화되면서 대부분의 호텔들이 단골고객(repeat customer) 확보에 심혈을 기울이게 되고, 상용고객 우대 프로그램 운영, VIP 카드 발급, 비서클럽 관리, 멤버십제도 도입 등으로 관계마케팅(relationship marketing)을 적극 활용하여 재고객 창출에 많은 자원, 시간, 인력을 투입하고 있다. 고객이력관리는 단골고객(repeat guest)관리의 기본으로 고객의 종전 투숙에 대한 정보, 관계회사에 대한 정보, 기호 및 취향에 대한 정보를 세세히 관찰하여 기록해 두는 고객이력관리(guest history file management) 프로그램에 의해 관리한다. 많은 호텔에서는 재방문 시 이를 관련 부서에 배포하여 고객접점직원들이 그 고객을 인지하고 고객의 성함을 부르거나 따뜻이 맞이함으로써 가정에 돌아온 기분을 느끼도록 하고 있다. 투숙기간 중 지불한 금액과 투숙일수에 따른 실적을 관리하여 고객이나 예약자에게 혜택을 부여하여 호텔에 대한 충성도(loyalty)를 높인다. 규모가 큰 호텔은 고객이력관리를 전담하는 직원이 있지만 대부분 호텔들은 예약부서에서 이 업무를 관장하고 있다.

제3절 프런트데스크업무

1. 프런트데스크의 업무개요

프런트데스크는 고객의 입숙절차, 메시지 확인, 각종 안내, 환전, 귀중품 보관, 불평불만 처리, 퇴숙절차 등을 위해 내·외부 고객들이 빈번히 출입하는 곳으로 흔히 호텔영업의 심장부라고 말한다. 프런트데스크업무의 주요 특성은 첫째, 고객과 호텔의 첫 만남으로 이때 받은 서비스는 체재기간 동안의 이미지에 많은 영향을 미친다. 둘째, 프런트데스크는 객실상품 뿐만 아니라 식음료, 부대시설 이용 등 전반적인 호텔상품의 판매에 큰 영향을 미치게 된다. 셋째, 프런트데스크는 고객에게 호텔의 서비스 수준을 알리고 고객의 불평불만을 청취하여 상부에 보고함으로서 고객과 호텔을 연결하는 고품위 서비스의 중추기능을 수행한다. 넷째, 프런트데스크는 고객에게 좋은 인상을 심어주어 그 고객이 다시 찾아오도록 하는 것뿐만 아니라 다른 고객에게도 좋은 서비스 경험을 전하여 더 많은 고객을 유치하도록 하는 호텔의 고객 창출부서이다.

프런트데스크의 기본업무로 객실판매, 객실배정, 각종 안내업무, 메시지전달, 환전 및 귀중품 보관, 퇴숙절차 이행, 야간회계감사, 객실관련 보고서 작성, 고객이력관리 등 복잡 다양한 업무를 24시간 3교대 근무를 한다. 일부 호텔들은 프런트데스크에 근무하는 객실영업담당(room clerk), 안내담당(information clerk), 우편담당(mail clerk), 열쇠담당(key clerk), 기록담당(recording clerk), 야간영업담당(night clerk), 단체담당(group coordinator), 회계담당(cashier), 야간회계감사(night auditor) 업무를 통합하여 고객 편의 위주의 원스톱(one-stop)서비스를 제공하여 인력과 업무의 효율을 높이고 있다. 다음은 현대화된 프런트데스크의 직책을 중심으로 설명하기로 한다.

2. 프런트데스크의 업무분장

1) 프런트오피스 에이전트(front office agent)

(1) 오전조의 주요업무 내용

① 야간 근무자와 인수인계 및 환전자금(house fund) 인수

② Comment, Flag & Message 확인 및 정리

③ 퇴숙업무 준비 및 신속 정확한 퇴숙업무 수행(각종 credit card 전표, 프런트용 전표, thanks envelope 등)

④ 퇴숙예정 단체 청구관계 확인 및 단체객 퇴숙업무 수행

⑤ 금일의 도착예정 고객 FIT 및 GROUP별 현황 파악

⑥ 환전마감 및 환율표 교체(환전자금 충분히 확보)

⑦ VIP & Group 도착고객 객실 Blocking(group key envelope 준비)

⑧ 고객별 부대시설 이용권 및 편의품 Set-up 준비

⑨ Unpostable Folios를 수시로 확인 및 처리

⑩ 고객 Message 확인 및 전달

⑪ House Fund 및 개인 Fund 마감

⑫ Audit Balance Shift Work 및 Check Out with Balance 확인

⑬ Shortage, Overage & Skip 상태 확인 및 서면보고

⑭ Shift 업무마감 및 고객에 대한 특기사항 인수인계

⑮ 각종 회의 및 교육 참석

(2) 오후조의 주요업무 내용

① 오전근무자와 인수인계 및 환전자금(house fund) 인수

② Flag & Message 확인 및 정리

③ Future Availability & Current Room Status 확인 및 조치

④ Due-out, Skips, Sleeper 상황처리

⑤ 금일의 도착예정고객 VIP, FIT 및 GROUP별 현황 파악

⑥ VIP & Group 도착고객 객실 Blocking(Group Key Envelope 준비)

⑦ 고객별 부대시설 이용권 및 편의품 Set-up 실행
⑧ Walk-ins 등 객실판매 시 Up-sale 유도
⑨ Unpostable Folios를 수시로 확인 및 처리
⑩ 고객 Message 확인 및 전달
⑪ 환전업무 및 당일 환차손익처리
⑫ Audit Balance Shift Work 및 Check Out with Balance 확인
⑬ House Fund 및 개인 Fund 마감
⑭ Shift 업무마감 및 인수인계
⑮ 각종 회의 및 교육 참석

(3) 야간조의 주요업무 내용

① 오후근무자와 인수인계 및 환전자금(house fund) 인수
② Flag & Message 확인 및 정리
③ Future Availability & Current Room Status 확인 및 조치
④ 고객 Message 확인 및 전달
⑤ Walk-in 등 객실판매 시 Up-sale 유도
⑥ Unpostable Folios를 수시로 확인 및 처리
⑦ 객실 및 열쇠 확인
⑧ Audit Balance Shift Work 및 Check Out with Balance 확인
⑨ House Fund 및 개인 Fund 마감
⑩ 다음날 VIP 명부작성 및 사전등록관계 처리로 영업 준비
⑪ 다음날 예상 출발고객 정리
⑫ 각종 비치서류와 영업보고서 정리 및 배부
⑬ 프런트데스크 내부 정리정돈 및 청결상태 유지
⑭ Shift 업무마감 및 인수인계

(4) 에이전트계장 및 야간회계감사(night auditor)의 주요업무 내용

① 오전, 오후조별 근무 시 각 조원과 함께 업무수행 및 감독

② 야간 근무 시 프런트오피스 에이전트와 함께 객실판매
③ 회계감사 업무수행을 위한 자료검토
④ Posting된 항목확인
⑤ Account Balance 확인점검
⑥ Room Status Discrepancy 분석
⑦ 이상발견 시 객실 및 열쇠 확인작업
⑧ Credit Limitation 확인
⑨ Operational Reports 작성
⑩ 다음날 영업준비상태 확인
⑪ 각종 비치서류와 영업보고서 정리 및 배부 확인
⑫ 프런트데스크 내부 정리정돈 및 청결상태 확인
⑬ 특기사항을 객실영업지배인이나 부지배인에게 보고

3. 프런트데스크의 업무내용

1) 영업준비 업무

전산망의 구축이 완벽하지 못한 호텔은 야간 근무자가 당일 레저베이션 랙을 예약부서로 옮기고 다음날 영업에 필요한 레저베이션 랙을 랙홀더(rack holder)에 담아 프런트데스크로 옮겨짐에 따라 VIP 객실이나 단체객실 등이 사전에 블로킹(room blocking)한다. 그러나 완벽하게 전산화가 이루어진 특급호텔들은 모든 예약고객의 등록카드(reservation card)가 프린트되어 있어 다음날 영업 준비에 도움을 준다. 고객이력카드는 도착 고객이 좋아하는 위치의 객실배정을 용이하게 하고 고객의 요구사항이나 멤버십 프로그램 등에 따른 각종 어메니티(amenities), 부대시설 입장권과 환영편지 등 고객감동서비스 제공을 위한 사전 조치(before service)를 충분히 할 수 있게 된다. 호텔의 좋은 이미지는 단시일 내에 만들어지는 것이 아니라 주변의 청결함과 고객에게 베푸는 자그마한 배려가 모여 고객의 구전(word of mouth)을 통해 좋은 호텔이란 평을 듣게 되므로 하루하루의 영업 준비는 매우 중요하다.

2) 고객등록업무

호텔에 도착한 고객을 따뜻하게 맞이하고 고객과의 대화를 통해 고객이 필요로 하는 호텔의 모든 서비스를 적극적으로 판매하는 것은 호텔 매출증대와 좋은 이미지 구축을 위해 중요한 일이다.

담당직원은 친절, 신속, 정확히 입숙업무를 마치기 위해서는 평소에 꾸준한 외국어 능력을 기르고, 고객 숙지도를 높이는 것은 물론 긍정적이고 적극적인 업무 스타일을 개발해 나가야 한다.

고객등록업무는 고객등록카드 작성과 객실배정, 업 셀링(up-selling), 객실열쇠 발급, 특급입숙절차(express check-in), 단체입숙 등으로 구분하여 설명하기로 한다.

(1) 등록카드작성 및 객실배정

사전에 예약이 되어 있는 고객은 도착 시 객실배정을 완료한 경우가 많다. 그러나 고객에 따라서는 예약할 때 필요했던 객실의 내용과 도착해서 필요로 하는 객실은 차이가 있을 수 있으므로 예약내용을 다시 한번 알려서 필요 시 변경할 수 있게 한다. 호텔마다 예약 시기나 예약상태에 따라 객실상황이 달라질 수 있으므로 고객의 편의를 먼저 생각하는 서비스 매너를 발휘해야 한다. 등록업무는 예약할 때 기록된 것을 보완하거나 선급금(advance payment) 등을 확인하여 서명 후 객실로 안내하면 되지만 예약 없이 도착한 고객(walk-in)에 대해서는 등록카드에 성명, 주소, 직업, 직장명, 국적, 여권번호, 전화번호, 출발일, 여행목적, 서명 등을 기입하게 하고, 에이전트는 객실번호, 객실요금, 예치금 상태 등을 기록하여 서명한다. 신뢰성을 높이기 위해 투숙 시 신용카드를 제시하는 고객이 차츰 증가하고 있지만 휴대품이 없거나 워크 인(walk-in)인 경우는 선불을 요청할 수 있는데, 이때는 식사비, 미니바(mini-bar), 전화요금, 부대시설 이용료 등을 감안하여 충분한 돈을 받으며 현금보관에 대한 증표로 현금보관증을 발행하여야 한다. 신용카드로 예치를 하게 될 때에는 미리 카드를 오픈하여 받아 두며, 신용카드 전표를 작성(imprint)하여 고객등록카드에 첨부해 둔다. 객실배정을 사전에 하지 않거나 변경 시는 판매가능 객실상황판에서 객실번호를 선정하여 투숙화면(check-in & in-house)에 고객등록카드에 기록된 사항을 입력하면 된다. 이때 면세카드 소지자에 대해서는 면세에 대한 조치와 동시에 식음료업장, 부대시설에 면세임을 통보한다.

(2) 객실판매기법

객실판매원은 근무에 임할 때 당일의 객실상황과 판매가능객실을 잘 파악하고, 객실이익률관리(yield management)에 바탕을 둔 판매전략을 구사해야 한다. 고가의 객실을 판매하여 호텔의 매출을 증대시키는 것은 의미 있는 일이다. 객실판매 시 우선 고객에게 친근감 있는 접근을 시도하고 고객이 기꺼이 지불할 수 있을 것이라는 신념을 갖고 높은 값부터 낮은 값(top-down suggestive method)으로, 낮은 값부터 높은 값(bottom-up suggestive method)으로 권하거나 프런트 벽에 게시된 가격표의 중간가격을 제시하므로 심리적인 자극과 실제적인 이익을 제시하는 방법이 쌍방에 도움(win-win)이 되는 판매방법이라 할 수 있다.

(3) 객실열쇠 발급

투숙객이 등록을 완료하게 되면 객실열쇠를 고객에게 건네준다. 1990년대 호텔에서 가장 크게 발전한 부분 중의 한 부문이 객실열쇠이다. 수십 년간 사용해 온 주물로 된 열쇠를 아직 쓰는 특급호텔도 있지만 주물열쇠라도 호텔신라나 파라다이스 비치호텔 등이 쓰고 있는 호리락 시스템은 열쇠분실 시 마스터키로 간단히 조작하면 안전하게 열쇠를 재발급할 수도 있고, 싱가포르의 웨스틴 프라자호텔처럼 주물과 마그네틱으로 된 열쇠에 객실배정 시 객실번호와 체재기간을 입력하여 엘리베이터와 객실문 사용을 함께 보장해 주는 시스템이나, 최근 수년간 많이 설치된 빈카드시스템 등은 일회성이면서도 안전한 투숙을 보장해 주고 있다. 옛날처럼 키랙(key rack)을 사용하는 호텔이 차츰 줄어드는 반면에 열쇠서랍장을 설치하여 일회성 보장의 안전관리를 체계화한 호텔이 많아졌다. 열쇠발급은 프런트데스크에 비치된 열쇠발급기(cardkey encorder)에 ① GUEST ROOM, ② ADD CARD TO ROOM, ③ ENCORDING CARD INSERT로 화면에 들어가서 빈 열쇠(blank key)를 넣고 종료 버튼을 누르면 열쇠발급이 이루어진다. 열쇠발급이 이루어져서 고객께 전달될 때에는 고객의 안전을 위해 객실안내표(rooming slip)에 객실번호, 일일숙박요금, 입숙·출숙일을 기입하여 전달하고 고객의 열쇠에는 객실번호를 인쇄하지 않는 것이 추세이다. 카드 키 발급은 투숙고객의 인원수만큼 발행이 가능하고 객실에서 도난사고나 강도사고 등으로 객실출입자를 추적하기 위해 연결기록 확인기(lock linker)를 이용하면 쉽게 객실출입자의 추적이 가능하므로 호텔안전에 기여하고 있다.

(4) 특급투숙 절차

호텔들이 단골고객(repeat guest) 확보와 VIP고객관리를 위해 활용하고 있는 특급서비스의 일환으로 예약 시 모든 영접계획을 충실히 결정해 둠으로써 고객의 도착시간에 맞춰 총지배인, 부총지배인, 객실담당임원, 객실부장, 당직지배인, G.R.O.(guest relations officer) 등이 체크인에 필요한 환영편지, 객실열쇠, 쿠폰, 안내문 등이 들어있는 봉투(check-in pack)를 들고 현관에서 해당고객을 영접하여 프런트데스크를 경유하지 않고 바로 객실로 안내하여 간단히 서명만으로 입숙절차를 마치는 제도를 도입하고 있다. 최근 특급투숙의 한 방법으로 로비중간에 소파와 낮은 데스크를 비치하고 고객이 편히 앉아서 등록을 하도록 하기도 하며 고객 스스로가 기계를 작동하여 객실의 위치, 방향, 가격을 정하고 신용카드로 결제하며 객실 키 카드까지 발급받는 자동발매기(self-registration terminal)를 설치한 호텔들도 있다.

(5) 단체 투숙과정

일부 대규모 호텔에서는 단체담당 프런트데스크가 별도로 설치되어 체크인과 체크아웃을 전담하고 있다. 그러나 일반적으로 프런트데스크의 혼잡을 피하기 위해 단체담당자(group coordinator)나 당직지배인의 데스크에서 여행사나 주최측으로부터 미리 받은 고객명단을 자료로 사전에 객실배정을 하고, 단체고객이 도착할 때에는 일정과 식음료업장, 부대시설이용 등에 대한 간단한 안내와 열쇠봉투를 전달한 다음 객실로 안내한다.

3) 귀중품 보관

호텔에 체재하는 고객은 여권, 비자, 수표, 현금, 시계, 목걸이, 반지, 팔지 등 고가의 귀중품을 소지하게 되고, 가능하면 안전금고를 이용하도록 안내하고 있다.

이때 객실 내에 비치된 안전금고를 먼저 권해 보는 것도 업무를 줄일 수 있는 방법이지만 고객이 원할 때는 프런트에 설치된 안전금고를 이용하도록 하는 것이 좋다.

귀중품 보관절차는 다음과 같다.

① 고객이 다가오면 미소로 맞이하고, 어떻게 도와드릴지를 묻는다.
② 안전금고가 객실에도 있음을 알려주고, 그래도 원하면 객실번호를 묻는다.
③ 고객의 성함을 모를 때는 모니터에서 확인한다.
④ 서랍에서 카드를 내어 고객에게 드리고 객실번호, 성명, 주소, 날짜, 서명하도록 돕는다.
⑤ 고객 귀중품의 양에 따라 안전금고의 크기를 대형, 중형, 소형으로 권하고 뒤쪽으로 돌아 금고가 있는 방으로 안내한다.
⑥ 문을 열어 고객이 들어오면 마스터키와 박스키로 문을 열고 귀중품함을 테이블 위로 올려놓고 고객이 스스로 귀중품을 넣도록 한다.
⑦ 고객이 귀중품을 박스에 넣을 때에는 조금 떨어져 대기한다.
⑧ 고개이 귀중품을 박스에 다 넣으면 금고에 넣은 후 잠그고 열쇠를 빼내어 고객에게 건네면서 분실에 주의하도록 말씀드리고 만약 열쇠를 분실하면 금고를 용접기로 절단하여야 하므로 약간의 보수료를 배상해야 함을 통보한다.
⑨ 고객카드에 금고번호를 적고 서명한 후 카드함에 보관한다.
⑩ 고객이 귀중품 금고를 열려고 할 때, 서명확인 카드를 제시하여 객실번호, 금고번호, 서명 등을 받아 종전에 작성했던 원본과 대조 후에 금고를 연다. 이같은 방법은 금고의 모든 물건이 반출될 때까지 반복적으로 이루어진다.
⑪ 고객이 금고에 있는 귀중품을 모두 가져가고자 할 때에는 직접 고객이 모든 것을 꺼내도록 하고, 박스를 비스듬히 들어 내부에 아무것도 없음을 확인시킨다.
⑫ 모든 것이 끝나면 고객의 서명을 받아 서명확인 카드와 함께 관리부서의 회계책임자(general cashier)에게 인계한다.
⑬ 만약 금고열쇠를 분실하게 되면, 고객에게 비용변상에 대해 설명하고 시설부서와 협조하여 고객의 입회 하에 금고경첩(safety box hinge)을 절단하고 귀중품을 들어낸다. 파손된 금고는 금고의 크기에 따라 정해진 금액을 고객에게서

받아 객실잡수입계정으로 입금시킨다.

⑭ 고객이 퇴숙할 때 안전금고 사용유무를 문의하여야 하지만, 그래도 인수하지 않고 퇴숙했을 때에는 편지나 전화로 연락하여 적법한 조치를 취해야 한다.

4) 각종 안내 및 메시지 전달업무

(1) 안내 업무

호텔영업의 중심부에서 많은 고객을 접하게 되는 프런트데스크에는 항상 많은 고객과 전화가 쇄도하고 있다. 호텔안내의 주무부서는 고객서비스의 컨시어지(concierge)나 로비 안내데스크(bell captain)가 있지만 프런트데스크를 찾은 고객에게는 무엇이든 즉시 안내가 되도록 준비해야 한다. 프런트를 통해 안내를 받고자 하는 고객은 내부 투숙객과 외부고객이 있는데, 내부 투숙객은 호텔객실의 모든 전화가 코맨드센터를 거치게 되어 있으므로 종전보다 직접 받게 되는 질문 횟수는 많이 줄어져 가는 추세이지만 습관적으로 프런트데스크를 연결해 달라는 고객도 있다. 이때에는 정중하고 예의바르게 전화 받는 사람의 부서와 성명을 먼저 알리고 대답에 응해야 한다. 프런트데스크를 직접 방문하여 문의하는 고객은 반갑게 맞이하며 고객이 알고자 하는 모든 질문에 대해 응답할 수 있는 마음의 자세와 태도가 필요하다. 고객안내는 고객의 성명, 국적, 객실번호 등에 대하여 다른 고객께 알려줌을 의미하는데, 이때에는 고객의 성명을 정확히 들어야 하며, 특히 외국인인 경우 성(last name, sur-name)의 철자(spelling)를 물어 모니터에 조회하여 응답한다. 이 경우 주의할 점은 객실번호를 알려주면서 고객성명을 알려고 하는 고객은 특별한 경우를 제외하고는 보안이나 고객의 사생활 침해를 막기 위해 가르쳐 주는 것을 삼간다. 또한 신속 · 정확한 안내를 위해 호텔의 부대시설, 시내관광, 지역권내 관광, 엔터테인먼트, 쇼핑 및 토산품, 다른 호텔의 특별 이벤트, 각종 전시회, 세계 각국의 시차표, 항공사 · 여행사 · 관공서 · 대사관 · 학교 등의 전화번호와 위치, 교통편 등 많은 부분에 대해 조사하여 이용하기 편리하도록 책자로 준비해 두어 업무에 도움이 되도록 한다.

(2) 메시지 전달업무

투숙객의 개개인에게 오는 팩스나 전보, 전화메시지도 고객에게 제때 정확히 전달되게 하여 고객이 호텔을 신뢰할 수 있게 하고, 고객의 투숙 전에 도착된 메시지는 당해 고객의 도착 시 즉시 전달한다. 또한 고객이 외출 시는 돌아오는 즉시 그 동안 도착된 메시지를 전달되도록 하고, 고객이 잠들기 전에 그 날 있었던 메시지는 모두 전달되어야 하므로 각 조별 교대가 이루어질 때는 고객의 우편물과 메시지도 함께 인계함은 물론 고객의 동향을 잘 파악하고 있어야 한다. 컴퓨터 인터페이스를 통한 음성녹음(voice mail)이 잘 활용되고 있지만 언어소통에 문제점이 있으므로 프런트오피스 에이전트나 코맨드센터 에이전트는 메시지 점등(message light)을 통해 고객과 커뮤니케이션을 잘 유지하여 신속한 메시지 서비스가 이뤄져야 한다. 코맨드센터나 프런트데스크에 프린트(print out)되는 메시지는 메시지 봉투에 넣어 프런트의 메시지 박스에 보관하고 고객에게는 도착 메시지가 있음을 전화 깜빡이를 통해 알리며 호텔이 만든 "메시지, 우편물, 전달물품 있음"을 고객서비스요원을 통해 객실에 즉시 전달하도록 한다.

5) 고객원상 관리

고객원장(folio)은 예약 또는 숙박 등록시점에서 만들어지는데, 이는 고객과의 거래가 이루어지는 시점부터 거래가 끝나는 시점까지 연속성을 갖고 발생한 금액을 기입(posting), 옮김(transfer), 마감(close)할 때마다 일시, 업장명, 이유, 담당자 등과 금액이 차변(debit)과 대변(credit)에 찍혀 퇴숙 시에는 잔액(balance)이 영(zero)이 되므로 고객과의 거래가 끝나게 된다. 각 업장에서 발생된 금액은 POS(point of sale)와 프런트 호텔정보시스템에 의해 호환(interface)되어 프런트데스크의 고객원장에 기장(posting)되게 되는데 프런트오피스 에이전트는 각 업장에서 기장(posting)된 전표와 고객의 서명이 정확한지 영수증 박스(bill box)에 분류해 넣기 전에 확인하여야 한다. 또한 고객이 원하는 경우나 도착 시 렌터카 요금, 택시비, 외부업체에서 배달되는 꽃값, 과일값, 비즈니스센터 이용료, 의무실 이용료 등을 대여할 때는 잡비전표(miscellaneous voucher)를 이용하여 고객의 서명을 받고 고객을 대신하여 이

금액을 지불하며, 고객이 직접 필요한 현금을 빌려갈 때에는 규정한도 내에서 당직 지배인의 허락 하에 현금지불전표(paid-out voucher)에 서명을 받고 대출하며 퇴숙 시 모두 회수한다. 만약 퇴숙 시 신용카드로 지불하게 되면 빌려준 현금에 대해서는 수수료를 징수하여 잡수입계정으로 대체 입금시킨다.

6) 환전업무

(1) 환전준비작업

환전업무는 프런트 캐셔(front desk cashier)나 에이전트(agent)의 주요업무 중의 하나이다. 이들은 외국인이 많이 투숙하는 비즈니스호텔이나 리조트호텔에서 투숙객의 국적과 인원수에 따라 예상 환전자금, 환전업무 수행인원 및 시간, 적용될 환율 산출 등의 준비는 물론 은행에 매각함으로써 발생되는 환차익과 환차손에 대한 계획도 철저히 세워 부대수익도 올리도록 해야 한다. 또한 외국환 관리규정에 위반되지 않도록 관련 규정을 숙지하고 업무에 임해야 한다. 최근에는 위폐를 유통시키는 사람도 있으므로 성능이 좋은 위폐감별기를 비치하여 철저히 체크하므로 불필요한 회사의 손실을 미연에 방지해야 한다. 환율은 매일 오전 거래은행으로부터 당일 고시통화환율조회표를 통보받아 매입금액을 산출하고, 이를 게시하여 고객으로부터 외화를 매입하게 되는데, 우리나라에서 사용되는 외화환전은 약 30여종이며 현금과 여행자수표로 구분하여 매입하고 여행자수표가 현금보다 높은 값에 거래되고 있다. 환전은 호텔마다 국적별 투숙객에 따라 주요 외환매입환율을 게시하고, 그 산출방법은 거래은행의 현찰매입률에서 한국은행의 전신환매입률과 특정호텔이 정한 수수료(commission)를 곱한 금액을 뺀 액수로 정한다.

예) 2012년 00월 00일

전신환매입률 : 1194. 30원 현찰매입률 : 1178. 25 수수료 : 0. 03일 때 호텔고시가격은 다음과 같다.

1194.30 × 0.03 = 35.829　　　　1178.25 − 35.829 = 1142.42원

(2) 환전원의 의무 및 업무유의사항

① 고객으로부터 외국환을 매입할 때에는 환전증명서를 작성해야 한다.

② 환전증명서는 한국은행이 위임한 외국환은행에서 발행한 외국환 매각신청서와 외국환 매입증명서 용지만 사용한다.

③ 동 용지는 외국환 매각신청서(흑색)와 외국환 매입증명서(청색)를 한조로 하여 50조 100매를 한권으로 한다.

④ 외국환 매각신청서는 환전상 비치원본으로 사용하고 외국환 매입증명서는 환전상이 서명 날인하여 고객에게 교부하는 증명서로 사용한다.

⑤ 동일번호의 한조로만 사용할 수 있으며 이에 반할 때에는 폐기해야 한다.

⑥ 환전증명서의 금액은 정정하지 못하며 오기, 파손된 용지는 폐기한다.

⑦ 폐기용지는 별도 보관하였다가 환전증명서 교부신청 시 지정 거래 외국환은행에 반납하고 환인을 받는다.

⑧ 환전증명서는 금액에 관계없이 반드시 교부하여야 한다.

⑨ 환전원은 외국인과 의사소통이 가능하고 환전업무관계법규를 숙지하며 환전관리대장을 비치하여 기록을 유지해야 한다.

⑩ 당일의 환전율로 매입, 매각한 결과를 통화의 종류별로 합산하여 환전장부에 기장하고 환전원과 책임자의 날인을 한다.

⑪ 매입외화의 대 외국환은행 매각의무를 지켜 매입외화를 불법 유출하지 않는다.

⑫ 환전상 인가증과 안내표지판을 고객이 잘 볼 수 있는 곳에 게시한다.

⑬ 미화 5,000달러 이상의 외화매입 시에는 한국은행총재가 정하는 서식에 인적사항, 취득경위, 사용용도 등을 기재한 신청서를 제출받아야 한다.

⑭ 위의 서식은 매월 10일까지 관할세무서에 통보한다. 단 매입금액이 건당 미화 100,000달러가 초과될 시 국세청에 통보하여야 한다.

⑮ 재환전은 외화유출을 방지하기 위하여 외국환은행을 제외하고는 취급이 불가능하므로 호텔고객의 경우 출국할 때 공항에서 재환전하도록 안내한다.

7) 퇴숙업무

고객은 예약, 도착, 등록, 체재, 출발의 과정을 거치면서 호텔을 이용하게 된다.

퇴숙업무는 체재를 마치고 떠나가는 고객에게 호텔을 다시 찾아 주도록 좋은 이미지를 심는 짧은 시간이다. 따라서 회계원(cashier)의 따뜻하고 상냥한 환송인사와 체재기간 불편했던 점을 꼭 시정하겠다는 약속으로 단골고객 확충에 힘써야 한다. 퇴숙절차는 특급퇴숙(express check out), 객실 TV 퇴숙, 일반퇴숙, 단체퇴숙, 늦은 퇴숙으로 분류해서 설명하기로 한다.

(1) 특급퇴숙 과정

잦은 출장여행객들이 익히 알고 있는 특급퇴숙 절차는 잘 이용하면 시간절약을 할 수 있어 도심호텔들을 중심으로 확산되고 있다. 그러나 정착되지 않은 제도이므로 객실의 홍보 및 인쇄물을 통해 안내하기도 하고 고객접점에 있는 직원들이 고객과 대화를 통해 신속한 퇴숙 절차를 홍보하여 이를 편하게 이용하도록 한다. 다만, 이 제도를 이용하려면 사전에 신용카드전표를 작성해 두어야 하며 그 절차는 다음과 같다.

① 퇴숙예정 고객의 명단을 작성한다.
② 새벽 2시까지 확인된 계산서(folio and bill)를 특급퇴숙 봉투에 넣어 객실문 밑으로 넣는다.
③ 고객은 아침에 짐을 챙기면서 계산서를 확인하고 이상이 없으면 제공된 봉투에 객실번호, 성명, 퇴숙시간, 서명 등을 하여 투숙 시 제시된 신용카드로 결제한다는 의사표시를 한다.
④ 고객은 떠나면서 프런트에 비치된 신속한 체크아웃 박스에 객실열쇠와 함께 봉투를 넣고 떠난다.
⑤ 만약 영수증이 필요하면 봉투하단에 성명, 회사명, 주소, 우편번호를 적어 두면 24시간 내에 송부된다.
⑥ 이때 새벽 2시 이후에 발생된 계산은 추가하여 마감하며 제출된 신용카드 전표로 계산 완료한다.
⑦ 고객에게 보내는 영수증과 추가 업장계산서는 호텔에 따라 프런트나 관리부서에서 취급할 수 있다.

(2) TV퇴숙 과정

최근 특급호텔을 중심으로 객실 TV와 프런트 전산시스템이 호환(interface)되어 객실의 TV에 따른 리모컨을 간단히 조작하므로 체재기간 중 본인이 사용한 객실, 식음료, 세탁, 전화, 쇼핑, 헬스 등의 요금을 확인할 수 있게 되었다. 이 경우도 특급퇴숙 절차와 같이 확인(review)된 금액을 지불 단추(button)를 눌러 결재의사표시를 하세 되면 프런트에 설치된 프린터에서 마감뒤 고객원장(folio)이 출력된다. 프런트 오피스 에이전트는 출력된 영수증을 근거로 맡겨진 신용카드 전표를 마감하여 이를 체크아웃 봉투에 영업장 계산서와 함께 넣어 고객에게 줄 준비를 하고 열쇠회수시 이를 고객에게 전달한다. 이때 주의할 점은 별도계정(un-postable account)으로 들어 온 추가계산(late bill)이나 미니바(mini-bar) 계산이 있는지 확인하는 것이다.

(3) 일반퇴숙 과정

위에 제시된 특급퇴숙 절차나 TV 체크아웃은 잦은 사업출장객이나 컨벤션고객 등이 많이 이용하지만, 아직까지 대부분의 고객은 프런트에 들러 고객접점직원들과 대화를 나누며 퇴숙 절차를 밟게 된다. 다음은 일반적인 퇴숙 절차의 과정이라 할 수 있다.

① 고객이 프런트에 접근하면서 퇴숙을 요청하면 활기차게 맞이한다.
② 객실열쇠를 회수하고 고객의 성명을 확인한다.
③ 미니바나 아침에 사용한 각종 영업장 이용에 대해 문의한다.
④ 메시지나 참고사항이 있는지 확인한다.
⑤ 동행인과의 계산관계를 문의한다.
⑥ 체크인시 등록카드에 면세(tax exemption) 스탬프가 찍혀 있는 고객이나 퇴숙시 면세카드를 제시하는 고객은 면세카드번호를 기재하고 면세처리한다.
⑦ 누락된 부분을 모두 입력(posting)하고 나면 고객원장(folio)을 출력하여 고객께 공손히 확인하도록 안내하고, 잠시 기다린 후 확인이 끝나면 부수적인 영수증과 증빙서류를 모두 챙긴다.
⑧ 이때 본인이 사용한 것과 상이한 금액이 발견되면 일단은 그 금액을 정정

(correction)하거나 환불(refund)처리해야 하며, 정정은 호실이 잘못되었으면 그 방에 이월(transfer)하고, 금액이 잘못되었으면 수정(adjustment)하면 되지만, 하루가 지나 마감된 금액은 환불계정에 처리하여야 하고 그 이유를 적어 객실책임자와 총지배인의 결재를 받아 관리부서에 넘겨야 전체 매출액 조정이 가능하다.

⑨ 필요한 조정, 정정, 환불 등의 작업이 끝나면 지불방법에 대해 문의하여 현금일 때는 별다른 문제가 없지만, 외국환일 때는 환전매각증명서를 이용해 환전하여 수령하고, 신용카드일 때는 신용카드 확인기를 통해 카드회사에 승인을 받고, 수표일 때는 정확히 성명, 주소, 전화번호, 주민등록번호 등의 배서를 받으며 오십만원 권 이상은 고객에 따라 은행에 조회하여 정확성을 기하고, 후불일 때는 후불승인을 받은 것과 규정에 정해진 것만 취급하며 그 외의 것은 당직지배인에게 허락을 받은 후 처리한다. 또한 투숙객이나 지불의무자, 승인자의 서명을 고객원장에 받아 야간회계감사를 경유하여 관리부서로 넘긴다.

⑩ 위의 과정이 진행된 후 최종적인 영수증(folio)과 증빙서류를 감사봉투(thanks envelope)에 넣어 거스름돈과 함께 쟁반에 담아 정중히 건네 드리며 체재기간 불편했던 점에 대해 물어 본다. 그리고 특이사항을 기록으로 남겨 고객이력카드관리(guest history file management) 담당자에게 넘기든지, 직접 입력해서 차후 고객관리에 만전을 기한다.

(4) 단체 퇴숙

단체 퇴숙은 일반 퇴숙과 큰 차이는 없지만 주로 주최 측에서 객실료와 조식 또는 일정부분을 계산하고 나머지 개인별로 사용한 금액만큼만 계산하게 되는데, 개인 전화요금, 미니바 또는 부대시설이용료에 대한 것들이 있을 수 있다. 단체는 스케줄에 따라 많은 인원이 함께 움직이므로 큰 규모의 단체가 퇴숙할 때는 고객의 편의를 위해 적절한 근무인원 배치가 중요하다.

(5) 늦은 퇴숙

대부분의 호텔들은 특별한 패키지나 판촉에 의해 투숙한 고객을 제외하면 정오나 오후 1시경이 퇴숙시간(check-out)으로 정해져 있는데, 고객의 사정에 의해 퇴숙시간이 지나서 체크아웃을 할 때는 추가요금을 받게 되는데, 사전에 연락을 받은 경우 한두 시간 정도는 고객관리 측면에서 초과요금을 징수하지 않는 것이 상례다. 그러나 오후 늦게 퇴숙하게 되면 오후 6시까지는 통상 체재요금의 50%, 6시 이후는 객실정비가 불가능해지므로 하루 방 값을 받게 된다. 이때는 단골고객관리 측면에서 유연성을 갖는 것도 좋은 방법이다.

8) 조별 업무마감

프런트오피스 에이전트는 일일 3교대 근무를 하게 되며, 각 조(shift)별 근무가 끝나기 전에 전달사항 기록장(log book)에 근무 중에 있었던 사항을 상세히 적어 다음 조에도 업무가 연계되도록 세심한 주의가 필요하다. 주로 업무 마감은 캐셔업무를 말하므로 마감 전에 현금시재를 파악하고 현금시재보고서를 작성하여 다음 조에게 인계하고 본인이 취급했던 모든 계정을 컴퓨터상에서 마감하여 현금입금과 전표 및 각종 보고서를 인계한 후 일과를 끝낸다.

(1) 시재파악

① 시재파악은 고객이 밀리지 않는 시간을 택해 근무교대 전에 하며, 이때 자료는 취급한 현금출납보고서를 출력하여 참조한다.

② 시재조사는 환전자금, 개인영업자금을 기준으로 한다.

③ 현금시재보고서는 화폐단위 순서대로 기록하여 인계인수한다.

④ 현금과 자금(house fund)의 차이가 미화 5달러 이상이면 Overage & Shortage 보고서를 작성하여 당직지배인에게 보고하고, 당직지배인은 가능한 방법을 동원하여 상이점에 대한 확인작업을 실시한 후 보고서에 서명하여 관리부에 보고한다.

⑤ 시재 차이의 처리는 호텔마다 다르지만 대부분 인사고과에 반영된다고 볼 수 있으므로 각자 업무를 정확히 진행해야 한다.

(2) 입금

① 현금시재보고서에 있는 금액과 본인의 영업자금을 제외한 모든 금액을 있는 그대로 입금시키며 차이금액은 그 이유를 부전지를 통해 통보하여 경리부서의 업무를 돕는다.

② 입금은 호텔마다 별도 제작된 현금봉투에 넣어 그 내용을 화폐단위별로 기록하여 업장명, 입금자, 연월일, 입금시각, 근무조 등을 기록한 후 프런트지역에 비치된 관리부서 금고에 넣는다. 이때 주위에 있는 직원을 대동하여 함께 서명하므로 차후 발생할 수 있는 문제에 대비한다.

(3) 전표정리

① 컴퓨터 모니터에서 근무마감(cashier closure) 버턴을 누르면 리포트가 출력된다. 이 리포트에 의해 현금시재 확인, 기장(posting) 확인, 받은 신용카드 전표(credit card voucher) 확인을 하게 된다.

② 고객으로부터 받은 전표가 마감보고서에 찍혀 있는 종류와 금액별로 일치하는지를 확인한 후 전표 종류별로 모아서 야간회계감사에게 인계한다.

(4) 후불마감

마감보고서에 있는 금액과 후불확인서 및 계산서(folio) 금액이 맞는지 확인한 후 야간회계감사에게 넘긴다.

9) 야간회계감사업무

야간회계감사(night auditor)는 그날그날 영업을 체계적이고, 정확하게 마감하여 관리부서나 타 영업부서에서 필요로 하는 정보자료를 생산하여 이를 바탕으로 호텔의 각종 보고서(hotel reports) 작성을 원활히 할 수 있도록 도와줄 뿐만 아니라, 객실영업부서가 다음날 차질 없이 영업에 임하도록 준비작업을 하는 초급 간부이다. 최근에는 호텔영업을 위한 컴퓨터 시스템과 소프트웨어가 많이 잘 개발되어 그 업무가 단순, 신속, 정확해져 가고 있어 관리부문의 업무량이 많이 줄어가고 있다. 야간회계감사가 출근하여 퇴근 시까지 수행하게 되는 업무를 순서대로 설명하면 다음과 같으며, 숙련도에 따라 다르지만 순수하게 야간회계감사 업무만 수행하는 데는 약 2시간이 소요된다.

① 오후 10시경 출근하면, 주간에 있었던 제반 사항에 대해 오후조로부터 청취하고, 로그북을 읽고, 영업자금(house fund)에 대한 감사를 먼저 실시한다.

② 시스템 컴퓨터로부터 각종 보고서(room rate discrepancy report, rebate report, city ledger report, credit card report for the day, room tax exemption report, ledger posting by department, room revenue by room 등)를 출력하여 캐셔들이 남겨둔 실행증빙과 모두 맞는지를 점검한다.

③ 다음날 도착 고객의 등록카드(registration form)를 출력한다.

④ 투숙고객의 국적란이 기록되지 않으면 마감 시 시스템에러(error)가 발생되므로 모니터 스크린에서 방마다 국적별 코드를 점검한다.

⑤ 객실투숙객을 제외한 외부고객계정(permanent folio account), 미확인계정(un-postable account) 및 마이크로 POS(micros point of sale)에 입력되어 있는 금액을 살펴 제자리에 이체(transfer)한다.

⑥ 각 캐셔(cashier)의 업무마감상태 및 출발고객에 대한 자료를 확인한다.

⑦ 새벽 1~2시경에 전날의 마감을 하게 되는데, 컴퓨터를 끈 동안 이용할 수 있는 자료(down-time report)를 미리 출력한다.

⑧ 마감(cut off)하기 전 각 영업장에 마감 통보를 하여 컴퓨터를 작동할 수 없음을 주지시키고 확인받는다.

⑨ 전화 전송(telephone interface)을 중단한다.

⑩ 컴퓨터실(EDPR : electronic dater processing room)에 있는 메인 컴퓨터에 가서 준비된 일일마감디스켓(daily hard diskette)을 넣고, POS를 마감하고, 야간회계감사의 비밀번호를 입력한 후 객실요금, 봉사료 및 세금을 일괄 입력하고 난 후 이를 확인한다.

⑪ 고객이력관리(guest history file management)에 그 날 투숙했던 고객의 이력을 보관할 것인지 결정하여 저장을 마친다.

⑫ 당일 야간 회계감사보고서(night auditor's shift report)를 출력한다.

⑬ 특수항목(special by special)에 있는 세탁계정(laundry and valet)을 마감한다.

⑭ 향후 일별, 주별, 월별 필요한 객실판매예측(rooms forecast)을 출력한다.

⑮ 룸서비스, 교환실, 고객서비스, 당직지배인, 프런트데스크, 하우스키핑 등 당일 컴퓨터에 들어가 끄지 않고 퇴근한 사람을 모두 찾아 종료시킨다.

⑯ 최근엔 컴퓨터시스템의 용량이 크게 확장되어 모든 파일을 매일매일 저장관리(file maintenance with fix)하는 번거로움을 피하고 일주일에 한 번씩 작동하면 된다.

⑰ 위의 과정이 끝나면 초기화면(log in)이 나오므로 이름과 비밀번호(initial & password)를 넣고 되살리면 된다.

⑱ 이때 작업완료(night audit is completed) 표시가 나오지 않을 경우 전산담당자에게 통보하여 문제를 해결한다.

⑲ 전화와 호환된 시스템을 되살리고, 각 영업장에 시스템을 사용해도 좋다는 것을 통보한다.

⑳ 각종 보고서를 출력하여 필요한 부서에 보낸다.

제4절 고객서비스업무

1. 고객서비스 업무개요와 조직구성

호텔은 다양한 사회계층의 고객이 현관을 통해 출입하므로 근무하는 직원의 태도, 실내 분위기 및 청결 등이 고객에게 주는 호텔의 이미지가 크다고 볼 수 있다. 고객의 편의와 고품위 서비스 제공을 위해 현관지역(lobby area)에서 고객접점직원들의 업무를 관장하고, 고객의 필요와 욕구에 적극적으로 대응하는 사람을 고객서비스지배인(guest service manager), 현관지배인(front uniformed service manager), 컨시어지 지배인(concierge manager) 등으로 부르며, 규모가 작은 호텔은 현관안내계장(bell cpatain)이 이 업무를 수행하기도 한다. 고객서비스 부서의 조직은 도어맨

(door man), 벨맨(bell man), 현관주차요원(valet parking man), 호텔기사(hotel driver) 등이 있지만 일부 호텔들은 비즈니스센터(business center), 교환실(telecommunication), 룸서비스와 미니바(room service & mini-bar), 이그제큐티브 클럽(executive club), 고객관리담당(guest relations officer) 등을 포함하는 곳도 있다. 이와 같은 조직들은 고객지향적, 서비스지향적인 조직을 표방하는 것이고 여기에서 제기되는 의견을 다시 호텔운영에 반영된다.

2. 고객서비스 부서의 업무내용

고객서비스 부서에 근무하는 사람은 항상 예의바르며, 친절하고, 미소를 잃지 않아야 한다. 근무수칙을 준수하며 근무에 임하기 전엔 머리끝에서 발끝까지 깨끗하게 정리하여 호텔 내에서 마주치는 모든 고객이나 동료에게 안정감과 행복감을 전할 수 있어야 한다.

1) 고객서비스 지배인(Guest Service Manager)의 업무

① 고객영접 및 환송, 특히 VIP와 단골고객(repeat guest)을 철저히 관리한다.
② 고객불평 및 감사에 대한 전언을 청취하고 해결한다.
③ 단체고객의 조직책(organizer)과 식사 장소 및 시간, 모닝콜, 계산문세 등을 협의한 후 타 부서에 통보한다.
④ 조직구성의 감독, 교육, 인사고과 및 회의를 주재한다.
⑤ 현관지역(lobby area)에서 일어날 수 있는 각종 안전사고 예방한다.

2) 벨 캡틴(Bell Captain)의 업무

① 전 근무자로부터 일일업무를 인수받아 이를 숙지하고 처리한다.
② 고객안내에 필요한 제반 사항을 점검, 새로운 정보를 기록 유지한다.
③ 벨맨과 도어맨의 업무 지원, 크락 룸(cloak room) 관리한다.
④ 단체나 VIP고객의 환송관계(pick-up & sending service)를 점검한다.

⑤ 주차지역의 원활한 운용을 위해 현황 파악한다.
⑥ 당일 도착고객에 대한 정보를 입수하여 부서원들에게 주지시킨다.
⑦ 호텔에서 일어나는 그 날의 행사를 파악하고 안내, 주차계획을 수립한다.
⑧ 로비지역의 안전, 청결상태, 정리정돈한다.
⑨ 고객의 이용이 잦은 로비지역내의 화장실, 공중전화, 브로슈어 스탠드(brochure stand) 등을 수시로 살피고, 문제점 발견 시 관련부서와 협조하여 조치한다.
⑩ 고객 불편사항을 신속히 해결하고, 이를 기록하여 보고한다.
⑪ 벨맨, 도어맨, 주차요원의 근무스케줄을 관리하며 생산성을 향상시킨다.
⑫ 서비스 기본예절, 안전사고 등의 교육과 일일업무에 대한 특이사항을 소속직원에게 주지시킨다.
⑬ 고객용 신문이나 메시지 등이 원활히 배달되고 있는지를 확인한다.
⑭ 태극기와 만국기 게양관리, 공공장소, 주차장 등에 부착된 모든 홍보물을 세세히 관찰하여 호텔의 이미지 제고에 힘쓴다.

3) 벨맨의 업무

벨맨은 로비지역에서 고객을 환영하며, 투숙객을 객실로 안내하는 동시에 휴대품의 운반, 각종 안내, 로비지역의 정리정돈 등의 업무를 수행하며 최종적으로 그 고객이 호텔에 좋은 이미지를 갖고 떠날 수 있게 고객을 정성껏 환송하여 다시 방문할 수 있도록 고객서비스에 만전을 기한다. 일별로 수행하는 주요업무는 다음과 같다.

(1) 고객관련 업무

① 호텔 도착고객을 따뜻하게 맞이하며 휴대품을 체크인 지역으로 운반한다.
② 고객이 등록할 때까지 대기했다가 객실로 안내하며 이때 호텔 내외의 이용 가능한 시설, 서비스, 주변 관광매력물에 대해 흥미롭게 설명한다.
③ 객실 내에 도착하면 고객에 따라 객실내부 설치물 및 욕실 사용방법에 대해 설명, 각종 쿠폰이나 혜택에 대해서도 설명한 후 열쇠인계, 고객의 편안한 체

재가 되도록 전직원이 노력하겠다는 인사한다.

④ 고객 메시지 및 우편물을 도착 즉시 전달한다.

⑤ 컴퓨터 모니터에서 확인된 신문을 객실별, 종류별로 분류하여 배달한다.

⑥ 각 영업장별 그 날의 행사를 내외 고객에게 안내한다.

⑦ 객실에서 고객이 요청하는 심부름을 수행한다.

⑧ 투숙객의 객실변경(room change) 시 고객 휴대품에 주의하고 이동된 상황을 프런트오피스에 전달하고 하우스키핑에 통보한다.

⑨ 퇴숙고객으로부터 휴대품 이동(luggage down) 요청이 있으면 즉시 응한다.

⑩ 체크인, 체크아웃 시 가방에 꼬리표(luggage tag)를 붙여 분실이나 바뀌는 일이 없도록 철저히 관리(특히 단체고객은 구역을 정해 관리한다)한다.

⑪ 체크 룸 관리는 신속 정확히 하여 고객서비스에 만전을 기한다.

⑫ 고객이 요청하는 페이징 서비스(paging service) 제공한다.

⑬ 고객의 퇴숙절차 시 현관까지 나가서 환송한다.

(2) 각 부서 관련 업무

① 프런트오피스에서 만든 각종 보고서를 관련 부서에 전달한다.

② 각 부서의 편지, 소포, 등기, 메시지 전달한다.

(3) 부서 내 업무

① 각 조별로 전조로부터 업무를 인계인수한다.

② 로비지역 내 공중전화, 안락의자, 흡연구역 등을 정리정돈한다.

③ 도어맨이 바쁠 때는 그를 도와 고객의 불편을 최소화한다.

④ 태극기, 만국기 등의 게양과 하강을 때에 맞춰 수행, 특히 외국 국빈이 투숙하는 경우 고객이 도착하기 전에 그 나라 국기를 게양한다.

⑤ 수시로 서비스 기본예절, 언어교육, 직무교육은 물론 프런트데스크 업무교육 등에 참여한다.

⑥ 근무 중에 있었던 모든 사항을 기록하여 다음 조에게 인계한다.

4) 도어맨의 업무

호텔에 도착하는 고객들을 가장 먼저 맞이하는 고객접점직원이 도어맨인데 이들은 주로 건장한 체격에 화려한 유니폼을 입고 정중히 고객을 맞이하므로 인사를 받는 고객은 으쓱한 기분을 느낄 수 있다. 도어맨의 주요업무를 살펴보면 다음과 같다.

(1) 고객관련 업무

① 고객이 도착하면 거수경례하며 정중히 맞이하고, 벨맨과 함께 휴대품 이동 및 꼬리표(luggage tag)를 붙이는데 협조한다.

② 주차요원(valet-parking man)이 바쁠 때는 고객의 차량을 직접 주차티켓을 발행한다.

③ 자동차 여행객에게 주위의 관광지, 극장, 공연장, 시내지리, 접근도롤 등 각종 정보자료를 제공한다.

④ 출입정문이 자동문이 아닌 호텔에서는 문의 여닫는 일을 한다.

⑤ 출발고객의 차량번호와 고객명을 정확히 파악하여 고객이 로비지역으로부터 외부로 나오면 즉시 차량을 대기시킨다.

(2) 부서관련 업무

① 호텔정문 앞의 택시, 잡상인 통제 등 질서를 유지한다.

② 호텔에서 세미나, 컨벤션, 전람회, 결혼식 등 대형행사가 있으면 많은 차량이 한꺼번에 붐비므로 이때는 더욱 기민한 동작으로 주차장을 관리, 차량도난을 예방한다.

③ 고객분실물이 발견되는 경우 즉시 하우스키핑의 분실물보관소(lost & found store)에 보내고 당직지배인께 통보한다.

④ 고객을 위해 항시 벨맨과 업무협조를 유지하며 모든 회의나 교육에 참석한다.

5) 대리주차요원(Valet Parking Man)

호텔마다 서비스 차별화 프로그램과 고객의 욕구가 잘 부합되어, 최근 몇 년 사이에 호텔서비스의 한 부분으로 정착되어 가고 있어 단순히 운전만 하는 운전기사의 임무를 넘어 고객서비스 정신이 투철한 고객접점직원들이 안전하고 신속하게 고객의 차량을 주차시키며 또한 대기시키기도 한다. 대형호텔들은 주차서비스요금을 받아 호텔의 또 다른 수입원으로 자리잡아 가고 있다. 대리주차요원의 일일업무는 다음과 같다.

① 출근과 동시에 차량관리대장 확인 및 업무 인계인수한다.
② 당일의 이벤트를 바탕으로 주차장 확보 계획을 수립한다.
③ 가능하면 정문 가까이의 공간을 확보하여 업무효율을 높이도록 한다.
④ 고객의 차량을 인수받을 때는 차량 내에 귀중품을 소지하도록 권하고, 차량의 이상 유무를 확인한 후 고객에게 확인시키고 난 다음 주차권(parking tag)을 발행하여 안전한 장소에 주차시키고 잠금장치를 확인한다.
⑤ 주차표와 차량열쇠는 함께 묶어 보관하며 주차표에 기록한 위치와 차량키 보관함의 번호가 틀리지 않도록 정리한다.
⑥ 특히 여성고객의 차량은 다리의 길이가 다를 수 있으므로 주차 후에는 의자를 원위치시켜 고객에게 좋은 메너를 제공한다.
⑦ 요금 징수는 신고요금으로 하고 개별 팁은 사양하며, 주차요금은 프런트데스크에서 잡수입(miscellaneous)계정으로 입금한다.
⑧ 항시 밝고 명랑하게 고객을 대하여 고객이 편안하게 이용하도록 한다.

3. 비즈니스센터 운영

호텔고객은 그 투숙 목적상 관광, 레저 · 스포츠, 비즈니스 등 다양하지만, 도심의 대규모 호텔을 중심으로 상용고객을 위해 사무실에서 못다한 업무를 호텔에서 할 수 있도록 일정한 장소에 각종 사무기기를 갖추고 고객의 요구에 응하고 있다. 비즈니스센터에 설치된 사무기기로는 팩시밀리(facsimile), 컴퓨터와 모뎀, 복사기, 프로젝터(projector), AP-DJ(Associated Press-Dow Jones)의 뉴스서비스, OHP(over head project)와 스크린, LCD프로젝트와 회의실(meeting room)이 있으며, 담당직원의 업무는 다음과 같다.

1) 비즈니스센터 어텐던트(Attendant)의 업무

① 깨끗한 복장과 감사하는 마음가짐으로 근무에 임하며, 야간에 발생했던 팩스와 계산서를 확인하여 프런트데스크로 보내 고객께 전달한다.

② 당일 예정된 미팅룸 사용의 스케줄을 확인하고 필요한 장비를 준비한다.

③ 팩스가 들어오면 접수시간을 기록한 뒤 고객 성함과 객실번호를 확인하여 투숙객은 프런트데스크에 출발고객은 예정행선지로, 그렇지 않으면 이유를 적어 보내왔던 곳으로 되돌려 보낸다.

④ 도착 팩스의 수신자가 호텔 내 각 부서인 경우 대장에 부서명, 담당자, 접수시간, 매수를 기록하여 고객서비스부서로 넘겨 각 부서에 전달되도록 한다.

⑤ 보낼 팩스는 접수시간과 고객성명, 객실번호, 매수와 상대방 번호를 정확히 확인하고 보내며, 즉시 계산서를 작성하고 원본을 봉투에 넣어 봉한 후 함께 프런트데스크에 넘긴다.

⑥ 복사는 종이와 OHP 필름이 있는데, 약정된 요금을 받고 영수증을 발행하여야 한다. 이때 고객이 원본을 두고 가는 경우가 있으므로 주의해야 한다.

⑦ 타이핑을 접수받을 때는 철자(spelling)를 확인하고 받으며 종료 후 오자・탈자가 있는지 정확히 살피고 계산은 A4 용지의 매수에 따라 정해진 요금을 받는다.

⑧ 번역 업무는 사전 용역계약을 맺은 전문 대행업체에 넘기며 커미션(commission)은 절차에 따라 입금한다.

⑨ 통역서비스는 번역 업무와 같은 형태로 취급한다.

⑩ 특급우편물(DHL, FEDRAL EXPRESS 등)은 접수 즉시 대행업체에 연락하여 가져가도록 하고 손님에게는 수수료, 예정시간 등을 알려드리고 수수료에 대한 계산서를 발행하여 프런트데스크에 입금시킨다.

⑪ 그 날 있었던 업무에 대한 기록과 매출보고서를 작성하여 관리부서에 보고한다. 또한 월말, 연말이 되면 월별, 연도별보고서 및 예산서를 작성한다.

⑫ 미처 그 날 마무리하지 못한 업무는 야간담당자에게 인계하여 처리하도록 한다.

4. 귀빈층 운영

귀빈층(executive floor)은 객실요금이 비싼 특성에서 알 수 있듯이 주 이용고객은 소비수준이 높은 비즈니스맨들이다. 귀빈층은 통상적으로 이그제큐티브 플로어(약칭 EFL)로 불리고 있지만 호텔에 따라서 클럽층, 비즈니스 전용층으로 불리기도 한다.

이그제큐티브 플로어는 고가의 요금을 받고 그에 상응하는 높은 수준의 서비스를 제공하여 특급호텔의 콘셉트에 적절하다. EFL에 묵는 고객들은 대부분 비즈니스 목적으로 이용하기 때문에 재방문 확률이 높아 호텔 입장에서는 객실점유율과 평균객실가 상승의 두 마리 토끼를 모두 잡을 수 있는 도구이며, 지불능력이 있는 고객의 입장에서도 지불한 만큼의 대가를 충분한 혜택을 받을 구 있어 선호하고 있다.

EFL 고객들은 예약단계에서부터 객실운영, 체크인-아웃, 이동, 비즈니스 업무지원 등 모든 면에서 특별대우를 받게 된다. 이들은 로비의 프런트데스크를 통하지 않고 전용층 라운지에 근무하는 어텐던트(attendant)들로부터 직접 신속한 체크인을 받기 때문에 기다리는 지루함 없이 바로 객실로 들어와 짐을 풀 수 있다. 객실 내에는 개인용 팩스와 비디오, 오디오, 개인금고 업무용 책상, 문구류 등이 비치돼 있고 초고속 인터넷 전용선도 구비되어 있어 비즈니스 업무 연장 공간으로도 손색이 없다.

비즈니스 관련 서적과 잡지도 비치되며 아침이면 영자신문이 객실로 배달된다. 아침식사는 전용라운지나 호텔 측이 지정한 레스토랑에서 무료로 제공되며 전용라운지에서는 언제나 무료 음료를 즐길 수 있고 지정된 시간에 간단한 스낵류도 제공된다. 어텐던트들에 따르면 고객들은 부대업장에서 사람을 만나는 것보다 전용 라운지에서의 미팅을 더욱 선호한다고 전용라운지에 상주하고 있는 어텐던트들은 외국어 구사가 가능해 비즈니스 업무를 지원하는 역할까지 겸하고 있다.

또 대개의 특급호텔들은 EFL 고객들에게 사우나, 수영장 등 피트니스센터를 무료로 개방해 놓고 있으며 사전예약 시 8~10인용 소회의실을 2시간 동안 무료로 이용할 수 있다. 오후 6시부터 몇 시간 정도 동안은 해피 아워(Happy Hour)로 지정돼 있어 전용 라운지에서 칵테일 등 주류와 안주가 무료로 제공돼 하루의 피로를 푸는 시간으로 즐길 수도 있다.

이그제큐티브 플로어는 안정적인 수익을 기대할 수 있고 정중함으로 대변되는 호텔 본연의 서비스에 부합된다는 점 때문에 각 특급호텔에서 점차 그 중요성이 커져가고 있다. 특급호텔들은 이 중요성 때문에 대부분 이그제큐티브 플로어를 가장 전망이 좋은 층에 배치함으로써 고객들에게 편안함을 주는 정책을 구사하고 있다. 웨스틴 조선호텔은 9층에서 17층까지의 8개 층을 이그제큐티브 플로어에 할애하고 있으며, 서울 외곽 고지대에 자리 잡고 있는 워커힐 호텔은 별도의 건물(별관 1, 2, 3층)을 마련, 한강이 내려다보이는 조망권을 확보했다.

한편 최근 각 특급호텔들은 호텔 객실정책의 근간이 되는 이그제큐티브 플로어의 비중을 더욱 늘리는 경향을 보이고 있는데, 지난해 객실 개보수 공사를 통해 이그제큐티브 플로어 e-룸 2개 층을 늘린 힐튼호텔의 경우가 단적인 사례이다. 최근 객실 정보화 확충 등 대대적인 객실 개보수 작업을 통해 동종업계에서 인지도가 급상승 중인 조선호텔의 경우 일반 객실수(191실)보다 이그제큐티브 플로어 객실수(262실)가 더욱 많아진 기현상을 보이고 있으며 아직까지 이그제큐티브 플로어 객실이 적은 다른 호텔들도 향후 진행되는 개보수 공사 기간에 이그제큐티브 플로어 층을 늘리는 계획을 검토하고 있는 것을 알려져 고급 비즈니스 객실 확보경쟁이 지속될 전망이다.

이그제큐티브 플로어에 근무하는 직원은 이그제큐티브(executive) 클럽 컨시어지, 버틀러(butler)가 있으며, G.R.O.(guest relations office)를 함께 묶어 운영하는 호텔도 있다. 이들의 주요업무는 다음과 같다.

1) 컨시어지 업무

① 출근과 동시 귀빈층(executive floor)에 투숙한 고객의 성향을 각종 보고서와 고객이력파일을 보고 면밀히 관찰한다.

② 당일 퇴숙고객을 파악하고 조식 제공시 안부를 묻고 다음 목적지에 대한 교통편의 예약에 대해 도와드릴 것을 묻는다.

③ 고객이 식사하는 동안 클럽 라운지(executive club lounge)에서 퇴숙절차를 거칠 것인지 확인 후 이를 수행한다.

④ 고객이 필요로 할 때 통역업무를 제공하며 전문요원이 필요할 때 통역전문

용역업체에 의뢰한다.

⑤ 각종 안내자료 수집과 안내업무를 수행한다.

⑥ 클럽 투숙객이 원할 때에는 미팅룸(meeting room)을 준비하고, 이에 따른 제반 사무기기와 문구류를 준비한다.

⑦ 각종 고객의 코멘트를 듣거나 본부호텔에서 추진하는 설문지조사 등을 담당하여 기록에 남기고, 고객정보를 공유하므로 고객서비스 향상에 기여한다.

⑧ 각급 회의에 참석하며 당일 도착 고객을 위해 EFL의 객실 체크업무도 수행하게 된다.

⑨ EFL의 투숙고객을 객실로 안내하며 EFL에서 특급 입숙절차 업무를 수행한다.

⑩ 일별, 월별, 연도별 매출, 이용객수, 고객성향 등에 대한 각종 보고서를 작성유지 관리한다.

2) 버틀러(Bulter)서비스

버틀러서비스는 섬세하고 정성스런 호텔서비스의 한 가지 방법으로서 지역에 따라 운용되는 내용이 조금씩 다르다. 국제금융전문지 인스티튜셔널 인베스터(institute investor)가 10년간 세계에서 가장 서비스가 좋은 호텔로 신정한 방콕에 있는 오리엔탈호텔의 차별화된 서비스기법이 바로 이 버틀러서비스이다. 그러나 우리나라에서는 이그제큐티브 클럽에서 식음료를 서브하는 직원을 버틀러라고 한다. 버틀러가 하는 업무는 다음과 같다.

① EFL에 근무하는 버틀러는 호텔의 고객 중 가장 기여도가 높은 고객을 모신다는 자긍심을 가지고 세련되고, 정중한 서비스를 제공해야 한다.

② 이들은 EFL에 배속되거나 룸서비스 소속으로 EFL의 식음료서비스를 담당한다.

③ EFL에서 아침에 대륙식 조식(continental breakfast)을 뷔페형식으로 EFL의 투숙한 고객에게 제공하며 초과인원과 외부 초청객에게는 계산서를 따로 발급한다.

④ EFL의 영업시간 07 : 00 ~ 22 : 00 중 식사와 칵테일 시간을 제외한 시간에는 항

상 커피, 홍차, 주스, 과일, 쿠키 등을 진열해 두고 부족 부분은 채운다.

⑤ EFL의 투숙객에게 과일, 쿠키, 케이크, 와인 등 체제 중인 귀빈 명단(inhouse VIP list)에 의해 객실에 서브한다.

3) GRO(Guest Relation Officer)

일반적으로 특급호텔 로비지역에 당직지배인 책상과 나란히 또 하나의 책상이 놓여 있고 거기에는 세련되고 유창한 외국어를 구사하는 여직원이나 젊고, 예의바른 신사가 고객과 마주 앉아 대담에 응하고 있는 것을 보게 된다. 우리는 이 사람들을 GRO이라고 하며 주로 호텔 내에서도 외국어 실력 및 적극성이 강한 사람으로 보직을 하고 있다. GRO의 업무구성은 당직지배인, 프런트오피스 에이전트, 벨 캡틴, 벨맨, 비즈니스센터 어텐던트 등의 업무를 조금씩 혼합하여 고객이 원하는 것은 즉석에서 해결하는 원스톱(one stop)서비스를 표방하고 있다. 이들의 주요업무는 다음과 같다.

① 출근과 동시 현재 투숙고객과 도착고객의 성향을 각종 보고서와 고객이력파일을 보고 면밀히 관찰하며 도착고객의 성함을 익힌다.

② 당일 VIP 리스트를 작성하여 관련부서로 보내므로 고객접대에 만전을 기한다.

③ 총지배인의 환영편지(welcome letter)와 선물을 객실에 비치한다.

④ EFL 투숙객이나 VIP에 대한 특급입숙절차를 준비하고, 고객이 호텔에 도착하면 객실로 안내하여 객실에서 등록하도록 하고 투숙에 필요한 일반적인 정보를 고객에게 제공한다. 만약 상황이 여의치 못해 안내를 하지 못했던 고객은 전화로 환영인사를 한다.

⑤ 고객이 필요로 하는 정보를 제공하기 위해 관광, 통상, 외교, 통신 등 제반 정보를 수집하여 검색에 용이하도록 준비하고, 항상 고객에게는 새로운 정보를 제공하도록 한다.

⑥ 비즈니스센터 직원이 자리를 비웠을 때 고객을 위해 업무를 대행한다.

⑦ EFL 컨시어지가 자리를 비웠을 때 고객을 위해 그 업무를 대행한다.

⑧ 당직지배인이 자리를 비웠을 때 고객을 위해 그 업무를 대행한다.

⑨ EFL고객, 특실 투숙객, 또는 VIP나 장기투숙객에 대한 정보를 관련 부서에 제공한다.

⑩ 근무 중 끝내지 못한 업무, 즉 항공예약확인이나 특급우편물 등 고객과 있었던 일을 정리하여 야간 당직지배인에게 넘겨 고객에게 결과를 통보하도록 조치하고 기록에 남긴다.

5. 서비스 익스프레스 부서의 운영

날로 심화되어 가는 호텔의 서비스 경쟁에서 살아남기 위해서 또는 앞서가는 호텔들은 계속 발전하기 위해 새로운 서비스제도와 그 기법들을 개발하여 추진할 뿐만 아니라 고객접점부문의 조직을 통합 운영하므로 고객편의위주 경영에 박차를 가하고 있다. 최근 들어, 컴퓨터와 통신의 발달로 호텔의 교환실업무가 크게 줄어들면서 이를 개편하여 종합안내센터 또는 예약센터의 역할을 하도록 하는 호텔들이 늘어나고 있는 추세이다. 서비스 익스프레스제도(service express system)도 결국은 효율적인 고객서비스와 조직의 슬림화에 의한 비용절감을 목적으로 기존의 교환실, 벨맨, 룸서비스, 예약, 비즈니스센터, 하우스키핑, 고객세탁업무 등 투숙객을 중심으로 이뤄질 수 있는 모든 업무를 통합 운영하므로 상승효과를 얻고자 발족되는 새로운 형태의 고객서비스 부서이다.

호텔신라의 경우 서비스 익스프레스 부서를 'Service by Shilla'라는 이름으로 변경하고 그 소속을 호텔의 대표부서인 객실팀 산하에 둠으로써 부서 업무의 중요성을 강조하고 있다. 호텔신라에서 실시하고 있는 원스톱 서비스(One Stop Service)는 외국어를 원주민 수준으로 구사하는 직원으로 구성, 고객의 모든 문의와 요청사항을 즉시 처리하는 것, 또 객실 내에서의 각종 인터넷 문의 시 어시스턴트가 24시간 대기하면서 언제라도 객실에서 생기는 문제점을 실시간으로 해결해 준다.

르네상스호텔은 고객이 모닝콜을 신청 시 다음날 아침 원하는 시간에 상냥한 목소리로 인사와 더불어 신문과 손님이 원하는 무료 음료 등을 제공한다. 또한 르네상스 호텔만의 SAVVY LANGUAGE를 실시하는데, 예를 들면, 오후에 비가 온다는 예보가 있으니 미리 우산을 준비해야 할 것 같다고 전해주는 등 고객이 마치 자신의 집에 머물고 있다는 느낌을 갖게 하는 것이다.

인터콘티넨탈호텔의 경우 단순한 교환업무의 단계를 높여 고객의 메시지를 컴퓨터로 입력, 전달하고 있으며 타 부서와의 원활한 교류와 교환 교육에 의한 업무지식 증대, 상품지식을 늘려 호텔 상품매출에 크게 기여하고 있다.

1) 조직편성

(1) 코맨드센터(Command Center)

종전의 교환실을 확대 개편하여 객실예약업무, 연회예약업무, 비즈니스센터 업무 등과 객실에서 주문하는 룸서비스, 각종 안내업무를 담당하며 관련 부서와는 POS와 무전기로 연락하므로 신속한 업무체계를 구축한다. 코맨드센터 에이전트의 기본업무는 다음과 같다.

① 전근무자로부터 인계인수된 사항과 일일업무회의 내용을 숙지하고 근무에 임한다.

② 그날의 행사일정표(function order)를 숙지한다.

③ 자명종(wake-up machine)과 고객요청을 체크하고, 이를 제때 이행하며 가능하면 육성으로 여의치 못하면 레코딩으로 진행한다.

④ 음성메시지를 정확히 녹음하고 고객이 듣고 난 후에는 확인하고 지운다.

⑤ 팩스 취급(in coming-out going)을 신속하고, 정확하게 하여 고객서비스에 최선을 다한다.

⑥ 룸서비스 주문(room service order taking)은 메뉴에 의해 정확히 받고, 메뉴에 없는 식사나 요리도 조리부와 협조해서 가능하면 고객의 요구에 응한다.

⑦ 전화계산, 식음계산, 비즈니스센터 계산 등은 상황의 종료와 함께 발행하여 POS나 프런트 호텔정보시스템에 입력한다.

⑧ 체인본부로부터 전달되는 모든 정보나 공문은 관련 부서에 즉시 연락한다.

⑨ 근무 중 긴급한 상황이 발생하게 되면 당직지배인에게 연락하고 계속 주시한다. 특히 야간근무자는 언제든지 비상연락망을 작동하도록 준비한다.

⑩ 고객의 응대에는 벨이 3번 이상 울리지 않도록 하며, 항시 명랑하고 능숙한

전화 매너로 고객을 매료시킨다.

⑪ 코맨드센터 에이전트는 통신과 정보망을 통해 고객에게 최선의 서비스를 제공하는 핵심부서임을 알고 자기개발에 노력해야 한다.

(2) 로비 어텐던트센터(Lobby Attendant Center)

종전의 벨캡틴을 중심으로 벨맨, 도어맨을 활용하고 룸서비스와 같은 스케줄을 짜므로 객실 층에서 일어나는 모든 일을 룸서비스직원과 함께 운영한다.

(3) 룸서비스 어텐던트센터(Room Service Attendant Center)

종전의 룸서비스와 미니바 직원을 합해 벨맨과 같은 스케줄을 작성하므로 서로가 보완적인 인력(man power)을 구성한다.

2) 이용되는 장비

무전기, 팩시밀리, POS 및 전화기가 있다.

3) 주요업무의 수행방법

객실에서 고객이 필요로 하는 모든 업무, 즉 프런트오피스의 투숙객에 대한 문의 및 메시지, 고객서비스의 각종 안내, 하우스키핑의 필요한 물품 및 추가 침구류 주문, 세탁주문, 룸서비스의 식사주문, 타 지역 호텔예약, 교통편 예약 등을 전화번호 한자리만 누르면(one touch button) 코맨드센터에서 자체 처리하거나 관련부서에 연락하여 신속・정확히 고객의 요구에 응대하게 된다. 호텔 이용객이 이 부서 저 부서를 찾아가며 부탁하지 않아도 모든 일이 한 번의 전화로 이뤄질 수 있게 되며, 룸서비스가 조식을 서비스하고 객실에서 나올 때 손님이 챙겨 둔 가방을 현관까지 미리 내려둔다면 호텔과 고객이 함께 이득이 있는 서비스가 될 것이다.

참고문헌

국내문헌

김근종 · 정종훈, 호텔실무개론, 기문사, 1997.

김재민 · 신현주, 신호텔경영론, 대왕사, 1998.

김천중, 관광정보시스템, 대왕사, 1998.

오정환, 호텔경영학원론, 기문사, 1997.

원융희, 호텔실무론, 백산출판사, 1997.

유정남, 호텔경영론, 기문사, 1998.

이희천 · 신정화, 호텔경영론, 형설출판사, 1998.

임경인, 최신호텔마케팅, 백산출판사, 1996.

주종대, 현관객실업무, 백산출판사, 1997.

최풍운, 호텔실무(현관 · 객실 중심), 백산출판사, 1995.

하헌국, 호텔경영과 실무, 한올출판사, 1998.

허정봉, 호텔경영정보시스템, 백산출판사, 1996.

호텔롯데, 객실매뉴얼, 1996.

호텔신라, 객실부문 전문과정 서비스 표준, 1992.

월간호텔 · 레스토랑, 집중조명/호텔서비스의 블랙박스 '교환실', 2003. 10월호.

월간호텔 · 레스토랑, 집중취재/특급호텔 효자 '귀빈층', 2002. 3월호.

국외문헌

Bardi, James A. Hotel Front Officer Management, Van Nostrand Reinhold, 1990.

Hotel Intercontinental, Rooms Division Service Manual, 1996.

Vallen, Jerome J. CHECK IN-CHECK OUT, WM. C. Brown Company Publishers, 1977.

Westin Hotels & Resorts, Front Office Service Manual, 1998.

제3장

하우스키핑 관리

제1절 하우스키핑의 개요

제2절 하우스키핑의 기타 업무

제3절 호텔조직 내 하우스키핑 역할

제1절 하우스키핑의 개요

1. 하우스키핑의 개념

하우스키핑이란, 영어의 house와 keeping의 합성어로써 '집 또는 건물을 관리하다, 유지하다 또는 회사를 경영하다, 가정을 관리하다' 등 여러 가지의 사전적 뜻이 있어 한마디 한국어로 표기하기는 곤란하다. 그럼에도 불구하고 국내 대부분의 호텔에서는 객실관리부/과로 부르고 있다. 그것은 객실관리가 가장 주된 업무이기 때문에 붙여진 이름이다. 그러나 특급 호텔 내에서의 하우스키핑 업무는 아주 다양하다. 객실관리는 물론 공공지역 관리, 린넨과 유니폼관리, 청소용역관리, 건물관리, 세탁영업, 미니바 영업, 화훼관리 등 그 범위가 아주 넓다. 호텔의 경영 방침에 따라서는 이들 업무를 따로 분리해서 하는 곳도 있으나, 대개는 위에 언급한 일들을 하우스키핑 부서에서 책임지고 관리를 하고 있다. 특급 호텔을 기준으로 할 때 객실관리부/과로 칭하는 것은 그 책임영역이나 기능으로 볼 때 적합치 않으므로 외래어로써 그냥 housekeeping으로 쓰는 것이 적합할 것이다.

호텔에서의 하우스키핑은 투숙객이 체재하고 있는 동안 사용에 편리하고 안락한 시설과 용품을 갖춘 하드웨어(hardware)와 항상 청결하게 관리하고 정비함은 물론 가정을 떠난 가정으로서의 또 다른 편안함과 즐거움을 느낄 수 있도록 하는데 필요한 소프트웨어, 즉 인적서비스를 의미한다.

하우스키핑의 가장 주된 역할은 첫째, 객실의 쾌적성을 유지하기 위한 청소와 객실설비, 시설과 비품관리, 둘째, 호텔 내 레스토랑, 화장실, 라운지, 주방 등 호텔 전역의 공공지역 관리이며, 셋째, 린넨류의 세탁관리, 직원 유니폼의 지급과 수선이라고 할 수 있다. 그리고 마지막으로 객실 내의 미니 바(mini-bar)의 관리를 들 수 있다. 따라서 하우스키핑은 고품질 객실상품의 생산을 위해 최선을 다해야 하며 호텔의 재산관리와 비용절감을 위해서도 최선을 다해야 한다.

2. 하우스키핑의 중요성

1) 호텔 운영경비의 절감

호텔의 운영경비는 고객의 증감에 관계없이 일정한 비용이 꾸준히 지출되는 고정경비와 고객의 증감에 따라 그 지출과 함께 증감하는 변동경비로 나눌 수 있다. 고정경비에는 통상적으로 인건비, 광열비 등이 포함되며, 변동경비에는 재료비 등이 포함된다. 일반기업과 마찬가지로 호텔의 경영목표도 당연히 이익의 극대화인데, 이러한 목표의 달성은 판매의 극대화를 통하거나 지출되는 비용을 극소화함으로써 가능하다. 따라서 객실을 비롯한 호텔 내의 모든 비품 및 설비의 관리를 책임지고 있는 하우스키핑 부서가 큰 몫을 하고 있다.

2) 호텔자산의 관리

호텔기업의 경우 자본금의 80~90%를 고정자산이 차지하고 있다. 이 고정자산을 이루는 요소가 호텔의 건물을 비롯한 내부설비이다. 그러므로 호텔의 객실을 비롯한 내·외부 공간을 청결하게 유지하고 시설물을 관리하는 부서로서 하우스키핑의 중요성이 새로이 인식되고 있다. 보통 대규모 호텔에서 이 부문의 책임자인 하우스키퍼(house keeper)가 부지배인(assistant manager)과 동격의 지위를 갖는 것도 이러한 이유에서이다.

3) 호텔상품의 생산과 창조

호텔의 80~90%가 고정자산이고, 그 고정자산을 주요한 상품으로 하여 영업활동을 하고 있는 호텔의 특성상 새로운 상품의 생산은 불가능하다. 하지만 지속적인 객실 및 기타 설비의 점검 및 청소와 관리를 통한 하우스키핑 부서의 역할은 기존의 상품이 새로운 효용을 가지고 새로운 고객에게 만족을 줄 수 있도록 상품을 재생산한다고 볼 수 있다. 즉 고객의 체크아웃과 함께 객실이라는 효용가치가 떨어진 상품을 다시 새로운 상품으로 재생산하는 부서가 하우스키핑인 것이다.

4) 호텔수익의 증대

호텔의 자산을 관리하고 호텔의 운영경비를 절감하는 일이 비용지출을 줄이는 측면에서 살펴본 내용이라면 호텔상품의 생산과 창조는 호텔에 있어서 간접적인 수익의 증대를 가져온다고 하겠다.

호텔 객실의 청결유지와 관리는 결과적으로 객실판매와 객실점유율에 영향을 가져와 호텔의 수익증대로 연결된다. 객실은 호텔의 판매상품이 중심을 이루는 요소이며 가장 중요한 수입원이므로 이러한 수입원을 청결하게 관리하고 유지하는 부서로서 하우스키핑의 역할이 중요하게 평가받는 것이다.

3. 하우스키핑의 조직 및 업무내용

1) 하우스키핑의 조직

객실을 정비하는 하우스키핑의 업무는 그 특성상 눈에 보이지 않으며 작업내용 또한 간단한 것처럼 보여 안이하게 판단하기 쉽다. 그러나 객실의 정비가 없이는 호텔상품의 판매란 있을 수 없다. 객실의 정비업무가 원만하게 수행되어야 품격 높은 서비스가 제공될 수 있는 것이다.

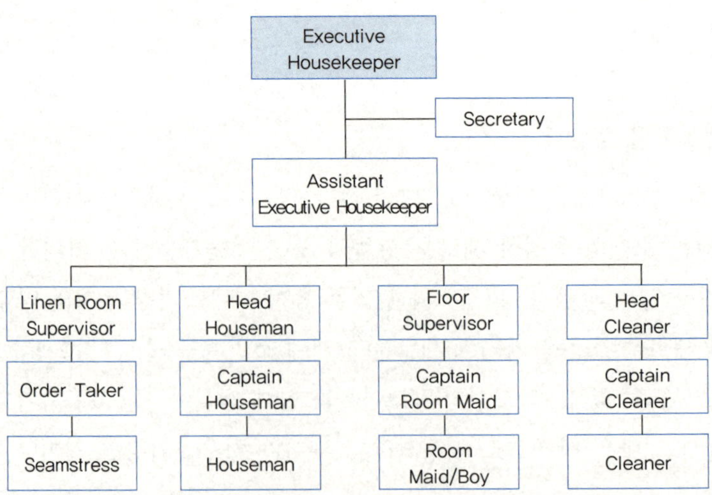

[그림 3-1] 하우스키핑 부서의 조직도

하우스키핑 부서는 호텔 내에서도 타부서에 비해 많은 인원이 배치되어 있는 이유는 기계화에 한계가 있기 때문이다. 작업 수행과정에서 담당자의 업무능력을 극대화하기 교육 프로그램을 수립하여 인력을 최소화시키면서도 객실정비의 수준은 유지하는 노력이 필요하다.

2) 하우스키핑 구성원의 업무내용

(1) 객실정비 과장(Executive Housekeeper)

고객과 직원의 안전과 쾌적한 환경의 조성 및 유지를 위해 객실을 비롯한 각 지역의 청결관리와 이를 능률적으로 실현하기 위해 부서 내의 업무와 관련한 계획과 감독 및 조정하는 역할을 한다.

(2) 객실정비 대리(Assistant Executive Housekeeper)

부서 내의 업무진행과 정책수립을 위해 하우스키핑 업무를 계획하고 조직·감독하며, 부하직원을 훈련·상담·감독·지시한다. 하우스키핑과 관련한 모든 업무에 시 객실정비과장을 보좌하고 부재 시 업무를 대행한다.
따라서 반드시 부서 내의 모든 업무에 능통하여야 한다.

(3) 층 감독(Floor Supervisor, Inspector)

인스펙터(Inspector)는 객실정비과장의 업무지시를 받아 배치된 층의 룸 메이드(room maid)와 하우스 메이드(house maid)를 지시·감독한다. 해당 층의 모든 객실, 복도, 서비스 지역, 린넨 룸의 청결을 유지·관리하고 담담직원의 업무수행태도, 진행현황, 복장, 용모 등을 관리·감독한다.

(4) 룸 메이드(Room maid)

룸 메이드, 즉 객실정비원은 하우스맨의 도움을 받고 룸 인스펙터의 지시에 따라 객실 및 욕실의 청소와 침대 꾸미기, 고객의 세탁물 수거 및 전달, 객실의 정리·정돈, 소모품 서비스 등의 업무를 수행한다. 룸 메이드는 대개 35세에서 40세까지의 여성으로 구성되어 있으며 건강하고 정직한 사람이어야 한다. 보통 특급호텔 룸 메이드의 작업량은 1일 8시간 기준으로 할 때 객실 12실 내지 14실 정도이다.

(5) 오더테이커(Order Taker)

하우스키핑의 전반적인 업무진행상 마치 중추신경과도 같이 긴요한 역할을 담당하며, 부서운영 전반에 큰 영향을 미칠 수 있는 업무를 맡는다. 유선통신을 매개로 다양하게 접수되는 모든 정보의 적정 처리와 부서 주 사무실에 위치하여 부서 운영상 전반 업무의 연락담당자로서의 역할을 수행한다. 수시로 변하는 우선처리업무의 순서를 판단해 가면서 업무를 효율적이고 신속하게, 그러면서도 누락된 사항이 없이 정확하게 전달하고 확인함으로써 모든 영업지역에서 원활한 서비스가 이루어지도록 노력한다.

(6) 룸 보이(Room Boy)

오더테이커를 보조하여 모든 고객서비스의 신속을 기하며 서비스 용품의 제공 및 각종 서비스를 담당한다.

(7) 린넨 클럭(Linen clerk)

호텔의 모든 객실을 비롯하여 각 영업장에서 끊임없이 나오는 더럽혀진 린넨류를 취합하여 이를 세탁소로 보내고 아울러 세탁된 린넨류를 필요한 부서에 할당・분배하여 호텔제품의 완성과 더불어 판매기능에 이바지하는 것이 린넨룸의 기능이다.

또한 린넨룸은 사실상 하우스키퍼의 사령탑인 동시에 뇌의 구성을 맡고 있다는 특징이 있다. 객실에 사용되는 모든 객실 소모품도 린넨룸에 보관되고 공급한다. 호텔의 규모가 작든 크든 예외 없이 대부분의 호텔은 린넨룸이 하우스키핑의 중심이다.

(8) 라운드리 클럭(Laundry clerk)

호텔에서 사용되는 모든 린넨류와 종사원의 유니폼 등을 세탁하여 항상 깨끗하고 위생적인 상태를 유지케 함으로써 고객에게 최상의 서비스가 이루어지도록 하는 업무를 맡고 있다. 아울러 고객으로부터 의뢰받은 세탁물을 고객이 원하는 시간까지 깨끗이 세탁하여 인도함으로써 여행지에서 고객이 직접 세탁을 해야 하는 번거로움을 덜어주는 편의를 제공한다.

(9) 하우스맨(Houseman)

하우스맨은 호텔의 성격과 규모에 따라 주어진 직무의 내용이 다르다. 그리고 직무의 성격과 더불어 이에 붙여지는 직명도 여러 가지가 있다. 즉 객실 · 로비 · 연회실에 종사하는 하우스맨, 집기의 손질과 운반을 전담하는 하우스맨, 청소를 맡은 하우스맨, 유리 · 도어 · 커튼 등의 손질을 주된 임무로 하는 하우스맨 등 건물 전체의 구석구석 손질을 보는 데 따라 그 명칭도 다양하다.

한마디로 요약하면 보통 여성인 룸 메이드가 감당하기에는 힘든 일이나 궂은일들을 하우스맨이 전담하거나 보조적으로 처리해 나가는 것이다. 주로 객실관리에 있어 체력을 필요로 하는 일, 즉 무거운 시트(sheet) 묶음을 옮기는 일, 침대를 이동하는 일, 높은 곳의 창문을 청소하는 일 등에 이르기까지 주로 체력을 필요로 하는 일들을 하우스맨이 전담한다.

4. 하우스키핑의 기능

하우스키핑 부서는 호텔의 옥상으로부터 최저 지하층까지의 건물 내 · 외를 총체적으로 관리하고 있다. 기술적인 부분을 제외한 호텔의 모든 지역의 청소와 유지보수가 하우스키핑의 업무라고 할 수 있다.

하우스키핑의 기능은 각 호텔의 규모나 경영방식에 따라 약간씩 차이가 있으나 특급 호텔에서의 일반적인 기능은 다음과 같다.

1) 청소와 유지 보수

호텔은 불특정한 많은 고객이 출입하고 숙박하는 곳이다. 그들은 투숙객, 식음료 이용객, 지나치는 고객 등으로 대분할 수 있으며, 세계 각국의 고객들이 왕래하면서 사업을 펼치거나 관광 또는 사교의 장으로 활용하고 있다. 그리고 그들의 기대욕구는 매우 다양하며 문화의 차이, 관습의 차이, 쾌적감의 차이, 언어의 차이 등으로 인하여 똑같은 서비스에도 각각 다른 반응을 보인다. 그러나 만국공통으로 똑같이 느낄 수 있는 것은 청결함을 좋아한다는 사실이다. 너무 청결해서 싫다는 고객은 없을 것이고 쾌적한 분위기를 싫다는 고객도 없을 것이다. 그럼에도 불구하고 많은 사람들이 심지어 하우스키핑 일에 종사하는 사람들조차 그 일을 대수롭지 않게 여긴다. 건물의 청소와 유지 보수는 청결 그 자체도 중요하지만 건물의 수명과도 밀접한 관계가 있다. 아무리 좋은 재료를 사용하여 건축한 호텔이라도 사후관리를 소홀히 하면 그 수명은 단축될 수밖에 없다. 대리석, 출입문, 창문, 화장실, 가구, 카펫, 외벽 등 그 수가 아주 많으며 그 어떤 부분이든 주기적인 청소와 관리가 제때 이루어지지 않으면 외관상 불결하게 느끼는 것은 물론 재산상 손실을 수반한다. 더구나 불결한 관리는 수많은 고객으로부터의 외면당해 객실 점유율과 식음료 매출 감소를 초래하여 호텔의 경영 악화를 가져오게 되고 직원의 일자리마저 위협받게 된다. 그러나 이런 현상은 단시간에 나타나지 않으므로 관리자나 경영층에서 쉽게 감지 못하는 경우가 종종 있다. 건물이 상당히 낡은 후 이런 것들을 보수하기 위해서는 막대한 비용이 발생하고 영업활동 또한 중단하게 되어 고객에게 불편을 주어 나쁜 인상마저 주게 된다. 호텔의 청소와 유지보수는 단순히 하우스키핑 부서 직원으로만 해결되는 것은 아니다. 호텔 구성원 모두의 관심과 협력이 없으면 소기의 목표를 달성할 수가 없다.

(1) 객실청소와 정비

객실청소는 룸 메이드(room maid)에 의해 이루어지는데, 호텔산업 초기에는 데이 메이드(day maid), 나이트 메이드(night maid), 베스 메이드(bath maid) 등으로 세분화되어 있었으나, 현대 호텔산업에서는 낮에만 근무하는 데이 메이드와 오후 6시 이후의 턴다운 서비스 메이드(turn down service maid)로 구분하여 일을 하고 있다. 객실 청소와 정비는 그리 간단치가 않아서 객실에 들어가는 용품들(amenities)의 명칭을 명확히 알아야 하고 베드 메이킹(bed making)방법, 타월 셋업(set-up)방법, 청소용 세제용법 등을 잘 모르면 룸 메이드 업무를 수행하기가 어렵다.

객실청소 시 룸 어텐던트(room attendant)와 객실층 슈퍼바이저(floor supervisor)는 먼저 객실상태를 점검(A.M. check)하여 퇴실과 재실로 구분하고 그 중에서 아침 이른 시간 청소를 원하는 객실(rush room), 아침 일찍 입실 예정인 방(early check-in room), 중요 고객방(VIP room)과 일반 고객방(normal room)으로 나누어 객실청소의 우선순위를 정한다. 일반적으로 아침 일찍 입실 예정인 방을 우선적으로 청소하며 그 다음이 아침 이른 시간 청소를 요청하는 객실이다. 룸 어텐던트(room attendant)와 객실층 슈퍼바이저(floor supervisor)는 당일 청소업무가 끝나는 대로 오후 점검(P.M. check)을 통하여 각 객실의 상태를 다시 한번 확인하고 사무실에 보고를 하여야 한다.

객실청소를 하기 위해 룸 메이드는 사전에 아래 사항들을 준비해야 한다.

- 룸 메이드 카트(room maid cart)
- 객실용 소모품 일체
- 새 베드룸 시트(bed room sheet)
- 청소용 세제와 도구
- 객실 키(key)

① 객실 키는 고객의 재산과 안전을 보호하기 위해 아주 소중하게 다뤄야 한다. 특히 하우스키핑 근무자 중 객실 청소담당자는 해당 층의 모든 객실을 열 수 있는 마스터키(master key)를 소지하고 일을 하기 때문에 각별히 주의를 기울여야 한다. 따라서 하우스키핑은 이들 키를 주고받을 때 철저한 확인과 기록이 있어야 한다. 만약 키(key)를 분실하면 즉시 새로운 키를 만들게 되는데, 이때 분실된 키가 제 기능을 발휘할 수 없도록 조치하여야 한다.

② 객실관리책임자는 오전 객실 점검결과에 맞춰 룸 메이드 개인별로 청소할 객실을 배정하고 주요 지시사항을 전달한다.

〈표 3-1〉 Key Control Sheet

번 호	불출 시간	서 명	반납 시간	서 명
HK 1 - 01				
HK 1 - 02				
HK 2 - 01				
HK 2 - 02				
HK 3 - 01				
HK 3 - 02				
HK 4 - 01				
HK 4 - 02				

〈표 3-2〉 Guest Floor Supervisor's Worksheet

ROOM NO.	OD	OC	VC	VD	OS	SO	COMMENTS

FLOOR : ___________ DATE : ___________ SUPERVISOR : ___________

〈표 3-3〉 Daily Assignment of Room Attendants & Supervisors

DATE : ______ NO. OF OCCUPIED ROOM : ______ RM. FORECAST : ______

FLOOR	"A" SIDE	"B" SIDE	FLOOR SUPERVISOR	TURN DOWN RM. ATTNT.	DAY OFF & LEAVE
	RM. ATTNT.	RM. ATTNT.			
5					
6					
7					
8					
9					
10					
11					
12					
13					
14					
15					
16					
17					
18					
19					
20					

REPORTER'S SIGNATURE : ______________

③ 객실을 배정받은 룸 메이드는 객실에 들어가서 먼저 창문과 커튼을 활짝 열고 사용한 린넨(dirty linen)을 치우고 침대, 베갯잇, 책상 서랍, 옷장과 서랍, 침대 밑, 욕실 등을 살펴보아 고객이 잃어버리고 간 물건(lost & found)이 없는지 확인하고 발견된 물건은 즉시 하우스키핑 사무실로 보고하여야 한다.

하우스키핑 부서 내 분실물 보관업무는 오더 테이커(order taker)가 하게 되며 분실물 보관규정에 따라야 한다. 분실물 중 귀금속이나 현금 등은 프런트오피스 당직실에서 보통 보관·관리한다. 고객의 물건은 매우 소중한 것이며 따라서 룸 메이드의 정직성은 절대적인 것이다. 객실청소는 룸 메이드 혼자 하기 때문에 더욱 중요하다.

④ 청소방법은 하우스키핑 책임자(executive housekeeper)의 지침에 따라 정해지나 대개 침실을 먼저 청소하고 욕실을 청소한다. 침실을 만들 때는 고객의 옷가지, 서류 등을 정리정돈하게 되는데, 이때 고객의 귀중품이나 현금 등은 침대 위에 놓여 있는 것을 제외하고는 옮겨놓지 말아야 한다. 베드 메이킹이 끝나면 침실 카펫 청소(vacuum)를 하며 파손된 곳이 없는지 살펴서 필요한 조치를 하여야 한다. 아울러 가구류, 창문과 틀 등에 대한 걸레질을 하며, 이때 파손된 것이 있으면 객실정비 요청서(maintenance order)를 작성하여 신속히 수리되도록 하여야 한다. 그 다음 욕실청소가 끝나면 욕실용품(bathroom amenities)을 준비하고 각종 타월(wash cloth, hand towel, bath towel & bath mat 등)을 걸어 놓거나 선반 위에 놓는다. 욕실문 안쪽에는 욕실가운을 걸어 놓고 다시 한번 빠진 것이 없는지 확인한 뒤 약 15~30cm 정도 문을 열어 놓아 고객들이 욕실을 쉽게 볼 수 있도록 한다.

⑤ 객실관리책임자은 청소된 객실의 점검을 하고 미비된 점은 즉시 시정을 하도록 하고 객실점검보고서를 작성해야 한다. 또한 해당구역 내 VIP 객실 준비와 점검을 한다.

⑥ 하우스키퍼는 당일의 전체 객실 현황표를 만들고 데이 메이드와 턴다운 메이드에 대한 업무지시를 한다. 아울러 객실관리 주임들이 서비스 기준에 맞춰 일할 수 있도록 교육훈련을 시켜야 한다.

[그림 3-2] 침대 꾸미기 ①

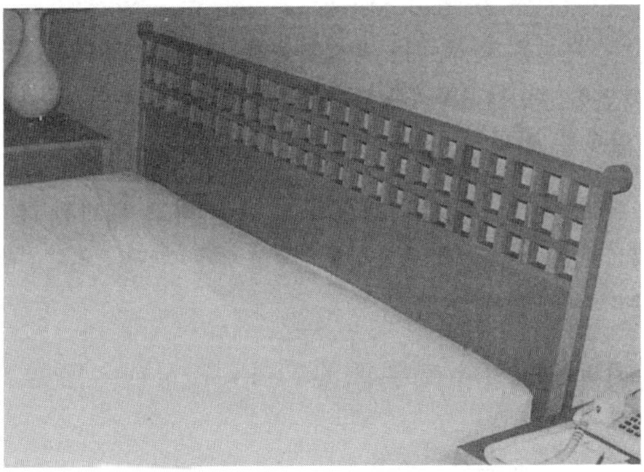

[그림 3-2] 침대 꾸미기 ②

[그림 3-2] 침대 꾸미기 ③

침대 꾸미기 요령

퇴숙한 방에 들어가면 먼저 분실물 여부를 확인하고 이어서 침대 위에 덮어진 침구류를 걷어낸다. 침구류를 걷어낼 때 주의할 점은 고객의 속옷류 혹은 장신구가 떨어져 있지 않은지를 반드시 확인해야 한다. 사용된 침구류를 치운 뒤 침대 매트리스(mattress) 상태를 보아 상·하가 수평을 이루도록 가끔 상하를 돌려주어야 한다. 그리고 침대 위에는 바닥시트(bottom sheet)를 먼저 깔고 끝 부분이 모두 침대 밑으로 들어가도록 마무리를 하며 다시 그 위에 중간 시트(under sheet)를 깔게 된다. 이때 중간 시트의 상단 부분은 침대 머리 부분으로부터 15~20cm 정도 벌어지도록 거꾸로 접어놓아 고객들이 잠자리에 들어가기가 편리하도록 한다.

⑦ 하우스키퍼는 당일의 전체 객실 현황표를 만들고 메이드에 대한 업무 지시를 한다. 아울러 객실관리 주임들이 서비스 기준에 맞춰 일할 수 있도록 교육훈련을 시켜야 한다.

〈표 3-4〉 객실점검 보고서

객실번호 : 점검 결과 : 아주 좋음 ( )		점검일자/시간 : 좋음 ( )	좋지 않음 ( )
침 실		욕 실	
항 목	상 태	항 목	상 태
문, 자물쇠, 의자, 버팀목		문, 손잡이	
전구, 스위치, 판		전구, 스위치, 판	
천장, 환기구		천장, 환기구	
벽		소모품	
창문, 커튼, 완자문		변기	
객실안내 책자		수도	
인쇄물		비누	
문방구류		타월	
텔레비전		BATH MAT	
온도 조절기		티슈, 화장지	
		거울	
점검자 서명 :		결재자 서명 :	

⑧ 룸 메이드는 객실청소 도중 발견된 고객들의 분실물을 발견 즉시 사무실로 보고하고 1시간 이내에 분실물을 오더 테이커에게 갖다 주고 상호 확인 서명을 하여야 한다. 오더 테이커는 <표 3-6>과 같이 분실물 대장에 이를 정확히 기록·유지하여야 한다. 분실 고객이 물건을 찾고자 할 때는 소유주임이 확실한 지를 확인하고 되돌려 주어야 한다.

〈표 3-5〉 Sample Housekeeping Room Status

HOUSEKEEPER'S REPORT

DATA : ____________ AM : ____________ PM : ____________

ROOM NO.	STATUS	ROOM NO.	STATUS	ROOM NO.	STATUS	ROOM NO.	STATUS
501		601		701		801	
502		602		702		802	
504		604		704		804	
.		.		.		.	
.		.		.		.	
.		.		.		.	
.		.		.		.	
520		628		729		828	
521		629		730		829	
523		630		731		830	
524		631		732		831	

(보기표)

OC–OCCUPIED CLEANED
OD–OCCUPIED DIRTY
OOO–OUT OF ORDER
VC–VACANT CLEAN
VD–VACANT DIRTY
SO–SLEEP OUT

OS–OUT OF SERVICE
DO–DUE OUT
AE–ARRIVAL EXPECTED
D.N.D–DO NOT DISTURB
EC–EARLY CHECK–IN

____
SIGNATURE

〈표 3-6〉 분실물 처리대장

DATE/TIME	ITEMS	FINDER	TAG. NO.	ROOM NO.	NAME OF GUEST	ORDER TAKER	RETURN DATE

※ 분실물 처리기준은 반드시 법이 정한 바에 따라야 한다.

⑨ 메이드 보고서

메이드는 객실청소가 모두 끝나면 오후 점검(P.M. Check)보고서를 작성하여 객실 주임에게 보고하여야 한다. 객실번호와 함께 출입시간을 명확히 기록하고 객실 현황을 기록하여 턴다운(turn down)서비스에 활용하여 차후를 위해 보관하도록 한다. 이밖에 메이드는 객실의 특이 사항(호텔 물건 분실, 미니바 사용 여부, 고객 상황 등)을 발견 시 사무실에 즉시 보고해야 한다.

〈표 3-7〉 Maid's Daily Report

FLOOR : ____________ DATE : ____________

ROOM NO.	OC	VD	VC	OS	ROOM NO.	OC	VD	VC	OS

MAID SIGNATURE : ____________ SUPERVISOR SIGNATURE : ____________

⑩ 객실 내에 들어가는 용품들은 호텔에 따라 차이가 나지만, 대체적으로 다음과 같은 품목들이 있으며 이것들은 호텔 규정에 따라 빠짐없이 준비되어 있어야 한다.

- 호텔안내 책자(시설 및 영업)
- 세탁물카드
- 커피 & 티 메이커
- TV용 리모트컨드럴기
- 컵, 유리잔, 그릇받침
- 세탁물 계산서
- 전송용지
- Fax용지
- 바지
- 옷솔
- 다리미판
- 손톱 다듬이
- 화장지
- 어댑터(adapter)
- 샤워 캡
- 성냥
- 면도용 크림
- 방해금지 카드
- 빗
- 호텔 홍보물
- 구두 왁스
- 때밀이 수건
- TV 안내
- 화장품류
- 문구류(종이, 펜, 연필)
- 옷걸이(상의용과 바지용)
- 목욕용 거품크림
- 재떨이(흡연자용 객실)
- 그림엽서
- 얼음통과 집게
- 편지봉투
- 세탁물봉투
- 다리미
- 미니바 계산서
- 구두주걱
- 전압조정기
- 탈지면(면봉)
- 구두닦이 천
- 면도기
- 비누
- 샴푸
- 귀후비개 솜(Q-Tip)
- 각종 시사 잡지
- 칫솔, 치약
- 관광지도
- 고객설문 조사서
- 룸서비스 메뉴
- 양치액(gargle)

⑪ 객실 내 모든 용품 및 비품들을 준비한 뒤에는 TV상태, 전등상태, 객실온도, 급·배기상태, 냄새 등을 확인하고 이상 유무에 따라 필요한 조치를 취해야 한다.

객실청소와 정비는 전적으로 룸 메이드에 의해서 이루어지지만, 이런 일에 대한 최종 점검은 객실관리 주임과 하우스키퍼(housekeeper)의 책임 아래 이루어진다. 또한 청소와 더불어 중요한 것은 룸 메이드 개개인의 서비스에 대한 태도이다. 객실에 들어 갈 때의 예절, 인사예절 등 빠짐없는 서비스를 하기 위해 기본적인 외국어 능력은 필수이다. 호텔에서는 영어를 주로 많이 쓰고 있으며 또한 전문적인 용어(hotel terminology) 자체가 영어로 되어 있어서 영어는 룸 메이드 업무의 서비스 질과 밀접한 관계가 있다. 그러나 유창한 영어를 필요로 하는 직업은 아니고 하우스키핑 업무와 관련된 용어를 터득하면 된다.

⑫ 턴다운 서비스(turn-down service)

턴다운 서비스는 청소된 객실을 오후 5시~오후 6시 이후에 다시 들어가 재서비스를 하는 것으로 고객들이 보다 안락하고 상쾌한 기분으로 잠자리에 들도록 하는 것이다.

턴다운 서비스 요령은 아래와 같이 한다.

- 이불 덮개를 걷어내고 베개가 밖으로 나오도록 한다.
- 창문과 커튼(curtain)을 닫는다.
- 침대 옆 바닥에 실내화(slippers)와 발깔개(foot mat)를 가지런히 놓는다.
- 쓰레기통을 비우고 사용된 수건은 새것으로 교체한다.
- 얼음 통에 얼음을 채워 놓는다.
- 베개 위에 룸서비스 메뉴(door knob menu)와 함께 초콜릿 또는 굿나잇 메시지(good night message)를 놓는다.

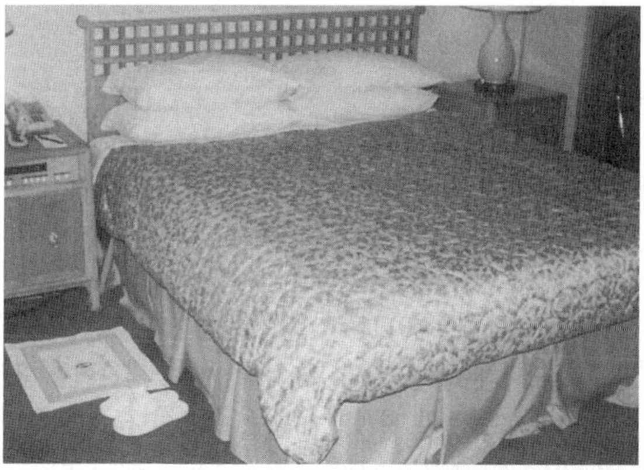

[그림 3-3] Turn-Down Service

⑬ 기타 서비스

기타 서비스로는 어린이 고객 돌보기와 객실문의 개폐 등이 있다. 고객들 중 5세 미만의 어린아이와 함께 투숙하는 경우 어린이용 소형 침대를 추가로 제공하기도 하며 부모가 활동하는 동안 어린이를 돌봐 주기를 요청하는 고객이 있다. 이런 경우 호텔이 정한 요금을 받고 그 일을 하기도 한다. 이를 어린이 고객 돌보기(baby sitting)라고 한다. 선진국에서는 이런 아기들을 전문적으로 돌봐주는 허가된 기관이 있다. 아이들의 위생과 건강 그리고 사고예방을 위해 전문적인 교육을 받은 사람들이 하는 것이다.

그리고 객실문의 개폐는 해당 객실 고객임이 확실하지 않으면 어떠한 경우에도 문을 열어주어서는 안된다. 낯선 손님이 문을 열어 달라 할 때는 정중하게 프런트 오피스(front office)로 가시도록 유도하여야 한다.

고객 부재 중 어떤 물건이든 객실에 넣고자 할 때는 반드시 당직 지배인의 확인을 받아 벨맨(bellman)이 넣도록 해야 한다. 외부인의 출입은 해당 객실 고객과 동행이 아닌 이상 하우스키핑에서 문을 열어 줘서는 안된다. 고객의 안전과 객실 도난을 방지하기 위해서이다. 원칙적으로 고객의 객실은 고객 자신과 청소 또는 기타 서비스를 필요로 할 때 이외에는 함부로 열어서는 안된다.

(2) 공공지역 청소와 유지 보수

공공지역은 크게 고객지역과 직원지역으로 나누며 호텔에서는 당연히 고객지역을 우선으로 관리한다. 고객지역은 객실층, 식음료 영업장, 화장실, 로비, 복도, 계단, 헬스클럽, 승강기, 대・중・소 연회장 등이 있고 직원지역은 호텔 사무실, 라커룸, 비상계단, 직원 숙소 등이 있다. 호텔은 복합건물이기 때문에 관리하기가 수월치 않다. 특히 건물 외벽, 내벽, 천장 등은 그 높이가 높아서 아주 전문 직업인이 아니면 하기 힘들다. 따라서 이런 위험지역은 대개 전문 용역회사에 의뢰하여 관리하게 된다. 그리고 이런 일들은 날마다 이루어지는 것이 아니므로 호텔 자체 직원이 이 일을 하기에는 많은 인건비를 필요로 하고 그만큼 위험부담이 크다. 식음료 영업이 자정을 전후로 끝나고 있고 그 시간에 비싼 임금을 지불하는 감독자와 직원을 채용할 필요가 없기 때문에 야간 청소 역시 외부 용역으로 대체하는 경우가 일반적이다. 공공지역 청소와 유지 보수를 세분하면 아래와 같다.

- 로비 및 복도
- 레스토랑
- 연회장
- 가구류, 도자기류, 조각물
- 출입문
- 화장실
- 계단과 에스컬레이터
- 화분과 꽃꽂이
- 바닥(석재류 바닥)
- 카펫
- 직원 지역(라커룸, 복도, 비상계단)
- 호텔 사무실
- 건물 외벽과 창문
- 건물 내벽과 천장
- 헬스클럽

① 로비 및 복도

공공지역 로비 및 복도의 청소는 하루 24시간 계속된다. 많은 사람들이 왕래하는 곳이므로 수시로 점검하고 청소해야 청결을 유지할 수 있다. 따라서 호텔에서는 구역 전담직원을 따로 두어 그 일을 수행하게 한다. 비나 눈이 오는 날은 출입구에 헌 카펫을 깔아 두어 호텔 내부까지 더럽혀지는 일이 없게 하여야 하며 수시로 마포질을 하여야 한다.

그리고 심야에는 기계를 이용한 바닥 왁스작업을 주기적으로 실시한다.

② 레스토랑

레스토랑 청소는 영업시작 전, 후에 실시한다. 점심 영업 후 쉬는 시간이 있는 업장은 진공청소기로 청소를 해야 한다. 저녁 영업종료 후 야간청소는 카펫 샴푸와 창문, 출입문, 의자, 테이블, 장식품, 가구 등 레스토랑 내 모든 곳을 닦아야 한다. 또한 영업장 내 화분이나 꽃꽂이 상태를 점검하여 다음날 화훼실에 이를 알려서 보완토록 해주어야 한다.

③ 연회장

연회장은 소·중·대 연회장이 있는데, 거의 모든 지역에 카펫이 깔려 있으므로 진공청소기를 이용한 청소는 행사 전후 실시되어야 하고, 특히 심야에는 주기적인 카펫 샴푸를 하여야 카펫 노후화를 방지할 수 있다. 카펫은 직물이기 때문에 먼지가 많이 끼어 있으므로 제때 청소하지 않으면 카펫이 산화되어 지워지지 않는 얼룩으로 남는다. 또한 행사의 종류에 따라 카펫의 더럽혀진 정도가 다르므로 행사 직후 상태를 점검하여 적절한 조치를 취해야 한다.

④ 공공지역 가구

공공지역 가구는 단순히 먼지만 닦는 작업과 주기적인 왁스작업이 있다. 가구는 시간이 오래 지나면 윤기가 없어지고 퇴색되기 때문에 일정 기간을 정하여 광택을 주어야 한다. 그리고 가구류는 먼지가 묻어도 쉽게 눈에 띄지 않기 때문에 청소 직원들이 그냥 지나쳐 버릴 수도 있다. 따라서 감독자들의 점검이 하루 3회 이상 이루어져야 한다. 호텔 내에는 조각물(조형물)들이 많이 있는데 이것들은 대개 화강암, 대리석, 구리 등으로 이루어져 있다.

종류에 따라 그에 맞는 세제를 사용하여 주기적으로 닦아주어야 한다. 세제를 잘못 사용하면 지워지지 않는 얼룩으로 남는 수도 있다.

〈표 3-8〉 공공장소 점검표

날짜/시간 : ______________

층/장소	창문	거울	카펫	가구	복도	화장실	꽃꽂이	점검자서명	비고

⑤ 출입문

출입문은 호텔 투숙객, 식음료 이용객은 물론 불특정한 다수의 사람들이 드나들기 때문에 오점이 자주 생긴다. 전담 직원이 상주하여 닦아주지 않으면 금방 더러워진다. 로비 및 복도를 담당하는 직원이 수시로 점검하고 닦아준다.

⑥ 화장실

호텔 화장실은 그 어떤 공중 화장실보다 청결하게 관리되어야 한다. 화장지도 곱게 준비되어 있어야 하며 특히 냄새가 나지 않도록 방향제도 설치하여야 한다. 쾌적한 분위기가 되도록 싱싱한 꽃꽂이를 준비하여야 하며 손을 씻은 후 물기를 닦기 위한 종이 수건(paper towel)도 준비해야 한다. 그밖에 물비누도 제때에 갈아주어야 하고 벽에는 거울을 부착하여 고객들이 자신들의 화장이나 옷매무새를 고치는데 불편함이 없어야 한다. 특급 호텔에서는 여성용 화장실에 화장용 의자도 준비하고 있다.

변기를 수시로 닦아야 하며, 특히 남성용 화장실 소변기 밑은 자주 닦아주어야 하는데, 육안으로 보기에 흉할 뿐 아니라 방치하면 악취가 발생되기도 하고 바닥이 대리석인 경우 산화되어 지워지지 않는 오점으로 남기 때문에 자주 닦아주어야 바닥을 보존할 수 있다. 화장실은 또 하나의 호텔 얼굴이다. 화장실에 대한 청결은 매우 중요하므로 수시로 체크하는 시스템을 만들어야 한다.

〈표 3-9〉 청소용 세제사용 보고서

품 목	생산 회사명	사용량	사용처	사용 금액	비 고

⑦ 계단

계단은 고객들이 자주 이용하는 계단과 직원만이 이용하는 계단이 있다. 당연히 고객들이 자주 이용하는 계단을 우선적으로 청결하게 하여야 한다. 그곳에는 놋쇠로 만든 계단 손잡이도 있어서 주기적으로 광택을 내주지 않으면 퇴색되어 고객들의 기분을 상하게 하므로 세심한 관리가 필요하다. 계단 턱에는 미끄럼 방지를 위한 테이프나 황동구조물을 설치하여 고객의 안전에 신경을 써야 한다. 특급 호텔의 경우 에스컬레이터가 설치되어 있기도 한데 이것 역시 고객지역이므로 계단청소와 동시에 실시되어져야 한다.

⑧ 화분관리

화분관리는 대개 외부 용역을 주고 있지만 호텔 직원만큼 세심하지는 않다. 따라서 공공지역 청소 직원이 화분을 제대로 관리하고 있는지 관찰해야 하며 상태가 좋지 않은 것은 즉시 사무실로 보고하여 교환한다.

⑨ 대리석, 화강암

특급호텔의 로비나 복도, 벽면, 바닥은 화강암 또는 대리석으로 되어 있다. 화강암 또는 대리석 둘 다 세제약품에 민감하게 반응하며 오물에 약하다. 특히 대리석인 경우는 약제에 매우 민감하다. 그리고 화강암은 연마제를 사용하지 않으면 오점제거가 잘되지 않는다. 이러한 일들을 하기 위해서는 기계, 기구를 사용해야 하며 숙련된 기술이 필요하다.

⑩ 카펫관리

카펫 청소관리에는 진공청소(vacuum)와 샴푸(shampoo)가 있다. 고급 카펫일수록 다루기가 매우 까다롭고 힘들다. 따라서 카펫 샴푸맨(carpet shampoo man)은 하우스키핑내에서 기술직으로 분류한다. 샴푸작업 자체가 기술이고 기계를 사용해야 하기 때문에 아무나 쉽게 할 수 있는 일이 아니다. 카펫의 수명은 제품 자체가 우선이지만 사후관리를 어떻게 하느냐 또한 중요하다. 그리고 카펫은 매우 비싸서 쉽게 바꾸기가 어렵다. 카펫은 크게 양모로 직조된 것, 화학섬유로 직조된 것, 혼방으로 분류하고 그것들을 다루는 방법 또한 각기 다르다.

⑪ 직원지역

직원지역의 청소는 자칫 소홀하기 쉬우나 직원지역이 청결치 못하면 직원들의 무의식 속에 청결에 대한 개념이 희박해져서 고객서비스 지역 또한 청결치 못할 수 있다. 특히 라커, 숙소, 화장실 등은 직원들(유니폼착용 직원)만이 사용하기 때문에 상당히 지저분할 수 있다. 고객지역에 버금가는 청소가 이루어져야 한다.

⑫ 사무실

호텔 사무실은 직원 퇴근 후 야간에 이루어지고 있으나, 요즈음은 인건비 부담을 줄이기 위해 쓰레기를 치우는 일 이외에는 사무실 직원 스스로가 해결하는 추세이다. 그러나 호텔 사무실은 직원들만이 사용하는 곳이 아니라 방문고객들도 많이 오기 때문에 쾌적한 분위기를 만들기 위해 카펫도 깔고 화분도 비치한다.

〈표 3-10〉 장비현황 점검표

장비명	모델 번호	구매 숫자	현 보유 숫자	비 고
샴푸 기계	27-30-21	2	2	
배큠 클리너	88-2012-1	47	45	2대 폐기 처분
룸 메이드 카트	3A-38-49	52	50	2대 폐기 처분

날짜/시간 : ______________ 보고자 : ______________ 확인 : ______________

⑬ 건물 외벽과 창문

건물 외벽과 창문관리는 호텔직원이 하기에는 너무 위험하고 숙련된 사람이 없기 때문에 외부전문 용역업체에 의뢰하는 것이 효과적이다.

⑭ 건물 내벽과 천장

건물 내벽과 천장 역시 고가사다리를 이용해야 하기 때문에 외부전문 용역업체에 의뢰하는 것이 비용 절감과 안전 측면에서 훨씬 효과적이다.

⑮ 헬스클럽

특급호텔에서 헬스클럽은 거의 필수적으로 구비되어 있다. 그곳은 객실고객과 함께 회원제로 운영되는데, 수영장과 사우나가 설치되어 있어서 비누때나 물때가 많이 발생된다. 매일 밤과 정기휴일에 계속 청소해 주지 않으면 고객의 안전(미끄럼)사고에도 영향을 끼치게 되므로 세심한 관리가 필요하다.

⑯ 청소 약품의 종류

- 욕실과 화장실용 : 알칼리성 세제(PH 8-10)
- 다목적용 : 중성 및 알칼리성 세제(PH 7-11)
- 변기용 : 약산성(PH 3-6)
- 카펫용 : 중성세제(PH 7 양모용)
  약 알칼리성 세제(PH 8-11 화학섬유용)
- 대리석용 : 중성세제(PH 7)
- 광택용 : 바닥용 왁스와 가구용 왁스가 있음

⑰ 청소장비의 종류

청소 장비의 종류에는 카펫 샴푸기계와 진공청소기(vacuum cleaner), 그리고 타일, 대리석, 돌바닥을 청소하는 장비가 있다.

카펫 샴푸기계는 스팀식과 거품식 등이 있으며, 타일, 대리석 청소용 장비는 기계를 돌려 바닥을 연마하는 기계와 물기를 흡입하는 기계, 그리고 돌바닥에 물을 묵은 때를 제거하기 위한 고압세척기 등이 있다.

2) 린넨 관리

하우스키핑 부서 내에는 린넨을 관리하는 부서가 있는데, 린넨실에는 고객용 린넨과 직원용 유니폼이 있다. 고객용으로는 객실에 제공되는 침대시트(bed sheet), 이불, 베개(대 · 중 · 소) 수건, 보료, 방석, 욕실 가운(bath robe) 등이 있으며, 헬스클럽 고객을 위한 수건(대 · 중 · 소), 헬스 가운(health gown), 수영복, 헬스복, 사우나복, 스포츠 운동화 등이 있고, 식음료 영업장용으로 테이블 보(table cloth), 냅킨(napkin), 의자커버, 연회용 드래퍼리(drapery), 커튼 등이 있으며 각 부서별 직원용 유니폼이 있다.

이런 것들을 구입하는 데는 막대한 비용을 필요로 하며 린넨 관리를 어떻게 하느냐에 따라 큰 차이가 나게 된다. 린넨 관리는 첫째, 필요량 측정, 둘째, 섬유 선택, 셋째, 재고관리, 넷째, 사후관리로 나뉘며 이 4가지는 구매하기 전에 동시에 고려해야 하는 것이다. 필요량 측정을 잘못하면 쓸데없이 재고가 쌓이게 되거나 모자라서 대고객서비스에 막대한 지장을 초래하기도 하며 비용을 낭비하기도 한다. 일반적으로 린넨류 여유분은 소요량의 5배 정도(5 par stock)로 하는데 현장에 1.5세트(sets), 세탁소에 2세트(sets), 린넨룸에 1.5세트(sets)로 하여 운영한다. 유니폼은 겉옷의 경우 2벌, 셔츠류는 3장, 신발류는 1.5배 정도로 하여 수량을 맞춘다. 또한 린넨에서는 객실용 린넨이나 타월을 각 층에 조달하는 업무도 맡아 하며 고객의 세탁물 중 수선이 필요한 옷가지와 직원 유니폼을 수선하는 일도 맡는다. 매 분기마다 경리부의 비용 관리팀과 함께 재고조사(linen inventory)를 실시하여 낭비되는 일이 없도록 하고 있으며 이 결과는 경영진에 최종적으로 보고된다. 린넨 순환과정에서 쓰레기로 버려지는 경우와 마모되어 폐기처분, 또는 외부업체에 판매하는 경우가 있다. 마모의 원인으로는 부주의에서 비롯되는 경우와 반복되는 세탁으로 수명이 다하여 마모되는 경우가 있다. 또한 객실고객에 의해 분실되는 경우와 직원의 무관심에 의해 분실되기도 한다. 외부 세탁소를 이용하는 경우 세탁소에서 분실되는 경우도 있다. 한편으로 오・남용으로 인하여 린넨류를 못쓰게 되는 경우가 있는데 대개 주방직원, 식음료서비스 직원 또는 룸 메이드 직원에 의해 이루어진다. 냅긴을 주방용 걸레로 사용하면 세탁을 하여도 다시 사용할 수가 없으며 식음료서비스 직원이 음식 찌꺼기를 테이블보나 냅킨에 싸서 버리면 못쓰게 된다. 또한 깨진 병과 함께 세탁소로 보내지거나 예리한 부분에 의해 찢어지면 못쓰게 된다. 룸 메이드가 객실청소를 할 때 청소용 타월로 하지 않고 목욕 타월 또는 세면타월로 바닥이나 가구 등을 닦게 되면 얼마 못가서 못쓰게 된다. 따라서 린넨룸에서는 린넨 수불 카드를 만들어 린넨류의 입・출을 철저히 통제하지 않으면 막대한 손실을 초래한다. 린넨룸의 효율적인 관리는 단순히 린넨룸 직원에 의해서 이루어지는 것이 아니다. 하우스키핑, 조리, 식음료부와 유니폼 착용부서의 공동노력이 있어야 하며, 특히 유니폼 관리는 모든 부서가 해당된다. 그러나 총체적인 관리는 하우스키핑에서 담당하기 때문에 린넨 비용 최소화를 위해 끊임없는 연구 분석이 필요하다.

〈표 3-11〉 린넨 불출 현황표

ITEM/SIZE	DEPT. :				
	SHEET	RECEIVER	SIGNATURE	DATE	REMARKS
54"×54"					
100"×100"					
TRAY MAT					
GLASS TOWEL					
BED SHEET					
날짜 : ____________	점검자 : ____________		확인 : ____________		

(1) 린넨 실제 소요량과 재고관리

① 린넨 소요량 측정

객실수와 식음료영업장의 종류와 숫자를 감안하여 소요량을 측정하고 거기에 순환 소요량과 린넨 보관량, 세탁 소요시간, 린넨 슈트(linen chute)에 떨어지는 양 등을 감안하여 총 소요량을 준비한다. 호텔 재정형편이나 세탁시설 정도에 따라 총 보유량을 가감하지만, 일반적인 기준은 실소요량의 4~6배 정도의 물량을 확보하고 있다. 린넨은 섬유이기 때문에 마모가 쉽게 되는데, 대개 천연섬유의 수명은 짧고 화학섬유의 수명은 길므로 린넨 소요량 측정 시 반드시 고려할 사항이다.

② 린넨 재고관리

린넨은 단순히 마모나 오손에 의해서만 손실이 되는 것이 아니다. 분실, 도난 또는 현장 폐기되는 양도 무시못할 정도로 많다. 따라서 총체적인 린넨 관리는 린넨룸에서 하고 현장에서의 오손, 폐기, 도난, 분실 등에 대해서는 현장책임자가 책임관리할 수 있도록 체계화시켜야 한다. 린넨룸 재고 실사는 분기별로 심사부서와 린넨관리 부서와 공동으로 실시하며 현장책임자의 참여아래 실시한다. 그리고 그 결과는 최고 경영진에 보고하고 필요에 따라 손실원인 분석을 하게 된다.

〈표 3-12〉 린넨 재고조사표(Food & Beverage)

ITEM/SIZE	한식당A	중식당B	일식당	양식당A	양식당B	양식당C	불란서식당	카페	로비라운지

날짜 : ______________ 점검자 : ______________ 확인 결재 : ______________

〈표 3-13〉 린넨 재고조사표

항 목	구매 총량	객실SET UP	객실 창고	린넨룸	린넨창고	세탁실	합 계

날짜 : ______________ 점검자 : ______________ 확인 결재 : ______________

③ 구매요청

경영진에서 디자인이나 재질을 바꿔야 할 필요가 있다는 판단이 서면 예산범위 내에서 구매요청을 하게 된다. 이에 대한 최종결정은 경영진의 독자 판단에 의해서 이루어지거나 하우스키핑 책임자에 의해 이루어진다. 하우스키핑에서 예산을 세워 경영진의 예산승인을 받아 그 범위 내에서 린넨관리부서 책임자가 구매요청서를 작성, 하우스키핑 부서장의 결재와 구매부서장의 견적서 첨부, 경영진의 최종 결재로 구매요청이 완료된다. 그에 앞서 린넨관리 책임자는 재고파악을 명확히 하여야 하고 린넨류의 재질선택에 대한 노하우(know how)가 있어야 한다.

④ 린넨공급과 통제

린넨공급은 원칙적으로 사용한 양에 비례하여 지급해야 손실을 최소화 할 수 있으나, 갑자기 객실 점유율이 변동이 생겼거나 식음료 고객의 숫자가 변화하였을 경우 그 양을 가감하여 지급한다. 이때는 반드시 린넨 청구서에 지급량을 기록하고 수령자와 지급자가 동시에 확인 서명해야 나중에 재고실사 시 원인을 분석할 수 있다. 린넨 지급량을 통제하지 않으면 오손 또는 파손량이 증가함은 물론 과소비되어 세탁 비용의 증가를 초래한다. 실소요량과 재고량의 균형을 이루게 하는 것이 린넨룸의 주요 임무 중 하나이다.

⑤ 린넨의 훼손, 분실 방지와 재활용

호텔에서의 린넨은 폐기할 것이 별로 없다. 구멍난 것, 부분적으로 훼손된 것 등은 짜깁기를 하여 재사용할 수 있으며 낡아서 못쓰게 된 린넨은 주방용 걸레 또는 공공지역 청소용으로 재활용할 수 있다. 특히 타월류는 직원용으로 물감을 들여 사용할 수 있고 수분 흡수력이 강해서 재활용 여하에 따라 상당한 비용을 절감할 수 있다. 린넨의 훼손과 분실을 방지하기 위해서 해당부서 현장책임자의 절대적인 협조가 필요하다. 린넨부서만의 노력으로는 소기의 목적을 달성하기가 매우 어려우므로 체계적인 관리지침과 구체적인 계획을 세워 해당 책임자들을 교육시켜야 한다. 그러나 더 이상 재활용의 여지가 없는 린넨은 외부업자에게 매각한다.

〈표 3-14〉 Room Linen Request

FLOOR : ____________

ITEM	NO. OF REQUEST	REMARKS
KING BED SHEET		
QUEEN BED SHEET		
TOP SHEET		
TWIN BED SHEET		
PILLOW CASE(K)		
PILLOW CASE(T)		
BATH TOWEL		
HAND TOWEL		
WASH CLOTH		
BATH MAT		
FOOT MAT		
BIDET TOWEL		
BATH ROBE		
BLANKET(K)		
BLANKET(T)		

(2) 직원 유니폼 관리

① 부서별 유니폼 소요량 측정과 통제

유니폼은 해당 부서장이 총지배인 또는 부총지배인에게 건의하여 만들어지는 유니폼과 하우스키핑 부서장이 예산범위 내에서 집행하는 유니폼으로 구분하며 디자인이나 옷감의 재질은 하우스키핑 부서장이 경영진의 최종 결재를 얻어 시행한다. 하우스키핑 부서장은 신입사원이나 새로운 직책으로 인하여 유니폼이 필요하다고 느끼면 먼저 이미 만들어져 있는 여유 유니폼의 활용 여부를 판단해야 한다. 불필요하게 유니폼이 남용되는 경우가 없도록 그 소요량을 통제하고 훼손된 것은 최대한 수선해서 입도록 하여야 한다. 일반적으로는 직원 개인별 상하 겉옷은 각 2~3벌, 셔츠나 블라우스(normal shirt or blouse)는 세탁횟수가 많으므로 3벌 정도를 준비한다.

② 디자인과 유니폼의 재질

디자인과 유니폼의 재질은 직책과 역할에 따라 다르게 하는데 통상적으로 VIP를 접촉하는 직원, 안내담당 직원, 지배인급 등의 유니폼은 고급 재질로 하며 일반사원은 보기에 좋고 일하기에 편리한 쪽으로 더 치중한다. 호텔에 따라 전문 디자이너(designer)를 두기도 하지만 대개 유니폼 카탈로그(uniform catalog)를 활용하여 만든다. 유니폼의 색상은 호텔 고유의 색상이 정해져 있는 경우도 있으나 일반적으로는 총지배인 결정에 의해 이루어진다.

③ 수선과 재활용

린넨부서에는 재봉사(seamstress)가 있어서 고객의 옷도 수선해 주고 직원의 유니폼도 수선해 준다. 기존 사원이 퇴직하고 신입사원이 입사했을 때 그때마다 새 유니폼을 맞춰줄 수는 없다. 따라서 재봉사가 신입사원의 몸에 맞도록 수선하여 주게 된다.

(3) 직원관리

하우스키핑 직원채용은 일반 사무직 또는 영업직과는 다르다. 객실 점유율과 밀접한 관계가 있어서 그 시기에 따라 직원의 숫자를 가감해야 인건비를 절감할 수 있다. 또한 얼마나 체계적이고 효과적인 교육과 훈련을 시키느냐에 따라 직원의 숫자에 많은 영향을 끼친다. 아울러 공정한 평가방법과 평가 결과, 그리고 승진, 승급의 객관성 등이 효과적인 직원관리의 관건이다. 하우스키핑에는 비교적 고도의 전문성을 요구하지는 않지만 100~200명(특급호텔)의 많은 인원이 근무하고 있으며 그들은 각자 현장에서 따로 일하고 있어서 직원관리가 어렵다. 또한 직업에 대한 자부심과 긍지는 물론 성취감마저 크게 느끼지 못하므로 보다 인간적인 배려로 우선해야 하는 것이 하우스키핑 직원관리의 기본이다. 그리고 하우스키핑 직원의 호칭 또한 고려해야 할 항목이다. 현재까지 그대로 부르고 있는 직책들 중 상당 부분이 옛날 봉건사회 영주들의 집에서 일하는 사람들의 호칭과 비슷하기 때문이다. 하우스키핑 부서의 직책 중 룸 메이드(room maid)를 룸 어텐던트(room attendant)로 하우스 맨/우먼(houseman/woman)을 퍼브릭 에리어 어텐던트(public area attendant)로 개칭하는 호텔들이 있다는 것은 직원의 인격을 조금이라도 배려해서 만든 것이다. 그만큼 하우스키핑 직원 관리는 세심해야 한다. 큰 것만을 중요시하는 사람들은 하우스키핑에서 일할 수도 없고 더구나 관리는 더욱 어렵다. 최근에는 일선에서 근무하는 직원의 외부 용역업체에 위탁하는 것이 추세이다.

① 채용과 실습

채용에는 크게 초보자 채용과 경험자 채용이 있다. 초보자를 채용할 경우는 그만큼 실습기간이 길어야 하고 경험자를 채용할 경우는 해당 호텔의 서비스 기준 교육으로 기존사원과 동일한 수준의 서비스가 이루어지도록 한다. 시간제 직원은 시간당 보수를 받는 사원으로서 보통 1일에 8시간 미만 근무자가 이에 해당한다. 이들은 대개 간단한 업무에만 국한되고 단기에 그치며 계절(객실 점유율 및 영업장 고객 점유율)과 밀접한 관계가 있다.

계약직 직원은 3개월~1년 단위로 계약을 하여 근로하는 직원이며 정규직 사원과 다른 점은 호텔의 영업상태에 따라 계속 근무 또는 휴직(lay-off)이 타의에 의해 조정되는 점이다. 또한 장기간 필요에 의해 계약을 체결할 경우 급여 및 보너스 그 밖의 복리 후생 등이 정규사원과 비슷한 수준이다.

「근로기준법」상 정규사원은 중대한 해직, 해고사유가 없는 이상 자의에 의해서만 퇴직처리가 되므로 영업상태에 따른 인원 가감을 할 수가 없기 때문에 계약직 사원 가감으로 필요 인원 조정을 하게 된다. 그러나 계약직 사원의 업무내용이 정규직 사원과 다른 것은 전혀 없다.

그리고 정규직원은 계약직 직원과 거의 유사하며, 계약직 직원과 상이한 점은 급여(기본급, 보너스)와 휴가일수 차이(연차)이며 중대한 실책이 아니고는 본인의 의사에 반하여 해직 또는 해고되는 일은 없다. 정규직 사원은 일반적으로 외부 채용보다는 계약직 사원 중에서 선발 기용하는 것이 통례이다. 숙련된 사람을 채용하기 위해서이다.

② 근무시간 관리

하우스키핑 업무는 연중무휴로 계속된다. 다만, 심야근무를 하는 인원은 공공지역 청소직원뿐이고 나머지는 밤 10시경에 당일 근무가 종료된다. 대부분의 하우스키핑 직원은 아침 6시부터 밤 10시까지 사이에 법정 근로기준 시간 범위 내에서 교대로 근무하며 시간 외 근무를 할 경우는 초과 근로수당을 받는다. 하우스키핑 관리자는 업무 시간대별 비중에 따라 근무인원을 가감하여 불필요하게 인력이 손실되는 일이 없도록 하여야 한다. 근무시간은 휴가와도 연결되므로 직원들의 휴가계획 또한 철저히 관리해야 한다. 휴가계획은 가급적 본인의 희망에 따라서 하지만 객실 점유율이 아주 높거나 낮을 때는 관리자가 다음과 같이 분류 조정을 하여야 한다.

- 시간대별 근무 인원조정
- 객실 점유율에 따른 인원조정
- 식음료 영업상황에 따른 인원조정
- 법정휴일 및 초과 근로시간 인원조정

③ 교육(훈련)

교육 및 훈련은 크게 일반교육, 직무교육(OJT), 계층별 교육, 간부후보 양성교육으로 나눌 수 있으며 이런 것들은 호텔의 지침에 따라 하게 된다. 교육 및 훈련은 비단 호텔산업뿐만 아니라 모든 산업에서 대단히 중요하다. 또한 교육 및 훈련의 결과는 생산성과 밀접한 관계가 있다. 개인의 기술적인 차이가 생산원가에 미치는 영향은 매우 크다. 그렇다하여 그에 상응하는 임금의 차이가 나는 것은 아니기 때문에 하우스키핑의 교육 및 훈련은 생산성 향상의 기초가 되는 것이다.

④ 근무평가와 상·벌 관리

근무평가는 일정한 기간을 두고 실시하며 상·벌 관리는 사유가 발생했을 때 즉시 하는 것과 기간을 정해서 실시하는 방법이 있다.

첫째, 정기 근무평가는 6개월~12개월 간격으로 실시하는 평가로써 직원 개개인의 업무실적 평가이다. 보다 공정하고 명확한 평가를 위해서는 기간 동안에 일어난 중요 실적을 전산 입력해 두어야 차후 불공정 시비가 최소화된다. 과거의 평가 방법은 급여 인상이나 승진, 승급에 초점을 맞추어 근무평가를 실시했으나 요즈음은 업무능력 향상과 목표달성에 더 큰 초점을 맞추고 있다.

둘째, 정기 승급 및 승진은 연 1회 정기 승급 및 승진으로 이에 대한 기준은 정기 근무평가 결과에 따라 시행된다. 여기에는 당해년도 승진 및 승급 목표 숫자에 맞춰 업무실적 결과에 따른다.

셋째, 상·벌 관리로서 호텔 상·벌 기준에 따라 행위 당사자를 포상하거나 징계하게 되는데, 가급적 상은 좀더 후하게 주고 벌은 최소화하는 것이 바람직하다. 그러나 누구에게든 엄격해야 하며 공정해야 한다. 특히 하우스키핑 관리는 한눈에 들어오지 않기 때문에 중간관리자의 정실에 치우칠 확률이 높다. 따라서 하우스키핑 부서장에 의한 상·벌 사유 확인은 철저해야 한다. 근무실적에 알맞은 상과 벌은 생산성에 큰 영향을 가져오며 노사 간 화합의 기초가 된다. 정직한 근무와 정직한 관리가 하우스키핑 부서의 가장 큰 관건이다.

3) 호텔용품 관리와 통제

하우스키핑부서에서는 객실 고객용품 관리와 통제를 하는데 그 가지 수가 수십 가지에 이르기 때문에 재고파악이 그리 간단치 않다. 또한 현장에서 낭비되는 경우를 정확히 파악하기도 어렵다. 따라서 그것들을 사용하는 직원들에게 끊임없는 교육과 주의를 환기시켜 낭비를 예방해야 한다. 고객용품은 대개 계속 쓰는 것들이어서 창고관리(stock item) 품목으로 하고 호텔창고에 비축해 두어 관리하는데 일단 하우스키핑에서 수령해 온 물건은 회계계정에서 비용이 쓰인 것으로 하며 그 결과는 매월 말 손익계산서(profit and loss statement)에 나타난다. 손익계산서상에는 개별품목으로 표기를 하지 않고 고객용품(guest supply) 비용으로 나타나며 객실매출액 대비 비용 비율까지 나타난다. 물론 또 다른 기초자료에는 품목별 사용량과 금액이 나타나서 하우스키핑 관리자로 하여금 원인을 분석하게 하고 다음 달 예상비용과 내년도 예산계획까지 수립하게 한다.

고객용품은 하우스키핑 부서 내 하우스 런너(house runner)라고 하는 직책을 가진 직원이 각 객실층 룸 메이드 창고에 적정량을 공급하는데 실소요량의 15% 정도를 초과해서 공급한다. 실소요량보다 훨씬 많을 경우 낭비를 초래하기 때문에 하우스키핑 관리자는 창고관리표를 만들어 고객용품이 낭비되지 않도록 하여야 한다. 대개 고급 호텔일수록 고객용품의 가격이 비싸다. 따라서 고객들이나 직원들에 의해 외부로 유출되기가 쉽다. 용품들이 작아서 쉽게 손에 넣을 수가 있고 시중에서 흔히 구할 수 없는 호텔 고유의 디자인이어서 호기심을 자극하기에 충분한 물건이다. 고객이 가져가는 경우 원칙적으로 변상조치 품목이지만, 고객들이 퇴숙한 후라야 알 수 있어서 처리가 곤란하다. 그러나 직원들에 의한 사용이나 유출은 절대 금하고 있으며, 이를 방지하기 위해 하우스키핑 부서의 책임자에 의한 철저한 감독과 교육이 필요하다. 한편 객실 고객이 사용하다 남긴 비누, 샴푸, 슬리퍼 등은 재활용 차원에서 모아 놓았다가 고아원, 양로원, 영아원 등 사회단체에 기증하여 활용케 한다. 한편 특급 호텔의 고객용품은 디자인과 품질이 뛰어나야 한다. 따라서 하우스키핑 부서에서는 국내・외 특급 호텔들의 고객용품(amenity) 현황을 주기적으로 조사하고 연구하여 이를 경영진에 보고하고 개선토록 하여야 할 의무와 책임이 있다. 아울러 자원낭비를 방지하기 위하여 힘써야 한다. 자원의 낭비는 필연적으로 지구환경을 오염시키고 자원을 고갈시킨다는 인식이 고객들에게도 이미 형성되어 있기 때문에 디자인과 품질만 좋으면 고객들도 별 불만이 없다. 객실에 기본적으로 준비하는 용품 이외에 고객의 특별 요청에 의해 서비스되는 용품들로는 다리미와 받침대, 전압 조절기(transformer), 어댑터(adapter) 등이 있다. 요즈음은 환경보호 차원에서 칫솔, 치약, 1회용 면도기 등을 기본적인 서비스 품목에서 제외시키고 고객의 특별요청이 있을 경우만 서비스하는 호텔들이 많다. 그 밖에 비즈니스맨(business man)들이 주고객인 호텔에서는 컴퓨터, 바지 다리미기(trouser press), 커피 메이커(coffee & tea kettle) 등을 기본적으로 설치하기도 한다. 비즈니스맨들은 관광객들과는 달리 여유로운 시간이 별로 없다. 세탁소에 세탁을 의뢰해도 최소한 3시간 이상이 걸리며 또한 시간이 짧을수록(express service) 요금도 비싸서 비즈니스맨들의 출장비로 충당하기에는 부담이 간다. 고객들은 시간과 돈을 절감할 수 있는 호텔을 선호한다. 그러나 관광이 주목적인 고객들이 묵는 호텔(resort hotel)에서는 대체적으로 시간과 돈의 여유가 있고 사무적인 옷차림이 필요 없기 때문에 바지 다리미기 같은 것은 비치할 필요가 별로 없으며 컴퓨터 같은 첨단 사무기기도 꼭 설치할 필요가 있는 것은 아니다.

다음은 하우스키핑에서 관리하는 용품은 객실용품과 청소용품으로 대별된다.

(1) 객실용품

투숙객들이 일상 필요한 화장품류, 비누류, 문방구류, 위생용품류 등을 객실용품이라 한다.

(2) 청소용품

객실과 공공장소 청소용의 세제, 청소 소도구 등으로써 회계 계정상 Cleaning Supply 라고 한다.

제2절 하우스키핑의 기타 업무

1. 고정자산관리

하우스키핑에서 직접 관리하는 고정자산은 다음과 같은 것들이 있다.

- 침대
- 전등
- 바지 다리미기
- 커피 메이커
- 미니바 냉장고
- 진공청소기
- 다리미와 받침대
- 사무용 컴퓨터
- 전압기
- 카펫 샴푸기
- 체중계
- 도자기류
- 가구류(객실용과 공공지역용)
- 세탁기계, 기구
- 카트(cart)
- 확대경
- 객실용 운동기구

위에 적은 품목들은 하우스키핑의 예산항목에 포함되며 구입과 재고관리를 직접 한다. 품질, 수명, 용도, 효율성, 비용 등을 감안하여 연간계획을 세워서 철저히 관리하고 통제해야 한다. 그 가짓수와 개수가 많기 때문에 구입만 해놓고 사장되는 경우도 많다. 그리고 고정자산은 고가품들이 많아서 사용자들의 기술과 주의 정도에 따라 기계 기구들의 수명에 큰 영향을 미친다.

2. 기타 영업과 서비스

호텔의 조직형태에 따라 관리주체가 다를 수 있는 영업과 서비스 부분에 대하여 설명하면 다음과 같은 것들이 있다.

1) 세탁 영업

대부분의 호텔들이 세탁소 운영을 하우스키핑 소속 하에 두고 있다. 그 업무의 연계성 때문에 하우스키핑과 별도로 운영하기에는 상당한 무리가 따르게 된다. 주고객이 객실 투숙객이어서 하우스키핑 룸 메이드의 절대적인 협조가 필요한 것이다. 세탁소 운영은 크게 고객 세탁(guest laundry)과 사내 세탁(inhouse laundry)으로 나눌 수 있다.

(1) 고객세탁(Guest Laundry)

객실고객의 세탁과 외부고객 세탁이 있다. 객실고객 세탁은 고객의 요청에 의해 발레(valet) 서비스 직원이 세탁물을 가져다가 세탁 및 다림질 후 객실까지 다시 배달하는 서비스이며, 외부고객의 세탁은 고객이 직접 세탁물을 가져오면 접수하여 세탁 및 다림질 후 고객에게 되돌려주는 서비스이다. 서비스 비용 면에서는 외부고객을 위한 세탁소 영업이 비교적 덜 든다.

(2) 사내 세탁(Inhouse Laundry)

객실용 린넨류, 타월, 헬스클럽용 타월, 가운, 운동복, 식음료용 테이블클로스, 냅킨, 커튼, 유니폼 등을 세탁한다. 사내 세탁의 양은 객실 점유율과 식음료영업 상태에 따라 가감된다. 여기서 발생되는 비용은 해당 부서에 배분하여 영업실적과 세탁 비용을 비교 분석하게 된다.

2) 미니바 영업

미니바 영업은 호텔에 따라 룸서비스에서 하기도 하며 프런트오피스에서 하기도 한다. 그러나 효율적인 관리를 위하여 하우스키핑에서 하는 경우가 많다. 미니바는 객실 내에 설치된 관계로 객실을 관리하는 하우스키핑에서 맡는 것이 효율적이기 때문이다.

특급호텔의 미니바 판매가격이 상당히 비싸서 고객들로부터 가끔 불평을 받기도 하지만 영업이익 측면에서는 좋다. 그러나 미니바를 사용한 고객들 중 일부는 이용 사실을 부인하기도 하여 손실(loss)처리할 수밖에 없는 경우가 있다. 이러한 손실을 최소화하기 위하여 A. M. 체크 시 미니바도 함께 확인하며, 특히 고객의 체크아웃 발견 즉시 객실에 들어가 미니바를 확인한다. 미니바 사용내역은 전화기를 사용(telectron system)하여 컴퓨터에 입력시켜서 고객 체크아웃 시 프런트 회계원으로 하여금 객실요금과 함께 계산 가능토록 한다. 미니바는 매월 영업실적과 재고조사를 하며 그 결과는 경영진에 보고한다. 미니바 품목은 40리터 내외의 작은 냉장고에 넣는 관계로 가짓수도 많지 않고 그 크기도 조그마하다.

미니바 품목을 살펴보면 다음과 같다.

- 알코올류(whisky, beer, vodka, wine, cognac)
- 일반음료(juice, water 등)
- 스낵류(chip, peanuts, chocolate, dry beef)
- 탄산음료류(cola, soda, tonic water, sparkled water)

[그림 3-4] 미니바

3) 꽃꽂이 서비스

모든 객실과 식음료 영업장, 연회장, 공공지역 등에는 화분과 함께 꽃꽂이를 하여 쾌적하고 아름다운 분위기를 만든다. 하우스키핑에서는 꽃꽂이를 전담하는 사원을 두어 고객들의 요청에 따라 연회 행사장의 꽃꽂이 장식을 하여주고 그에 상응하는 꽃값을 받는다. 물론 여기에는 꽃꽂이 기술비용이 함께 들어 있고 그 돈으로 다른 공공장소와 식음료 영업장의 꽃꽂이 값에 충당하게 된다. 실내 화분은 자주 바꿔주어야 한다. 호텔에서 농장을 경영할 수가 없으므로 외부용역으로 대신하고 연간계약을 맺어서 늘 싱싱한 화분상태를 유지하도록 한다. 그밖에 특별한 꽃꽂이로는 VIP 객실서비스가 있으며 이때는 꽃값을 청구하지 않는다. 그러나 고객의 특별요청이 있을 경우는 유료서비스로 하여 매출을 올리기도 한다.

제3절 호텔조직 내 하우스키핑 역할

1. 하우스키핑과 프런트오피스와의 협업

하우스키핑과 프런트오피스는 아주 밀접한 관계에 있다. 고객서비스와 관련된 모든 정보를 즉시 교환해야 하기 때문이다. 다음 사항을 수시로 현황(up-to-date) 파악을 하여 상호 커뮤니케이션이 되지 않으면 객실판매에 장애를 가져오고 객실정비 미완성으로 인하여 고객에게 큰 불편을 주게 된다.

- 객실 점유율
- VIP 현황
- Early Check In 현황
- Late Check Out 예정현황
- 객실정비 완료 여부(재실정비 완료 OC, 빈방정비 완료 VC)
- 고객의 투숙기간
- Out of Order 현황
- Sleep Out 현황

- 특별 요구사항
- Unservice 현황
- 빈방 현황
- 분실물 및 습득물 보고
- 사고보고
- 기타 협소사항

프런트오피스에서 투숙률이 저조할 때 여러 층에 나누어 고객을 투숙시키게 되면 하우스키핑의 인력과 시간 낭비를 초래케 함으로 사전에 프런트오피스와 하우스키핑 간에는 긴밀한 커뮤니케이션을 형성하여 특정 층만 사용하여야 한다. 또한 고객 불만처리에 있어서 책임전가로 상호 불협화음이 생기면 고객과 직원 모두가 불편하게 된다. 호텔에 따라서는 하우스키핑과 프런트오피스를 하나의 부서로 묶어 관리하기도 한다. 상호협조를 원활하게 하고 효과적인 비용관리를 위해서이기도 하나 규모가 큰 호텔일수록 분리하여 관리하는 것이 일반화되어 있다.

2. 하우스키핑과 기술부서와의 협업

엔지니어링(기술) 부서는 시설부, 영선부 또는 시설관리부 등으로 불리고 있으나 그 기능면에서는 별 차이가 없다. 하우스키핑에서는 객실 시설물 또는 가전, 가구 등에 하자가 발생하거나 공공지역의 시설상 하자발생시 수리요구(maintenance order)를 작성하여 기술부서에 요청한다. 하우스키핑에서 기술부서에 수리 요청하는 내용으로는 아래와 같은 것들이 있다.

- 가전제품 고장수리
- 가구제품 수리
- 카펫 훼손부분 수리
- 방수요청
- 에어컨디션 조정 및 수리(객실온도 관련)

• 벽지 수리
• 환기시설 수리
• 화장실시설 수리
• 기계, 기구 고장 수리
• 전화기, 팩스기 설치 및 수리
• 전구 교환
• 기타 객실 및 공공지역 시설물 고장 수리

〈표 3-15〉 Maintenance Order

MAINTENANCE ORDER

FROM DEPT. : ____________________

TO : ENGINEERING DEPARTMENT

PLEASE DO THE FOLLOWING REPAIR

DATE : ____________________

LOCATION : ________________________________ HOUR : ____________________

____

____

____

WORK DATE : ____________________ ____________________

REQUESTED BY

FINISHED HOUR : ____________________

ASSIGNED TO : ____________________ ____________________

COMPLETED BY

3. 하우스키핑과 식음료부와의 협업

식음료 부서의 각 영업장 영업시간은 일정하게 정해져 있다. 영업장의 성격에 따라 오전 6시부터 그 다음날 새벽 2시까지 사이에 영업이 계속되지만 시작 시간과 종료 시간은 일정치가 않다. 일반적으로 커피숍은 오전 6시부터 그 다음날 새벽 1~2시까지, 나이트클럽과 바는 오후 6시 전후부터 새벽 1~2시경까지 영업한다. 그러나 대개의 식음료 영업장은 점심과 저녁 영업만을 하기 때문에 점심 영업 종료 후 저녁 영업 시작 전까지 약 2.5~3.5시간의 휴식시간이 있다.

따라서 하우스키핑에서의 영업장 청소시간은 각 영업장의 영업시간 전·후와 중간 휴식시간을 이용하여 시행하게 된다. 그 밖에 연회장은 대·중·소 연회 시작 전후에 하게 되므로 일정한 시간이 정해져 있지 않다. 식음료 영업부서장은 필요할 경우 하우스키핑 부서장에게 청소 또는 유지 관리에 대한 사전 정보를 주어 영업장을 늘 청결하고 쾌적한 분위기를 유지할 수 있도록 협조해야 하며, 또한 하우스키핑의 인력을 최대한 절약할 수 있도록 간단한 진공청소 등은 자력으로 하는 것이 좋다. 하우스키핑에서는 식음료 영업장의 카펫, 가구, 장식품, 꽃꽂이, 화분 등의 관리책임을 맡아 일하는데 식음료부 직원의 절대적인 협조가 필요하다. 상호 협조가 없이는 효과적인 관리를 할 수 없기 때문이다. 그러나 규모가 좀 작은 호텔 또는 영업장의 규모가 작은 호텔에서는 영업장 청소 일체를 해당 영업장에서 모두 책임지고 하는 경우도 있다. 한편 미니바 관리를 하우스키핑에서 하는 경우는 미니바 운영에 대하여 식음료 부서장과 하우스키핑 부서장간에 수시로 이에 관한 의견을 교환(미니바 품목, 가격, 수량)하면서 운영하게 된다. 그러나 회계계정은 대개 식음료 영업계정으로 한다.

참고문헌

국내문헌

김근종 · 정종훈, 호텔실무개론, 기문사, 1997.

김미경 · 홍영택 · 신정하 · 서정모 · 이수진, 최신 호텔경영관리론, 백산출판사, 2012.

김시중 · 박정하, 호텔경영론, 백산출판사, 2010.

오정환, 호텔경영학원론, 기문사, 1997.

원융희, 호텔실무론, 백산출판사, 1997.

주종대, 현관객실업무, 백산출판사, 1997.

최풍운, 호텔실무, 백산출판사, 1998.

국외문헌

Gray & Liguori, Hotel & Motel Management and Operation, Prentice Hall, 1995.

Hotel Intercontinental, rooms division service Manual, 1996.

Lundberg, The Hotel & Restaurant Business, A CBI. 1994.

Ton Power, Introduction to Management in the Hospitality, Wiely, 1994.

제4장

식음료부문관리

제1절 식음료관리의 개념

1. 식음료의 기능과 역할

1) 식음료부문의 기능

호텔의 본원적인 기능이 숙식제공에 있다는 점은 호텔의 기능이 사회적으로나 문화적으로 크게 확대되고 있는 현대에 있어서도 크게 다를 바 없다. 그러나 초기의 호텔경영인들은 호텔경영에 있어서 식음료부문이 차지하는 비중에 대하여 그다지 중요하게 생각하지 않았다. 이는 식음료부문이 사업성이 아니라 주로 투숙객에게 음식을 제공한다는 편의를 도모하기 위한 봉사시설로서의 성격을 띠고 운영되었기 때문이다. 이 당시의 식음료부문은 객실부문이 프런트 오브 더 하우스(front of the house)로 불리었던 데 비해 상대적으로 그 중요성이 떨어져 백 오브 더 하우스(back of the house)로 불렸다.

그러다가 20세기에 들어서서 호텔이 산업의 형태를 띠면서 식음료부문은 식당(restaurant)과 주장(bar) 그리고 연회장(banquet room) 등의 시설을 갖추어 투숙객과 일반대중을 겨냥하여 영리를 목적으로 사업을 시작하였고, 객실부문과 더불어 호텔의 양대 수익발생원으로 그 지위를 굳힘과 동시에 그 사회적 기능이 점차 강화되면서 객실부와 동등한 수준의 식음료부(food & beverage department 또는 catering department)가 되었다.

최근에는 호텔의 경영전략이 객실부문에서 식음료부문 위주의 경영으로 전환하고 있다는 평가까지 나오고 있는 실정이며, 앞으로도 호텔의 지속적인 발전을 위한 적정이윤의 창출원으로서 단순히 식음료와 휴식을 제공하는 기능에서 만남·집회, 문화·교육, 정보교환 등의 기능으로 확대되어 지역사회의 정치, 사회, 문화의 중심지 기능과 건전한 외식문화의 선도자로서의 역할까지 담당할 것이다.

2) 식음료부문의 역할

호텔의 기능을 대별하면 숙박기능, 집회기능, 오락기능, 부가가치기능 등으로 나눌 수 있다. 식음료부문에 해당되는 사항은 식음료를 제공하는 집회기능, 오락기능과 그에 따른 부가가치기능을 들 수 있다. 즉 식음료부문을 이용하는 고객은 항상 쾌적한 환경에서 안정된 마음으로 자신의 피로를 회복시키기를 원할 뿐만 아니라 안락하고 평안한 휴식을 취함으로써 원기와 기력을 재충전시킬 수 있는 기회를 갖고자 한다. 식음료부문은 이러한 욕구를 가진 고객을 만족시킴으로써 그 대가를 받는 장소라고 할 수 있다. 따라서 호텔은 특정장소에서 필요한 시설을 갖추어 인적・물적・환경적 서비스를 제공하고 그 대가를 받을 목적으로 사회적 역할을 하는 것이다.

2. 식당의 분류

호텔에서의 식당은 명칭, 형태, 목적, 국적 등에 따라서 다양하게 나눌 수 있는데, 여기서는 음식을 주로 판매하는 식당부문, 음료를 판매하는 주장부문과 각종 모임・회의 등을 할 수 있는 연회부문으로 나누어 살펴보면 다음과 같다.

1) 식당부문

(1) 레스토랑(Restaurant)

일반적으로 식탁과 의자를 마련하여 놓고 고객의 주문에 따라 웨이터 혹은 웨이트리스가 음식을 제공하거나 혹은 고객 앞에서 음식을 간단히 조리하여 제공하는 고급 식사와 정중한 서비스가 제공되는 식당을 말하는데, 이때 제공되는 음식에 따라 양식당(Western style restaurant)과 한식당(Korean style restaurant), 일식당(Japanese style restaurant), 중식당(Chinese style restaurant) 등으로 구분한다. 또한 양식당은 세분하여 제공되는 음식의 국적별로 프랑스 식당(French style restaurant), 이태리 식당(Italian style restaurant), 미국 식당(American style restaurant), 스페인 식당(Spanish style restaurant) 등으로 구분한다.

[그림 4-1] 고급 레스토랑의 전경

(2) 커피숍(Coffee Shop)

보통 고객이 출입하기 좋은 장소에서 커피(coffee), 차와 음료 등을 판매하면서 조식이나 간단한 양식 등을 판매하는 영업장이다. 보통 아침 6시부터 밤 10시까지 지속적으로 영업한다.

[그림 4-2] 커피숍 전경

(3) 카페테리아(Cafeteria)

조리되어진 음식물이 진열되어 있는 진열대에서 몇 가지 메뉴를 선택하여 고객이 선택한 메뉴에 해당되는 요금을 지불하고 이용하는 셀프서비스식 간이식당을 일컫는다. 메뉴별로 가격이 정해져 있어 일반뷔페식당과는 차이가 있다.

(4) 뷔페식당(Buffet Restaurant)

음식물이 진열되어 있는 식탁에서 균일한 요금을 지불하고 고객이 직접 가져다 먹는 셀프서비스식당이다.

(5) 룸서비스(Room Service)

객실에서 고객이 식음료를 주문하면 객실까지 배달서비스를 해주는 영업장이다. 이때 모든 주문은 보편적으로 전화 또는 도어 납 메뉴(door knob menu)에 의하여 행하여지므로 고객과의 의사소통이 매우 중요하다.

(6) 델리카테슨(Delicatessen)

보통 로비 근처에 위치하며 제과, 제빵 또는 소시지, 햄 등의 가공식품을 판매하는 영업장이다.

2) 주장부문

(1) 바(Bar)

호텔고객을 위주로 하는 주장으로서 일반적으로 음료를 리스트에 열거하고 가격도 표준가로서 판매하는 것이 통례이다. 바(bar)는 주장을 통칭하여 사용하기도 하며 운영형태에 따라 다양한 명칭으로도 불리고, 회원제로 운영되는 것은 멤버스 클럽 바(members club bar), 간단한 칵테일 위주로 운영되는 것은 칵테일 바(cocktail bar) 등으로 불린다.

[그림 4-3] 고급 바 전경

(2) 라운지(Lounge)

주로 음료와 칵테일을 판매하는 장소로서 위치에 따라 1층의 로비라운지와 옥상층의 스카이라운지로 구분하기도 한다.

[그림 4-4] 로비라운지 전경

(3) 팝(Pub)

대중적 사교장을 의미하며, 엔터테인먼트(entertainment) 요소와 함께 음료를 판매하는 영업장이다. 영국에서는 대중적 선술집을 가리킨다.

(4) 나이트클럽(Night Club)

밴드(band)의 음악에 맞춰 춤을 출 수 있는 유흥적 요소를 제공하고 음료를 판매하는 영업장이다.

(5) 디스코텍(Discotheque)

디제이(DJ)에 의해 음반이나 테이프를 통한 음악으로 춤을 출 수 있도록 하며 음료를 판매하는 영업장이다.

(6) 가라오케(Karaoke)

고객들이 음악에 맞춰 노래를 부를 수 있는 유흥적 요소를 제공하고 음료를 판매하는 영업장이다.

(7) 엔터테인먼트센터(Entertainment Center)

팝의 개념에 다트게임(dart game), 당구대와 같은 스포츠시설과 디스코텍, 바 등이 설치되어 있는 복합사교유흥장이다.

3) 연회부문(banquet department)

각종 행사, 이벤트, 회의 등 특별한 목적을 달성하기 위한 모임과 또한 이러한 모임을 개최할 수 있는 시설을 갖추고 식음료는 물론 숙련된 직원의 서비스를 제공하는 영업장으로서 작게는 10명 미만에서부터 많게는 수천 명의 인원이 행하는 각종 행사나 회의 등을 통하여 식음료나 행사장 대여로 매출을 올리는 식음료의 한 영업장이다.

3. 식음료부서의 조직

식음료부문의 조직은 고객의 욕구에 따라 음식, 음료 및 서비스로 고객의 욕구를 충족시키며 각 구성원과 관리의 효율화를 추구하기 위한 유대관계 구조라 할 수 있다. 식음료부문의 조직구조는 단순하고 독창적으로 업무를 수행할 수 있도록 권한의 하부이양과 감독기능을 적절히 조절할 수 있어야 한다. 조직의 적정규모는 서비스테이블의 수, 음식의 종류, 가격, 영업시간, 서비스형태, 경영방침 등 여러 요인에 의해 결정된다. 따라서 식음료서비스조직은 규모에 따라 각 기능 간 유기적 관련성의 정도가 다르며 일반적으로는 식당부문, 주장부문, 연회부문으로 구분된다.

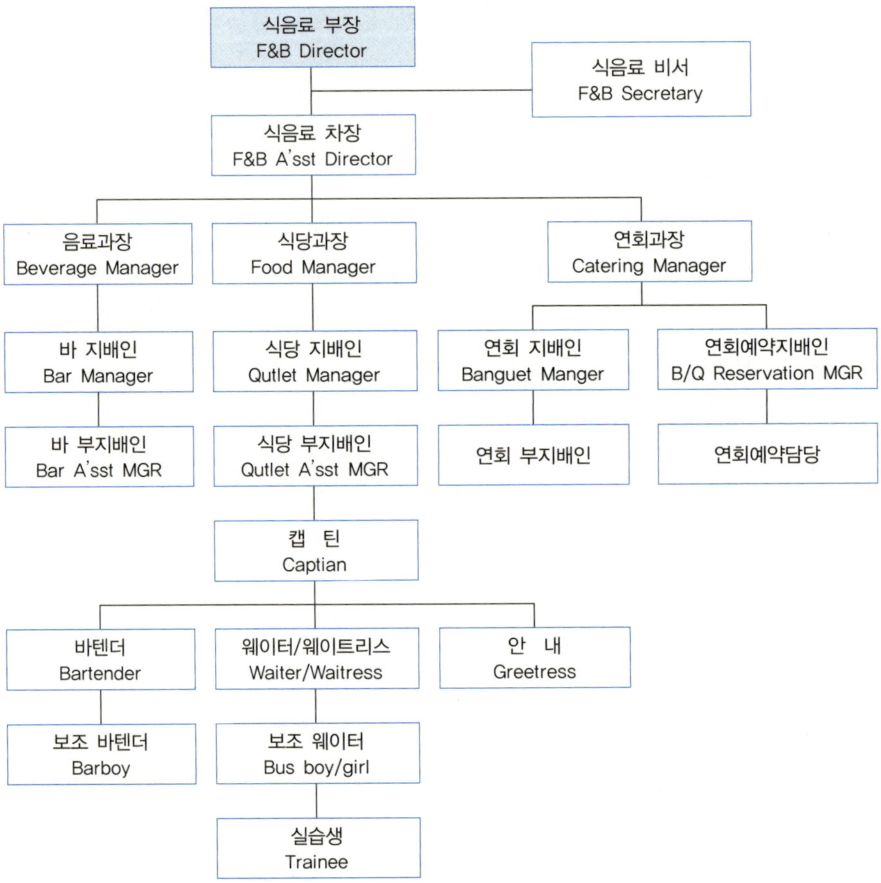

[그림 4-5] 대규모 호텔의 식음료서비스 부분의 조직

그리고 식당이나 주장 등 식음료부문은 서비스방법에 따라 운영방법이 정해지므로 그 조직의 형태도 운영방법에 따라 이루어져야 한다.

식음료부문의 조직원칙은 음식과 음료를 가장 효율적으로 제공하여 고객의 욕구를 충족시킬 수 있도록 구성되어야 한다.

또한 식음료부문의 조직편성은 식당의 특성이나 위치에 따라 구성되겠지만 일반적으로 다음과 같은 요인에 의하여 결정될 수 있다.

① 도심지, 관광지 등과 같은 입지조건
② 계절별 상시개장에 따른 영업시간
③ 식당의 종류 또는 등급수준
④ 규모
⑤ 서비스의 형태

식음료서비스조직은 여러 가지 요인에 따라 조직이 달라지나 다음과 같이 세 가지로 구분할 수 있다.

1) 쉐프 드 랑 시스템(Chef De Rang System)

이 시스템을 국제적 서비스제도 혹은 프렌치서비스시스템이라 부르며 가장 정중하고 최고급의 시비스를 제공하는 고급식당에 적합한 조직이다. 식당지배인 아래에 헤드웨이터(head waiter or maitre d'hote)가 있고 그 밑에 3~4명의 웨이터가 근무조를 이뤄 일정한 테이블을 담당하여 서브(serve)하는 제도로써 이는 팀워크(team work)의 조화가 잘 이루어져서 구성원의 책임이 각기 다른 업무를 조화롭게 수행하는 것이다.

예시하면 헤드웨이터가 음식을 담당하는 쉐프 드 랑(chef de rang)과 음료를 담당하는 쉐프 드 방(chef de vin 혹은 sommelier)을 두고 다시 쉐프 드 랑(chef de rang) 밑에 웨이터(commis de rang)를 2~3명을 두어 수행하는 방식이다.

(1) 장점

① 수준 높은 서비스를 제공할 수 있다.
② 근무조건에 만족할 수 있다.
③ 충분한 휴식시간을 가질 수 있다.

④ 영업상황에 따라 근무인원을 증감시킬 수 있다.

(2) 단점

① 고기능을 가진 인력이 필요하고 인건비의 지출이 크다.

② 고급식당의 편성에만 적당하다.

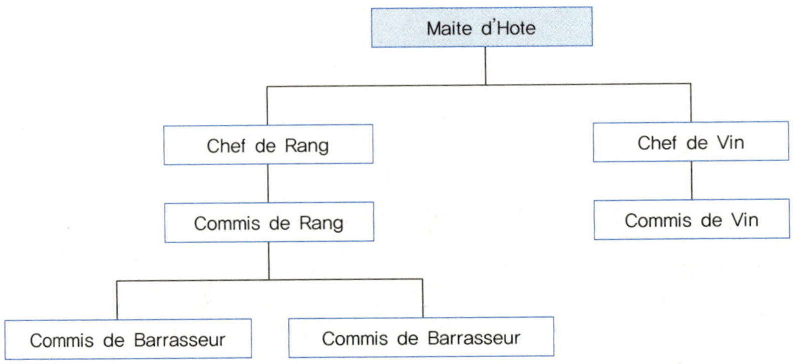

[그림 4-6] 쉐프 드 랑 시스템

2) 헤드웨이터 시스템(Head Waiter System)

헤드웨이터 시스템은 일반 식당에서 가장 적합한 방식이라 할 수 있다. 이 방식은 헤드웨이터 밑에 식사담당(meals watier)과 음료담당(drinks waiter)을 두어 테이블서비스를 하는 제도이다. 이것은 쉐프 드 랑 시스템을 축소시킨 제도라고 할 수 있다.

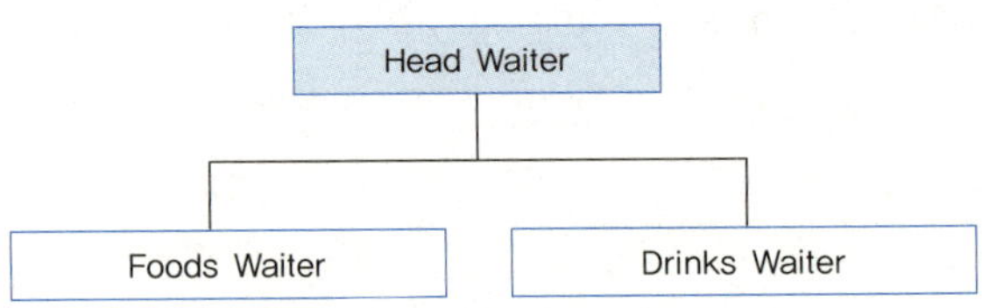

[그림 4-7] 헤드 웨이터 시스템

3) 스테이션 웨이터 시스템(Station Waiter System)

스테이션웨이터 시스템은 휴양지에 위치한 계절식당이나 나이트클럽, 극장식당과 같은 특수한 식당에 적합한 방식이다. 일명 원 웨이터 시스템(one waiter system)이라고도 하며, 책임자로 헤드웨이터가 있고 그 밑에 근무하는 웨이터들은 정해진 담당구역만을 맡아서 근무하는 것이다. 즉 한 명의 웨이터가 일정한 테이블만을 맡아서 주문을 받고 식사와 음료 등 일체의 서비스를 제공하는 것이다.

(1) 장점

① 한 사람의 웨이터가 일정한 수의 고객을 상대로 식음료서비스를 하기 때문에 서비스의 일관성이 있다.

② 인건비의 지출이 적다.

(2) 단점

① 웨이터가 식사주문과 운반을 위해 주방을 출입하거나 음료준비로 담당구역에서 이탈을 자주하여야 한다.

② 고객을 지루하게 기다리게 하여 불평의 요인이 되기 쉽다.

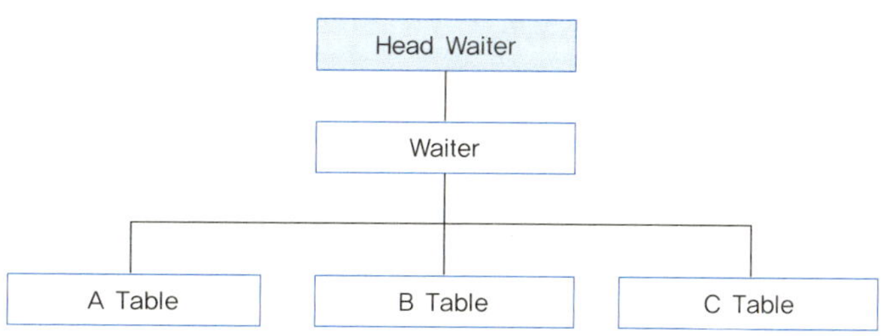

[그림 4-8] 스테이션 웨이터 시스템

4. 식음료부서의 업무

1) 영업장 지배인(Outlet Manager)

오늘날 호텔경영은 수익의 극대화추구를 위해서 객실판매 위주의 경향에서 탈피하여 식음료판매에 보다 많은 관심을 보여주고 있다. 객실판매는 상품의 제약성으로 인해서 매출액증대에 한계가 있는 반면에 상대적으로 제약이 적은 식음료판매에 의존성이 높아지고 있기 때문에 이에 대한 전문적인 지식과 기술이 요구되므로 지배인으로서의 중요성은 두말할 나위가 없는 것이다.

영업장지배인은 식당 내의 모든 서비스와 직원에 대한 책임과 권한을 갖고 근무스케줄, 교육훈련 등을 주관한다. 지배인에 대한 권한과 책임을 세분하여 보면 다음과 같다.

① 영업 및 서비스에 관한 제반사항을 지휘・통제하며 책임을 진다.
② 직원의 근무시간표를 작성한다.
③ 예약사항과 준비사항을 점검하고 각 담당자의 임무에 대한 세부사항을 지시한다.
④ 영업장의 영업활성화를 위한 특별행사 등을 계획 실시한다.
⑤ 고객의 영접, 안내를 하며 불평처리에 대한 총괄적인 책임을 진다.
⑥ 직원들의 교육훈련, 인사관리에 책임을 지며 식음료부서장과 직원 간의 직・간접 중계역할을 한다.
⑦ 직원들의 서비스담당구역을 할당하고 영업준비를 확인, 점검한다.
⑧ 영선부, 객실정비, 객실부 등 타 부서와의 협조사항이 필요할 때 필요사항을 의뢰하거나 조치를 취한다.
⑨ 주방요원과 서비스요원 간의 협동이 이루어지도록 조정한다.

2) 부지배인(Assiant Manager)

평상 시 지배인을 보좌하며 영업장 운영관리, 특히 대고객서비스관리를 주업무로 하며 지배인이 부재 시 업무를 대행한다.

3) 캡틴(Captain)

캡틴을 헤드웨이터(head waiter)라고 불리기도 하는데 중·소 식당에서는 부지배인이 없고 캡틴이 그 역할을 대신하기도 한다. 캡틴은 접대책임을 맡고 있는 책임자로서 웨이터나 실습생을 관리·감독하며 식음료서비스에 있어서 주문과 서비스를 담당한다. 캡틴의 직무를 살펴보면 다음과 같다.

① 영업시작 전에 담당구역의 서비스준비사항과 구성인원을 점검한다.
② 웨이터에 대한 작업지시 및 감독을 한다.
③ 고객을 영접하며 주문을 받는다.
④ 판매하는 메뉴와 각 품목의 조리시간을 숙지하고 순서에 따라 서비스한다.
⑤ 웨이터 및 실습생에 대한 메뉴 및 서비스에 대한 교육훈련을 실시한다.
⑥ 각종 집기 및 린넨류를 관리한다.
⑦ 고객에게 주요리를 제공한 후 주의깊게 살핀다.
⑧ 고객을 환송한 후 테이블을 재정비하도록 지시한다.

4) 그리트리스(Greetress)

그리트리스를 리셉션리스트(receptionist)라고도 하는데 예약업무 및 좌석안내 등을 주업무로 한다.

① 각 스테이션(station)에 배치된 캡틴과 웨이터를 기억하며 또한 테이블을 숙지한다.
② 예약업무, 좌석안내절차 등에 능통하여야 하며 지배인의 지시를 받는다.
③ 예약을 받을 때는 가능한 한 행사 전 충분한 시간을 두어 받도록 하며 예약접수 시에는 다음 사항을 정확히 기록하도록 한다.
- 정확한 성명
- 인원수
- 도착시간

• 특별한 요구사항

• 전화번호, 연락장소, 예약자명, 회사명

④ 서비스인원의 부족 시 웨이터나 웨이트리스를 도와 서비스에 임한다.

5) 웨이터/웨이트리스(Waiter/Waitress)

웨이터는 캡틴을 보좌하며 주문된 식음료류를 직접 취급하여 고객에게 제공하며 각 책임구역에 대한 준비 및 정리·정돈을 하는데 있다. 그 직무를 살펴보면 다음과 같다.

① 영업시간 전에 영업에 필요한 사항을 준비한다.

② 메뉴, 할당된 구역, 부수적인 업무와 테이블번호 등을 숙지하여야 한다.

③ 담당 테이블의 영접, 식음료주문 그리고 올바른 순서에 따라 식사를 제공한다.

④ 고객이 테이블에 있는 경우에는 항시 주시하여 식사에 필요한 것을 제공하거나 고객의 부름에 즉시 응한다.

⑤ 고객의 식사가 끝났을 때 고객의 요구에 따라 계산서를 제공하고 이상 유무를 확인한다.

⑥ 다음 고객을 접대하기 위해 테이블을 재정비한다.

⑦ 지배인 및 담당캡틴의 지시에 따르고 동료직원과 협조하여야 한다.

⑧ 보조웨이터에게 지시나 감독을 하며 도와주어야 한다.

6) 보조웨이터(Busboy/girl)

보조웨이터를 식당에 따라서는 어시스턴트 웨이터(assistant waiter)라고도 하는데, 일반적인 직무는 캡틴이나 웨이터의 지시에 따라 테이블로부터 기물의 철수 및 교체, 테이블의 정리·정돈 등을 한다.

① 웨이터나 웨이트리스의 일을 돕는다.

② 업장에 필요한 각종 기물류 등을 보급한다.

③ 고객에게 물, 버터, 빵 등을 서비스한다.
④ 테이블을 정리·정돈하며 사용된 린넨류를 치우고 테이블세팅(table setting)을 한다.
⑤ 업장 내 가구류를 청소하고 기타 기물을 닦는 것을 돕는다.

제2절 연회관리

1. 연회의 의의

연회란 사전적 의미로 축하, 위로, 환영, 석별 등을 위하여 여러 사람이 모여 베푸는 잔치로 되어 있지만, 호텔에서의 연회 의미는 이러한 의미 외에 각종 회의, 전시회, 세미나, 교육, 패션쇼 등 다목적적인 의미도 포함된다. 연회장을 뱅킷룸(banquet room)이라고 하지만, 펑션룸(function room)이라고 부르는 까닭도 다목적의 기능을 가진 룸으로서의 의미가 강하기 때문이다.

연회장은 일반식당과는 다르게 테이블과 의자가 준비되어 있는 것이 아니라 일정한 장소에서 고객의 요구, 행사의 내용, 성격, 인원, 방법에 따라 각양각색의 행사를 수행하는 식음료영업장 중의 하나이다.

2. 연회서비스의 중요성

연회장은 같은 식음료영업장이면서도 식당과 주장(restaurant & bar)과는 또 다른 장점을 갖고 있다.

1) 인력자원의 탄력적 운영

각종 연회는 예약에 의해 접수되고 계약이 성립되면 행사를 하기 때문에 다른 식당이나 주장보다는 인력수급계획을 탄력적으로 할 수 있을 뿐만 아니라 시간제

인력(part timer)을 사용할 수 있어 인건비 절약을 할 수 있다.

2) 상품가격의 차별화

식당이나 주장에서는 메뉴가격을 먼저 결정하고 고객에게 판매하나, 연회장은 연회예약 시 고객의 예산과 행사의 중요도에 따라 가격이 결정되므로 상품가격을 다양화 및 차별화할 수 있다.

3) 저원가로 생산성 극대화

확정된 메뉴의 대량생산판매로 저원가와 노동생산성이 극대화되며 좋은 상품을 고객에게 제공할 수 있다.

4) 특별이벤트 유치 및 각종 연회상품 개발가능

연회장의 규모에 따라 특별이벤트 유치뿐만 아니라 각종 연회상품을 개발하여 판매할 수 있다.

5) 홍보 효과성

회의나 연회의 규모에 따라 상이하지만 많은 고객을 일시에 호텔로 유입할 수 있고 훌륭한 연회서비스로 호텔의 이미지와 홍보를 극대화시킬 수 있다.

6) 여행사 고객의 유치

여행사의 단체고객을 모집할 때 파티 등을 포함한 패키지상품을 판매하므로 연회장의 유무에 따라 유치가 결정되는 경향이 있다.

7) 비수기 타개책

연회행사 특히 컨벤션은 계절성의 영향과 주말의 영향을 덜 받기 때문에 객실판매의 비수기 타개책으로 활용할 수 있다.

8) 부대 파급효과

컨벤션이나 연회고객이 객실 및 부대시설 이용으로 호텔의 전체적 매출증대에 기여한다.

3. 연회부문의 조직

호텔에 있어서 연회부문은 식음료부문에 소속하고 있어 식음료부서장 아래 연회 책임자를 두어 연회부문을 관리하게 한다. 그러나 최근에는 연회부문이 호텔에 대한 기여도가 큰 만큼 식음료부서와는 별도로 독립된 조직체계를 갖추고 있는 호텔이 늘어나는 추세이다.

호텔 연회부문조직은 크게 연회를 판매하는 부서와 연회장에서 직접 서비스하고 진행하는 부서 그리고 판매와 서비스를 원활한 커뮤니케이션과 코디네이션(coordination) 역할을 하는 연회예약부문으로 대별된다. 이 부문은 호텔 내의 다른 부문보다는 고객에게 만족된 연회서비스를 제공하기 위해 상호 긴밀하게 공조하는 조직체계를 갖추고 있는 것이 특징이다.

일반적인 연회부문의 조직도는 [그림 4-9]와 같으나 각 호텔에 따라 연회판촉과 연회예약을 판촉부서에 두는 경우도 있다([그림 4-10]).

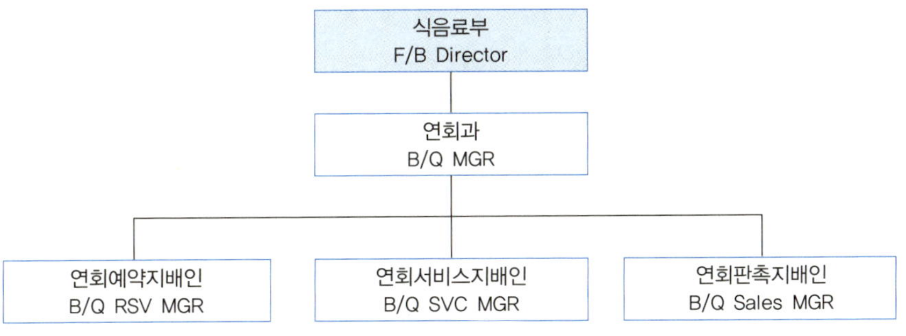

[그림 4-9] 일반적인 연회부문의 조직도

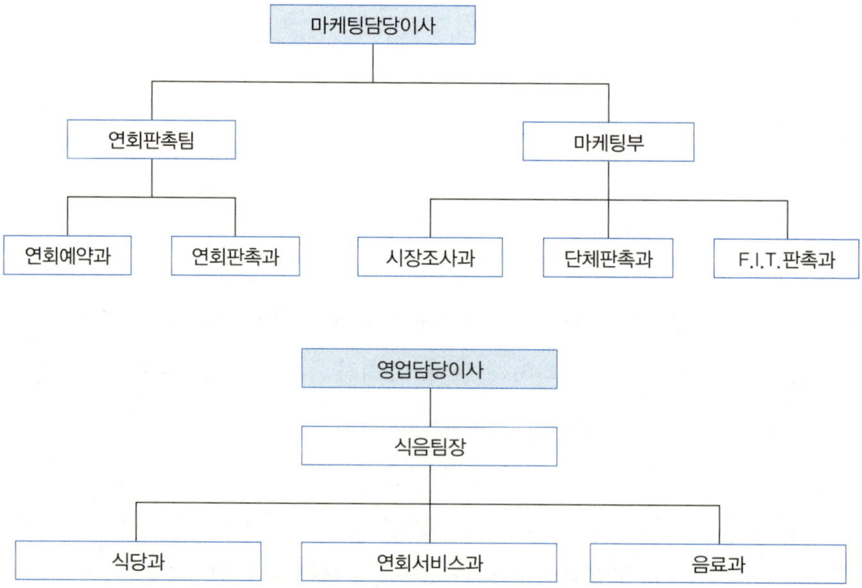

[그림 4-10] S호텔 연회판촉 및 연회서비스 조직도

4. 연회행사의 업무절차

연회장을 이용하여 행사를 하고자 하는 고객은 이용하는 동기가 회의, 세미나, 리셉션, 가족모임, 기타 등 여러 가지이다. 행사를 위한 최초의 단계는 연회예약을 담당하는 부서의 예약직원이 연회상품을 설명하고 견적에 의해 계약을 하게 되며 연회예약 시 접수된 고객의 모든 행사정보를 행사지시서에 표기하여 연회서비스부서를 비롯하여 관련 부서에 송부하게 된다.

연회서비스부서에서는 행사지시서에 의거, 행사를 준비하게 되고 행사 당일 최종적으로 예약한 연회상품을 판매한다.

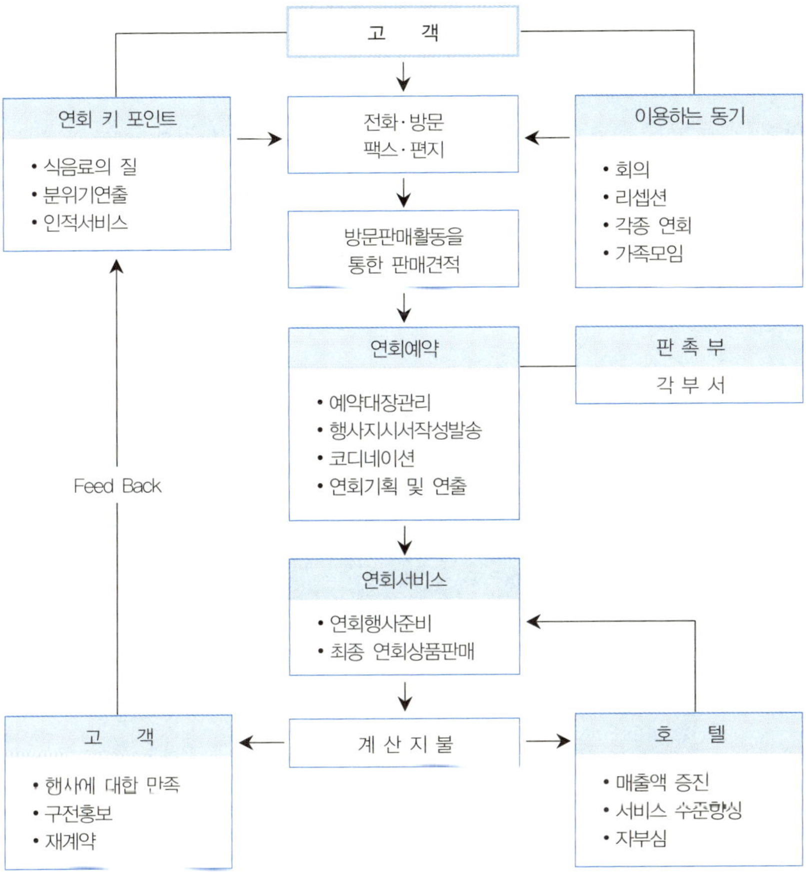

[그림 4-11] 연회행사의 업무절차

5. 연회행사의 종류

연회행사는 목적에 따라 다양하게 이루어지고 있는데, 크게 식음료판매를 목적으로 하는 식음료연회행사와 장소판매를 목적으로 하는 임대연회행사가 있다. 식음료연회행사는 주로 파티형으로 정찬파티, 리셉션파티, 칵테일파티 등이 있으며, 임대연회행사로는 전시회, 회의, 패션쇼 등이 있다.

1) 식음료연회 행사

(1) 정찬 파티(Table d'hote Party)

연회행사 중 가장 격식 있고 품위 있는 정식연회로서 그 비용도 높을 뿐만 아니라 사교 상의 중요한 목적이 있을 때 개최되는 행사이다. 보통 정찬파티 때에는 초청장을 발송하는데 이때 복장에 대해 명시하는 것이 원칙이나 복장에 대한 명시가 없으면 정장을 하는 것이 예의이다.

[그림 4-12] 연회행사의 정찬파티 전경

(2) 뷔페 파티(Buffet Party)

뷔페 파티는 뷔페테이블에 미리 음식을 준비하여 고객이 직접 필요한 음식을 가져다 먹는 셀프서비스 형식의 파티이다.

(3) 리셉션 파티(Reception Party)

리셉션은 공식적인 행사로서 만찬이나 오찬에 들어가기 전이나 혹은 순수한 리셉션만을 위한 파티로서 주최자와 초청된 고객 간의 인사교류 형식의 연회이다.

[그림 4-13] 연회행사의 리셉션 파티 전경

(4) 칵테일 파티(Cocktail Party)

칵테일 파티는 여러 가지의 주류와 음료를 주제로 하고 오드볼(Hors d'Oeuvre)을 곁들이면서 스탠팅 형식으로 행해지는 연회를 말한다. 칵테일 파티는 정찬파티에 비해 자연스럽게 이야기할 수 있고 참석자의 복장이나 시간도 별로 제약을 받지 않는 사교모임의 파티이다.

(5) 티 피티(Tea Party)

일반적으로 휴식시간에 간단하게 개최되는 파티로서 커피나 티를 겸한 음료와 간단한 쿠키류나 케이크류 등을 곁들인다. 보통 회의 시, 좌담회, 간담회 등에서 많이 하는 파티의 일종이다.

[그림 4-14] 연회행사의 티 파티 전경

(6) 출장연회(Outside Catering Party)

출장연회는 호텔연회장을 떠나 음식, 음료, 집기, 비품 등 파티에 필요한 장비와 인원을 준비하여 주최자의 지정된 장소에서 연회를 개최하는 것을 말한다. 모든 연회의 업무는 연회장에서 하는 것과 동일하게 취급하며, 가격도 동일하다. 다만, 출장연회의 운반비는 주최자 측과 협의 하에 별도로 부가하도록 되어 있다.

(7) 기타

가족모임으로 약혼식, 생일 관련 축하연 같은 연회와 호텔의 정원이나 수영장 등에서 특별히 행하는 야외 파티 등이 있다.

2) 임대연회 행사

(1) 회의

회의는 대체적으로 여러 사람이 일정한 장소에 모여 의논하는 행사를 갖는 것으로 포괄적인 의미를 가지고 있는데 형태별, 성격별, 지리적 영역별로 다양하게 분류된다.

형태별로 분류하면 컨벤션(convention), 컨퍼런스(conference), 콩그레스(congress), 포럼(forum), 심포지엄(symposium), 패널 토의(panel discussion), 강연(lecture), 세미나(seminar), 워크숍(workshop) 등으로 분류되며, 성격별 분류하면, 기업회의, 협회회의, 비영리단체회의, 정부주관회의 등으로, 지리적 영역별로 분류하면 지방회의, 지역회의, 전국회의, 국제회의 등으로 구분할 수 있다.

[그림 4-15] 국제회의 전경

(2) 전시회

무역, 산업, 교육분야 혹은 상품이나 서비스 판매업자들의 대규모 상품진열을 의미하는 것으로 회의를 수반하는 경우도 있다. 전시회, 무역전(trade show)이라고도 하며 유럽에서는 주로 Trade Fare라는 용어를 사용한다.

(3) 기타

패션쇼나 문화, 예술의 공연, 체육행사 등

[그림 4-16] 극장식당 전경

6. 연회서비스(Banquet Service)

1) 연회예약의 접수와 처리

(1) 연회예약접수

연회예약의 접수는 고객이 직접 내방하거나 판촉직원에 의해 또는 전화, 팩스(fax), 편지 등으로 이루어지는데, 근래에는 적극적인 판촉활동을 통해 고객확보에 최선의 노력을 해야 하는 경쟁환경 속에서 경쟁업체보다 우위를 유지하기 위해서는 최고의 시설, 특징 있는 음식, 친절한 서비스를 항상 유지하여야 한다.

특히 연회예약을 접수하기 위해서는 연회의 구성요소를 충분히 사전에 숙지하여야 한다. 즉 연회장의 규모와 시설이나 기자재 및 식음료의 메뉴와 가격, 좌석배치(layout), 무대 등 전반적인 사항을 파악하고 있어야 한다. 더구나 연회행사는 요금이 정해진 상품만을 판매하는 것이 아니고 연회행사라는 상품을 창조하여 판매하기 때문에 연회예약직원의 역할은 매우 중요하다. 또한 연회는 사내관련부서와의 긴밀한 협조 하에서 이루어지는 특성을 가지고 있기 때문에 관련부서와의 연락은 정확하게 이루어져야 한다.

만약 관련부서와의 사전 연락 불충분이나 관련부서의 착오로 인해 한 가지라도 실수를 하게 되면 식음료상품의 특성상 완벽한 상품을 제공하지 못해 고객의 불만이나 불평을 초래하게 되므로 연회예약담당자는 사전에 관련부서와의 협조를 충분히 하여야 한다.

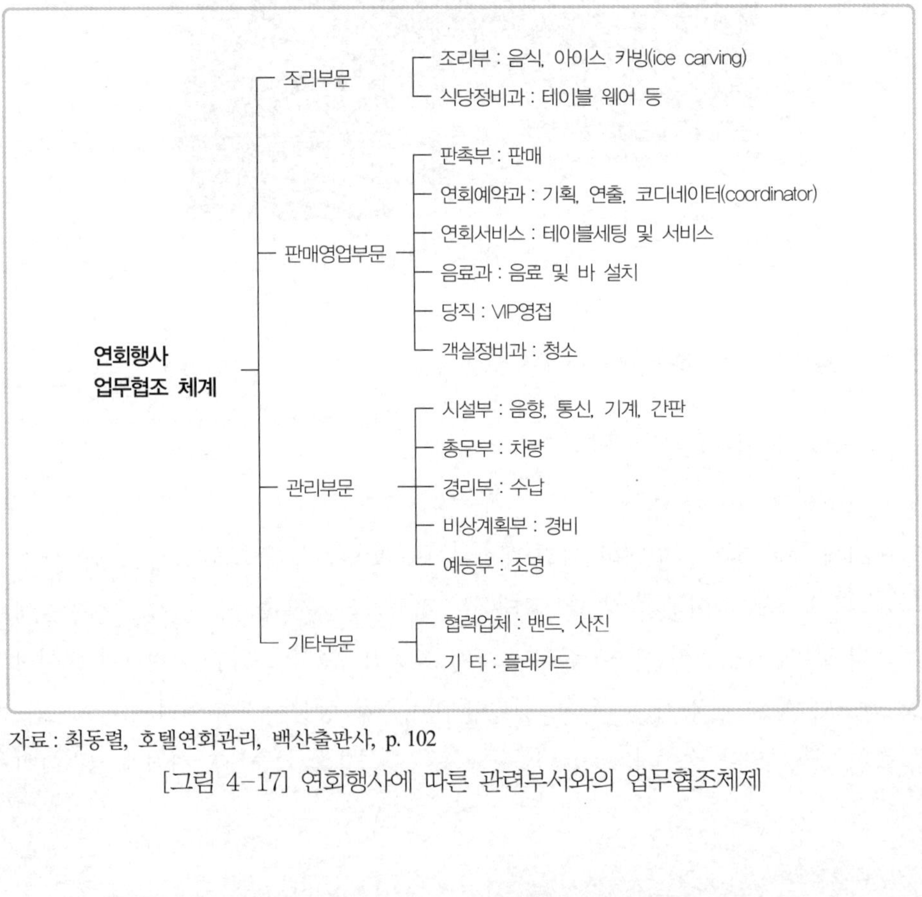

자료 : 최동렬, 호텔연회관리, 백산출판사, p. 102

[그림 4-17] 연회행사에 따른 관련부서와의 업무협조체제

따라서 연회예약 문의 시에는 제일 먼저 연회의 성격과 규모를 파악한 다음, 연회장의 사용여부를 확인하고, 고객과 연회예약서(function reservation sheet)상의 내용을 토대로 해서 하나씩 상담하고 협의(negotiation)하면서 관련부서와의 업무협조를 한다.

연회행사에 따른 관련부서와의 협조체제를 살펴보면 [그림 4-17]과 같다.

(2) 연회예약 업무의 테크닉

연회예약이란 요금이 정해진 상품을 판매하는 것이 아니라 연회라는 상품을 창조하여 판매하는 것이므로 다음과 같은 사항을 유의하여 접수를 받는다.

① 일시의 결정

고객이 원하는 날짜를 제시하면 예약장부를 열람하여 연회장의 사용여부를 체크하는데 이때 주의할 것은 해당 일자에 예약된 연회가 있다면 확정적(definite)인지 잠정적(tentative)인지를 먼저 파악하여 잠정적인 예약은 확인절차를 취해 빠른 결정을 유도하며, 확정적인 연회가 예약되어 있으면 문의고객에게 다른 일자를 권유한다.

특히 연회예약에 있어 시간의 배정은 연회장의 효율적인 운영을 위해 매우 중요한 요소이다. 연회장의 사용시간대는 크게 조・중・석식의 시간대로 나누어지는데 적절하게 운영하면 매출의 극대화를 기할 수 있다.

② 연회장의 배정

보통 호텔은 대・중・소규모의 연회장을 다수 가지고 있으므로 연회장을 적절히 배정하는 것도 연회장의 효율적인 운영과 매출의 극대화를 기할 수 있는 부분이다. 따라서 연회장을 배정할 때에는 행사의 인원수와 성격 등을 고려하여 배정한다.

③ 메뉴의 협의

연회의 메뉴는 사전에 준비된 견본메뉴에 의하여 고객이 선택하지만 경우에 따라서는 특별메뉴를 주문하는 경우도 있고, 예산에 맞게 메뉴를 주문하는 경우도 있다. 메뉴는 그 자체가 상품이자 판매도구이므로 메뉴를 추천할 때에는 연회의 성격을 고려하여 추천하여야 한다. 또한 연회행사의 경우는 정확한 인원수를 예측하기 힘들기 때문에 보증인원(guarantee)과 추가인원(expect)에 대한 제도를 두고 있는데, 보증인원이란 참석인원에 관계없이 고객이 지불 보증하는 최소한의 인원이며 추가인원제도는 인원의 증가에 대비하여 식음료를 더 준비하는 것이다.

따라서 메뉴를 협의할 때에는 메뉴와 함께 보증인원과 추가인원제도에 대한 명확한 협의도 하여야 한다.

④ 사인보드 및 배너

고객은 행사장에 배너(banner)나 입구에 사인보드를 요구하게 되는데 행사의 규모에 따라 배너의 비용을 청구할 수도 있고 무료로 제공할 수도 있다. 사인보드나 배너의 요구를 받았을 때에는 정확한 글자를 받아서 오자가 없도록 유의하여야 한다.

⑤ 견적서 작성

견적서를 작성할 때에는 고객의 예산에 맞는 견적을 제출하는 것이 매우 중요하다. 특히 식음료의 요금은 봉사료와 세금을 포함한 가격으로 하며 무료로 제공되는 품목이 있으면 원래의 가격을 기록하고 비고란이나 가격기록란에 무료라고 표시해 주어야 고객이 내용을 파악할 수 있다. 또한 견적서를 작성할 때에는 연회장의 도면과 좌석배치(layout) 등을 동시에 제출한다.

宴會行事通報
EVENT ORDER

擔當	支配人	課長	部長

分類番號 FILE NO : 作成日 PREPARED :

行事場 ROOM : 行事形式 TYPE OF FUNTION :

行事日 DATE : 行事時間 TIME :

行事名 NAME OF FUNCTION : 主 催 ORGANIZATION :

住 所 BILLING ADDRESS :	電 話	OFFICE :	
		HOME :	
豫約者 ORGANIZER :	職位 POSITION	豫約金 DEPOSIT	₩ NO.
豫想人員 EXPECTED :	支拂保證人員 GUARANTEED :	支拂關係 PAYMENT	CASH : CHARGE :

단 가 UNIT PRICE	FOOD :	CANAPE :	CAKE :	SC :
	RENTAL :	FLOWER :	BANNER :	
	TRANSPTN :	PHOTO :	ICE CARV :	
	MUSICAN :			V.A.T. :

SERVICE MANAGER

1. TABLE SHAPE

T	I	U	□	○

2. EQUIPMENT :

3. INDIVDUAL MENU :

4. OTHERS :

SIGN BOARD

BAR

FULL	SOFT	CONSUMPTION		LIMITED
CORKAGE	BRINGING-IN BTL	CHARGE	F.O.S.	
WINE	W			
	R			
	CH			

FLORIST

ART ROOM

SOUND ROOM

DUTY MGR.

MENU

[그림 4-18] 연회행사 통보서(Event Order)

⑥ 예약서 작성과 예약금

고객과의 모든 협의가 끝나면 계약서를 작성하고 예약금을 받는데 액수는 보편적으로 총금액의 10~30% 정도로 한다. 연회계약서나 예약금을 받고 난 뒤에는 반드시 고객의 사인이나 도장을 받는다.

⑦ 연회요구서 작성 및 배부

연회예약서를 작성하고 난 뒤 행사가 유치되면 컨트롤차트(control chart)를 재확인하여 확정된 내용을 기록하는 연회요구서(banquet event control)를 작성한다. 연회행사 관련부서에서 고객과의 대화나 대면 없이 연회요구서에 의해서만 행사를 추진하기 때문에 고객과 협의한 모든 사항을 연회요구서에 기록하며 또한 관련부서에 배부하여야 한다.

2) 연회서비스

연회요구서가 도착하면 연회담당지배인은 서비스 진행계획, 인원 확보계획을 수립하여 행사가 성공적으로 진행될 수 있도록 해야 한다. 연회서비스는 대규모의 인원을 접한다는 점과 연회의 성격에 따라 준비작업 및 서비스도 다양하다는 점에서 일반 레스토랑과는 차이가 있다. 따라서 연회담당지배인은 사전에 연회의 성격별 준비작업과 서비스의 요령을 결정하여 직원에게 충분히 숙지시켜야 한다. 또한 연회가 시작되기 20분 전에 직원은 각자 맡은 업무를 수행하기 위해 대기자세를 취하며, 지배인이나 캡틴은 연회장입구에서 고객영접을 하도록 한다.

연회서비스는 크게 구분하면 테이블서비스와 스탠딩서비스로 구분할 수 있는데, 보통 리셉션을 제외하고 파티인 경우에는 테이블서비스를 하며, 리셉션이나 티파티인 경우에는 스탠딩서비스를 한다.

(1) 테이블서비스

테이블서비스 중 미팅이나 회의인 경우에는 사전에 완벽한 준비만 하면 회의시간이나 미팅시간 동안에는 별로 업무가 없지만 행사장에 항상 1~2명을 배치하여 주최 측의 담당자로부터 돌발적인 주문에 대비한다. 특히 미팅이나 회의 중간에 휴식시간(coffee break)이 있으면 그 시간에 맞춰 커피 등을 제공하고 이 시간을 이용하여 행사장의 정리나 물 등을 보충서비스를 한다.

그러나 정찬파티인 경우에는 고객이 모두 입장하고 나면 정해진 메뉴의 순서에 따라 서비스를 하는데, 만약 행사를 1, 2부로 나누어 하는 경우에는 행사의 순서를 파악하여 상황에 맞는 서비스를 한다.

연회메뉴는 일반 레스토랑처럼 한 사람씩 주문을 받아 서브하는 것이 아니라 동일한 메뉴(set menu)를 제공하기 때문에 캡틴이나 웨이터가 항상 제일 먼저 주빈(host)에게 식음료를 제공하거나 치우는데 이 동작에 맞춰 일제히 일사불란하게 식음료를 제공하여야 하며, 서브 후에는 대기상태에서 항상 주빈을 서비스하는 캡틴이나 웨이터를 살펴 상황에 따라 수시로 변하는 지시에 응해야 한다.

(2) 스탠딩서비스

스탠딩서비스를 하는 경우에는 보통 칵테일파티나 스탠딩뷔페 행사를 할 경우인데, 보통 기본 테이블에 음식을 차려놓고 고객들이 자유롭게 이동하면서 음식이나 음료를 먹기 때문에 사용한 접시나 글라스는 즉시 회수하며, 항상 음식에 주의를 기울려 보충하며 음료는 트레이(tray)를 이용하여 고객에게 제공한다.

3) 연회종료 후 서비스

연회가 끝나는 시점에는 직원 모두가 고객을 전송하며 좌석 등에 고객의 잊은 물건이 없는가를 확인한다. 특히 캡틴이나 헤드웨이터는 입구에서 고객을 환송하며 주최자와의 계산을 마무리하기 위하여 회계 관련 부서로 안내하여 청구서의 확인 후 정산을 하도록 도와준다.

특히 연회담당 캐셔(cashier)가 없는 경우가 많으므로 연회지배인이나 캡틴이 직접 고객에게 계산을 받는 경우에는 프런트 캐셔(front cashier)를 이용하여 계산서(bill)를 청구한다.

계산서를 청구하기 전에는 빠뜨린 것이 없는지 점검하며 꽃, 밴드, 사진, 비디오 등 외부에 의뢰하여 사용한 비용 등은 미리 영수증을 받아서 같이 청구하여 차질이 없도록 해야 한다.

후불인 경우에는 반드시 후불약정서를 받아 차후의 문제에 대비토록 하며, 즉시 여신과로 통보한다.

제3절 메뉴관리

1. 메뉴의 의의

1) 메뉴의 기원 및 개념

서양의 레스토랑에 오늘날과 같은 형태의 메뉴가 등장한 것은 그리 오래전의 일은 아니다. 서양의 초기 커피하우스나 간이음식점 등에서는 글로 쓰여진 메뉴 대신 직원이 모든 메뉴품목을 기억해서 고객에게 알려 주었다. 후에 프랑스 파리의 몇몇 레스토랑들에서 직원들이 조그만 판자 위에다 모든 품목을 적어 허리춤에 달고 다니며 외우거나 판에 메뉴품목을 적어서 사용하기도 하였는데, 이것은 고객뿐만 아니라 조리사나 직원들에게도 글로 쓰인 메뉴가 필요했기 때문이다. 이러한 초기형태의 메뉴들이 발전되어 오늘날 우리가 사용하는 메뉴와 같이 다듬어진 형태로 발전하게 된 것이다.

메뉴란 단어는 프랑스어로 '자세한 목록'을 의미하는데, 이 말의 어원은 라틴어로 '축소하다'는 뜻인 'minutus'이다. 메뉴란 한마디로 '작고 자세한 목록'이라고 말할 수 있다. 그러나 일반적으로 사용되는 메뉴라는 용어는 '식단목록표'의 다른 말로, 여기서는 'bill'은 '목록표'란 뜻이고 'fare'는 '음식, 식단'이란 뜻으로 'bill of fare'나 'menu' 모두 '식단목록'이란 뜻으로 쓰이고 있는데, 그 유래는 정확하지 않지만 2가지의 설이 있다고 한다. 지금은 프랑스 요리가 양식의 대표적인 요리로 취급되고 있지만, 16세기 초만 하더라도 프랑스 요리는 비록 궁정요리일지라도 매우 조잡하고 지극히 보잘 것이 없었다고 한다. 1533년 프랑스 왕 앙리2세의 왕비가 된 카트리누는 이탈리아의 플로렌스에서 여러 명의 요리사를 데리고 왔는데, 이 요리사들에 의하여 프랑스의 궁정요리는 점차 개선되기 시작하였다. 이러한 이탈리아식 요리가 도입됨에 따라 프랑스의 조리사들은 요리의 원재료와 조리법을 잊지 않기 위하여 메모하였는데 그것이 곧 메뉴였던 셈이다.

또 다른 유래는 1541년 프랑스 헨리 8세 때 부룬스윈 공작의 자택으로 친지를 초대하여 만찬회를 가지게 되었을 때, 공작은 운반되어 온 요리와 자신이 앉은 테이블에 놓인 메모를 보고 즐거워하며 식사를 하였는데, 이를 이상하게 생각한 친지 중의 사람이 테이블 위에 놓인 메모가 무슨 메모인가를 묻게 되자 공작은 오늘 준비된 요리에 대한 리스트라고 대답하였다 한다. 당시 동석한 친지들은 그 착상에 대해 감탄한 나머지 이를 흉내 내어 만찬회 등의 연회 시엔 의례히 요리리스트를 작성하였다고 하며, 이 리스트가 연회에 있어서의 정찬(table d'hote menu)의 효시인 것으로 전해지고 있다. 현재에도 연회석상에서 정찬 등의 식사 시 메뉴가 카드에 인쇄되어 참석자에게 개인메뉴(individual menu)로 제공되고 있다.

고객이 레스토랑에 들어와 자리에 앉았을 때 고객은 제일 먼저 메뉴표를 보고 먹고자 하는 메뉴를 선택하게 된다. 이렇듯 메뉴는 어느 식당에서든 고객과 식당 사이에 이루어지는 최초의 대화, 홍보의 도구로써 고객에게는 무엇을 주문하고, 얼마를 지출할 것인가를 결정하게 만들며, 식당의 입장에서는 무슨 음식을 어떻게 제공할 것이며, 얼마를 요구할 것인가를 결정하게 된다.

2) 메뉴의 역할

메뉴는 매우 중요한 작업문서로서 식음료부문의 운영전반에 큰 영향을 미친다. 주방설비자가 주방의 구조물이나 주방기구를 설치함에 있어 그 영업장의 메뉴에 근거하지 않으면 제대로 작업을 할 수 없으며, 메뉴를 기초로 하지 않은 어떤 판촉 또는 상품화계획도 그 의미를 갖기 어렵다. 메뉴 없이는 어떠한 음식을 주문할 수도 요리할 수도 없는 것이다. 메뉴의 역할은 이렇듯 기본적으로 알림에 있다. 고객에게 어떤 음식이 제공될 수 있는지, 가격은 얼마인지 알려 주고, 직원에게는 어떤 음식을 주문받아야 하고 조리해야 하는지를 알려준다. 따라서 메뉴는 단순히 품목과 가격을 기록하는데 그치는 것이 아니라 고객과 영업장을 연결하는 판매촉진의 모체로서 판매원의 역할을 할 뿐만 아니라 고객에게 메뉴에 있는 식음료를 제공하겠다는 계약서의 역할도 하며 고객에게 식음료를 판매하는데 있어서 자세한 설명을 제공하는 설명서의 역할도 하고 있다. 또한 메뉴는 고객과의 의사소통을 위한 가장 중요한 수단으로서 마케팅 도구의 역할도 하며, 기업주로 하여금 제공되는 상품의 생산과정, 원가관리, 투자범위 등을 가늠할 수 있도록 하는 경영투자 척도의 역할도 겸하고 있다. 그러므로 현대 식음료경영에 있어서 메뉴의 역할이 매우 중요하며 식음료업종의 목표달성을 위하여 그 계획과 관리과정이 매우 중요하게 되는 것이다.

메뉴의 역할은 다음과 같다.

① 메뉴는 고객과 약속한 가치이다. 메뉴를 통하여 고객이 받는 이미지, 느낌, 표시된 가격, 예상되는 품질 및 서비스는 이것을 보고 식음료라는 상품을 구매하려는 고객에게는 바로 기대하는 가치가 된다. 즉 식음료는 원칙적으로 주문생산이므로 고객이 실체를 보고 구매하는 것이 아니라 메뉴를 통해 그것이 가지는 가치를 주문하는 것이다.

② 메뉴에는 식당의 경영방침이 집약되어 있다. 메뉴가 토대가 되어서 식당과 주방의 설비, 직원수, 재료의 선택 등이 결정된다. 그러므로 메뉴와 서비스방식이 결정되기 전에는 주방설계나 식당규모가 결정될 수 없다. 메뉴는 결코 모방과 즉흥적인 생각으로 만들어서는 안되고 레스토랑의 경영방침을 토대로 메뉴가 작성되어야 한다.

③ 메뉴는 식당의 개성을 표현하고 이미지를 조성하고 품목과 가격이 명기되어 있다. 최근에는 재료, 서비스방식까지 상세하게 기입한 메뉴도 있어 식당의 콘셉트를 표현하고 나아가서는 식당의 이미지를 형성하는 한 수단이 되고 있다.

④ 메뉴는 무언의 서비스맨이고 세일즈맨이다. 고객은 메뉴에 의해서 요리를 주문한다. 메뉴는 무언중에 고객에게 식당에서 준비할 수 있는 요리에 대하여 안내를 하고 있다. 고객은 그 메뉴에 의해서 음식을 선택하고 주문을 한다. 그러므로 메뉴는 아무 말 없이 음식을 판매하고 있는 것이다. 따라서 메뉴가 "best silent salesman"으로 불리는 이유가 여기에 있다.

⑤ 메뉴는 고객과 웨이터, 웨이트리스의 마음을 한 데 묶는다. 고객은 메뉴에 의해서 요리를 주문하더라도, 웨이터나 웨이트리스가 메뉴를 고객에게 제시하고 아무 일도 하지 않고 있는 것은 아니다. 메뉴를 보고 주문을 망설이는 고객에 대해서는 웨이터, 웨이트리스가 메뉴를 설명하고 요리를 권하게 된다. 고객에 대하여 요리를 권하는 것은 웨이터, 웨이트리스의 서비스이며 판매인 것이다. 고객이 주문을 망설이고 있을 때 웨이터, 웨이트리스가 자신을 가지고 요리를 추천해 주는 것을 고객이 주문하는 것은 서로의 마음이 통했다는 뜻이 된다. 식당에서는 메뉴를 매개로 하여 고객과 웨이터 사이의 의사소통이 이루어질 때 그때부터 식당의 본격적인 서비스가 시작되는 것이다.

⑥ 메뉴는 요리연구의 자료가 된다. 메뉴는 식당 이용고객의 선호 지표이다. 주문이 많은 음식과 그렇지 않은 음식을 분석함으로써 고객이 좋아하는 음식을 알 수가 있고 이에 따라서 음식을 연구하고 메뉴를 변경할 수가 있다.

⑦ 메뉴는 서비스의 약점 보강을 위한 유형화이다. 하버드 경영대학의 레비트 교수는 무형의 상품을 파는 서비스기업일수록 서비스의 유형화를 중시해야 한다고 말하고 있다. 이 의미는 서비스는 그것이 보이지 않는 만큼, 그리고 사전에 손으로 만져볼 수 없는 것인 만큼 고객이 판단하기가 어렵다.

식음료는 원칙적으로 주문생산이므로 미리 모양을 보거나 맛을 볼 수 없으므로 모든 것을 메뉴에 의해 판단케 하는 구매시점 광고와 같은 역할을 하는 것이다.

오늘날 모든 식당에서 메뉴의 내용 못지않게 그 형식이나 모양 등에 대해서도 연구를 게을리 하지 않는 까닭은 바로 이러한 효과를 배가시키려는 노력이며 메뉴에 대한 새로운 인식의 결과라 하겠다.

3) 메뉴의 유형

메뉴는 메뉴품목의 변화정도와 서비스방법에 의하여 분류되어질 수 있다.

(1) 품목변화 정도에 의한 분류

① 고정메뉴(The Fixed Menu)

메뉴품목이 변하지 않고 지속적으로 제공되는 메뉴형태이다.

장 점	단 점
• 노동력이 감소된다. • 재고가 감소된다. • 통제나 조절이 용이하다. • 품목마다 품질을 높일 수 있다. • 남은 식자재가 적다. • 식자재비용이 낮아진다. • 상품에 관한 지식을 가질 수 있다. • 교육훈련이 상대적으로 적게 필요하다.	• 메뉴에 싫증을 느낀다. • 계절별 메뉴조정이 어렵다.

② 가변메뉴(The Changing Menu)

ㄱ. 순환메뉴(Cyclic Menu)

계절 또는 월 등과 같이 일정한 주기를 가지고 변화하는 형태의 메뉴이다.

장 점	단 점
• 주기적으로 메뉴 변화가 일어나므로 고객에게 신선감을 준다. • 계절 식자재를 사용하여 식자재 원가를 줄일 수 있다.	• 식자재 재고를 남길 수 있어 식자재 원가가 높아질 수 있다. • 숙련된 조리사가 필요하고 이에 따라 인건비가 높아진다.

ㄴ. 상황적 가변메뉴(Situational Change Menu)

과거의 호응, 식자재 가격의 변동 등을 감안하여 불규칙적으로 변화하는 형태의 메뉴이다.

장 점	단 점
• 시장 상황변화를 즉각적으로 반영할 수 있다. • 메뉴 아이디어를 즉각적으로 반영할 수 있다.	• 식자재 재고가 증가한다. • 숙련된 조리사가 필요하고 이에 따라 인건비가 높아진다.

(2) 서비스 방법에 의한 분류

메뉴 유형 중 어떠한 것을 선택하느냐 하는 정책결정은 영업장의 매출과 이윤을 증가시킬 수 있는 영업계획의 시작이므로 신중하게 결정하여야 한다. 일반적으로 고정형과 가변형이 모두 혼용된 메뉴가 바람직하다. 어떤 양식당의 예를 보면, 티본 스테이크(T-bone steak)를 고정적 메뉴품목으로 하고, 그 외에 다양한 스테이크를 가변직 메뉴품목으로 제공하면서 독특한 디저트나 샐러드 메뉴에 자주 변화를 주어 매출과 객단가를 증가시키는 경우를 들 수 있다. 마찬가지로 많은 영업장에서 따블 도떼 메뉴(Table D'hote Menu), 알라 카르테 메뉴(A La Carte Menu)와 특별메뉴(Special Menu)를 혼용하고 있다.

- 따블 도떼 메뉴(Table D'hote Menu) : 대부분의 호텔 영업장에서 많이 사용하고 있는 메뉴형태로 주메뉴 외에 여러 코스를 합쳐서 책정한 가격으로 제공하는 메뉴이다.
- 알라 카르테 메뉴(A La Carte Menu) : 메뉴품목마다 개별적으로 가격이 책정된 메뉴이다. 즉 주메뉴(entree)뿐만 아니라 샐러드, 수프, 애피타이저 등을 고객의 선호에 의하여 마음대로 따로따로 주문하고 각각의 가격을 지불하는 방식이다.

2. 메뉴개발

1) 메뉴개발의 의의

생활양식과 환경이 변화함에 따라 고객의 소비형태도 변화한다. 식음료에 있어서도 고객의 기호가 변화하기 때문에 각 영업장도 수요의 변화에 탄력 있게 대응하여야 한다. 메뉴개발은 메뉴품목이 식음료영업장의 기본적이고 핵심적인 판매물이기 때문에 어떠한 품목이 고객들에게 호응을 받을 수 있는가를 확인하고 이를 상품화하는 과정이다. 메뉴품목개발의 필요성은 기존 메뉴품목이 성숙기나 쇠퇴기에 접어들었을 때 요구된다.

메뉴개발조직은 마케팅 부서장, 영업장 지배인, 주방장, 원가관리자, 식자재 구매 부서장으로 구성된다. 마케팅 부서장은 이 조직의 책임과 역할을 맡으며 신메뉴 개발의 필요성 제기부터 메뉴의 완성, 상품의 촉진까지 모든 부분을 책임지고 이끌어 나아가야 한다. 영업장 지배인은 고객의 욕구와 기호가 어떻게 변화하고 있는가를 가장 잘 파악하고 있어 이에 대한 조언이 필요하고, 주방장은 조리사의 문제점에 대해서 조언을 할 수 있고, 원가관리자는 원가계산으로 그 메뉴품목의 상업성 여부를 판단할 수 있으며, 식자재 구매부서장을 식자재의 원활한 수급과 가격안정성에 대하여 조언을 할 수 있다.

2) 메뉴개발

(1) 메뉴개발 시 고려사항

메뉴개발에 앞서 기본적으로 숙지하고 고려해야 할 사항이 있다.

① 조리기구와 조리방법

메뉴는 필요한 조리기구의 유무를 고려해서 설계되어야 하는데 우선 영업장의 주방기구, 시설물 등의 용량과 특성을 파악한다. 이것은 음식의 양과 질의 관리를 정확히 할 수 있고, 빠르고 정확한 서비스제공에 매우 중요한 요소이다. 예를 들면, 5리터 분량의 찜통은 4리터 분량의 국밖에 끓여내지 못하는데, 이보다 더 많이 끓이려고 할 때에는 당연히 음식의 질에 문제가 생기고, 24×36인치의 과자 번철로는 1시간에 80명분만의 팬케이크를 구울 수 있는데, 만일 100명분의 주문을 받는다면 역시 문제가 될 수 있다.

시설물의 사용방법과 각 기구당 음식조리에 소요되는 단위시간 등을 충분히 조사를 해야 한다. 믹서, 조리대, 오븐, 개수대, 레인지 등 각 조리기구마다 일정한 사용방법이 있는데, 만일 이를 잘 모르고 조리한다면 시간의 낭비는 물론 장비에 무리가 따르게 된다. 또한 메뉴개발 준비과정에서부터 주방시설의 규모와 저장시설, 예비시설 등을 충분히 고려·확보하고 메뉴개발을 해야 한다. 종종 메뉴개발 자체의 문제보다는 이런 점을 간과하거나 시설물들을 잘못 이용할 때 메뉴에 연관된 문제가 발생하는데, 일례로 더 많은 음식을 보관할 수 있는 대형냉장고라 하더라도 제대로 이용하지 못하면 냉장고 안이 복잡하고 공간의 낭비부분이 생기게 된다. 원인이 무엇이든 메뉴개발자는 이러한 제한사항들까지도 충분히 고려한 후에 메뉴작성에 들어가야 한다.

메뉴개발자는 영업장이 수용할 수 있는 고객의 수를 초과해서 무리하게 많은 인원을 수용하려 해서는 안된다. 영업장의 좌석 수는 한정되어 있으므로 초과하면 자연히 서비스의 질이 떨어지고 고객들의 불평만 야기시킬 뿐이다. 음식에 따라서는 일정한 식기류가 필요하므로 무리하게 메뉴를 짠다면 소요되는 모든 식기류를 구입할 수가 없어 알맞은 서비스를 제공하지 못하게 된다는 점도 유의해야 한다. 또한 음식의 종류에 따라 조리시간이 특히 긴 음식이 있으므로 메뉴개발을 할 때 이런 음식을 많이 넣으면 영업에 있어서 좌석 회전율이 목표에 못미치게 되고 고객들은 신속한 서비스를 제공받지 못하므로 서비스에 대한 불만족이 발생할 수 있다는 것도 메뉴작성 시 고려해야 한다. 식자재의 일부를 이미 조리된 재료로 대체하는 것도 또한 이러한 한계를 극복하는 좋은 방법이다. 오늘날 많은 기성제품의 사용으로 조리시간을 단축하고 인건비도 감소시킬 수 있으며 조리에 필요한 공간과 도구 등을 효율적으로 최소화시켜 나가면서 주방의 조리용량을 늘려 나갈 수 있게 되었다.

② 조리인력 수와 기술

메뉴는 조리사가 맛있게 요리할 수 있고, 서비스직원이 제대로 제공할 수 있으며 경영자가 효율적으로 운영할 수 있도록 구성되어야 한다. 또한 메뉴설계자는 직원들의 업무량을 정확히 할당함으로써 인력이 효율적으로 활용될 수 있도록 설계되어야 한다. 파킨스의 법칙(Parkin's Law)에 따르면 '직원들은 자신의 작업량이 주어진 작업시간에 맞춰진다는 믿음을 갖고 행동하는 경향'이 있다고 하므로 이러한 것도 작업량 할당 시 참고하여야 할 사항이다.

일의 완급과 고저를 관리하는 능력을 습득하는 데는 경험이 단연 우선이라고 말할 수 있다. 일단 메뉴개발자가 이 요령을 터득하게 되면 과도한 작업량을 직원에게 지우지 않고 시간의 낭비를 최소화시켜 인건비를 줄임과 동시에 직원들을 만족하게 할 수 있다. 모든 조리작업은 준비, 조리, 정리와 청소, 보관의 과정으로 이루어져 있다. 일의 양이 많든지 적든지 요리 준비, 정리·청소, 보관 등의 소요시간은 대체로 비슷하므로 가능하면 서로 비슷한 일끼리 묶어서 작업을 하면 생산성을 향상시킬 수 있다.

직원인력 운영에 융통성을 가지는 것도 작업수행의 능률을 향상시키는데 큰 몫을 한다. 일례로 조리보조원(cook helper)들을 한가한 시간에 채소 다듬기, 그릇 닦기, 청소 등 객장 밖에서 준비해야 할 작업들에 투입할 수도 있고, 또한 그들 고유의 분야뿐만 아니라 다양하게 요구되는 단순작업을 시킬 수도 있다.

메뉴를 막상 설계하려고 할 때 조리요원들의 기술부족이 한계로 등장하기도 하지만, 이러한 문제는 영구적인 것이라고 볼 수는 없다. 모든 업소마다 교육훈련 프로그램이 있고 직원들의 기술과 지식을 향상시키기 위해 특별강좌 등에 보낼 수도 있기 때문에 이 점은 충분히 극복되어질 수 있는 사항이다.

③ 식자재 구입의 용이성

어떤 품목을 메뉴에 넣기 전에 그 음식에 들어가는 재료를 시장에서 손쉽게 구입할 수 있는가를 먼저 조사해야 한다. 일품요리 메뉴처럼 오랜 기간 동안 변화 없이 판매할 메뉴는 지나치게 많은 종류의 계절요리로 구성하는 것은 피해야 한다. 만일 메뉴에 있다면 반드시 제공 가능한 계절에 대한 표식을 달아서 고객들이 오해하는 일이 없게 한다. 메뉴카드가 자주 바뀌는 경우라면 계절음식들이 제공될 수 있으므로 메뉴 설계자는 사전에 시장조사를 통해서 해당 식자재 구입의 용이성과 가격 변동폭을 알아본 후 계절성 메뉴를 결정해야 한다. 이것은 시장가격이 큰 폭으로 변하면 그에 따른 메뉴를 결정해야 하고 메뉴가격의 조정도 불가피하게 되며 결과적으로 그 품목들에 대한 고객의 호응도가 떨어질 수 있기 때문이다. 정부기관들에서 농수산물에 대한 시장정보를 제공해 주므로 이런 자료를 적극적으로 이용하는 것이 좋으며, 신문과 잡지 등도 이러한 정보를 다루고 있으므로 식자재 구입계획에 활용하도록 한다.

④ 고객의 욕구

음식에 대한 고객의 욕구는 매우 다양하여 외형적인 메뉴선택 외에 또 다른 고객의 욕구를 고려하여 메뉴를 개발해야 한다. 인간의 생리적·심리적·사회적 욕구를 만족시켜줄 수 있는 메뉴는 이들 개별분야에 대한 충분한 지식과 능력을 바탕으로 설계될 때 비로소 시장성 있는 메뉴가 탄생된다고 할 수 있다.

- 생리적 욕구 : 음식물이 사람의 생존에 있어 필수적인 만큼 신체상의 생리적인 현상까지 잘 알고 있어야 정상적인 성장과 건강을 유지할 수 있는 메뉴가 개발된다. 부적절한 음식물의 섭취는 임신부에게는 비정상아를 낳게 할 수도 있고, 성장기 아이들에게는 성장발육에 많은 장애를 줄 수도 있으며 성인들에게는 성인병을 유발할 수도 있다. 그러므로 이러한 생리적 욕구를 만족시키도록 메뉴설계하기 위해서는 영양과 건강에 직결된 음식의 역할 등에 대한 사전지식을 가져야 한다. 호텔의 식음료영업장에서 영양적인 식사를 제공해야 할 의무조항은 없지만 상품화된 모든 음식물들이 기본적인 필수영양소는 갖춰져야 하므로 이러한 지식들을 간과할 수는 없는 것이다.
- 심리적 욕구 : 음식은 다양한 방법으로 개인의 심리적 욕구를 충족시킨다. 배고픔은 짜증과 신경질을 유발하며 어떤 사람들은 화가 나거나 불안할 때 폭식을 하는데 이러한 현상은 음식으로부터 오는 포만감이나 안도감이 불안과 긴장을 이완시킨다는 심리적 요인에 기인한다.
  음식물이 정서적 안정을 돕는다는 점에 대해서는 많은 연구가 있어 왔다. 어떤 연구가들은 유아기의 세계는 다분히 음식과 결부되어 해석되고 이해되어지기 때문에 아주 어린 시기부터 기본정서와 음식물과의 유대감은 매우 강하다고 말한다. 아기들은 배가 고프면 울고 보채며 음식을 주면 곧 그치고 잠이 들며 또다시 배가 고프면 깨어나 운다. 일부 연구가들은 아기들은 젖이나 음식을 주는 어머니가 자기의 가장 기본적인 욕구를 충족시켜 주기 때문에 어머니와 강한 유대감을 형성하게 된다고 말한다. 아이가 성장함에 따라 음식과 연관된 정서를 감추는 법을 배우게 되어 배가 고프다고 울지는 않으나 배가 고플 때보다는 그 욕구가 채워졌을 때 더 만족스러워 한다. 그러나 화가 났을 때는 여전히 음식물은 큰 위안이 된다. 이것은 감정이 음식물로 인해 가라앉게 되는 것이라고 말할 수 있다.
- 사회적 욕구 : 사회적 매개체로서 음식의 역할도 의미 깊다. 배고픈 사람은 배부른 사람에 비해서 사회적 욕구가 적을 수밖에 없다. 트럭 운전사는 노변간이

식당에 들러서 원하는 음식물을 취하는 데에 관심이 있지 음식을 매개로 한 사교에는 별 관심이 없는 반면에, 영화가 끝나고 가벼운 칵테일 한 잔을 하는 젊은 연인들의 경우 음식의 역할이 사교나 사회적 기능으로 그 의미가 크다. 이러한 경우의 메뉴는 사회적 욕구를 다른 어떤 욕구보다 더 충족시켜 주도록 설계되어야 한다. 행사음식메뉴는 각 행사마다의 사회적 성격을 고려하여 계획한다. 패션쇼에서 나오는 음식과 외국사절들을 위한 대통령만찬에 어울리는 음식메뉴는 분명히 달라야 할 것이다. 다시 말하면, 행사의 종류나 모임의 성격에 따라 메뉴는 특성에 맞게 설계되어야 한다.

(2) 메뉴 개발과정

지금까지 메뉴개발의 중요성을 인지하고 있음에도 불구하고 그 과정이 주먹구구식이었다. 메뉴개발은 식음료경영의 시작이고 메뉴관리는 식음료경영의 핵이라 부를 만큼 중요하다.

메뉴개발은 아이디어창출, 메뉴조리표 작성과 평가, 사업성분석, 시장시험, 상업화의 과정을 거친다.

① 아이디어의 창출

아이디어는 영감, 기발한 착상, 고객의 요청 등에서 얻을 수 있는데, 다듬어지지 않은 상태이기 때문에 여러 사람과 자신의 아이디어에 대하여 논의를 하여 정리할 필요가 있다. 메뉴개발의 대상은 조리방법, 사용재료, 소스 등이 될 것이다.

② 메뉴조리표 작성과 평가

아이디어의 창출단계가 많은 아이디어를 만들어내는 과정이라면 이 단계는 그 아이디어를 줄여가는 단계이다. 즉 좋지 못한 아이디어나 실현가능성이 작은 아이디어는 가능한 한 빨리 추려내는 것이다. 이 과정에서 좋은 아이디어를 인식하지 못하고 삭제하는 경우가 있는데 이를 탈락오류라 한다.

아이디어로 제안된 메뉴를 실제화하는 과정으로 그 메뉴품목들을 실제 만들어보며 조리표를 만드는 것이다. 조리표는 어떤 음식품목을 만들기 위한 지침서로 필요한 식자재와 그 각각의 양, 주방기기, 인력, 조리시간, 일인분 정량, 만드는 과정, 고객에게 그 음식을 제공하는데 필요한 각종 그릇류 등을 일목요연하게 기술해 놓은 것이다. 만들어진 메뉴품목은 아래 표에 의하여 평가한다.

〈표 4-1〉 메뉴 평가표

성공요건	상대적 가중치(A)	점수(B)	가중평균(A×B)
		10 20 30 40 50 60 70 80 90 100	
맛의 좋고 나쁨	0.5		
표적시장과의 적합성	0.1		
주방인력기술과의 적합성	0.05		
주방시설과의 적합성	0.05		
분위기와의 적합성	0.05		
조리시간의 길고 짧음	0.05		
식자재가격의 변동폭	0.05		
영업시간과의 적합성	0.05		
건강과의 적합성	0.05		
가격	0.05		
총　계	1		

위의 상대적 가중치는 식음료영업장의 개념에 따라 다를 수 있다. 또한 성공요건도 가감이 있을 수 있다.

첫째, 고객선택기준의 첫 번째는 맛이다. 맛없는 음식은 고객에게 절대적으로 호소력이 없다. 따라서 메뉴성공요건의 50%를 차지한다.

둘째, 표적시장과의 적합성은 목표 고객층이 과연 이 음식을 선호할 것인지를 묻는다.

셋째, 현재의 주방 조리사들이 그 음식을 제대로 만들 능력을 갖추었느냐를 평가해 보아야 한다.

넷째, 현재의 주방시설로 그 음식을 만들 수 있는가의 문제로 주방기기나 공간의 가능 여부를 따져보는 것이다. 가령 튀김종류의 음식이라면 튀김오븐이 있어야 하고 없다면 그것을 둘 적절한 공간도 필요하다. 또한 예상 판매되는 양을 충분히 소화할 수 있는 용량인가를 확인해 보아야 한다.

다섯째, 이 음식이 업장의 전반적인 분위기에 어울리는가 하는 문제이다. 전체적인 분위기는 한식풍인데 프랑스음식은 문제가 될 수 있기 때문이다.

여섯째, 조리시간의 길면 주방에서도 문제가 되고 고객에게 서비스하는 데도 문제가 된다.

일곱째, 연중 식자재 가격의 변동폭이 너무 크면 메뉴가격 설정과 적정이윤 추구에 장애가 된다. 일부 농산물과 수산물은 연중 가격차가 10배 정도 되는 것도 있다.

여덟째, 영업시간대와의 적합성 여부는 음식에 대한 사람들의 인식의 차이에서 발생한다. 예를 들어, 아침식사류로 인식되는 품목은 저녁식사를 위주로 하는 식음료업장의 메뉴품목으로는 적합하지 않다는 것이다.

아홉째, 음식의 건강성이다. 건강에 관한 관심이 갈수록 높아지고 있으므로 메뉴별 영양의 충분 여부와 조리 도중 영양소의 파괴 등도 고려해야 한다.

계산방법은 상대적 가중치(A) × 능력수준(B) = 가중평점으로 개별 가중평점을 구한 후 이들을 다시 더해 총점을 구하면 된다. 총점이 50점 미만은 메뉴품목으로 적합하지 않고, 51~80점 사이면 보통이고, 81~90점 사이면 우수하다고 할 수 있고, 91점 이상이면 매우 우수한 것이다. 다만 맛의 점수가 25점 이하이면 안된다.

③ 사업성 분석

제안된 메뉴품목의 사업적 매력성을 평가하는 단계로 매출, 원가, 이익을 추정하는 것이다. 이 품목이 이익을 보장할 수 있을 정도로 판매량이 충분한가를 조사하는 것으로 이와 비슷한 메뉴를 취급하는 곳을 조사하는 것도 한 방법이다.

또한 식자재원가는 어느 정도 되고 인력소요가 얼마만큼 되느냐를 따져 인건비도 추정해 보아야 한다. 광열비 등도 검토해 총원가에 산정하여 전체비용을 계산하여 이익을 추정해야 한다.

④ 시장시험

지금까지의 과정에서 만족할 만한 결과를 얻었다면 시장시험단계를 실행하여야 한다. 이전까지의 단계는 내부에서 내부의 판단으로 이루어진 것이라면 이 단계에서는 고객의 직접적인 반응을 보는 것이다. 메뉴품목의 성공 여부를 판단하기 위해 조사되어야 할 세부항목은 양, 모양, 맛, 가격, 서비스방법, 식사하는데 걸리는 시간 등이다.

⑤ 상업화

시장시험을 통해 얻어진 정보를 바탕으로 메뉴품목의 추가 여부를 결정짓는데, 만일 추가한다면 시장시험을 통해 나타난 문제점들을 개선하며 표준조리법을 만들어 호소력 있는 메뉴품목을 만들고 이를 어떻게 고객에게 인지시키느냐를 마케팅 측면에서 연구하여야 한다. 또한 시설과 장비도 보완해야 한다.

3) 메뉴판 디자인

메뉴판이란 고객이 선택할 수 있는 메뉴품목의 내용을 특별한 재질의 판을 사용하여 인쇄하여 놓은 것으로 업장의 스타일과 분위기 및 음식의 질에 대한 심리적 기대감과 함께 음식들이 어떻게 제공되는가에 대한 설명을 하는 판매도구이다. 즉 메뉴판은 고객에게 업장의 서비스를 판매하는 중요한 중개자의 역할을 한다.

이러한 메뉴판은 메뉴판의 글씨, 메뉴의 배열방법, 사용되는 색료와 질의 종류에 따라 업소의 성격을 나타낼 수 있으므로 호감이 가도록 아름답고 깨끗하게 만들어 고객이 음식을 즐거운 마음으로 주문할 수 있도록 긍정적인 인상을 심어줘야 한다. 패스트푸드 메뉴처럼 알기 쉽고 빠르게 선택할 수 있도록 한정되어 있다면 문제가 없지만, 보통 업장을 찾는 대부분의 고객들은 정확하게 무엇을 주문할지 모르고 있는 경우가 많으므로 메뉴판은 보기 쉽고 간단하게 원하는 메뉴를 선택할 수 있도록 정확한 문구와 적당한 배열로 만들어져야 한다. 메뉴판의 표현방법에는 여러 가지 규칙이 따를 수 있지만 선명성과 단순성이 매우 중요하다고 말할 수 있다.

(1) 메뉴판의 재질

미국의 개척시대 몬타나주에서는 동물의 가죽 양쪽 끝에다 나뭇가지를 대어 메뉴판을 만들었고, 고대 중국에서는 비단으로 만든 두루마기를 메뉴판으로 사용하였다고 한다. 그러나 오늘날 메뉴판은 보통 종이류를 많이 사용하고 있는데, 종이는 그 질에 따라 고객들에게 업장의 음식가격과 맛에 대한 느낌을 줄 수 있으므로 업장의 수준과 고객의 성격을 잘 소화해 낼 수 있는 재질로써 만들어야 한다. 겉장은 손으로 잘 구부러지지 않을 정도의 단단한 것이 좋으며 가죽 등으로 씌우면 수명을 오래 유지시킬 수 있어 좋다.

(2) 메뉴판의 활자

메뉴판 활자의 크기는 읽고 이해하기 쉽도록 인쇄하여 고객들로 하여금 빠르게 가격과 메뉴품목을 선별할 수 있도록 만든다. 메뉴판의 활자를 정할 때 다음과 같은 사항을 고려해야 한다.

① 글자와 글자 사이의 간격, 문장과 글자 사이의 간격, 메뉴 품목 간의 간격
② 글자의 형태(영문, 이탤릭체, 고딕체 등)
③ 외국어사용 시, 전체적인 크기와 내용이 맞는지 확인
④ 강조할 부분의 품목에 대한 활자의 크기 및 밝기 조정
⑤ 요란하고 다양한 글씨체 사용배제

(3) 메뉴판의 색

메뉴판의 색도 고객이 메뉴판을 쉽게 읽을 수 있도록 도와준다. 만약 하얀 색의 종이 위에 검은 색의 활자로 인쇄되어 있다면 쉽게 메뉴판을 읽을 수 있겠지만, 검은 색의 종이 위에 하얀 색의 활자로 인쇄되어 있다면 고객들의 읽는 속도가 조금 더딜 것이다. 이것은 과학적 실험을 통해 증명된 것으로 하얀색 바탕에 검은색 활자로 된 메뉴판의 읽는 속도가 후자의 속도보다 42%가 더 빠르다는 것이다. 오늘날 업소의 실내와 외관장식에 여러 가지 자신들 고유의 색으로써 독특한 이미지를 나타내고자 힘쓰고 있으므로 메뉴판의 색 또한 업장의 이미지를 잘 표현할 수 있게끔 너무 요란스러운 색은 피하고 개성 있게 만드는 것이 좋다.

3. 메뉴경영

1) 원가관리

메뉴개발에 있어서 설정원가에 맞춰야 하는 원가관리의 과제는 다른 어떤 작업보다 어려운 분야이다. 그렇다고 원가관리에만 너무 치중해서 그 외 다른 문제들을

등한시한다면 그러한 문제들이 역으로 원가에 좋지 않은 영향을 끼쳐 오히려 원가를 증가시킬 수도 있으므로 세심한 주의를 하여야 한다. 원가를 통제하려면 각 식재료에 대해 정확하고 정밀한 정보를 입수해서 그에 맞는 수단을 강구해야 한다.

종종 문제가 발생하더라도 너무 늦게 해결방안과 필수정보가 입수되기 때문에 커다란 손해를 당하는 수가 많다.

메뉴의 원가관리방법은 다음과 같다.

(1) 사전원가계산

사전원가계산은 미리 충분한 시간적 여유를 가지고 원가를 통제하는 좋은 방법으로 행사단위로 음식을 판매하는 캐이터링사업 등에 유용하다. 행사 이전에 미리 자재원가를 계산해서 이를 근거로 음식의 원가를 계산하고 객단가를 책정하는 계산방법이다. 일단 전체음식조리에 들어가는 모든 식자재비를 계산해서 전체 제공 인원수로 나누어 각 1인분의 단위 원가를 정한다. 너무 높으면 식단을 바꾸는 것도 대안이 된다. 다음으로 기존에 개발된 원가계산용 컴퓨터프로그램을 이용하는 방법이다. 이것은 원가계산을 손쉽게 컴퓨터로 처리하는 프로그램으로서 손으로 하는 것과 동일한 방법으로 행해진다.

연회행사가 끝난 후에야 원가계산을 하려고 하면 불가능한 것은 자명한 일이다. 그러나 과거에 있었던 작업의 기록은 경영진으로 하여금 어떤 부분에서 통제가 필요했던가를 보여줌으로써 미래의 운영에 도움을 준다. 그러므로 경영자는 매일 아침 <표 4-2>와 같은 전일 원가 요약표를 참고하여 영업을 평가한다.

〈표 4-2〉 원가 요약표(단위 : 원)

구 분	판 매	식자재 원가	인건비	기타 경비
1/14/11(어제)	1,050,000	395,000(37.6%)	310,000(29.5%)	295,000(28.1%)
1/14/11까지의 집계	18,000,000	6,480,000(36.0%)	6,000,000(30.0%)	5,000,000(27.7%)
1/14/10(작년도 동일날짜)	1,200,000	432,000(36.0%)	348,000(29.0%)	295,000(24.6%)
1/14/10까지의 작년도 집계	24,000,000	9,200,000(38.3%)	7,200,000(30.0%)	6,000,000(25.0%)

위의 표와 같은 자료를 통해서 비용의 증감을 살펴볼 수 있다. 이러한 자료를 얻는데 많은 비용이 요구되는 것이 아니므로 경영진이 필요하다고 판단하는 시점에서 수시로 이러한 정보를 입수해야 한다.

(2) 표준원가와 정량조절

모든 영업장에는 현실적이고도 실질적인 표준원가가 있어야 한다. 원가는 영업장의 유형별로 차이가 있고 동일한 업종일지라도 다를 수 있다. 대표적인 예로 간접비용의 영업장별 차이에서 오는 표준원가의 차이를 들 수 있다. 아래의 예 <표 4-3>은 전체비용을 구성하는 다양한 종류의 간접비용들이 전체비용에서 차지하는 비율을 예를 들어 설명한 것이다.

〈표 4-3〉 부문별 원가율

구 분	원가율
청소, 사무실 등의 집기와 비용	1~2%
수리와 보존비용	1~2%
유니폼과 세탁	1~2%
직원식사	2~4%
광 고	1~5%
광 열 비	2~4%
기 타	1~2%

이미 언급했듯이 영업장에 따라서 원가의 구조는 각각 다르다. 학교급식소라면 모르겠지만 일반호텔의 식음료영업장이라면 반드시 이익을 남기도록 운영해야 하기 때문에 다양한 비용을 상쇄하기 위해서 음식값은 자연히 급식소보다 높게 책정된다. 호텔의 경우 식자재원가비는 30~40%, 일반식당은 35~45%, 병원은 55%, 양질의 식사를 제공하는 학교식당은 85%를 차지한다.

통상적으로 양과 질을 희생하면서 비용을 낮추기는 어렵다. 일정수준까지는 질을 유지하면서 인건비, 식자재비 등의 주요비용을 조정할 수 있지만, 그 이하로 내려가면 실패를 경험하게 된다. 고객은 그가 지불하는 액수만큼의 질과 양의 식사를 원하기 때문에 만일 이러한 고객의 만족을 충족시키지 못하면 이미 그 업장은 가장 중요한 목적달성에 실패하고 마는 것이다.

음식의 원가는 정량관리의 실패, 조리기기의 문제, 직원들의 부정직한 반출행위 등으로 인해 상승될 수 있다. 따라서 경영주는 이와 같은 부분에 있어서 적절한 지침을 세워두어야 한다.

kg당 10,000원인 쇠고기를 1인 분당 500g씩 조리해서 원가가 5,000원이 되어야 할 것을 부정확한 정량조절(portion control)로 인해 550g를 제공하게 되면 원가는 5,500원으로 증가된다. 이 스테이크를 1인분에 15,000원에 판매하면 원가가 33.33%라고 생각하지만(5,000 ÷ 15,000 = 33.33%), 실제원가는 36.66%가 된다(5,500 ÷ 15,000 = 36.66%). 만일 스테이크 600명분을 팔 경우에는 300,000원의 추가식자재비가 들거나 또는 매출의 손실이 900,000원이나 된다. 1인분당 50g씩 추가됨으로 인해서 30kg의 쇠고기가 더 소모되었고 이것은 500g씩 60명분의 스테이크를 준비할 수 있는 양이 된다. 60명분을 15,000원씩에 판매하면 900,000원의 매출을 기대할 수 있으므로 그 만큼의 액수가 손실이 되는 것이다. 만일 10%의 이익률을 기대했다면 잘못된 정량관리로 인해 이익률이 6.67%에 그치게 되는 것이다.

정량표는 업장의 경영자가 정한 중요한 내용이므로 전 직원이 볼 수 있도록 게시를 하고, 각 조리표에는 정량이 정확히 표시되어야 하며 또한 정량이 제대로 지켜지고 있는지를 수시로 점검해야 한다. 반드시 저울과 기타 정량을 유지하기 위한 기구들을 갖추어서 일의 효율을 도모하여야 한다.

식자재의 낭비도 원가상승의 주요인 중 하나이다. 한 식당에서 15,000원의 원가로 50인분의 음식을 조리해서 1,000원에 판매하려고 한다. 만일 20인분을 버리게 되면 원가는 30%로 예상을 했지만 실지로 50%가 되고 만다. 그러므로 준비한 모든 음식은 전부 판매되어야 하고 남는 음식이 있다면 다른 음식의 부재료로 재활용해야 한다. 매출에 대한 예측과 계획이 적절히 이루어질 때 식자재의 낭비를 최소화할 수 있다. 재활용된 음식은 비록 다시 판매 가능하다고 해도 음식의 질이 떨어질 뿐만 아니라 재조리를 위해 인건비 및 기타 경비가 추가로 소요되므로 최선의 방법은 아니다. 메뉴판에 적힌 품목을 주문받은 후에 조리를 시작하면 과잉조리로 인한 손실을 막을 수 있으나, 이 방법은 고객을 오래 기다리게 하므로 좌석회전율을 낮추는 단점이 있다. 조리된 음식 중에 냉동보관 가능한 품목은 고객이 오래 기다리는 일이 없어도 과잉조리를 줄여줌으로써 효과적이다.

(3) 구매를 통한 원가관리

원가의 절감은 구매로 인해 더욱 효과를 거둘 수 있다. 철저한 시장조사를 통해 최적 구매장소와 시기를 알고 식자재를 구입하면 효과적으로 원가를 관리할 수 있기 때문이다. 이와 더불어 매회 구매량을 알고 있으면 낭비를 막을 수 있다.

(4) 원가관리 점검사항

경영자는 원가관리체계를 항시 점검분석하고 가능한 한 기능적이고 단순하게 유지하기 위해 다음과 같은 사항들을 항시 점검해야 한다.

- 메뉴품목의 간략한 설명서가 준비되어 있는가?
- 각 음식마다 일정량의 기준표가 세워져 있는가?
- 조리표에 근거한 원가표가 가격변동에 맞게 제대로 변경되고 있는가?
- 창고의 관리는 소홀하지 않은가?
- 재고는 수시로 점검되고 있는가?
- 구매는 합리적이고 정량이 지켜지며 세부사항에 이르기까지 절차가 조직적으로 이루어져 있는가?
- 고단가 재고품은 수시로 점검되고 잘 보관되는가?
- 구매주문은 누가 하고, 누가 물품을 수령하고 출고하는가?
- 구매, 관리, 보관의 절차가 간략한가? 또한 특별파티 등의 경우에도 잘 적용되는가?
- 매출예측은 정확한가, 음식물의 낭비는 없는가?
- 육류, 채소류 등의 식자재 구입 시 품질관리가 이루어지는가?

2) 가격책정

종종 식음료부문 경영자들이 그릇된 정보와 판단으로 가격책정에 있어 오류를 범하고 오래된 관습을 답습함으로써 업장이 추구해 나갈 바람직한 방향과는 거리가 먼 결과를 낳는 경우를 보는데, 이것은 가격책정이론이 도입된 지가 오래되었지만 아직도 활용이 보편화되지 못하고 있는 실정이다.

이런 오류를 범하지 않기 위한 방안으로 많은 업장들이 식자재원가를 기준으로 하여 가격을 책정하고 있지만 실상 가격은 식자재원가뿐만 아니라 모든 비용에 근거를 두어야만 한다. 만일 기타 비용을 고려하지 않은 상태에서 식자재원가만을 생각하여 합리적인 가격책정을 목표로 한다면 보다 정확한 식자재원가에 대한 정보와 지식을 입수해야 한다. 그러나 현실은 정확한 식자재원가마저도 입수하지 못하는 경우가 많다는 점이다.

식음료영업장도 이제는 시장상황과 경제원리에 따라 가격을 책정해야 하며 나아가 고객이 메뉴품목들에 대해 얼마를 지출하기를 원하는지를 고려해 가격책정에 반영하는 것이 바람직하다. 즉 가격은 시장과 고객에 대한 충분한 연구・검토 후에 책정되어야 한다.

식음료영업장에서는 현재 여러 가지의 가격책정법들이 쓰이고 있는데, 그 중 가장 보편적인 것들은 다음과 같다.

(1) 직접원가에 의한 가격책정

가장 보편적인 가격책정법으로 판매가격을 식자재원가에 기초해서 책정하는 방법이다.

$$\text{판매가격(SP : selling price)} = \frac{\text{식자재원가(cost of food)}}{\text{목표로 하는 원가비율(\% of cost)}}$$

예를 들면, 어떤 경영자가 식자재원가를 700원으로 잡고 목표로 하는 식자재 원가율을 30%로 잡으면 그 품목의 판매가격은 약 2,330원이 된다.

SP = 700원/0.30 = 2,330원

또는 25%로 원가율을 맞추려고 하면

SP = 700/0.25 = 2,800원이 된다.

판매가격을 인건비에 맞추는 영업장은 거의 없고 인건비와 식자재원가비를 절충하는 방법이 흔히 쓰이고 있다. 이 방법은 식자재원가로부터 판매가격을 계산하는 것과 똑같은 방법이다. 우선 식자재원가와 인건비를 더하고 이 두 원가를 총판매액 대비율을 바탕으로 판매가격을 정한다. 예를 들면, 인건비와 식자재원가의 합이 1,200원이고 경영자가 이 비용을 60%로 유지하려고 할 때 판매가격은 2,000원이 나온다.

SP = 1.200/0.60 = 2,000원

(2) 시장에서 받아들이는 가격책정

일부 몇몇 기업에서 시행된 방법으로, 일단 상품을 개발하여 일정한 가격에 시험 판매를 한다. 이 상품은 여러 다양한 시장에서 각기 다른 가격으로 판매되며, 그 시장반응을 연구해서 상품가격을 정한다.

이론적으로 보면 상품마케팅에 있어 성공의 지름길은 시장이 원하는 상품을 개발해서 시장이 수용할 수 있는 가격을 정하고, 원하는 수준의 이익을 남기는 일이다. 적절한 수요와 적정한 가격이라면 최적의 시장을 개발해 낼 가능성이 매우 높다. 우선 고객이 판단하는 그 상품의 가치를 측정할 수 있어야 하고 그에 상응하는 가격을 책정하면 된다. 어떤 상품은 비용보다 조금 높게 가격이 책정되기도 하고, 또 어떤 상품은 이익의 폭이 너무 클 수도 있다. 시장에서 받아들이는 가격책정방법은 시행착오를 거쳐 결정되며 좋은 자료와 정보를 요구한다.

어느 정도까지는 고객들이 그 가격들을 어떻게 받아들이는지 시험할 수 있지만, 그다지 많은 실효를 거둘 수는 없다. 한 품목에 여러 가지 가격을 동시에 시험해 보고 즉시 중지한다. 그렇지 않으면 가격의 불안정성으로 인해 고객의 반발을 야기시킬 수 있기 때문이다.

시장에서 받아들이는 가격책정방법은 호텔식음료 영업장뿐만 아니라 여러 다른 업계에서도 가장 흔히 사용하는 방법으로써 과거보다는 오늘날 더 많이 통용되는 방법이다.

(3) 경쟁가격책정

가장 보편적으로 사용되는 가격책정방법 중 하나는 경쟁자들이 정한 가격을 따르는 방법이다. 경쟁자들이 얼마를 받는가를 알아보는 것이 매우 중요하지만, 전적으로 그것을 근거로 가격을 책정하는 것은 현명하지 못하다. 이 방법은 경쟁자들이 제시한 가격에 소비자들이 만족하고 있다는 가정 하에 가능하다.

(4) 평균비용에 이익을 합한 가격책정

한 메뉴가 동종의 품목들로 구성되었을 경우, 특히 도넛 전문점에서와 같이 각 품목에 전반적인 생산비용의 차이가 없을 때 각각의 품목에 별도의 가격을 책정하는 것보다는 한 상자당 얼마의 가격을 책정하는 것이 훨씬 합리적이다. 이렇게 함으로써 경영자는 모든 비용과 원가 그리고 목표로 하는 이익의 폭에 대한 내용을 쉽게 파악할 수 있고, 적절한 세일즈믹스의 효과까지 볼 수 있게 된다. 다시 말하면, 모든 품목들에 들어가는 재료들이 거의 비슷하고 필요한 노동력의 양과 형태도 비슷한 경우에 이 방법이 가장 안전하다고 말할 수 있다. 그러나 각 품목 간에 소요재료비와 인건비가 상이하다면 이 방법은 사용할 수 없다. 또한 이 방법은 음식물이 그 업소의 부가적 상품이거나 서비스내용의 일부인 경우에 사용하기 좋나. 예를 들면, 나이트클럽의 경우 음식물은 서비스의 일부가 되고 주로 쇼 등의 오락이 제공되므로 음식과 음료수 등은 비용과 이익을 상쇄할 수 있는 범위 내의 일정가격으로 통일하는 것도 좋은 방법이다.

(5) 총비용에 이익을 합한 가격책정

모든 비용과 목표로 하는 이익을 합한 후에 가격을 책정하는 방법이다. 이는 매우 많은 시간을 요하는 어려운 작업으로 각 품목의 생산에 소요되는 상세한 인력에 대한 비용파악 뿐만 아니라 기타 모든 발생 가능한 비용을 계산해 내야 한다. 총비용을 계산하는데 있어 여러 가지의 비용과 원가에 대한 내용이 들어갈수록 계산의 정확도가 떨어져 이러한 부정확한 원가계산에 근거한 가격책정은 사실 매우 위험스러울 수 있다. 그러나 중앙조리방식 또는 냉동조리품을 많이 사용할수록 보다 정밀한 비용을 파악할 수 있게 되므로 이를 근거로 가격을 책정하는 것이 비교적 정확하다고 말할 수 있다.

(6) 최소판매 가격책정

모든 비용과 목표로 하는 이익을 달성하기 위한 최저가격을 기초로 한 가격설정 방법은 앞에 말한 원가와 이익을 근거로 책정한 가격결정법과 유사하며 이론적 배경도 거의 같다. 병원이나 양로원 또는 라스베이거스의 나이트클럽 등에서 이와 같은 최소가격정책을 운용할 수 있다. 이런 최소판매가격을 일반업장에서 사용하는 경우를 보면 메뉴판의 가격이 조정되어 일정금액 밑으로는 서비스를 제공하지 않는 게 특징이다. 예를 들어, 뉴욕의 포시즌 레스토랑에서는 $8.50 이하의 점심은 제공하지 않는다.

(7) 전통적 가격책정

어떤 가격은 매우 전통적 성격을 띠고 있어서 메뉴판에 일단 기재된 이상 가격변동이 어려운 것이 있다. 이러한 전통적인 가격에 대한 업소들의 입장은 그 가격을 리더로 생각하며 때로는 그것으로 인해 추가매상을 유인할 수도 있다고 본다. 전통적인 가격은 특정 단일가격에만 관련된 것이 아니고 전체가격체계와 밀접한 관련이 있을 수도 있다. 예를 들면, 미국의 캘리포니아산 포도주의 질이 뛰어나다고 해도 고객들에게는 유럽산 와인이 훨씬 품질이 좋은 것으로 인식이 되어 있어 미국산 와인의 값을 크게 올릴 수가 없다고 한다. 전통적으로 미국인들에게 자국의 포도주의 값이 저렴하다는 인식이 박혀 있기 때문에 가격구조의 형성에서 이러한 전통의 영향을 무시할 수가 없는 것이다.

(8) 마켓 리더 가격책정

시장의 주도권을 잡고 있는 가격형성 주도자가 가격을 변동함으로써 전통적인 가격체계에 변화가 오기도 하는데, 미국의 대표적인 패스트푸드업체인 맥도날드는 햄버거시장에 있어서의 대표주자이므로 이 회사가 책정한 가격이 햄버거시장의 전통가격이 되는 예가 바로 그것이다.

3) 메뉴 분석

개발된 메뉴가 판매되기 시작하면서 경영자는 그 메뉴의 시장성에 대하여 분석할 필요가 있을 것이다. 일정주기를 정하여 주기마다 품목별 판매수, 원가, 공헌이익, 고객 호응도, 가격대 등에 따라 체계적으로 분석함으로써 항상 업소에 맞는 시장성 있는 메뉴로 운영할 수 있도록 해야 한다.

고객만족 극대화는 결국 메뉴의 우수성 여부에 달려있기 때문에 개발된 메뉴가 고객들의 취향에 맞고 업소의 경영콘셉트와도 부합될 뿐만 아니라 가격도 고객들이 받아들일 수 있는지를 분석해야 한다. 사실 메뉴개발 그 자체도 중요하지만, 분석을 통한 메뉴의 시장성에 대한 평가는 경쟁력 있는 메뉴의 유지, 개발을 위해 더욱 중요하기 때문이다.

(1) 인기지수(Popularity Index)

한두 개 메뉴품목이 가진 그 절대적인 인기와 호응이 다른 품목들을 사장시키기도 하므로 메뉴판에 게재된 각 품목 간의 고객호응도를 알면 메뉴를 평가하고 개발하기가 용이하다. 예를 들어, 탕류와 면류 상호간의 비교인기도를 측정한다든가 상이한 음식의 비교인기도를 정확히 측정해서 판매믹스에의 기여도를 측정할 수 있고 또한 그 특정품목이나 특정군의 고객만족도를 알아낼 수 있다. 이를 위해서는 메뉴품목 전반에 대한 고객 호응도와 인기 있는 품목들에 대해 지속적으로 기록하고 고객의 성향과 선택기준에 대한 자료도 수립해 나가야 한다. 다음은 식음료 영업장들이 보통 준비하는 인기측정을 위한 자료들이다.

① 분석목적으로 선별한 품목들의 개별판매수
② 선별된 품목들의 총판매수
③ 총판매수에 대한 개별품목들의 판매퍼센티지(%)

각 품목의 측정된 %는 곧 인기도의 지표로 판매비율 또는 인기지수라고 부른다. 아래의 <표 4-4>를 보면 우리는 육류가 탕류보다, 도가니탕보다는 설렁탕이 인기가 높다는 것을 알 수 있다. 그러나 하루 동안의 인기지수는 충분한 정보를 전달하지 못하고 적어도 1개월 이상의 자료를 바탕으로 해야만 그 분석의 기능을 다할 수 있다.

〈표 4-4〉 인기지수의 예

품 목	판매수량	인기지수(%)
설렁탕	44	24
닭도리탕	38	20
도가니탕	14	8
삼겹살	54	30
양고기 꼬치구이	32	18
합 계	182	100%

한편 메뉴가격과 인기지수를 대비해서 검토하는 것도 바람직한 것으로 만약 저단가의 품목이 인기도에 있어서 고단가의 품목들을 상쇄한다면 이것은 고객층이 가격에 민감하다는 것을 보여주는 것으로 매출을 늘리기 위해서는 고객의 성향에 맞는 단가의 메뉴를 개발해야 한다는 것을 의미한다.

그러나 인기지수가 때로는 오해를 일으킬 수도 있다는 것을 염두에 두어야 한다. 인기지수가 반드시 모든 요인들을 내놓은 것이 아니므로 그 지수 뒤에 감추어진 다른 상관요인들이란 요일, 날씨, 기온, 근처 경기장이나 극장 따위에서 벌어지는 특별행사와 그 성격 또는 계절 등을 가리킨다.

분석의 목적으로 메뉴품목들이 전체매출이익, 품목당공헌이익, 품목총공헌이익, 순이익에 차지하는 기여도를 계산하는 것은 매우 보편적이다. 그러나 메뉴품목수가 서로 다른 A, B 두 그룹이 상호 경쟁적인 입장에 있을 때는 그 품목들의 선호등급을 정하는데 어려움이 따른다. 예를 들어, A그룹의 품목 중에 어떤 특정 품목 a가 0.25의 선호도를 갖고 있다 하고 B그룹의 b라는 품목은 0.20의 선호도를 갖고 있을 때 우리는 쉽게 a가 더 선호도가 높다고 생각하기 쉽지만 사실은 이것과 다르다. 이러한 난점을 극복하기 위해서 그룹 내에서의 실제인기지수를 기대인기지수로 나눔으로 얻어지는 지수로 선호도를 측정하는데 이를 인기계수라고 한다. A그룹 내에 5가지 품목이 있다면 0.20의 기대인기지수를 구할 수 있고 이에 실질적으로 0.20의 인기지수를 얻었다면 인기계수는 결과적으로 1.00이 된다(0.20 ÷ 0.20 = 1.00). 이렇듯 인기계수를 사용하면 상이한 그룹 내의 각기 다른 품목들 간의 인기지수 비교도 가능해진다.

8가지 품목으로 구성된 한 그룹 내의 품목 a의 기대 인기도는 0.125이고 인기지수는 0.15로 할 때 5가지 품목으로 구성된 다른 그룹 내의 품목 b와 비교한다면(이때 b는 기대인기 0.20과 인기지수 0.15를 갖는다), a의 인기계수는 1.20(0.15 ÷ 0.125 = 1.20)이고 b는 0.75(0.15 ÷ 0.20 = 0.75)가 된다. 즉 a와 b 둘 다 동일인기지수, 또는 판매비율을 가지고 있지만 인기계수는 다르게 나타난다.

인기계수법을 이용하여 동일한 비교바탕 위에 있게 된 a와 b의 인기도를 비교할 때 1.0 이상의 인기계수는 평균판매를 상회하는 판매실적을 나타내고 1.0 이하는 특별히 판매되지 않는 품목임을 나타낸다. a품목의 인기계수가 0.68이고 b품목이 1.30일 때 a가 자신이 속한 그룹 내에서 가지는 인기보다 두 배나 b가 더 많은 인기를 자기의 그룹 내에서 누린다는 것을 알 수 있다.

<표 4-6>은 도표 형식으로 3가지 품목이 한 그룹에 속해 있을 때의 인기계수와 기타 유용한 정보를 보여준다. 이 표의 인기계수는 실제인기지수를 기대인기지수로 나눔으로써 얻어진다(0.13 ÷ 0.33 = 0.39, 0.38 ÷ 0.33 = 1.15, 0.49 ÷ 0.33 = 1.48). 그러나 여기서 주지할 점은 인기계수는 다른 그룹의 메뉴와 비교할 때 사용할 수 있는 것으로, 같은 그룹 내의 품목들 간의 인기도를 비교할 때는 인기지수를 사용해야 한다는 것이다.

〈표 4-5〉 판매정보

품 목	판매수량	판매가	총매출	식자재원가	총원가	품목당이익	품목총이익
허넙치	26	3.25	84.50	0.41	10.66	2.84	73.84
닭고기	76	3.60	273.60	1.09	82.84	2.51	190.76
쇠고기	98	4.50	441.00	2.57	257.86	1.93	189.14
	200		799.10		345.36 (43.21%)		453.74 (56.78%)

〈표 4-6〉 비교인기도와 이익가치

품 목	인기지수	인기계수	총매출		총식자재원가		총이익	
			지수	계수	지수	계수	지수	계수
혀넙치	0.13	0.39	0.106	0.32	0.03	0.09	0.163	0.49
닭고기	0.38	1.15	0.342	1.04	0.24	0.72	0.420	1.27
쇠고기	0.49	1.48	0.552	1.67	0.729	2.21	0.417	1.26

이와 마찬가지로 총매출액, 총이익, 총원가에 대비하여 각 품목의 기여도 또한 수치적으로 산출해 낼 수 있다.

어떤 경영자라도 <표 4-5>를 보면 즉각적으로 혀넙치의 판매도는 저조한데 반해 닭고기와 쇠고기는 판매가 잘되고 있다는 것을 알 수 있을 것이다. 그러나 혀넙치가 전체매상에서 차지하는 부분이 적어 전체이익에 기여하는 정도는 낮지만, 그러나 원가면에서는 매우 저렴하다는 것을 알 수 있다. 위의 <표 4-5>, <표 4-6> 내용을 자세히 검토해 본 후 경영진에서는 비록 판매수량이 적은 품목이라도 지속적으로 판매하기로 결정할 수도 있다. 왜냐하면, 적은 원가로 다른 생선류와 함께 혀넙치도 판매가 가능하기 때문이다.

닭고기요리는 인기도가 평균보다 높고 전체이익과 총매출에 대한 기여도도 상대적으로 높은 것으로 나타났으므로 지속적으로 제공하는 것이 당연하다.

쇠고기는 원가가 상대적으로 높기 때문에 경영자의 관점에서 본다면 가격책정이 낮게 되었다고 보일 수도 있지만, 닭고기와 마찬가지로 총매상과 전체이익에의 기여도가 상당히 높고 판매실적이 좋으므로 바람직한 메뉴품목이라고 결론지을 수 있다. 이 자료들을 검토한 결과 경영자는 쇠고기의 판매가격을 조금 올리고 다른 품목들은 현재와 같은 가격을 유지하기로 결정할 수 있을 것이다. 일정시간이 경과한 후, 이와 같은 자료들은 경영자에게 매우 유용한 정보를 제공하므로 바람직한 상황을 유도하도록 하기 위해 지속적인 분석과 연구가 필요하다.

이렇게 세세한 분석을 하는데 있어서 가장 주요한 점은 경영자가 반드시 메뉴품목들의 전체 매상기여도와 총이익기여도에 대해 면밀히 알아야 한다는 점이다. 이 점을 알면 경영자는 보다 만족할 만한 평가와 결정을 내릴 수 있게 된다. 어떤 업장들은 각 메뉴품목의 가격을 일정 기간마다 기록해서 보관해 두는데, 이러한 기록은 원가와 더불어 판매가격, 인기계수 따위를 보여줄 뿐만 아니라 또한 다른 업소들과 비교해서 가격이 적절히 책정되었는지 여부도 알려주므로 이러한 요소들에 변동사항이 있을 시에는 반드시 기록을 함께 해둔다.

(2) 허스트의 메뉴평가법(Menu Scoring)

1960년에 미국 플로리다 주립대학의 마이클 허스트 교수는 가격정책, 원가, 품목별 인기도, 이익기여도 등이 판매량에 미치는 영향을 측정하는 방법을 개발하였다. 이 평가법은 경영자가 메뉴에 주었던 변화의 결과를 분석하기 위한 것으로, 계산방법은 몇 가지 경리관련 자료만 가지고도 손쉽게 할 수 있도록 간단하다.

이 방법을 사용하기 위해서는 우선 평가기간을 설정해야 한다. 평가기간은 최소한 2주 이상의 평상적인 기간으로 변수가 작용할 수 있는 시기는 피해야 한다. 예를 들면, 크리스마스와 같은 축제일이나 기후가 나빴던 기간들은 대상에서 제외시켜야 한다. 절차는 다음과 같다.

① 평가기간을 정하고 총매출액에 기여도가 높은 품목들을 선별한다.
② 선별품목의 총판매수량에 비선별품목들의 판매량을 합하여 업소 총판매수량을 계산한다.
③ 품목별 매출액과 식자재원가를 구하고, 선별품목들의 총매출액과 식자재원가를 계산한다.
④ 객단가를 계산한다(선별품목의 총매출액 ÷ 선별품목의 총판매수량).
⑤ 선별품목의 매출이익을 계산하고(선별품목의 총매출액 - 선별품목의 총식자재원가), 선별품목의 매출이익률을 계산한다(선별품목의 매출이익 ÷ 선별품목의 총매출액).
⑥ 메뉴품목 평균수익을 계산한다(객단가 × 매출이익률).
⑦ 업소 총메뉴품목 판매수에 대비한 선별메뉴품목의 판매율을 계산한다(선별메뉴품목의 총판매수 ÷ 업소 총메뉴품목 판매수).
⑧ 마지막으로 메뉴스코어를 산출한다(품목 평균수익 × 선별 메뉴품목 판매율).

다음의 <표 4-7>과 <표 4-8>은 허스트 메뉴평가방법의 예이다.

〈표 4-7〉 허스트 메뉴평가방법(A)

품 목	판매수량	판매가격($)	총매출($)	식자재원가($)	총식자재원가($)
새 우 쇠고기 칠면조	100 500 400	6. 00 8. 00 6. 00	600 4,000 2,400	2. 00 3. 28 2. 40	200 1,640 960
	1,000 (선별메뉴 총판매수)		7,000		2,800
	1,500 (업소 총판매수)				

① 객단가 : 선별된 메뉴의 총매출액 ÷ 선별메뉴 총판매수량($7,000/1,000) = $7
② 매출이익 : 총매출액 - 총식자재원가($7,000 - $2,800 = $4,200)
③ 매출이익률 : 매출이익 ÷ 총매출액($4,200 ÷ $7,000 = 60%)
④ 품목평균수익 : 객단가 × 매출이익률($7.00 × 60% = $4.20)
⑤ 업소메뉴 총판매수 : 1,500
⑥ 선별메뉴판매율 : 선별메뉴 총판매수 ÷ 업소메뉴 총판매수(1,000 ÷ 1,500 = 66.7%)
⑦ 메뉴스코어 : 품목평균수익 × 선별메뉴판매율($4.20 × 66.7% = $2.80)

〈표 4-8〉 허스트 메뉴평가방법(B)

품 목	판매수량	판매가격($)	총매출($)	총식자재원가($)
새 우 쇠고기 칠면조	100 500 400	7.50 10.00 6.00	750 5,000 2,400	225 2,000 600
	1,000		8,150	2,825

① 객단가 : $8,150 ÷ 1,000 = $8.15
② 총수익률 : ($8,150 - $2,825.) = $5,325 ÷ $8,150 = 65%
③ 품목평균수익 : $8.15 × 65% = $5.30
④ 선별메뉴판매율 : 1,000 ÷ 1,500 = 66.7%
⑤ 메뉴스코어 : 66.7% × $5.30 = $3.53

<표 4-7>과 <표 4-8>을 비교하면, <표 4-8>의 메뉴스코어는 $3.53으로 <표 4-7>의 스코어 $2.380보다 126% 증가했다. 이는 <표 4-8>이 말해주듯이 우선적 변화 요인은 새우, 소고기 판매가격의 상승으로 주로 이 요인에 의해 메뉴스코어가 높아졌다고 할 수 있으나, 이런 판매가격의 상승에도 변하지 않은 품목판매수와 함께 칠면

조의 낮은 식자재의 원가도 무시할 수 없는 메뉴스코어의 상승요인이라는 점도 기억해야 한다. 그러나 앞으로 좀더 고객의 반응을 살핌으로써 이 가격변화에 대한 확실한 결정을 내려야 한다.

하나의 메뉴스코어는 그 자체만으로는 큰 의미를 갖지 않는다. 이것은 단지 메뉴 판매량이 가격, 판매 믹스, 식자재 원가, 총이익 등의 요소들과 어떻게 상호작용하는지 보여줄 뿐이기 때문에 대상기간 동안 가능한 여러 개의 메뉴스코어를 산출해서 상호비교, 검토를 통해 얻은 결론만이 진정한 분석의미를 갖기 때문이다. 여기서 염두에 두어야 할 것은 타 업소의 메뉴스코어와 비교하는 것은 업소 나름의 특수요인들 때문에 큰 도움이 되지 않는다는 점이다.

메뉴스코어가 높을수록 그 메뉴의 타산성이 높아지는데 허스트 교수에 따르면 극히 미세한 차이도 이 분석법에서는 상당한 의미를 갖는다고 한다. 이미 언급했듯이 품목교체나 가격 및 원가의 변화가 메뉴의 판매량에 미치는 영향을 실험해 볼 수 있다는데 허스트 메뉴평가법의 매력이 있기 때문에 가격상승의 영향을 알아보려고 하거나 새로운 품목을 소개했다면 메뉴스코어를 계산해 보는 것이 좋다. 만약 선별품목들의 메뉴스코어가 점진적으로 증가해 가면 이는 변화를 준 것이 옳았음을 의미하고, 하향하거나 일정치 않으면 담당자는 이러한 원인에 대해 면밀한 조사를 해야 한다. 가끔 메뉴스코어가 특별히 낮은 것을 볼 수도 있는데, 이런 경우는 보통 객단가가 낮은 데서 기인한다. 객단가는 비싸면서 이익기여도가 낮은 품목도 메뉴스코어는 낮을 수 있다. 이런 경우엔 품목을 교체하거나 이익이 높은 다른 품목에 주력함으로써 그 같은 점을 보완할 수 있다. 또한 인기도가 낮은 품목들로 구성된 메뉴들은 스코어를 낮추는 요인이 될 수 있다.

〈표 4-9〉 허스트 메뉴 평가법

MENU SCORING WORKSHEET

업소별 ______________________ 작성일 ______________________

작성자 ______________________ 기 간 ______________________

(1) 품 목	(2) 판매수량	(3) 판매가격( )	(4) 총매출( )	(5) 식자재원가( )	(6) 총식자재원가(%)
갈 비					
등 심					
안 심					
삼겹살					
	________ Total(2)	________ Total(3)	________ Total(4)	________ Total(5)	________ Total(6)

(7) 객단가 Total(4) ÷ Total(2) ₩ ____________	(8) 매출이익 Toatal(4) − Total(6) ____________	(9) 매출이익률 Total(4–6) ÷ Total(4) (3) ____________
(10) 메뉴품목 평균수익 (7)×(9) ₩ ____________	(11) 업소 총메뉴품목 판매수 ____________	(12) 선별메뉴품목 판매율 Toatal(2) ÷ (11) ____________ %
(13) 메뉴스코어 (10)×(12) ₩ ____________	(14) 단평	

(3) 메뉴공학(Menu Engineering)

새로운 메뉴를 개발하기 전에 현재 업장에서 판매하고 있는 메뉴를 먼저 분석할 필요가 있을 것이다. 메뉴공학은 이렇듯 업장에서 판매하고 있는 메뉴품목을 인기도와 공헌이익에 따라 분석하고 평가하여 메뉴품목에 관한 의사결정을 하는데 도움을 얻기 위한 분석방법으로 1980년대 초기에 카사바나(Michael Kasavana)와 스미스(Don Smith)에 의해 정립되었다.

메뉴공학은 고객수요, 메뉴믹스(%), 품목별 공헌이익도 등의 세 가지 요소에 초점을 두고 분석한다. 여기서 말하는 고객수요란 일정기간 동안 해당업장을 이용한 고객의 총수를 의미하며, 메뉴믹스는 품목에 대한 고객의 선호도를 분석하는 것으로 세일즈믹스(%)라고도 한다. 공헌이익, 즉 품목별 총이익은 판매가와 식재료비의 차액으로서 품목별 총이익을 분석하기 위해 사용되는 것이다.

따라서 메뉴공학은 메뉴의 내용, 가격책정, 메뉴의 설계 등의 결정을 할 수 있는 중요한 정보를 경영자에게 제공하기 위한 도구과학이라 할 수 있는데, 그 기본적인 목적은 고객수요의 증대와 각 메뉴의 공헌이익도를 극대화함으로써 메뉴의 총이익을 향상시키는 데 있다.

이의 분석과정을 검토해보면, ① 메뉴품목을 정하고, ② 메뉴믹스를 산출한 다음, ③ 메뉴품목을 구분하여, ④ 그 메뉴품목에 관한 의사결정단계를 거치게 된다.

이와 같은 메뉴공학에 의한 메뉴를 분석하기 위해서는 1개월 이상의 매출을 기준으로 해야 하는데, 전혀 범주가 다른 메뉴와의 비교분석은 품목용도나 원가차이 등으로 인하여 무의미해지므로 주요리는 주요리와, 전채는 전채와 비교해야 한다.

다음 <표 4-10>은 어느 업소의 메뉴를 한 달 동안의 영업활동을 근거로 메뉴공학법에 의하여 분석한 예이다.

〈표 4-10〉 메뉴공학 계산표

영업장 : ________________ **날짜 :** ____________ **기간 :** ____________

메뉴 품목	판매수	믹스 %	원가	판매 가격	품목당 이익	품목당 총원가	품목당 총매출	품목당 총이익	이익공헌도 범위	메뉴믹스 범위	메뉴등급 구분
칼국수	420	42	880	2,000	1,120	369,600	840,000	470,400	저	고	소
육계장	360	36	1,800	3,400	1,600	648,000	1,224,000	576,000	고	고	별
갈비탕	150	15	1,760	3,800	2,040	264,000	570,000	306,000	고	저	수수께끼
곰 탕	70	7	1,600	2,600	1,000	112,000	182,000	70,000	저	저	문제아
총 계	1,000					총원가 1,393,600	총매출 2,816,000	총이익 1,422,400			
						총평균 원가% 49.5%	평균이익 1,422.4	메뉴 믹스비율 17.5%			

* 여기서 말하는 원가는 식자재원가만을 의미한다.

위 항목의 값들을 다음과 같은 방법으로 산출한다. 계산의 예는 칼국수로 한다.

① 메뉴믹스(%) : 메뉴품목 판매수 ÷ 총메뉴판매수(420 ÷ 1,000 = 42%)

② 품목당 이익 : 판매가격 - 품목원가(칼국수 : 2,000 - 880 = 1,120)

③ 품목총원가 : 품목원가 × 판매수(880 × 420 = 369,600)

④ 총원가 : 모든 식자재 원가를 합한다. (369,600 + 648,000 + 264,000 + 112,000 = 1,393,600)

⑧ 총원가 비율(%) : 총원가 ÷ 총매출(1,393,600 ÷ 2,816,600 = 49.5%)

⑨ 평균이익 : 총이익 ÷ 총판매수(1,422,400 ÷ 1,000 = 1422.4)

- 평균이익만으로 메뉴를 평가하게 되면 매출액과 가장 밀접한 관련이 있는 고객수를 반영하지 못하므로 총이익과 함께 분석해야 한다.

⑩ 메뉴품목은 이익공헌도에 따라 'high'와 'low'로 구분하는데, 각 품목이익과 평균이익을 비교하여 더 크면 'high', 적으면 'low'로 나타낸다.

⑪ 메뉴믹스 기준비율(%) : (1 ÷ 메뉴품목수) × 70%

- 이 비율은 메뉴공학의 특별한 규칙에 의해 정해지는 것으로 메뉴품목이 70% 이상 판매되었을 때를 메뉴믹스비율에서 'high'의 위치에 있다고 보는 것이다.

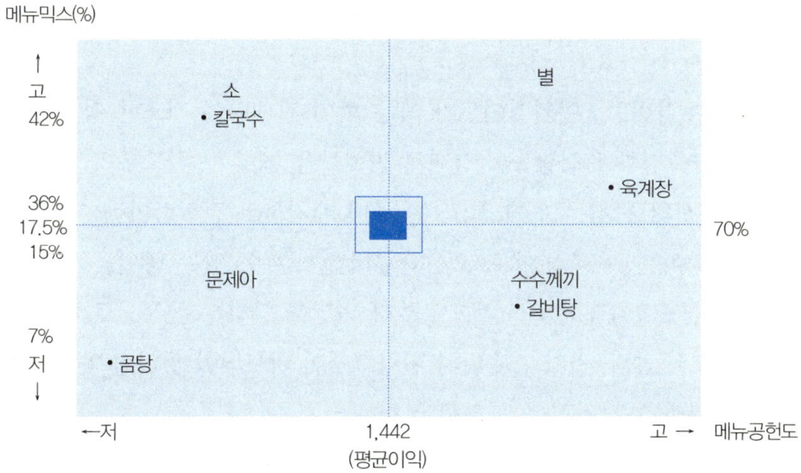

[그림 4-19] 메뉴 공학분석 결과

위의 보기처럼 4개의 품목 수를 갖는 메뉴의 경우, 품목당 평균기대인기도는 1/4 = 25%이지만 현실에서 성취할 수 있는 판매의 정도가 반드시 25%에 이르는 것은 아니기 때문에 현실을 반영하기 위해서 예상의 70%만 팔릴 것이라는 일반율을 적용해서 계산한 것이다(25% × 70% = 17.5% : 항상 70%를 곱한다).

[그림 4-19]는 위의 공식들을 이용하여 얻은 정보를 분석하기 쉽도록 그림으로 나타낸 것이다.

① 별 : 육계장 - 질과 1인분의 양을 표준화, 규격화하여 계속 유지하면서 메뉴표에서 가장 눈에 잘 띄는 곳에 배치하도록 한다. 가격탄력성을 실험해 본 후 가격의 상향조정 여부를 결정해야 하나, 현재도 이익률이 높은 편이므로 모험은 피하는 것이 좋다.

② 소 : 칼국수 - 고객의 가격인지도를 조사하여 가격탄력성이 높으면 업소의 여건에 맞는 범위에서 인상할 수 있지만, 현재의 판매량에 영향을 주지 않는 선에서 결정하는 것이 좋다. 가격상승에 따른 고객불만을 줄일 수 있는 방법으로 대고객서비스를 강화시키고 곁들여지는 부식의 종류나 질을 높이는 것도 고려해 볼 수 있다. 메뉴판의 위치는 고객들이 육계장 같은 이익기여도가 높

은 품목을 택하도록 유도하기 위해 상대적으로 눈에 덜 띄는 곳에 배치하도록 한다.

③ 수수께끼 : 갈비탕 - 이익기여도가 높은 반면 판매량이 저조한 경우이므로 가격의 하향조정과 촉진활동의 강화로 판매량을 늘릴 수 있도록 노력한다. 또한 메뉴판에서의 위치는 눈에 잘 띄는 곳에 배치하고 갈비탕이란 이름 앞에 수식어를 붙이는 식의 변화로 고객의 시선을 끌 수 있는 방법을 모색한다.

④ 문제아 : 곰탕 - 대부분의 고객으로부터 외면을 당하는 품목으로 메뉴에서 삭제하는 것이 좋다. 만약 소수나마 단골고객이 확보되어 있다면 약간의 변화를 주어 이름과 가격조정을 고려해 본다.

이상에서 검토해 본 것처럼 메뉴공학은 메뉴의 시장성을 평가하기 위한 좋은 방법이지만, 메뉴품목에 대한 의사결정의 방법을 모든 업장에서 동일하게 적용시킬 수는 없는 것이기 때문에 경영자는 메뉴공학 이외에 음식의 질, 업소의 위치와 이미지, 서비스의 수준 등과 같은 복합적인 요소들도 함께 고려하여 메뉴분석을 해야 할 것이다.

(4) 손익분기점 분석(B.E.P. Analysis)

총판매액이 모든 원가와 비용만을 만족시켰을 때 우리는 손익분기점에 도달했다고 하고, 모든 비용을 충당하고 손실(-)이 생기면 적자라고 말하며 모든 비용을 충당하고도 이익(+)을 남기면 흑자경영으로 돌아섰다고 한다.

어떤 메뉴로 경영을 할 때 그 메뉴가 손익분기점에 도달했는가는 모든 원가와 비용을 합산함으로 계산할 수 있다. 만일 100명의 손님을 접대하는데 400,000원의 원가와 비용이 들었고 400,000원의 총수입을 얻었다면 이는 손익분기점에 도달했다고 볼 수 있다.

사업을 시작하기 전에 손익분기점을 계산해 보는 것이 바람직하다. 예를 들면, 메뉴 설계자가 손익분기점이 되려면 몇 명분의 식사를 얼마에 판매하는가를 미리 계산해 보고 메뉴설계를 시작하면 사업시작 이전에 합리적인 예측을 할 수 있으므로 바람직한 결과에 도달하기 쉽다. 이러한 계산에는 임대료, 관리비, 광열비, 고정

직원의 월급 등 매출의 크기에 무관하게 발생하는 고정비용을 포함해야 한다. 이와 같은 비용을 '턴키 익스펜스(turn-key expense)'라고 부르며, 이 말은 일단 열쇠를 돌리면 영업이 시작되기도 전에 이미 비용이 발생되기 시작한다는 의미에서 나왔다.

$$\text{손익분기점(B.E.P.)} = \frac{\text{고정비(F)}}{1 - \frac{\text{변동비(V)}}{\text{매출(S)}}}$$

B.E.P. : 손익분기점(breakeven-point)

F : 고정비(fixed cost)

V : 변동비(variable cost)

S : 매출(sales)

(5) 메뉴평가(Menu Evaluation)

메뉴는 수익성과 판매가능성만 기준이 되어 분석되는 것이 아니다.

그 외의 다른 기능, 즉 주변의 장식과 업장의 분위기 등과 어울릴 수 있는지도 분석되어야 한다. 메뉴평가에 있어서 업소 간의 메뉴들이 서로 너무나 달라서 평가기준을 세워 놓아도 모든 업장에 적용되는 것이 아니므로 각자의 사정에 맞는 평가기준을 설정해야만 한다.

메뉴평가목록에 여러 가지 요인을 포함시키고 각 요인들에 적절한 가중치를 주어 그것들을 합한 총점수는 각 메뉴가 얼마나 시장경쟁력이 있는지를 보여주는 지표가 된다. 85~100의 점수는 최우수, 70~84는 우수, 55~69는 보통, 55 이하는 불량 등으로 점수에 따라 메뉴등급을 정하기도 하는데, 만약 많은 수의 변수들을 평가하려면 1,000점 기준으로 스코어를 계산하는 것이 좋다. 다음과 같은 사항들을 염두에 두고 메뉴를 평가한다.

① 메뉴품목들은 고객이 원하고 좋아하는 것들인가?

② 충분한 다양성을 가지고 있는가?

③ 업장의 분위기 및 실내장식과는 부합되는가?
④ 가격은 적정수준으로 책정되었는가 - 각 품목의 가치와 시장상황에 맞도록 가격이 책정되었는가?
⑤ 지금의 메뉴품목이 업장에 꼭 필요한 메뉴인가?
⑥ 메뉴의 특이성은 있는가?

이러한 판단기준들은 각각 메뉴의 전문성, 구색, 가격, 판매율 등으로 분류되어 질 수 있다. 결론적으로 메뉴평가에 있어서 무엇보다 중요한 것은 업장의 특성에 맞는 의미 있는 평가를 내리는 데 있고 이를 바탕으로 다음번 메뉴를 더욱더 치밀하게 설계할 수 있도록 기존 메뉴의 장·단점 등에 대한 유용한 정보를 메뉴평가를 통하여 얻는 일이다.

제4절 식자재관리

1. 식자재관리의 의의

1) 식자재관리의 개념

일반적으로 자재의 개념이 광범위하게 정의되어 있는 편이나 식음료영업장에서는 원재료로 보통 한정한다. 원재료란 음식을 만들기 위하여 직접적으로 투입되어 소모되는 소재들을 의미한다.

호텔식음료영업장에서 식자재원가는 매출액의 30~40% 정도 차지하는 만큼 식자재의 관리는 매우 중요하다. 그러므로 필요한 식자재를 알맞게 구매하여 최선의 상태를 유지함으로써 이윤창출에 공헌하고 낭비되는 자재를 줄이는 것이 식자재관리의 목적이라고 할 수 있다.

식음료영업장에서는 식자재의 질 자체가 바로 상품의 질과 수명으로 연결되는 경우가 많기 때문에 식자재관리의 중요성은 아무리 강조해도 지나치지 않다.

2) 식자재의 특성

지속적인 생산기술과 저장방법의 발달로 식자재의 대부분을 차지하는 농산물을 살펴보면 공급의 양과 시기가 확대되고 있기는 하나 아직도 자연조건의 영향을 받는 까닭에 공산품과 비교해 볼 때 가격 및 공급량의 변화폭이 상대적으로 큰 편이다. 가격변동의 경우를 보면 농수산물의 특정품목은 연중 최저가격과 최고가격이 10배 이상 될 때도 있는데, 여기에는 사실 식자재유통의 문제점인 복잡한 유통결과에 따른 중간상인들의 높은 이익률에 기인하는 부분도 있다. 또한 식자재의 모양, 품질, 특성 등의 다양성으로 다른 분야의 자재들처럼 균일화, 규격화시키기 어렵다는 것도 하나의 특성으로 이것들은 결국 음식의 표준화를 어렵게 하는 주원인이라고 할 수 있다. 이렇듯 식자재는 다른 자재와 달리 취급하기 어려운 측면이 너무 많아 관리에 신중을 기울여야 한다.

3) 재고관리

재고관리란 생산판매에 필요한 식자재를 획득하기 위해 자금을 식자재로 변화시키는 과정에서 어떤 품목을 얼마나 보유할 것인가를 결정하여 효과적인 자본효율을 달성할 수 있도록 운영하며, 구매한 식자재를 적기, 적소, 적품으로 공급이 가능하도록 저장 · 분배하는 과학적 관리기술이다.

재고관리의 목적은 호텔기업의 중요한 자산인 재고물품의 보관과 생산, 판매를 보조하며 최소한의 경비로 최대의 서비스를 제공하기 위해 재고투자를 최소로 하여 고객에게 서비스를 제공하는 것이다.

재고가 부족한 상태에서는 생산 · 판매에 지장을 주는 반면에 과잉재고 시에는 자본의 과다지출로 자금운용상 문제가 발생되기 때문에 영업장에서는 주문량이나 재고수준을 결정할 때에 과학적 관리기법으로 적시 · 정량의 재고수준을 유지하여야 한다. 즉 재고투자가 많게 되면 자금회전이 느려 자금이 동결될 소지가 생기고, 재고투자가 적게 되면 조업의 중단 등 고객에게 서비스활동을 만족스럽게 못하게 된다. 따라서 재고관리를 원활하게 하기 위하여 첫째, 표준재고량을 결정하고 보유할 재고량을 계획하며, 둘째, 재고물품의 입출고를 기록하고 관리하며, 셋째, 재고의 잔고기록과 실제재고수량을 점검하여야 한다.

좋은 식자재를 최적가격에 구매했더라도 이들 식자재를 소홀히 관리하면 영업장의 운영에 매우 큰 지장을 초래하게 된다. 특히 식음료영업장에서의 식자재는 가장 중요한 재고품목일 뿐만 아니라, 변질이나 부패의 위험성이 매우 크며 한꺼번에 많은 양을 오랜 기간 보존할 수 없으므로 일반자재보다 재고관리에 더 많은 주의를 기울려야 한다. 재고관리에 따르는 구체적 업무는 다음과 같다.

① 재고관리 방침은 어떻게 정하는가?
② 재고품목은 무엇을 선택하는가?
③ 재고품의 구분은 어떻게 하는가?
④ 재고수량은 어느 정도로 하면 좋은가?
⑤ 재고통제는 어떻게 하는가?
⑥ 재고기간은 어느 정도로 하면 좋은가?
⑦ 보관하는 방법은 어떻게 정하는가?
⑧ 관리설비는 어떻게 운용해야 하는가?
⑨ 재고관리비용은 어느 정도로 하는가?
⑩ 재고관리의 운영은 어떻게 하는가?
⑪ 불량한 상태의 재고는 어떻게 관리하는가?
⑫ 재고관리조직은 어떻게 하는가?
⑬ 누가 재고관리를 하는가?
⑭ 재고품을 출고하는 상황은 어떠한가?
⑮ 금후의 재고관리를 어떻게 할까?

2. 구매관리

1) 구매관리의 의의 및 절차

(1) 구매관리의 의의

넓은 의미로 정의할 때 구매관리란 경영주체가 그 업장의 기능을 수행하기 위하여 필요한 원재료와 여타 자재들을 필요한 시기에 최소의 비용으로 다른 경제주체로부터 획득하기 위한 관리활동을 말한다.

이것은 완제품의 질과 직접적으로 관련이 되고 원가관리에도 중대한 영향을 미치기 때문에 식음료업장을 운영함에 있어 구매는 특별하게 주의를 요하는 부분이다. 구매관리에 어려움을 가중시키는 것 중 하나는 판매시장의 급속한 변화를 들 수 있는데, 구매자는 그 변화에 대처하여 신속히 움직일 수 있는 능력을 구비하여야 한다. 즉 구매를 제대로 수행하기 위해서는 식자재 마케팅과 조리, 생산부분에 이르기까지의 많은 노하우(know how)를 가지고 있어야 하며, 더 나아가 해당 업장의 메뉴, 가격체계 또한 거시적인 호텔식음료의 구조나 특성에 대한 이해를 갖추고 있어야 효율적인 구매관리를 기대할 수 있게 된다.

구매담당자는 식자재 가격에 영향을 주는 가격변동요인과 최저가격에 최상의 품질의 식자재를 구입할 수 있는 장소 등에 대해서도 항상 조사해야 한다. 그러기 위해서는 유능한 구매담당자는 끊임없이 음식의 질과 서비스를 향상시키기 위해 보다 나은 질의 식자재를 찾아내려고 노력하며, 비용과 구매절차를 향상시킬 수 있는 모든 요소들을 탐색하는데 게으르지 않아야 한다. 또한 구매업무를 수행하여 이익을 보장할 수 있는 직원에게 맡겨야 하므로 높은 윤리적 원칙도 필요하다.

(2) 구매절차

구매관리는 결코 단순하거나 쉬운 일이 아니다. 구매관리가 수반되는 절차를 살펴보면 다음과 같다.

① 제1단계 : 필요한 상품을 생산해 내는데 적합한 질과 기타 요소들을 고려하여 필요한 자재를 결정하는 것

② 제2단계 : 시장 내에서 그 품목을 찾아내는 것
③ 제3단계 : 품목조사 및 구입결정 여부
④ 제4단계 : 구매자와 판매자 사이의 협상
⑤ 제5단계 : 품목사용에 따른 효율성과 경제성의 평가

거의 모든 구매활동에 있어 특별한 경우를 제외하고는 위와 같은 5단계를 수행해야 한다. 특히 그 중에서도 제5단계는 가장 중요한 단계임에도 불구하고 가끔 소홀하게 취급되는데, 만일 제5단계가 제대로 실행되지 않으면 구매활동은 결코 향상될 수 없게 되고 실수를 반복적으로 하게 되며 성취한 일도 그렇게 만족스럽지 못하게 된다. 이러한 제5단계를 '가치분석의 단계'라고 한다. 가치분석의 단계는 구매가 완료되었을 때 최상의 구매행동이 이루어졌는지, 아니면 더 향상되어야 하는지를 알아보기 위해 시도하는 것으로 실제비용이 얼마인지를 확인하기 위해 구매된 품목을 면밀히 조사하는 것이다. 상품의 질은 단지 가격의 단일요소로 추정하는 것이 아니고 성능과 만족도로써 측정되어야 하며 납품업체의 서비스에 대한 평가도 아울러 수행되어야 한다.

2) 구매활동의 목표

모든 구매기능과 활동은 다음의 4가지 목표는 갖는다.

(1) 적절한 수준의 공급유지

적절한 재고수준을 유지하여 주요품목의 음식이 식자재공급부족으로 인해 판매되지 못하는 불상사를 방지한다. 그러나 너무 과다한 재고를 보유함으로써 현금의 유동성을 떨어뜨리고 재고유지 비용을 증가시키고 잘못된 보관으로 못쓰게 될 재고가 발생할 위험도 있다.

(2) 식자재의 품질유지

일단 품질기준이 설정되면 식자재품질의 변동은 수용할 수 있는 범위 내에서만 가능하게 되므로 이 기준에 맞도록 구매물품의 품질을 유지하는 것도 구매담당자

의 주요한 의무이자 목표이다.

(3) 최저수준의 EP(EP cost : edible portion cost)

같은 크기의 사과를 비슷한 가격에 구매하더라도 어떤 사과는 껍질이 얇고 송치가 적어 먹을 수 있는 부분이 많고 그라나 어떤 사과는 껍질이 두껍고 송치가 커서 겉보기와는 달리 가식부율이 낮을 수 있다. 현명한 구매담당자는 각 식자재품목마다 이러한 품종의 제품을 가려낼 수 있는 안목과 능력을 갖추어 같은 가격에 구매한 자재라도 가식부율을 최대한 높여서 결과적으로 구매가격을 최소화시키는 것을 목표로 한다.

(4) 비교우위 유지

구매담당자는 많은 구매경쟁자들보다 납품업자로부터 더 나은 가격에 더 좋은 품질의 식자재를 더 좋은 조건으로 살 수 있도록 노력해야 한다. 즉 구매에 소용되는 화폐의 가치를 더욱 높이는 것이 그의 주요목표이다.

3) 구매활동과 기능

구매담당자나 구매전문가가 일반적으로 다음과 같은 공통되는 의무사항을 수행해야 한다.

- 구매시기 결정(determint when to order)
- 재고량 검정
- 품질기준 설정
- 구매명세서 작성
- 경쟁적 입찰자 획득
- 납품업자 사전조사
- 결재조건과 시기결정
- 배달감독
- 반품에 대한 조건결정

- 과잉구매 혹은 과소구매상황의 조절
- 신상품의 허가
- 대금결제

(1) 적정량의 재고유지와 그 관리

이는 영업장에서 필요한 만큼의 각 품목별 식자재의 재고량을 항상 유지하는 것을 말한다. 적은 재고량만 가지고 영업을 하게 되면 자주 식자재가 부족해지고 고객에게 특정음식을 제공하지 못하게 되어 서비스의 질을 떨어뜨리게 되며, 반대로 과잉 재고를 보유하게 되면 많은 비용이 불필요하게 낭비되어 운전자금 증가의 원인이 되며 저장시설을 필요로 하게 되는 불합리성이 있다. 이를 위해서는 우선 적어도 식음료부서장이나 주방장과 구매담당자가 함께 한 달에 한 번 저장실의 재고를 검사해야 한다. 신속한 재고 파악을 위해서는 항상 저장실을 잘 정돈해 두고 식자재 상자나 용기 등에 가격과 수량, 구입 날짜 등을 표시해 두는 것이 바람직하다. 또한 파악된 재고량을 일정한 재고양식에 기입, 서명한 서류철을 구매담당자가 보관하도록 하며 냉장고나 냉동실에 보관된 육류 등의 재고품이 너무 오래 저장된 경우는 즉시 그것을 사용하고 만일 질이 폐기될 정도로 저하되었다면 재고목록에서 삭제하고 결손 처리하여 폐기처분한다.

(2) 재고량의 결정

구매담당자는 주방장이나 직접 또는 간접적으로 그 물품들을 사용할 사람들과 함께 영업장에서 필요로 하는 물품의 수량과 종류를 결정하여 구매하도록 한다.

(3) 납품업자 선정

균일한 품질의 물품을 지속적으로 공급할 수 있는 믿을 만한 납품업자를 선정하는 것은 매우 어려운 일이다. 대체적으로 납품업체를 최종적으로 선별하기 위해서는 다음의 단계와 작업을 거친다.

전국 규모의 업자나 지역단위업자들에 대한 정보를 1차적으로 취합하는데 전화번호부와 관련업계지 또는 박람회, 업계에서 들은 소문 등을 토대로 한다. 이렇게 취합된 정보를 목록화하여 이 가운데서 자신의 식음료영업장에 적합한 후보 납품업체의 범위로 축소시켜 나간다. 이때 각 업체가 제공하는 상품의 질과 가격, 업체의 서비스 질과 재무상태, 신용도 등과 함께 그들이 보낸 견적서를 토대로 면밀하게 조사한다.

그러나 최상의 납품업체란 어떤 것이고, 어떻게 선별할 수 있는가? 이러한 것들을 알기 위해서는 우선 공급자가 일관성 있는 품질의 상품을 공급할 것인가, 서비스는 정확하고 차질이 없는가, 추가주문, 과잉주문, 과소주문 때 이에 대한 처리는 얼마나 융통성 있는가 등을 고려해 본다. 상당히 많은 부분에서 이러한 질문은 경험에 의존하게 된다.

(4) 납품업자와의 협상

이론적으로 모든 구매거래는 협상이 가능하다. 그러나 협상의 정도는 얼마만한 규모의 구매인가에 달려 있다. 협상과정에서는 구체적으로 상품의 가격과 서비스의 범위와 질, 배달 속도 등에 대해 결정하게 된다. 여기에는 공급자와 구매자 간의 상호존중과 신뢰가 형성되어야만 쌍방이 만족할만한 거래가 이루어진다.

(5) 구매조사활동

구매자는 형식적으로나 비형식적으로 구매에 대하여 여러 방면으로 조사를 해야 한다. 가장 기본적이며 널리 시행되는 구매조사행위는 이미 언급된 가치분석방법이다. 가치분석이 대규모의 호텔에서는 매우 중요한 활동이다. 또한 ABC분석이라 명명된 구매조사활동도 널리 이용되는데, 제너럴 일렉트릭사(GE)의 포드 딕키(H. Ford Dickie)에 의해 개발된 구매조사방법이다. 이 방법은 구입대상인 자재들을 전체구매액에서 차지하는 금액의 비율에 비례하여 그 중요도를 매긴 후 가장 많이 사용되고 구매액이 높은 식자재를 A로 분류하여 이들 품목의 구매에 보다 많은 노력과 시간을 투자하고 B군 또는 C군으로 나뉘어진 타 식자재는 그 구매비용과 중요도에 따라서 상응하는 시간과 조사활동을 부여하는 방법으로 제대로 시행하면 효율적인 시간관리(time management)를 성취할 수 있고 식자재의 구입비용도 절감할 수 있다.

그리고 가격과 취득성 예측방법 또한 매우 유용한 구매조사기법이다. 이는 미래에 사용되어질 식자재의 취득가능성과 그 가격 등을 예측해내는 조사방법으로 2, 3개월 앞의 미래를 예견하여 오늘의 구매계획을 수립하는 방법이다.

(6) 납품업자와의 호의적인 관계유지

시중의 모든 업자들과 연락을 할 수는 없는 것이지만 구매담당자는 거래가능성이 있는 납품업자들과는 될 수 있는 한 좋은 관계를 유지하도록 노력해야 한다.

(7) 잉여물 또는 사용 불가능한 식자재의 관리

때때로 메뉴가 바뀔 때 지나치게 많은 양의 식자재를 재고로 보유하고 있는 경우도 있고, 경우에 따라서는 완전히 소용이 없어지기도 하는 때가 있다. 이때 구매자는 이러한 식자재들을 폐기처분하든가 만일 가능하다면 다른 물품과 교환하는 책임의 의무가 발생하므로 사전에 충분한 변동사항들에 대한 예측과 계획을 세우는 작업이 중요하다.

(8) 구매기능의 체계화와 관리

구매담당자는 구매 업무와 기능을 계획하고, 체계화시키고, 지시하고, 조정하며 필요한 경우 적절한 인원을 각 업무에 배치시키는 일을 한다. 뿐만 아니라 구매부서와 구매담당자는 경리부, 마케팅부, 조리부와 업장서비스담당자들과 매우 긴밀한 협조관계를 유지해야 하고, 특히 조리부서와는 든든한 협조체계를 이루어 원만한 의사소통을 해야 한다. 이와 같은 업무를 수행하기 위해서 구매담당자는 구매기능을 체계화시키고 관리할 수 있는 능력을 배양해야 한다.

(9) 구매담당자 능력개발

구매담당자의 자기계발은 우선적으로 구매능력을 증진하는 데 있다. 각종 회의와 세미나에 참석하고, 납품업자를 방문하고, 박람회와 전시회에 참가하며 필요한 교육을 지속적으로 받는 등의 활동은 모두 구매자의 자기계발방법이다.

(10) 경쟁구매자와의 협력

구매담당자가 근무하고 있는 호텔보다 작거나 경쟁력이 약한 식음료영업장의 구매담당자와 유용한 정보와 노하우를 공유하는 것이 궁극적으로 전체시장을 활성화시키고, 보다 나은 품질의 자재를 구매할 수 있도록 해준다. 또한 이렇게 호의적인 관계를 타 호텔과 유지하게 되면 긴급히 투입해야 할 식자재를 구하지 못할 때 그들로부터 도움을 받을 수도 있게 된다. 선의의 경쟁을 유지하면서도 기브 앤 테이크(give & take)의 호혜적 관계를 유지하는 것이 필요하다.

4) 구매방법

조직과 필요에 따라 여러 가지 구매방법이 있다. 호텔체인기업들은 동일한 곳에서 동일한 방법으로 구매한다. 결과적으로 그들은 단독호텔들이 스스로 많은 요소들을 결정할 수 있는데 비해 선택의 자유가 없으며 구매가격도 서로 비슷하게 된다. 물품구매방법으로는 공개경쟁방식과 임의계약방식이 있다.

(1) 공개경쟁방식

공개경쟁방식은 구매자가 여러 공급업자로부터 일시에 특정품목에 대하여 견적을 받아 일정기준에 의하여 공급자를 선정하는 방법으로 가장 경쟁적인 가격에 양질의 물품을 공급받을 수 있는 장점이 있는 반면에 구매시간이 많이 걸리고 절차가 복잡하며 구매에 따른 부대비용이 많이 드는 단점이 있다.

공개경쟁방식에는 구매명세서를 보고 필요한 것을 구매하는 방법으로 구매자가 여러 납품업자에게 전화를 하여 납품업자의 서비스와 다른 여러 요소들을 평가하고 가격표를 작성하여 조건이 좋은 납품업자로부터 구매할 것을 결정하는 전화구매방식(call sheet)과 공식적인 방법으로 대개 세 명 이상과 접촉을 한 후 정보를 평가하고 한 명의 납품업자를 선택하는 입찰(bid)방식이 있다.

(2) 임의계약방식

임의계약방식은 특정품목에 대하여 구매자와 특정공급업자 쌍방 간의 계약에 의하여 구매납품하는 방식으로 구매시간이 적게 걸리고 절차가 간단하다는 장점이 있지만, 그러나 정실이 개입될 우려가 있고 그에 따라 높은 물품비용이 들 가능성도 있는 단점이 있다. 급하게 필요한 물품은 주로 이 방식에 의하여 구매한다. 임의계약방식에는 일반임의계약방식과 인상구매 등의 방식이 있다.

(3) 기타 구매방식

이 외의 방식으로는 필요한 수량만큼 그때그때 구매하거나 재고량이 최저 수준에 이르면 구매하는 상용구매와 품종별로 분류하여 공급처를 선정하여, 필요할 때마다 납입시켜 월별로 납입금액을 모아 사후 구매하는 방식인 일괄구매방식이 있다. 그리고 식자재의 가격수준이 가장 낮을 때에 많은 수량을 구매하고, 가격이 상승함에 따라 소요량 이외의 자재는 재판매함으로써 가격변동에 따른 투자이익을 얻고자 하는 투자구매방식이 있다.

3. 검수관리

1) 검수의 의의

검수란 배달된 자재를 세밀하게 조사하고 그것들을 수령하거나 반품하는 일련의 행위를 말한다. 이는 납품업자가 보낸 식자재가 수령장소에 도착하는 것에서부터 검수원이 모든 구매식자재의 수량을 세고, 무게를 달고, 색이나 향을 식별하는 등 식자재의 질이 구매명세서와 일치하는가 일일이 살피는 것까지의 과정이다.

지정된 검수원이나 수령담당자는 식자재의 질, 양, 가격 등이 구매명세서와 내용과 일치하는가를 평가할 수 있어야 하므로 식자재에 대해 가능한 한 많은 정보와 지식을 습득해야 한다.

2) 검수의 목표와 필수조건

(1) 검수의 목표

정확한 품질과 정량의 식자재를 최적의 공급자로부터 최적기에 좋은 구매가격에 획득하는 것이 구매의 목표라면 검수의 주요목표는 구매된 식자재가 이러한 기준에 맞는가 점검하고 수령된 식자재를 통제하는 일이다. 일단 검수원이 자재를 수령하게 되면 그것이 어떤 것이든 간에 호텔의 자산이 된다.

(2) 효율적인 검수의 필수요건

① 유능한 검수원

검수관리에는 절대적으로 유능한 직원이 필요하다. 검수원이 갖추어야 할 기본 자질로는 두뇌, 정직성, 직업에 대한 흥미와 의욕, 식자재에 대한 지식 등이 있다. 검수관리는 시간과 비용의 소모가 초래되는 작업이므로 검수원은 다양한 상품의 질에 대해 평가할 수 있는 능력을 갖추어야 하고, 필요한 서류작업과 컴퓨터를 이용한 기록관리 등을 적절히 수행할 수 있는 사무능력도 겸비해야 한다.

② 적절한 검수장비

식자재의 무게를 달고 길이를 잴 저울과 자 등은 가장 기본적인 검수도구이다. 또한 핸드 드턱, 지게차 등은 대형 호텔 등의 검수과에서 보유하고 있으면 매우 편리하다. 최신 장비로는 레이저 건이 있는데 이는 포장상품의 UPC(universal product code)를 읽는데 사용하여 배달된 상품들을 정확하고 편리하게 검수할 수 있게 한다.

③ 적절한 검수시설

여기서 시설이라 함은 전체 검수지역을 일컫는다. 예를 들어, 검수지역의 조명은 식자재들을 관찰할 수 있을 만큼 충분한 조도가 유지되어야 하고, 적절한 안전설비가 있어야 하며 검수원과 배달원 모두 작업하기에 편리하도록 설계되어야 한다.

④ 적절한 검수시간

검수시간은 사전에 계획되어야 한다, 가능하다면 배달시간을 시차제로 하여 일시에 검수작업이 몰리는 것을 피하여 검수지역이 혼잡하게 되는 일을 줄인다.

⑤ 정확한 구매명세서

검수원이 항시 참조할 수 있는 각 품목마다의 분명한 기준이 명시되어 있는 구매명세서가 검수지역 내에 비치되어야 한다. 예를 들어, 주문한 회사의 특정물품이 배달했을 때 이를 수령할 것인지 재주문할 것인지에 대한 판단근거로서 이와 같은 구매명세서가 매우 유효하게 이용될 수 있기 때문이다.

⑥ 구매주문서 사본

검수원은 배달될 자재에 대해 사전에 잘 알고 있어야 미리 검수할 준비를 용이하게 할 수 있다. 이와 같은 준비작업에 있어 구매주문서사본은 매우 유효하게 쓰인다.

3) 검수법의 종류

(1) 송장검수법(Invoice Receiving)

가장 널리 사용되는 검수법으로 모든 여타의 검수법은 이 송장검수법을 기본으로 하고 있다. 송장은 개개 품목의 수량, 가격과 기타 사항들을 기록하고 있는 문서로서 구매명세서와 비슷하다. 송장은 배달된 식자재와 함께 보내며 검수원은 송장을 보고 배달된 품목들의 수량, 품질 및 특성, 가격 등을 대조한다. 이렇게 검수원은 구매명세서와 송장을 대비하여 더욱 확실히 검수사항을 확인할 수 있게 된다. 송장검수법에 따르는 일반적인 절차는 다음과 같다.

① 납품업체로부터 배달원이 도착하면 우선 검수창고(receiving dock)를 열고 송장과 구매명세서를 통해 정확한 수량을 파악한다.
② 배달된 식자재의 품질을 검사한다.
③ 각 품목의 단가와 품목별 총액을 납품업자의 견적서와 송장을 비교하여 조사한다.
④ 수량이나 품질 또는 가격 등이 주문과 다를 경우 즉시 구매담당자를 소환하여 이와 같은 사항을 처리하도록 한다. 가격의 차이는 가급적이면 빨리 전화로 납품업체에 알린다. 때때로 납품업자는 전화로 제시한 가격과 다른 가격을 송장에 기입하는 실수를 범할 수도 있기 때문이다.
⑤ 모든 품목에 검수날짜를 기입할 수는 없지만 가능한 대로 품목마다 검수날짜를 표시 해둔다. 이렇게 하면 오래된 삭자재를 우선적으로 사용할 수 있어 식

자재가 변질되어 폐기하는 낭비를 줄여준다.

⑥ 점표식법(dot system)을 사용하며 구매된 모든 식자재에 날짜와 가격을 표시한다. 날짜별로 다른 색깔의 점으로 된 스티커를 물품마다 붙여준다.

⑦ 육류꼬리표(meat tags)를 사용한다. 대체로 육류꼬리표는 두 장으로 되어 있어 한 장은 구매물품에 부착시키고 다른 한 장은 관리목적으로 경리부에 보낸다. 주방에서 꼬리표가 붙은 육류를 사용할 때 이 꼬리표를 떼어 다시 경리부로 보내면 경리부에서는 보관하고 있던 다른 한 장의 꼬리표와 이를 대조하여 재고목록에서 이 품목을 삭제한다.

(2) 표준순위 검수법

송장검수법과 거의 흡사한 방법이나, 검수절차가 전자에 비해 느슨하다. 송장대신 배달 티켓이 물품과 함께 검수원에게 보내진다. 이 방법은 주로 동일한 물품을 정기적으로 같은 납품업자로부터 공급받을 때 사용한다.

(3) 무표식 검수법

무표식 검수법에 따르는 송장에는 물품의 이름 외에 다른 정보가 제시되지 않으며 품목의 이름과 가격, 수량, 품질 특성 등의 모든 정보를 담고 있는 정식송장이 배달 하루 전에 경리부서로 보내어진다.

(4) 우편배달

주문한 물품이 우편이나 항공화물로 배달될 경우에는 화물표(packing slip)가 송장의 역할을 대신한다. 그러나 화물표와 주문서의 차이가 발생할 경우 환불요구서(request for credit memo)를 작성한다.

(5) 대금상환

검수원이 배달원으로부터 물품을 인수받을 때와 동시에 물품대금을 지불하는 것으로 검수원은 배달원과 함께 품목을 조사하여 일치하는지 확인한다.

4. 저장관리

1) 저장관리의 의의

식자재의 저장관리는 최상의 식자재상태를 유지하고 부패에 의한 손실발생을 최소화하는데 그 목적이 있다. 보통 검수원은 배달된 삭자재에 대한 검수를 마친 후 이를 직접 주방 또는 창고로 입고하게 되는데 이와 같은 관계로 저장관리와 검수관리는 상호 밀접한 관계에 있게 된다. 소규모 호텔에서는 검수원이 저장업무를 맡기도 하나 규모가 큰 호텔에서는 대체로 검수와 저장업무가 분담되어 있다. 경우에 따라서는 검수원이 일부 품목들을 직접 해당 조리부로 보내기도 하는데 예를 들어, 연회장 특별행사를 위한 활어가 들어왔다면 이는 즉시 연회장 주방으로 보내지게 된다. 저장관리에 있어서 특히 중요한 사항은 식자재물품들을 냉장・냉동으로 구분하는 것으로 다음과 같은 사항에 항시 유의하여야 한다.

① 창고에 라벨이 부착되어 있는가?
② 물품이 제자리에 정돈되어 있는가?
③ 냉장고와 냉동고가 올바른 온도로 유지되고 있는가?
④ 선입선출에 의한 관리가 되고 있는가?
⑤ 적절한 데이터와 라벨이 사용되는가?
⑥ 냉동고에서 꺼내는 품목이 정확히 관리되는가?
⑦ 올바른 해동절차를 거치는가?
⑧ 오염을 방지하기 위하여 분리해동절차를 거치는가?
⑨ 구매명세서가 올바르게 사용되는가?
⑩ 재고조사는 지속적으로 행하여지는가?

2) 저장 중 손실요인

(1) 도난으로 인한 손실

식자재창고와 저장실의 뒷문으로 식자재가 도난당하는 행위가 그 대표적인 형태이다. 어느 분야에서든 흔히 일어나는 자재의 도난사고에 대한 안전대책은 창고의 접근을 가급적 눈에 보이게 설계하고 다른 저장시설 즉 워크 인(walk in) 냉장고나 냉동실의 문을 철저히 잠그는 것이다. 사용 중이 아닐 때는 저장용 냉장고와 창고 문을 잠그고 이들 시설에 접근할 수 있는 직원의 수를 최소한으로 줄이도록 한다.

(2) 사내직원의 절도에 기인하는 손실

직원이나 고객들에 의한 절도는 호텔의 작은 기물이나 식자재가 누출되는 원인이 된다. 지배인이나 경영자의 허가없이 음식을 소모하는 것도 절도의 일종으로 흔히 절도를 '재고수축'이라고 표현하기도 한다.

미국식당협회(National Restaurant Association)에 따르면, 전체외식업소의 총매상의 4% 정도가 이러한 직원들의 비리로 유출되고 있다고 한다. 이를 줄이기 위해서는 영업장 내에서의 서비스과정과 조리과정에 대한 적절한 관리감독이 수행되어야 하고, 반드시 지정받은 직원만이 식자재창고와 보관지역을 출입할 수 있게 하며 이들에 대한 관리와 감독을 철저히 하도록 한다.

(3) 식자재 변질과 부패로 인한 손실

부패와 변질에 의한 손실은 도난과 절취에 의한 손실보다는 조금만 신경을 쓴다면 잘 관리할 수도 있다. 식자재부패와 변질의 주요 원인은 부적당한 저장조건에 있고 그 결과는 곧 원가상승으로 나타나기 때문에 저장온도, 기간, 환기, 저장 시 재료 간의 간격, 위생 등 적당한 저장조건의 조성과 유지는 저장관리의 본질적인 기능이며 원가관리의 기초가 된다.

3) 저장관리 목표달성의 필수요소

저장관리 목표의 효율적인 달성을 위해서는 다음과 같은 요소들이 필수적으로 지켜져야 한다.

(1) 적절한 공간과 시설

호텔의 경우에는 일반적인 저장용 창고의 크기는 객실 1개당 1.35m^{3}이다. 그러나 일괄적으로 저장면적을 결정할 수 없고 호텔의 매출과 메뉴, 기타 비식자재 물품 등의 종류나 저장규모 등에 따르게 되는데 일반적인 시설요건은 다음과 같다.

① 방화, 침수 방지설비 및 방부장치인 냉동・냉장창고를 설치한다.
② 창고의 진입로는 운반과 통행이 편리해야 하고, 하역, 적하 및 정리가 가능한 공지를 확보한다.
③ 창고의 출입구는 2개 이상 설치한다.
④ 도난방지시설을 설치한다.
⑤ 환기, 채광시설을 만든다.
⑥ 위험성품목의 보관을 위한 특수시설(일반품목과 분리)을 만든다.
⑦ 사용면적이 경제적으로 고려되어야 한다.

(2) 적절한 온도와 습도 유지

호텔의 식자재저장시설 유지의 가장 큰 문제점 중의 하나가 다양한 물품의 적정한 온도와 습도유지이다. 일반 냉장고, 냉동고 보관용 대형 워크-인 냉장고 등의 청결상태와 소독, 방역과 건자재의 보관 및 저장실의 적절한 온도는 위생점검의 필수사항들이다.

이와 같이 인체의 건강과 생명에 직결된 음식물의 취급에는 많은 주의와 관리가 필요한데, 식품위생법의 기준에 따르는 것이 일반적이다. 잠재적 위험성을 내포하고 있는 육류, 해조류, 가금류 등의 식품들은 8℃나 그 이하, 60℃ 또는 그 이상의 온도에서 보관되어야 한다. 대체로 정부의 지침은 행정적 차원의 의무사항으로 수준 높은 음식들을 제공하여 고객으로부터 좋은 평판을 얻으려면 이 보다는 높은 수준의 운영지침이 요구된다.

(3) 편리한 위치

저장시설과 보관창고는 가급적이면 검수도크와 조리부서에 근접해 있어야 하므로 검수, 저장, 조리시설이 모두 동일 층에 위치하는 것이 바람직하다. 이는 곧 작업시간을 절약하고, 음식의 수요가 집중되는 시간대라도 능률적으로 작업을 할 수 있는 동선을 배려한 설계를 해야 함을 말한다.

(4) 적절한 유지관리

호텔의 규모에 따라 다르겠으나, 경우에 따라서는 수천만 원, 수억 원 상당의 식자재가 저장시설에 보관되어 있을 수도 있다. 수도관이 누수되어 저장실에 있는 저장물품들을 모두 못쓰게 한다거나, 냉동고가 갑자기 고장이 나서 냉동식품들을 훼손시키기도 한다. 그러므로 여러 가지 저장시설물들의 유지관리는 매우 중요한 문제로 냉장고나 냉동고 등의 장비를 구입할 때 돌발적인 고장 및 사고의 경우에 대비하여 사후관리서비스를 즉각적으로 받을 수 있도록 하는 책임을 지배인이나 저장실 담당자가 가지도록 사전에 정하여야 한다. 가장 안전하고 추가비용을 절감하는 합리적인 방법은 시설물의 구입으로부터 안전하고 좋은 제품을 구입하는 것이다.

(5) 유능한 직원

보통 소규모 호텔에서는 한 명의 직원이 식자재를 검수하고 저장하며 심지어 조리까지 담당하는 예는 허다하다. 그러므로 검수와 저장관리를 위해 유능한 직원이 반드시 필요하다. 훌륭한 검수와 저장관리 체계만으로도 호텔영업장 전체 판매액의 2퍼센트를 절약할 수 있다고 전문가들은 말하기도 하는 이유가 바로 그것이다.

(6) 작업수행을 위한 충분한 시간

유능한 직원이 단지 검수된 식자재를 저장하고 보관해두는 일을 넘어서 필요한 점검조절작업(monitoring control procedure), 물품과 저장시설의 위생관리, 재고품의 회전을 적절한 수준으로 유지하는 등 복잡한 업무를 제대로 수행해낼 수 있기 위해서는 충분한 시간이 주어져야 하나, 아직도 많은 호텔에서는 이러한 점을 중요하다고 생각하지 않아 무시하는 경우가 많으나 관행과는 달리 매우 중요한 것임을 알아야 한다.

5. 출고관리

1) 출고관리의 의의

출고란 식자재관리에 있어서 마지막 단계로 구매나 여타의 경로를 거쳐 호텔에서 입수된 물품을 조리부서나 실사용자에게 공급하는 일련의 과정을 말한다. 이 과정은 조리부서에 보내진 식자재에 대한 통제와 관리를 수반하며 원가관리에 필요한 정보를 제공하는 수단이 된다.

출고재는 일시적으로 쓰이지 않아 저장해 두는 저장출고(storeroom issue)와 즉각적으로 출고되는 직접출고(direct issue)가 있다. 직접출고는 구입 당일 소모될 식자재에 해당되는 경우가 많으므로 구입 당일 소모되지 않은 모든 식자재는 저장출고에 의한다.

한 식자재가 검수과정을 거쳐 저장실로 옮겨지고 저장실로부터 조리부서로 보내져 당일 소모가 되면 이 역시 저장출고라 볼 수 있는데, 저장출고에 대한 기본적인 관리는 모든 식자재를 조리부서로부터 식자재 출고요청양식에 따르지 않는 한 어떤 식자재도 출고되어서는 안된다.

완전한 원가관리시스템체계를 갖춘 호텔이라면 즉시적으로 사용할 목적으로 구입한 식자재는 구매되는 대로 비용으로 기록한다. 따라서 재고장부에 플러스(+)로 기록되는 것과 동시에 비용으로 처리되어 대차대조를 이루게 된다. 식자재관리에 있어서 출고 시 비용으로 처리되는 모든 식자재를 저장출고재로 분류하며, 수령 즉시 비용으로 처리되는 모든 식자재는 직접출고재로 분류한다.

2) 출고요청서와 원가계산

(1) 출고요청서의 작성과 관리

출고요청서는 주방직원이 필요한 식자재 품목과 수량을 창고로부터 공급받기 위하여 신청하는 양식이다. 모든 출고요청서는 주방장이 사전점검을 하여 과연 필요한 자재가 정확한 양만큼 요청되는지 살펴본 후 적절하다고 판단되면 주방장이 최종적으로 승인해서 창고관리담당직원에게 양식을 보낸다.

(2) 출고물품의 원가계산

저장출고재가 출고된 후에는 창고관리담당자는 요청서에 열거된 각 품목들의 가격을 기입하고, 출고된 식자재의 총비용을 결정한다. 이러한 수치는 영업장 운영에 있어 일일식자재원가를 계산해 내는 근거가 된다. 요청서에 열거된 각 품목들의 단위당원가를 기입하고 수량을 곱한 후 품목별 총금액을 함께 기입한다. 품목별 단위원가는 다음과 같은 방법으로 구할 수 있다.

① 모든 식자재를 수령하여 저장할 때에 포장용기나 상자에 단위별로 구매원가를 기입해두어 항시 저장관리담당자가 편리하게 이용할 수 있게 한다.
② 모든 식자재의 구매단가를 적어둔 파일이나 장부를 이용한다. 이때 한 품목당 카드 한 장을 만들어 가격이 변동함에 따라 가장 최근의 가격을 기입한다.
③ 가장 최근의 가격을 상시재고관리카드에 기입해 둔다.

3) 출고원가의 결정방법

만일 물품의 가격이 항시 일정하다면 어떠한 방법으로 계산하더라도 동일한 결과가 도출되지만, 대부분의 경우 식자재가격은 그 변동이 매우 심하여 다음 기술된 방법 중 어느 한 가지 방법을 택하느냐에 따라서 그 결과는 상이하다.

(1) 실제구입원가법

구매 시의 단가를 그대로 자산의 출고단가로 하는 방법으로 대개 일정기간 가격변동이 적은 공산품의 경우 이 방법을 택한다.

(2) 선입선출법

먼저 입고된 물품부터 차례로 출고하는 방법으로 입고할 때마다 구입원가가 다른 식자재를 임의로 출고하여 사용하는 경우 실제로 어떤 식자재를 사용하였는가에 상관하지 않고 빠른 구입일자의 것부터 사용한 것으로 간주하여 사용식자재의 가격을 산정하는 방법이다.

(3) 후입선출법

선입선출법의 반대개념으로 나중에 입고된 물품이 먼저 출고되는 방법으로서,

선입선출과는 반대로 실제구입원가와 상관없이 가장 최근 구입분의 단가를 사용 식자재의 가격으로 하는 방법이다.

(4) 총평균법

식자재를 출고할 때는 수량만을 기록하고 일정기간 말에 이월액과 구입액을 이월구매량과 매입수량의 합계수량으로 나누어 평균단가를 산출하고 이것을 그 기간 중에 출고단가로 하는 방법이다.

(5) 이동평균법

식자재를 구입할 때에 그 수량과 금액을 각각 그 앞의 잔액에 합산하여 새로운 평균단가를 산출하는 방법이다.

(6) 최종구입원가법

최후의 식자재매입분의 단가로 재고상품을 모두 평가하는 방법이다.

(7) 매매법

식자재별로 원가를 붙이고 있는 소매점이나 백화점 등에서는 모든 상품에 일일이 원가를 확인하려면 복잡하므로 기말에 재고자산을 매매가에 의해 실시하거나 이를 원가로 환원하기 위하여 여기에 원가율, 즉 원가・매매가를 합하여 얻은 금액을 기말 재고액으로 하는 방법이다. 따라서 원가율은 당기매입액에다 기초재고액을 합하여 당기판매액과 기말재고액을 합한 금액으로 나누면 된다.

4) 재고조사방법

식자재관리에 있어 재고조사는 호텔이 보유하고 있는 식자재물자를 품목별로 수량, 상태 및 위치를 정확히 파악하여 그 결과를 장부상의 기록과 대조하여 차이가 발생된 경우에 그 원인을 규명하고 기록된 장부를 조정함으로써 언제나 장부상의 계정과 현물의 수량상태가 실제 내용과 일치하도록 관리하는 업무를 말한다.

재고조사의 목적은 정확한 재고자산을 파악하고 관리의 제도적인 개선의 기본 요소를 제공하여 물자관리의 모든 문제점을 도출하려는데 목적이 있다.

식자재의 재고조사는 일반적으로 크게 두 가지 방법에 의한다. 가장 일반적인 방법은 실지재고조사법(physical inventory)으로 주요 재고품을 낱낱이 세는 방법이다. 다른 하나는 계속기록법(perpetual inventory)으로 모든 구매내역과 출고요청서의 내역을 기록하여 항시 정확한 재고파악이 가능하도록 기록해두는 방법을 말한다. 파악된 재고내역은 실제적으로 판매된 식자재원가와 비용을 계산하는데 필요하다. 또한 적정수준의 재고가 유지되는지 알려주며 장래의 구매량과 적시 등을 예측하도록 해준다.

(1) 실지재고조사법

적절한 재고조사 없이 출고요청서를 작성하는 경우에는 기록되지 않은 누락된 물품들도 있어 실제비용보다 식자재비용이 낮게 책정되어 결국에 가서는 재고가 거의 0에 가까워져서 한꺼번에 상당한 양의 식자재를 구매해야 할 때 비로소 재고조사와 그의 관리가 그릇되었음을 알게 된다. 재고량을 계산하는데 있어 기초재고량과 기말재고량을 수치로 파악하고 있어야 한다. 기초재고량은 전(前) 회기기간의 기말재고량이다. 실제적으로 한 회기간의 재고량을 결정짓기 위해서는 회기의 시작에 실지재고조사법에 의한 재고파악이, 회기의 마지막 날에는 다음 회기의 기초재고량의 확보를 위한 또 한 차례의 재고조사가 시행되어야 한다. 이에 의거하여 일정회기 간의 식자재비용을 계산하는 공식은 다음과 같다.

> **총재고량** = 기초재고량 + 당기구매량
>
> **총재고량**(금번 회기 중 사용 가능한 재고량) - 기말 재고량
>
> = 회기 중 실제 사용된 총 식자재의 양

사용된 총식자재의 비용을 총비용(gross cost)이라고 하며, 직원식사에 소모된 식자재의 양을 빼고 계산한 식자재의 비용은 고객에게 판매된 총식자재 비용이 된다. 일반적으로 실지재고조사는 한 달에 한 번 그 달의 맨 마지막 날 또는 호텔의 회기 날짜에 맞추어 실시한다.

재고조사할 때 기록되는 사항은 재고의 수량뿐만 아니라 가격도 포함한다. 효율적으로 조사된 재고사항을 기록해 두기 위해 흔히 12개월분을 한꺼번에 기록관리할 수 있는 월력(月曆)이 사용된다.

(2) 계속기록법

계속기록법은 저장실 내의 모든 품목의 식자재에 대한 구매와 출고의 기록을 지속적으로 유지하는 방법을 말한다. 따라서 항시 입고와 출고의 비교내역이 수중에 있는 것이다. 이 방법을 시행하고 유지하는 데는 막대한 시간과 인력이 소요되므로 수개월 치의 식자재를 한꺼번에 구매하는 호텔에서 주로 사용가능하다. 그러나 오늘날 구매결정을 용이하게 해주고 원가분석에 도움을 주는 컴퓨터정보처리기술의 발달로 인하여 계속 재고카드에 의한 계속기록법이 과거에 비해 많이 사용하고 있다. 계속기록법에 의한 재고관리는 다음과 같은 장점이 있다.

① 언제 주문할 것인가를 알려준다.
② 과잉 또는 과소구매를 예방한다.
③ 지속적으로 재고상황을 제공한다.
④ 재고품목에 따른 차이를 알 수 있게 한다.
계속기록법은 월별로 평균보다 높은 변동을 보이는 품목을 정확히 집어내며, 또한 각 품목마다의 적정재고기간을 알려준다.
⑤ 묵은 자재를 제거하는데 도움이 된다. 재고목록표만 봐도 즉시 어떤 품목이 사용되고 있지 않는가 보여줌으로써 이들에 대한 관리를 용이하게 한다.

이미 설명하였듯이 재고카드에 의한 계속기록법에는 상당한 시간과 노력이 따르고 사용의 실효를 거두기 위해서는 지속적으로 수정, 보완해야 한다. 상시재고 내역은 카드에 간단히 기록해두면 편리하고 또한 구매나 원가에 관련된 정보는 카드 뒷면에 함께 기록해두면 좋다.

제5절 식음료 원가관리

1. 식음료 원가관리의 목적

원가관리란, 원가의 표준을 설정하고 원가발생의 책임귀속을 명백히 하여 원가능률을 증진시키는 것을 말하며, 특히 식음료부문의 원가관리는 경영방침 또는 이익계획에 따라 식자재의 구입, 조리, 판매함에 있어 최대의 이윤을 얻고자 하는데 있는 것이다.

그러나 일반적으로 대부분의 호텔에 있어서 원가계산제도(cost accounting system)를 사용하고 있으나, 원가관리제도(cost control system)는 미비한 경우가 많으며, 더욱이 이 두 개념을 혼동되는 경우가 허다하다. 엄격히 말해서 전자는 원가의 기록과 계산기능을 의미하며, 후자는 원가에 대한 통제의 기능을 수행하는 것으로 구분될 수 있으며, 양자적 개념의 병립과 실무상의 병합 없이는 효율적인 경영관리가 불가능하다고 하겠다.

식음료원가관리의 목적은 식재료의 구입, 조리, 판매함에 있어서 최대의 이윤을 얻는데 있으며, 최대의 이윤을 얻기 위한 원가계산은 손익계정과 재정상태를 파악하기 위한 기초자료가 된다. 다시 말해, 계획 설정을 위한 원가수치 제공, 관리목적을 위한 원가수치 제공, 재무제표 작성 등 기타 목적을 위한 원가수치를 제공하는 것이다.

더욱이 식재료에 있어 요리의 조리와 판매는 특이한 특징을 지니고 있는데, 즉 호텔의 주방은 여러 가지의 메뉴를 주문에 의해서 생산이 이루어지는 곳이다. 또한 주문을 받아 제조(조리) - 판매 - 소비 - 지불의 과정이 비교적 단조롭고 단시간 내에 이루어질 수 있는 특징을 가지고 있다. 특히 상품은 부패성이 강하여 재고로서 저장이 불가능하며 생산과 판매가 동시에 이루어지지 않으면 안된다.

이는 일반제조기업이 완제품을 기준으로 하여 원가요소별 구분이 뚜렷하여 원재료별, 노무별 경비 등에 적정한 원가배분이 용이하며 또한 비교적 적은 품목의 상품이 상당기간 지속적으로 생산되며, 즉각적인 판매보다도 저장되어 시간적 여유를 가지고 판매되어지는 것임에 반하여 식음료상품은 주문에 따라 짧은 시간 내에 조리, 판매하여야 하는 특수성을 가지고 있는 것이다.

이와 같이 호텔의 식음료상품은 상품자체의 특수성 때문에 정확한 원가계산을 하기가 힘들다. 그러므로 실제로 원가를 관리함에 있어 다음과 같은 두 가지 주제에 초점을 맞출 필요가 있다.

첫째, 원가를 현재의 수준에 유지하는데 제반 노력을 경주하나, 보다 바람직한 원가관리의 목표는 원가의 인하인 것이다.

둘째, 원가를 통제함으로써 그 관리의 목적을 추구하는 것보다 오히려 올바른 원가계산을 통한 정확한 자료수치나 정보에 의해 계획의 기능을 강화하는 방향으로 관리의 목적을 두는 것이 바람직하다.

2. 식음료 원가관리의 절차

식음료 원가관리는 식자재의 재료비만을 대상으로 부문별 원가관리의 단위는 주방을 개별단위로 정하고 제품별 원가관리는 각기의 구매단위로써 식료에 관한 직접재료비인 식자재원가만을 기준하여 산정하고 관리함을 특징으로 할 수 있다.

모든 원가와 매상은 발생지 원칙으로 계상하고 필요시 원가를 대체하여 단위부문인 주방의 식자재원가를 산정하고 해당영업장에서 발생된 매상에 대한 원가율을 기준하여 관리한다.

따라서 식음료원가관리는 구매과정에서 1차, 생산과정에서 2차, 판매과정에서 3차에 걸쳐 통제되는데 결국 적정한 시기에 적정한 양을 좋은 가격에 신선한 재료를 구입하여 잘 보관하여 그 식당의 표준제조명세서에 의한 특수한 요리법이나 주장의 조주법에 맞추어 생산 판매한 다음 메뉴 ABC분석을 통하여 관리가 가능한 것이다.

식음료상품의 원가관리를 호텔에서 중요하게 생각하는 것은 식음료상품은 우선 재료의 비용과 재료의 진부화에 의한 재고위험 부담률이 높으며 인적서비스 수반에 따른 인건비가 많이 소요되므로 순이익을 극대화시키기 위해서는 원가관리를 통해 원가를 낮추어야만 하기 때문이다.

식음료 원가관리의 절차를 살펴보면 다음과 같다.

① 운영의 책임소재를 밝힐 수 있도록 직제를 확립하고 이에 해당하는 원가부문을 주방단위로 설정한다.
② 실제원가의 능률을 판단하는 표준원가를 파악하여 표준원가와 비교한다.
③ 운영의 활동결과로 발생한 실제원가를 파악하여 표준원가와 비교한다.
④ 원가차익의 원인을 분석해 개선의 조치를 취한다.

참고문헌

국내문헌

오정환, 호텔개스트노미원론, 기문사, 1995.

김의근, 외식사업경영론, 백산출판사, 1995.

경주관광교육원, 식음료업무론, 한국관광공사, 1994.

김의근, 외식사업실무론, 백산출판사, 1995.

김진섭, 호텔경영론, 형설출판사, 1993.

롯데호텔, 식음료교재, 1992.

박성부 · 이정실, 호텔식음료관리론, 기문사, 1997.

오승일, 식음료사업경영, 백산출판사, 1994.

오정환, 호텔식당경영론, 남영문화사, 1985.

원융희, 현대호텔 식당경영론, 대왕사, 1989.

유철형, 전통호텔식음료 경영과 실무, 백산출판사, 1994.

이장춘, 관광마케팅원론, 대왕사, 1987.

이정자, 호텔식음료원가관리, 형설출판사, 1994.

최동열, 호텔연회관리, 백산출판사, 1995.

국외문헌

鈴木博, Modern Hotel Administration, 紫田書店, 1975.

金子佐一郎, 原價管理, 企業經營學會, 1960, pp. 4~6.

原勉 外 3人, ホテル産業界, 教育社, 1993.

Ferald w. Lattin, Modern hotel and Management, 3rd(ed.), Freeman and Company, 1980.

John W. Stockes, How to Manage a Restaurant, W.C. Brown Co, 1986.

Jack D. Ninemeier, Food & beverage Management, AH & MA, 1984.

D. E. Lunberg, The Hotel and Restaurant Business, A CIB Book, 1984.

A. Schmidt, Food and Beverage Management in Hotels, A CIB Book, 1987.

Carol A. King, "Service–Oriented Quality Control", The Cornell H.R.A. Quarterly, 1984.

Anthony M. Rey & F. Wieland, F & B Service, AH & MA, 1985.

제5장 기타 부문관리

제1절 피트니스센터와 비즈니스센터

1. 피트니스센터

1) 피트니스센터의 개념

국내 체육시설 설치 · 이용에 관한 법률과 시행령에서 살펴보면, 피트니스센터는 이용자가 직접 참여하여 운동을 할 수 있는 두 가지 이상의 시설과 설비를 갖추어 영리를 목적으로 운영하는 종합체육시설업을 의미한다. 피트니스 정의를 사전적으로 살펴보면, "적당", "적합", "신체나 건강상태가 양호한 상태"라고 기술되어 있다. 흔히 건강이란 "질병이 없고 허약하지 않은 상태"라고 한다. 그러나 의학적으로 엄밀히 밝혀진 질병 이외에 질병이 하나도 없는 사람은 거의 없다. 건강이 무엇인지에 대한 세계보건기구(WHO)의 정의를 보면 "신체적으로 질병이 없고 허약하지 않을 뿐만 아니라 정신적 · 사회적으로 안녕한 상태"라고 하였다. 개인의 건강은 건강하다는 그 자체가 목적이 아니라 그것을 기본으로 해서 인생을 값있게 살아 갈 수 있도록 해주는 방법이며, 더 나아가 사회의 안녕과 복지를 이룩하는데 이바지할 수 있는 것이다.

피트니스센터란, 이러한 건강한 삶을 누리기 위해 정신적 · 육체적으로 계속 관리, 유지할 수 있도록 복합 스포츠시설을 설치 · 운영하는 곳으로 개인에게 맞게끔 규칙적인 운동을 단계적으로 전개할 수 있도록 한 곳이다.

2) 피트니스센터의 발전과정

우리나라에 피트니스센터가 처음 선보인 것은 1972년 미국인 보디빌더 클라크 해치가 백남빌딩 9층에 차린 클라크 해치 피트니스센터가 효시로 하여 헬스클럽들이 점차 생겨나기 시작했으며, 우리나라 호텔에 피트니스센터가 도입된 것은 체인호텔이 건립되면서 사우나시설을 중심으로 운영을 하다가 수영장, 테니스장, 골프, 체련장, 에어로빅 등 확장공사를 하여 운영을 하게 된 것이다. 이런 일반 피트니스센터나 호텔 피트니스센터의 증가현상이 여성들의 사회생활에 대한 참여와 여가시간의 증대로 인해 시장의 확대를 가져왔을 뿐만 아니라 연령층도 남녀노소 할 것 없이 확대되었다. 경제적 여유와 사회적 고도화에 따른 운동부족과 스트레스 해소 그리고 상호 커뮤니케이션의 목적과 고령화 추세에 사회에 있어서 "건강하다는 것"에 대한 인식의 변화가 더욱더 다양화되어 가는 라이프스타일의 변화 등이 피트니스센터가 성장하는 요인이 되고 있는 것이다. 최근 체인 호텔들이 많이 생겨나면서 피트니스센터를 호텔의 필수 분야인 부대시설로 운영을 하고 있으며, 또한 피트니스센터의 시설 유무가 특급호텔의 등급심사결정기준에도 포함되고 있다.

3) 피트니스센터의 기능

피트니스센터의 기능은 크게 3가지로 나누어 분류할 수 있는데, 이를 살펴보면 다음과 같다.

(1) 건강관리기능

운동 및 체력단련을 통한 육체적·정신적 건강을 유지, 증진시킬 수 있는 기능을 가진다. 또한 젊은 세대들은 건강유지는 물론 몸매 가꾸기를 목적으로도 활용하고 있다.

(2) 커뮤니케이션기능

사교, 오락의 기능으로서 회원 상호간에 친밀한 유대관계를 유지시키는 매개체의 역할을 한다.

(3) 레저·레크리에이션기능

소득수준의 향상으로 인한 여가시간 증가추세에 부응하여 스포츠를 통한 건전한 레저, 레크리에이션 활동을 유도한다.

이외에 스트레스 해소를 위한 휴식공간으로서의 기능과 운동기술의 증진을 위한 장소로도 활용한다.

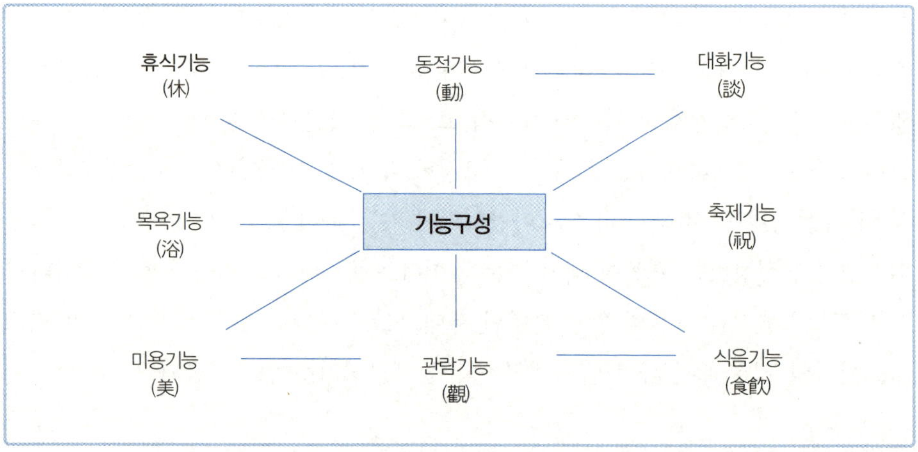

[그림 5-1] 기능 관련 구성도

2. 비즈니스센터

1) 비즈니스센터의 개념

비즈니스센터는 비즈니스맨(business man)을 위하여 컴퓨터(computer), 팩스(fax), 복사기와 같은 사무기기와 비즈니스업무에 숙련된 직원을 배치하여 투숙객이 호텔 내에서 비즈니스업무를 원활히 수행하는데 도움을 주는 곳이다. 또한 비즈니스센터는 소규모 회의나 호텔 투숙객이 업무를 위한 상담 장소로도 제공되며, 특히 비즈니스를 위한 비서업무나 통역 그리고 비즈니스를 위한 각종 업무를 보조하기도 하는 곳이다.

2) 비즈니스센터의 업무

비즈니스센터는 객실 투숙객이나 혹은 호텔시설을 이용하는 상용고객에게 타이핑(word processing)이나 복사 그리고 번역업무를 지원한다. 따라서 비즈니스센터의 직원은 컴퓨터와 외국어에 능통해야 한다.

또한 고객이 통역을 원할 때에는 외국어에 능통한 직원이 지원을 하거나 전문통역원 혹은 전문통역회사를 알선해주는 역할까지도 해야 한다.

호텔투숙객의 간단한 수화물을 전달해 주는 서비스(courier service)도 비즈니스센터의 중요한 업무 중의 하나이다. 따라서 택배회사(courier company)와의 연계체계를 구축해야 하며, 항공예약이나 전기·전자 사무용품(video, cassette recorder, portable head project, computer 등)을 구비하여 대여하는 업무도 수행해야 한다.

즉 비즈니스센터 내에서 비즈니스 업무를 수행하는데 전혀 손색이 없도록 인적·물적 자원을 준비하여 서비스를 하는 것이 비즈니스센터의 업무라고 할 수 있다.

제2절 카지노부서

1. 카지노의 의의

1) 카지노의 개념

카지노의 어원은 갬블링·음악·쇼·댄스 등 여러 가지의 오락시설을 갖춘 집회장이라는 의미의 이탈리아어 카자(casa)가 어원이고, 르네상스 시대에는 귀족이 소유하고 있었던 사교·오락 활동(댄스·당구·갬블링 등)이 행해지던 별관을 뜻하였다. 여기서 갬블링(gambling)은 고대 영어인 앵글로 색슨어의 가메니안(gamerıan)에서 유래된 것으로 그 의미는 스포츠나 놀이를 뜻한다. 국내에서는 카지노를 서양식 도박을 통칭하는 의미로 사용하고 있으며 「관광진흥법」에 의하면 전문영업장을 갖추고 주사위·트럼프 등 특정한 기구 등을 이용하여 우연의 결과에 따라 특정인에게 재산상의 이익을 주고 다른 참가자에게 손실을 주는 행위 등을 하는 업이라고 규정하고 있다.

그러나 관광경영학의 한 연구대상으로서의 카지노는 관광객이 관광과정에 즐기는 관광활동 중의 하나로 인식하며, 이를 내기도박으로 인식하는 것은 잘못된 것이라고 할 수 있다. 증권, 복권 그리고 외화펀드와 같이 확률에 의한 사업을 도박이라고 하지 않는 것과 마찬가지로 카지노의 개념도 여가선용을 위한 건전한 위락형

게이밍(gaming)으로 인식되어져야 한다. 게이밍이라는 용어는 과거 카지노 도박이 가진 퇴폐적이고 불법적인 개념으로부터 합법적인 위락활동으로 구별지으려는 시도이며 또한 게이밍이라는 단어는 스포츠의 한 영역으로 인식하거나 도박이 가지고 있는 커다란 리스크의 부정적인 관념을 최소화시키는 것이다.

2) 카지노의 발전과정

카지노의 발전과정이나 역사를 알아보기 위해서는 모든 형태의 도박을 먼저 이해하여야 한다. 도박은 인류의 문화만큼 오래되었으며, 인류와 더불어 시작되었다고 할 수 있다. 고대 조상들이 도박을 한 흔적은 고대 이집트의 문화유물에서 B.C. 2000년 전부터 오락이나 스포츠로서 도박을 하였다는 것을 찾아볼 수 있으며, 또한 인도나 그리스에서도 기원 전 부터 도박을 하였다는 유물을 볼 수 있다. 아메리칸 인디언은 신대륙을 발견하기 몇 세기 전부터 열광적인 갬블러(gamblers)였다는 기록도 있다.

다양한 종류의 도박은 서유럽의 국민들에게 넓게 퍼졌으며, 13세기 동안 카드게임은 가장 대중적인 도박이었으며, 현재의 카드게임은 1360년경 프랑스에서 사용하던 카드게임의 형태가 정착된 것이다.

근대적인 카지노는 17~18세기 중세 유럽의 귀족사회에서 사교의 한 수단으로 시작한 것이 유럽 각지에 소규모 카지노가 개설되면서 시작되었다. 특히 독일의 바덴바덴과 비스바덴은 18세기 중엽부터 카지노장이 설치된 도시이다.

카지노가 미국으로 건너가며 다른 모습으로 발전하기 시작하였다. 이전까지 카지노가 음성적인 모습을 띤 채 소규모로 영위된 것과는 달리 합법적이며 대규모의 기업으로 발전하게 되었다.

네바다주의 라스베이거스를 중심으로 이전까지와는 다른 발전모습으로 전개되어 지었다. 일단 대규모의 카지노가 호텔과 함께 군집적으로 모여 있고 카지노에서 게임만 하는 것이 아니고 쇼 등을 포함한 다양한 엔터테인먼트 이벤트가 시행되어 많은 고객들이 건전한 레저활동의 한 모습으로 다가갈 수 있도록 하였다.

그러나 미국경제가 불황을 겪으며 다른 도시에도 카지노가 다양한 형태로 생기게 되었다. 특히 아메리칸 인디언에 대한 보상책으로 인디언 보호구역(Indian Reservation) 안에는 카지노의 설립이 쉬워지도록 하여 미국 내에 많은 카지노가 곳곳에 생기게 되어 라스베이거스의 독점성이 무너져 라스베이거스는 위기를 맞게 되었다. 이에 라스베이거스는 단순한 도박도시에서 벗어나 종합가족리조트로 변신을 계획하고 호텔을 더욱 대형화하고 고급화하며 인근에 골프장을 건설하고 후버댐을 활용하여 수상 스포츠시설을 건설하는 등의 노력으로 이전보다 더욱더 성장발전하게 되었다.

80년대 이후 아시아태평양지역의 경제발전이 이루어지며 관광산업도 함께 성장하였다. 한국이 외화획득을 위해 카지노를 개설하여 일본관광객을 유치하였으며 영종도지역에 카지노리조트를 개발하여 지리적으로 인접한 중국관광객을 유치하려는 계획도 있다. 말레이시아 등의 동남아 국가도 특별법을 제정하여 카지노를 개설하였다.

마카오는 특별한 산업이 없어 카지노에 대한 의존이 높았는데, 1999년 말 중국에 귀속되며 더욱 카지노산업이 발전하여 지금은 라스베이거스보다 매출 측면에 있어 더 많이 성장하였다. 도박을 좋아하는 중국인의 성향으로 해외에서의 도박으로 인한 외화유출을 최소화하기 위해 중국정부는 마카오의 카지노 내부 스탠리호 개인이 독점하던 카지노를 외국투자자들에게 개방하여 라스베이거스의 윈카지노, 베네치아, MGM 등이 투자하여 이전과는 확연히 다른 모습의 종합리조트로 변모하게 되었고 매출이 라스베이거스를 능가하였다. 당분간은 지속적으로 발전하리라는 전망이 있다.

3) 한국 카지노의 발전과정

한국 카지노 설립의 법적 근거가 된 최초의 법률은 1961년 11월에 제정된 복표발행현상 기타 사행행위단속법이다. 외래관광객을 유치하여 외화획득을 위한 관광진흥정책의 일환으로 1962년 9월 3일 「복표발행현상 기타 사행행위 단속법」을 법률 개정한 것이 카지노 도입의 결정적인 계기가 되어 1967년 8월 10일 올림포스호텔 카지노가 최초로 개설되었다.

1969년 6월 「복표발행현상 기타 사행행위 단속법」 재개정 전까지 내국인 출입을 허용하였던 것을 이 법의 개정으로 내국인 출입이 제한되고 외국인전용 카지노로 운영되어 왔으며, 40년 동안 관련법의 큰 개정 없이 이어져 왔으나 정부의 석유우선정책으로 인하여 탄광지역의 경제가 어려워짐에 따라 폐광지역 특별법에 의거 내국인출입 카지노출현의 근거가 생겼고 (주)강원랜드가 2000년 10월 28일 카지노 영업을 개시하였다.

주요 지역 카지노복수화 정책에 따라 2006년 한국관광공사가 카지노운영을 위한 자회사를 설립하여 세븐럭카지노를 서울 2곳, 부산 1곳에 추가 개설하였다.

인천 근처의 섬 지역에 카지노를 포함한 대규모 리조트를 개발하여 중국관광객 유치도 계획하고 있다.

국내 카지노사업은 1960년대부터 시작했다고 할 수 있으며, 연대별로 살펴보면 다음과 같다.

(1) 1960년대

- 1961년 11월에 '복표발행현상 기타 사행행위 단속법' 제정으로 카지노 설립의 법적 근거를 마련함.
- 1962년 9월 동법의 개정된 사항에 외국인을 상대로 하는 오락시설로서 외화획득에 기여할 수 있다고 인정될 때에는 이를 허가할 수 있게 함으로써 설립근거를 마련함.
- 1967년 인천 올림포스호텔 카지노를 최초로 개설함.
- 1968년 주한외국인과 외래관광객 전용레크리에이션시설로서 서울에 워커힐호텔 카지노를 개장함.

(2) 1970년대

- 1970년 카지노사업을 주요 관광지에 확산함.
- 1971년 속리산관광호텔 카지노를 개장함.
- 1975년 제주칼호텔 카지노를 개장함.
- 1978년 파라다이스비치호텔 카지노를 개장함.
- 1979년 코오롱관광호텔 카지노를 개장함.

(3) 1980년대

- 1980년　설악파크호텔 카지노를 개장함.
- 1985년　제주하얏트호텔 카지노를 개장함.
- 1990년　제주그랜드호텔, 제주남서울호텔, 제주서귀포 칼호텔, 제주 오리엔탈호텔 카지노 개장함.

(4) 1990년대

- 1991년　3월 동법이 '사행행위 등 규제법'으로 개정됨.
  1991. 5. 경찰청 개설로 인한 카지노의 허가 등 관련업무가 지방경찰청으로 이관됨.
  제주신라호텔 카지노 개장
- 1994년　'사행행위 등 규제법'으로 개정되어 법이 「관광진흥법」에 의한 관광사업으로 규정되어짐, 즉 「관광진흥법」 내에 카지노 관련법규 마련
  1994년 말 행정부의 개편에 따른 관광주무부서가 교통부에서 문화체육부로 이관됨에 따라 카지노산업은 문체부 관광국에서 허가, 운영, 지도, 감독 등을 맡게 됨.
- 1995년　라곤다호텔 카지노 개장
  속리산호텔 카지노장 폐업
  12월 29일 「폐광지역개발 지원에 관한 특별법」 제정
  2005년까지 한시 적용되는 법으로 국회 통과, 폐특법 10년 연장 국회 통과(2015년)
- 1997년　카지노전산시설을 이용한 영업실적기록 의무화
  「관광진흥법 시행규칙」 개정령이 1997년 12월 1일 공포되어 카지노 영업 게임종류가 15종에서 (슬롯머신, 비디오게임) 및 빙고게임이 신설되어 18종으로 확대됨.
- 1999년　5월 외국인 카지노투자에 대한 합법화가 입법 예고
  마작이 카지노게임 종류로 추가 18종에서 19종으로 확대

(5) 2000년대

- 2000년　10월 28일 (주)강원랜드 스몰카지노 개장
- 2003년　3월 28일 폐광지역 (주)강원랜드 카지노리조트 개장
- 2006년　1월 27일 한국관광공사 자회사 세븐럭카지노 개장 (서울 2, 부산 1)

4) 카지노산업의 특성

첫째, 카지노업의 가장 기본적 기능의 하나로써 개인에게 건전하게 게임을 하는 장소와 다채로운 오락을 즐길 수 있는 프로그램제공이 가능하다는 점이다.

둘째, 타 산업에 비해 고용창출효과가 높다는 점이다. 카지노업장은 24시간 운영되어 고용효과가 타 관광산업에 비해서도 3배 이상 높은 것으로 분석되고 있다.

셋째, 부존자원의 부족과 유・무형의 관광자원의 개발에 대한 한계성을 극복할 수 있다는 점이다.

넷째, 카지노산업의 경제적 파급효과가 매우 크다는 사실이다.

다섯째, 외래관광객의 일인당 소비액증가와 체재기간연장(외래관광객 평균소비액의 약 38%)을 가져와 관광을 통한 지역경제 활성화와 국가경제 발전에 크게 기여할 수 있다는 점이다.

여섯째, 카지노고객은 호텔매출향상에 대한 기여도가 높다는 점이다.

일곱째, 카지노산업은 무공해산업이며 실내에서 이루어지기 때문에 4계절 비수기가 특별히 없어 관광자원의 다양화에 기여할 수 있다는 점이다.

여덟째, 일반 공업제품에 비해 외화가득률 높다. 원자재가 부족한 국내의 경우, 원자재를 수입하기 때문에 외화가득률이 떨어지는데 반해 카지노산업은 노동력이 많이 투입되는 부가가치가 높은 산업이라 할 수 있다.

이는 뚜렷한 계절적 비수기가 있는 관광상황과 야간관광상품 부족이라는 우리나라의 관광사정을 감안해 볼 때 카지노산업을 전략산업으로 육성하는 것은 관광입국이라는 대 명제를 해결해 가는데 필요한 것이기는 하지만 도박중독과 같은 사회적 문제도 생겨 이를 치유하는 방안도 모색되어야 장기적 발전이 가능할 것이다.

〈표 5-1〉 우리나라 카지노현황

지 역	업체명	운영장소	법인명
서 울	파라다이스 워커힐카지노 세븐럭카지노 강남점 세븐럭카지노 서울	쉐라톤워커힐호텔 인터콘티넨탈호텔 밀레니엄힐튼호텔	㈜파라다이스 한국관광사(GKL) 한국관광사(GKL)
부 산	파라다이스카지노 부산 세븐럭카지노 부산	파라다이스호텔 부산롯데호텔	㈜파라다이스글로벌 한국관광사(GKL)
인 천	골든게이트카지노	하얏트리젠시호텔	
대 구	인터불고카지노	대구인터불고호텔	
강원도	강원랜드카지노 알펜시아카지노	강원랜드호텔 인터콘티넬탈호텔	(주)강원랜드 (주)코자나
제 주	파라다이스그랜드 더케이제주호텔카지노 로얄팔래스카지노 엘베가스카지노 골든비치카지노 신라호텔카지노 롯데호텔제주카지노 하얏트호텔카지노	제주파라다이스호텔 제주라마다호텔 오리엔탈호텔 크라운플라자호텔 제주칼호텔 제주신라호텔 제주롯데호텔 제주하얏트호텔	㈜파라다이스글로벌 ㈜앤에스디 영상 ㈜디앨씨레저 ㈜골든비치 ㈜벨루가 ㈜두성 ㈜유니콘

자료 : 2013년 한국 카지노업 관광협회 자료 참고

2. 카지노 부서의 조직

카지노의 조직은 호텔이나 다른 기업과는 크게 다르지 않다. 다만 카지노의 영업준칙에 따라 이사회, 카지노 총지배인, 영업부서, 안전관리부서, 출납부서, 환전부서, 전산전문부서 등으로 구성되어 있다. 이사회는 카지노의 영업활동과 내부통제에 관한 최종적인 권한과 책임을 가지고 있으며 카지노 총지배인은 영업장 내의 게임운영총괄과 카지노 영업장 내의 시설 및 기구, 영업준칙 준수의 지도, 감독하며 무료증정(콤프), 신용거래(credit), 알선수수료 및 계약게임의 기준을 설정하고 고객 유치와 관리를 책임지는 일을 한다. 영업부서는 딜러(dealer), 플로어 퍼슨(floor person), 핏 보스(pit boss), 쉬프트 매니저(shift manager) 등으로 구성되며, 딜러는 게임테이블에 배치되어 고객과 직접 게임을 하나 동시에 2게임을 담당할 수는 없다. 플로어 퍼슨(floor person)은 일반적으로 6개 테이블 당 1명 이상이 배치되어 각 게임테이블에서 이루어지는 고객과 딜러의 게임을 1차 감독하고, 핏 보스(pit boss)는 보통 24개 테이블 당 1명 이상이 배치되어 고객과 딜러의 게임을 2차 감독한다. 쉬프트 매니저(shift manager)는 3명 이상으로 담당근무시간 동안 카지노영업장에서 발생하는 모든 영업을 감독한다. 안전관리부서는 내국인 출입통제와 영업장의 질서유지, 고객과 직원의 안전유지, 폐쇄회로시설의 운영과 관리를 담당한다. 출납부서는 게임테이블의 영업을 위한 칩의 공급과 회수, 카운트룸의 운영과 관리, 영업과 관련된 현금, 수표, 유가증권 등의 거래와 보관 등 금전적인 출납에 관한 전반적인 업무를 총괄하는 부서이다. 환전부서는 고객이 제시하는 외화를 원화로 환전하거나 게임종료 후 원화를 외화로 환전해 주는 것이며, 전산전문부서는 카지노전산시설을 관리한다.

이와 같이 카지노영업준칙에 의하여 조직을 구성하고 있지만 카지노업체의 특성과 경영방침, 카지노의 규모 등에 따라 조직을 달리하고 있다. 그러나 카지노영업준칙에 열거된 인원은 반드시 준수해야 하므로 이를 크게 벗어난 조직은 없다고 할 수 있다.

제3절 안전관리부서

1. 안전관리

1) 안전관리의 개념

안전관리는 1960년대까지 비교적 규모가 큰 컨벤션호텔을 제외하고는 거의 관심을 두지 않았다. 경영자들은 대부분의 직원들이 근무하는 주간동안에는 특별한 안전조치가 필요하지 않다고 느꼈으며, 야간에는 객실복도를 순찰시키기 위해 야간경비원만 고용할 정도였다. 그러나 1970년대에 들어와 범죄의 증가와 흉폭화로 인해 고객을 보호하기 위한 필요한 조치를 취할 필요성이 증대되자 호텔에서도 안전관리에 관하여 관심을 가지기 시작하였고 안전관리의 개념도 확대되기 시작하였다.

호텔에서의 안전관리는 호텔시설인 건물과 호텔 내의 기자재재산은 물론 고객 및 직원의 생명과 재산을 도난이나 절도 및 사기와 같은 위험과 화재, 홍수, 지진과 같은 재난으로부터 보호하고 예방하는 조치라고 할 수 있다. 안전에 대한 책임은 건물뿐만 아니라 호텔 내의 모든 사람의 생명이나 그들의 재산까지 보호하는 것으로 그 위험이 인위적이고 천연적인 재해나 범죄의 위험성으로부터 예방하고 최소화하는 것이다.

2) 안전관리의 대상

호텔에 있어 안전관리의 대상은 호텔의 고정자산인 건물과 시설을 비롯하여 비품 및 각종 재료, 고객의 생명과 재산 그리고 직원의 생명과 재산이다. 호텔에서 안전관리의 대상을 내외부로 구분하여 살펴보면 다음과 같다.

(1) 외부 안전관리

모든 건물이나 시설물은 주변의 안전설비를 통해 무단침입자나 각종 도난사고에 대하여 보호되어야 한다. 만약 주차시설이 안전하게 설비된 호텔은 고객의 자동차가 도난으로부터 안전하게 보호될 수 있다. 실외수영장은 파손과 사고를 막기 위한 관리대책이 필요하며, 건물외곽과 주차지역은 야간에 조명시설을 잘 갖추는 것이 필요하다.

(2) 내부 안전관리

건물 내부의 영업장소에 대한 공간설비는 안전관리와 중요한 관계가 있다. 오늘날 대개의 건물들은 화재경보기를 갖추고 있으나 아무리 최상의 경보체계를 갖춘 시설도 다양한 응급처치방안과 그것을 수행할 수 있는 훈련된 사람이 필요하다. 응급처치방안은 화재나 폭동, 테러리스트의 침입 그리고 기타 자연재해와 같은 것을 포함한다. 경보기가 작동한다면, 관리자는 고객들이 당황하지 않도록 신속한 긴급조치를 전 직원에게 전달해야 한다. 이를 위해서는 주기적으로 비상사태에 대비한 훈련이 필요하며, 긴급한 상황에서의 최선은 평소 민첩하고 잘 훈련된 상호의사전달체계가 가장 중요하다.

또한 고객의 귀중품이나 중요한 서류 등을 잘 보관하는 것도 안전관리의 한 업무이다. 그러나 단순히 자물쇠만으로는 통제가 어렵기 때문에 보다 안전한 관리시설의 설치가 필요하다. 많은 건물들에는 안전금고가 있고 심지어 고객의 귀중품을 저장할 수 있는 금고도 객실에 있다. 만일 보관 중에 저장된 귀중품을 잃어버렸을 때에는 민사상의 책임을 면할 수 없다. 따라서 이러한 문제는 명확한 책임한계에 대한 법률적 인식이 필요하며 이를 예방하기 위해서 관리자는 물론 모든 직원은 사전에 철저한 직무교육이 필요하다.

2. 안전관리부서의 조직

과거 호텔에서 안전에 대한 책임은 안전사고가 발생한 부서나 개인의 책임에 두었거나 안전관리 직원을 두는 경우에도 보통 당직지배인 아래에 두는 등 독립된 부서로 두지 않았다. 그러나 오늘날 대규모 호텔의 경영자들은 안전의 중요성과 그 책임의 한계에 대하여 명확히 하기 위하여 안전관리업무를 독립된 부서로서 안전관리담당부서를 두고 있지만, 아직까지 대부분의 호텔에서는 안전관리 업무를 독립시켜야 할 만큼 규모가 크지 않고 그 중요성을 인식하지 못하여 몇몇 부서의 공동책임으로 처리하고 있다.

일반적으로 각 호텔에서는 안전관리를 외부계약을 체결하여 용역을 주고 있으며, 특히 인건비의 증가와 노동조합 등의 문제를 회피하기 위하여 이러한 외부용역이 점차 확대되고 있는 실정이다.

3. 안전관리부서의 업무

안전관리부서는 고객에게 안락한 호텔분위기를 제공하고 더불어 직원이 안심하고 편안한 분위기에서 근무를 할 수 있도록 하는 것이다. 따라서 안전관리부서의 업무는 고객 및 직원의 재산과 생명의 보호, 소방 및 비상 시의 대피 그리고 직원의 안전관리교육 등이다. 이 같은 업무는 사전예방업무가 위주이나 예기치 않는 상황이 발생할 경우 신속히 처리할 수 있도록 항상 만반의 태세를 갖추어야 한다.

따라서 안전관리부서는 철저한 계획과 대비를 통하여 위급한 상황을 사전에 예방하는 것이며 불가피하게 발생되는 경우에는 신속히 대처하여 사고를 최소화시키며 원만한 해결을 하는 것이다.

1) 객실안전

호텔에서 안전사고가 가장 빈번하게 발생하는 곳이 객실이며 이곳에서 발생하는 안전사고는 객실 내의 비품이나 소모품을 도난당하는 사건부터 투숙객의 소지품의 도난사건 그리고 고객의 생명을 노리는 범죄에 이르기까지 다양하다. 따라서 객실의 안전을 지키기 위한 시설이나 운영방침 등은 매우 중요하다.

그러므로 대부분의 호텔에서는 객실문에서 바깥을 볼 수 있는 장치(peepholes)나 2중 잠금장치를 설치하고 있다. 그러나 무엇보다도 안전규칙을 설정하고 직원으로 하여금 이를 준수하도록 교육하는 것이 필요하다. 즉 특별한 일이 아니면 제3자에게 호텔투숙객의 고객등록 내용을 공개하지 않도록 하며 신분을 밝히지 않는 사람이 전화를 걸어 투숙고객의 객실번호나 이름을 물어오면 직원(교환원)은 먼저 객실로 연락하여 고객의 확인 후 연결시켜 주어야 한다.

또한 투숙객이 아닌 사람이 프런트데스크에서 객실키를 요청하면, 반드시 그 사람의 신분을 확인 후에 객실키를 주어야 하며, 특히 마스터키나 패스키(pass key) 등은 사용대장에 반드시 기입 후 사용하도록 하며, 투숙객의 객실문을 열기 위하여 사용하고자 할 때에는 직원이 동행하여 객실문을 열어주고 반납해야 한다.

2) 출입자 통제 및 관리

호텔은 투숙객이나 식음료영업장과 같은 호텔시설을 이용하고자 하는 고객뿐만 아니라 일반인에게도 공공시설로 개방되어 있어 많은 사람들이 왕래하는 곳이다. 따라서 로비나 주차장과 같은 지역은 불의의 사고를 미연에 방지할 수 있도록 제반 감시체제를 수립해야 한다. 특히 여성이나 노약자들이 출입이 많은 곳이나 객실 등은 투숙객이 아닌 외부인들의 출입을 제한하여 안전예방을 조치할 수 있다. 그러나 지나치게 경직되게 출입을 제한한다면 이미지나 호텔경영에 영향을 미칠 수 있으므로 조심스럽게 접근해야 한다.

그러므로 공공장소인 호텔로비 등의 경우에는 안전관리부서의 직원은 타 부서직원과의 협력과 협조를 통하여 호텔출입자의 동태를 파악해야 한다.

3) 호텔 재산의 보호

호텔 내・외부에는 모양이나 분위기 연출을 위하여 조각품이나 미술품 그리고 다양한 장식품을 가지고 있다. 따라서 안전관리부서 직원은 이것들의 관리도 중요한 업무 중의 하나이다. 크기가 비교적 큰 것은 손상되는 경우가 많으며 소품인 경우에는 분실되는 경우가 많다. 따라서 정기적인 순찰이나 관리가 필요하며 감시를 위하여 TV 모니터나 경보시스템의 설치가 필요하다.

4) 고객재산의 보호

호텔은 투숙객을 비롯하여 모든 호텔고객의 재산을 보호해야 할 책임이 있다. 따라서 투숙 시 고객의 현금이나 귀중품은 안전금고(safety deposit box)에 맡기도록 해야 한다. 객실 내에 안전금고가 있는 호텔에서는 이의 사용을 안내하고, 주의를 당부해야 한다.

프런트에 설치한 안전금고를 보통 일반고객의 접근이 용이하지 않은 장소에 설치하고 사용자는 호텔에 투숙하는 고객으로 한정하고 있으나 사용고객이 원하는 시간에는 언제든지 이용할 수 있다. 일반적으로 안전금고의 개폐는 두 개의 열쇠(key)를 사용하는데 한 개의 키는 고객이 보관하고, 다른 한 개의 키(control key)는 호텔직원이 보관한다. 안전금고를 열 때에는 반드시 두 개의 키를 동시에 사용해야 열 수 있도록 되어 있어 고객이 키를 분실하면 금고를 강제적으로 열 수밖에 없다. 따라서 고객이 안전금고를 사용할 때에는 호텔이 정한 배상금액이 있다는 것을 설명해 주어야 한다. 또한 금고를 개폐할 때에는 고객의 서명을 받아 이를 확인해야 한다.

4. 안전관리제도

호텔 경영전반에 관하여 안전관리제도는 안전관리업무수행의 효율성을 높이기 위해서 필요하다. 호텔의 안전관리는 건물이나 시설의 안전관리와 유지도 중요하지만, 업무를 수행하고 있는 직원들의 역할이 매우 중요하다. 즉 효율적인 안전관리를 위해서는 부서 간 혹은 직원 간의 의사소통이 원활하게 이루어져야 하며 또한 제도로서 정착되어야 한다. 특히 안전관리의 일부를 외부 용역에 의하여 이루어지고 있을 때에는 용역직원과 호텔직원과의 의사소통을 하는 제도의 정착은 매우 중요하다.

즉 룸 서비스직원이 객실로 식음료를 서비스 한 후 즉시 프런트 캐셔(front cashier)에게 전달되어 고객계정에 요금기록이 되어야 하고, 경비원이 객실 복도를 순찰하다가 객실문이 열려져 있거나 이상한 사람을 발견하면, 즉시 당직지배인이나 담당직원에게 연락을 하여 객실을 조사하거나 필요한 조치를 취할 수 있도록 한다.

또한 식음료영업장이나 하우스키핑의 린넨류, 가구, 비품 등도 적절하게 통제되어야 한다. 이를 위해서는 식음료에 대해서는 정기적인 재고조사를 해야 하며 반출 시 반출증을 발행하도록 한다. 그리고 린넨류, 비품 등의 출고는 반드시 관리대장에 기록을 하여 사전·후 관리를 철저히 해야 한다.

호텔의 안전관리에서 고객이나 직원의 생명과 재산을 보호하는 측면에서 방화관리도 매우 중요하다. 따라서 평소에 방화관리에 대한 인식제고와 화재 시 행동요령 등을 교육하며, 방화 및 소방설비를 완비하도록 해야 한다. 그리고 자연재해 등으로 위급한 상황이 발생하였을 때 이를 적절하게 대응할 수 있는 체계와 훈련이 필요하다.

참고문헌

국내문헌

김근종 · 정종훈, 호텔실무개론, 기문사, 1994.

박병렬, 호텔실무관리론, 문지사, 1997.

오수철, 카지노경영학, 백산출판사, 1998.

오수철, 카지노산업 · 기획론, 백산출판사, 1994.

윤정길 · 원갑연 · 정홍진, 카지노경영 · 실무론, 기문사, 1998.

전원배, 호텔안전관리, 백산출판사, 1994.

최풍운, 호텔실무론, 백산출판사, 1995.

한국카지노업관광협회, 카지노산업 육성방안, 1995.

국외문헌

Bill Friedman, Casino Management, Lyle Stuart Inc., 1984.

Harvey Burstein, Hotel Security Management, New York : Praeger Publishers, 1975.

James A. Bardi, Hotel Front Office Management, New York : Van Nostrand Reinhold, 1990.

Walter J. Buzby, Hotel & Motel Security Management, 2rd(ed.), Security World Publishing Co., Inc., 1978.

제6장

호텔 인사관리

제1절 호텔인사관리

1. 인사관리의 개념

1) 인사관리의 정의

영리를 추구하는 호텔기업을 경영하는 데에는 3M, 즉 자본(money), 물자(material), 직원(manpower)이 필요하며, 이 경영요소 중에서 직원을 대상으로 하는 관리(management)를 인사관리라고 한다. 유사한 용어로서 인력관리(manpower management), 인적자원관리(human resources management) 등이 있으나, 인사관리(personnel administration, personnel management)란 용어가 가장 흔히 사용된다.

토마스 스페이트(Thomas G. Spates) 교수의 정의 속에서 잘 표현되어 있다. 인사관리란 "구성원의 잠재적 능력을 최대한 발휘시키고 스스로 최대한의 성과를 확보할 수 있게 그들을 처우하고 조직하는 방법에 관한 규범체계이다"라고 하였다. 그리고 이 정의에 관해서 MIT대학의 피고어와 마이어즈(Paul Pigore and Charles A. Myers) 교수도 인사관리는 "직원이 그의 노동으로부터 최대의 만족감을 얻음과 동시에 기업에 대해서 최대의 공헌을 하게끔 그들의 잠재적 능력을 육성・발전시키는 방법이다"라고 정의하여 스페이트 교수와 거의 같은 견해를 표시하고 있으며, 더불어 요더(Dale Yoder) 교수 "남녀직원들이 그들의 직장에 최대한 공헌할 수 있게 하고 동시에 최대의 만족을 느낄 수 있게 도와주고 지도하는 기능 또는 활동이다"라고 정의내리고 있다.

이상과 같이 여러 학자들의 견해를 종합해 보면 인사관리는 "조직의 목적달성을 위한 인적자원의 조달과 유지, 개발, 활용, 보상 등을 여러 가지 환경적 여건과 관련하여 효과적으로 관리하기 위한 계획적이고 조직적인 관리활동의 체계"라고 말할 수 있다. 바꾸어 말하면, 인사관리란 "조직이 필요로 하는 인적자원을 조달하고, 이들을 유지, 개발, 활용, 보상하는 활동을 계획, 조직, 통제하는 관리활동의 체계"라고 말할 수 있다.

2) 인사관리의 중요성

사회적 측면에서 호텔기업과 직원의 관계를 살펴보면, 기업은 최대의 이윤을 추구하고 직원은 호텔기업에 종사함으로써 최대의 만족을 얻는 관계가 존속될 때 가장 이상적인 형평을 유지하는 것이라고 볼 수 있다. 여기에서 호텔경영자나 경영을 위임받은 중역 및 간부들은 인사관리를 통해 다양한 경영 활동을 전개하여 기업의 목적을 달성하고자 한다. 따라서 효율적인 인사관리는 다른 경영요소인 물자(material), 자본(money)의 관리에도 그 효율성을 증가시키는 요인이 되는 것이다. 이러한 이유로 미국의 경영학자인 로렌스 애프리(Lawrence A. Appley)는 경영이란 “사람의 육성이지 물자의 관리가 아니다. 경영이란 바로 인사관리를 뜻하는 것이다”라고 말하여 경영 내에서 인사관리가 차지하는 비중을 강조한 바 있다.

직접적으로 호텔기업에서의 인사관리란 기업에 참가하는 모든 직원들이 보다 인간적인 대우를 받는 풍토를 만듦으로써 보람을 가지고 자신의 능력을 배양하도록 하며, 이를 직무를 통하여 발휘시켜 기업과 개인의 목적을 달성할 수 있게 한다. 이러한 관점에서 호텔기업의 인사관리는 기업 자체의 목적과 이에 참가하는 직원들의 개인적 목적도 실현하게 하는 중요한 수단이 된다. 오늘날 사람들은 그들 생활 중의 많은 시간을 직장에서 보내게 되는데, 이와 같은 많은 시간은 어떤 조건에서 일하는가에 따라서 그 사람들의 사고와 행동, 그리고 나아가서는 생활방식도 크게 달라지게 할 수 있다. 만약 호텔기업의 인사관리가 공정하지 않다면 이늘의 생활은 전체적으로 불행하다 할 수 있으며 공정한 것이라면 이들 생활의 행복 정도는 높을 것이고 또한 그 영향은 가족과 사회전체에도 미칠 것이다.

호텔업무의 대부분이 직원의 직접적인 서비스에 의하여 이루어지므로 직원이 많이 필요하고, 또한 기계화·자동화의 한계로 인해 인력에 대한 압력은 피할 수 없다. 호워쓰 앤드 호워쓰(Horwath & Horwath)는 1988년 국제호텔협회에 제출한 ‘미래의 호텔업계’라는 보고서에서 향후 20년 및 그 이후, 호텔의 인적문제가 호텔의 가장 중요한 현안문제로 등장할 것이며 이에 대한 대책을 촉구하고 나섰으며, 앞으로의 호텔경영의 미래에 있어서는 인사관리의 문제가 경영관리상 큰 문제가 되고 있음을 지적하고 있다.

실제 1980년대에 들어와 인사관리는 기업의 생존, 성장을 위한 전략적 차원으로 중시되어야 하는 의미에서 전략적 인적자원관리(strategic human resources management)라는 용어를 많이 쓰기에 이르렀다. 우리나라에서도 대부분의 대규모 호텔기업들이 기업의 생존과 성장을 위한 전략차원에서 경영혁신을 추구하고 있는 바, 경영혁신대상 중 인사관리 부문을 혁신하는 것이 주 내용이 될 정도로 인사관리의 중요성이 부각되고 있다.

3) 인사관리의 기능

인사관리의 기능은 호텔기업 내의 직원과의 대인적 관계를 기업의 목적에 맞게 합리적으로 구성하고, 체계화하며 원활하게 운영하는 것을 의미한다. 호텔기업 내의 인사관리기능을 고용관계, 인간관계, 노사관계로 구분하여 설명할 수 있다.

첫째, 고용관계에 있어서 과거에는 경영자는 직원을 하나의 생산수단으로 고려하여 노동력을 최대한 효과적으로 활용하고자 하였다. 그러나 현대기업에서는 경영자와 직원 간의 관계가 주종관계에서 횡적관계로 발전하여 지시가 아닌 협력으로 주어진 업무를 수행하도록 하고 있다. 이는 노동력의 효율적 이용에 목적을 두고 있다.

둘째, 인간관계는 인간적 감정의 주체인 직원이 고용계약에 의해 노동력을 호텔기업에 제공하고 그 대가로 임금을 받는 것만으로는 만족하지 못하고 자신의 가치를 인정받고자 한다. 즉 근로 동기는 물질적인 것보다 정신적인 것과 사회적인 것으로 변화되고 있음을 볼 때, 이러한 변화에 따라 행동과학적인 내용으로 정비, 개선해 나가고 있다. 이는 노동의욕의 만족과 향상에 목적을 두고 있다.

셋째, 노사관계는 경영자와 직원이 노동력이라는 상품의 매매계약에 의해 임금과 노동조건 등에 의해서 구매자와 판매자라는 입장에서 서로 대립적인 관계에 있다. 이러한 경영자와 직원 간의 대립관계가 노사관계이다. 이는 노사이해의 조정에 목적을 두고 있다.

이와 같은 내용을 <표 6-1>과 같이 요약·정리할 수 있다.

〈표 6-1〉 인사관리의 기능

인적 제관계	관계 측면	임무·성격	목 적	원 리	관리내용
고용관계	노동력 (직원)	직장의 직능상의 협동관계	노동력의 효율적 이용	능률화의 원리	① 인사노무조직 ② 고용배치 ③ 교육훈련 ④ 작업조건 ⑤ 임금·급여 ⑪ 노무계획
인간관계	조직 속 및 사회 속의 인간	사회적 감정· 의욕을 가진 인간의 상호관계	노동의욕의 만족·향상	인간화의 원리	⑥ 복리후생 ⑦ 의사소통 ⑧ 리더십 ⑫ 노무감사
노사관계	임금·급여 노동자 (조합원)	노동조건의 결정을 둘러싼 경제적 대립관계	노사이해의 조정	민주화의 원리	⑨ 단체교섭 ⑩ 경영참가

자료: 中山三郎·本多壯一, 例解人事勞務の管理と診斷, 同友館, 1976, p. 4

4) 인사관리의 활동

인사관리활동은 호텔기업목적을 달성하기 위한 경영활동의 유지·발전을 기하기 위하여 직원의 노동능력과 태도 등을 가장 적합한 상태로 유지하려는 일련의 종합적 시책이라 할 수 있다.

기업은 하나의 조직체(organizing)로서 경영목적을 달성하기 위해서 각종의 직무를 명확히 하고 이들 직무를 유기적으로 결합하여 직무 상호간의 전체적인 관련을 객관적으로 규정하고 각 직무에 적합한 직원을 편성하고 배치하는 활동과정이라고 할 수 있다. 그러므로 인사관리활동은 직원의 모집공고로 부터, 채용, 배치, 직무관리, 교육훈련, 승진, 전환, 이직까지 제반 활동을 포함한다.

이와 같은 활동과정을 도식화하면 [그림 6-1]과 같다.

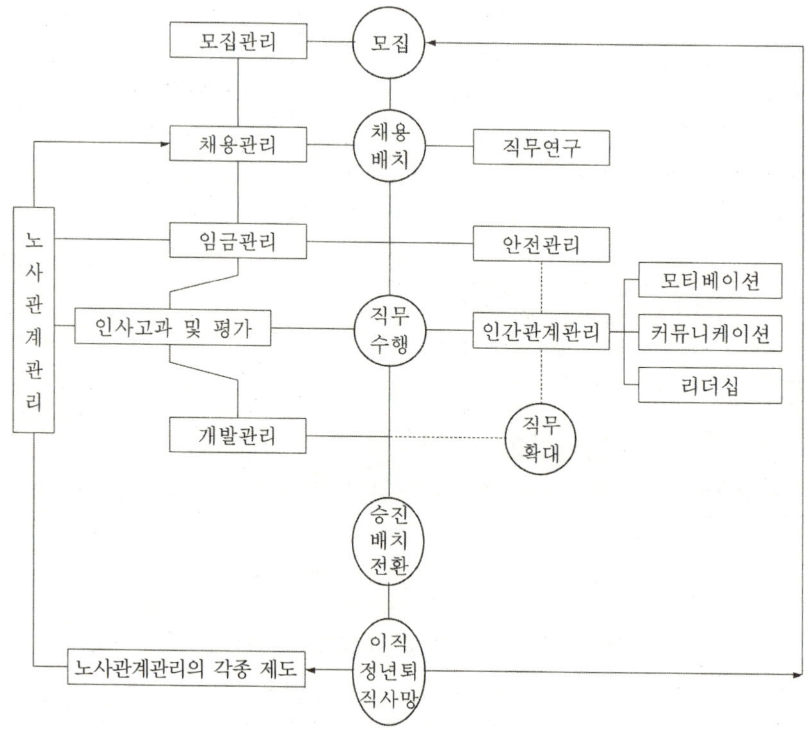

[그림 6-1] 인사관리활동

2. 호텔조직관리

1) 호텔조직관리의 정의와 특성

호텔조직은 일정한 환경 하에서 직원들의 협동노력으로 특정한 목표를 달성하기 위한 인적 집합체 또는 분업체제라고 정의할 수 있다. 이러한 조직들은 여러 가지 요인에 의해 다양화될 수 있다. 조직을 다양화시키는 요인으로는 호텔의 입지, 서비스형태, 시설규모, 소유형태, 경영방식, 경영자의 배경과 교육수준 등을 들 수 있다. 또한 조직의 분류기준으로 직위에 의한 조직, 기능에 의한 조직, 고객과의 접촉에 따른 조직, 수입발생과 비용발생에 따른 조직과 업무책임에 따른 조직 등을 들 수 있다.

일반적으로 조직은 다음과 같은 특성을 가지고 있다.

첫째, 조직은 목표지향적이며,

둘째, 조직은 분업과 통합의 합리적 활동체계이며,

셋째, 조직은 사회적 단위이며,

넷째, 조직은 구조와 과정을 포함하며,

다섯째, 조직은 경계가 있으며, 환경과 상호작용을 한다.

2) 호텔조직도

조직도(Organization Chart)는 경영자와 직원에 의해서 수행되는 여러 직무의 흐름, 지위와 조정의 질서를 아래의 [그림 6-2]로 나타낸 것이다.

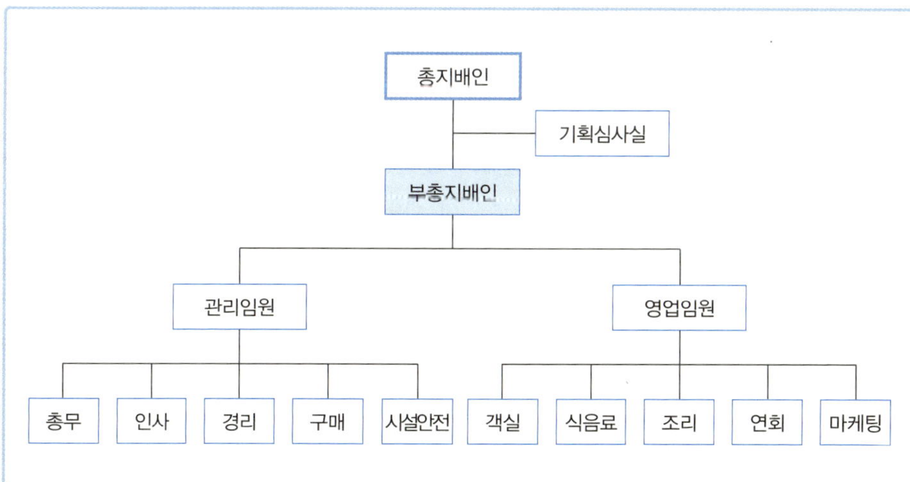

* 단, 호텔의 규모, 입지, 영업정책, 경영자의 경영철학 등에 의해서 축소 및 확대될 수 있음.

[그림 6-2] 기본적인 호텔조직도의 표준

3) 호텔조직관리의 추세

최근 국내호텔의 인사관리는 급격히 변화되는 추세에 있으며, 그 주요 흐름을 살펴보면 다음과 같다.

첫째, 인사정책전략분야에서 보면, 전략적 인적자원관리(SHRM : strategic human resources management)의 개념이 도입되어 기업의 전략과 인사관리의 연계성이 강조됨과 동시에, 경영의 기본적 사고의 근원이며 정신적 지주인 경영철학과의 연계성도 강조되는 추세이다. 즉 인사관리의 전개방향, 제도 및 기법의 도입이나 개선과 설계가 인사관리의 대내외적 여건과 경영철학에 비추어 이루어지도록 하는 노력이 이루어지고 있다.

둘째, 직무관리 측면에서 보면, 경영관리에서 인사관리가 기초가 되는 경향이고, 다른 한편에서는 업무의 합리화를 기하고자 하는 '사무혁신'운동이 활발히 전개되고 있어 불필요하고 무의미한 작업절차와 과정이 배제됨으로써 직원들에게 보다 합리적이고 혁신적인 직무를 수행토록 하여 자아실현이나 성취감을 얻도록 하고 있다.

셋째, 인사고과 측면에서 보면, 평가의 신뢰성과 타당성을 높이기 위한 노력으로 평가요소의 구체화작업이 이루어지는 한편, 이러한 고과요소가 기업의 전략 및 철학과 연계되도록 하는 노력이 부각되고 있다. 이와 더불어 고과양식을 직군·직급에 따라 세분화시키고 고과자 교육을 강화시키는 사례도 늘어나고 있다.

넷째, 채용관리 측면에서 보면 선발도구의 합리성과 타당성 분석에 대한 관심이 높아지면서 적성검사 등과 같은 선발도구의 개발에 힘을 쏟고 있다. 또한 신규사업분야에 필요한 인재를 확보하기 위한 방안으로 사내 공모제도나 사내기업가제도, 사내벤처제도를 도입하는 기업이 늘어나고 있다. 그리고 이직하는 인원의 보충과 다각화 전략을 성공적으로 추진하기 위한 인력확보를 위해 중도 채용제도와 계약제도의 활용도가 점차 증가하고 있다.

다섯째, 경력개발계획(career development plan : CDP) 측면에서 보면 다양한 가치관을 갖고 자율성을 중시하는 신세대의 등장으로 인해 다양한 경력경로를 설정해 본인의 적성과 능력·희망에 따라 적절한 경로를 선택할 수 있도록 해주는 사례가 늘고 있다. 이에 따라 전문직과 관리직의 이원화방안이 연구소조직을 중심으로 나타나고 있으며, 또한 호텔기업의 국제화와 다각화에 따라 다 기능적이고 적응·유연성을 가진 큰 인재를 양성해야 할 필요성에 의해 '다른 부문 간 로테이션'과 '폭

넓고 다양한 교육'이 이루어지고 있으며, 이러한 경력들이 승진·승격과 연계되는 경향이 강해지고 있다.

여섯째, 급여·임금관리 측면에서 보면 임금체계의 합리화를 통해 임금의 공정성 확립을 기하기 위한 노력이 이루어지고 있으며, 직무급·직능급·연공급 등 임금산정기준의 명확화를 기하려고 노력하고 있다.

일곱째, 복지후생 측면에서는 다양한 가치관에 부응하는 다양한 프로그램을 제공하고, 이 중에서 개인의 입장에 따라 선택할 수 있도록 하는 카페테리아 스타일(cafeteria style)의 복지후생이 선호되는 추세도 엿보인다. 또한 출퇴근시간을 선택할 수 있도록 하는 동작시간제도나 집에서 근무하는 재택근무제도가 기술혁신과 더불어 가능해지고 있으며 장기근속자에게 일정기간의 휴가를 주는 리프레쉬 휴가제도도 점차 많이 채택해 가고 있다.

제2절 호텔직무관리

1. 직무관리(Job Management)

1) 직무관리

효율적이고 효과적인 조직이 되기 위해서는 각 구성원들에게 일정한 직무를 부여하고, 부여된 직무는 조직전체의 목적과 목표를 달성할 수 있도록 조정·통합되어져야 한다. 이러기 위해서는 조직상의 각 직무를 분석하고, 직무 간의 상대적 평가를 실시하고, 그리고 직무를 설계하는 관리활동과정을 직무관리라고 한다.

2) 직무분석(Job Analysis)

(1) 직무분석의 의의

직무분석이란 직무의 내용과 성격에 관한 체계적인 조사를 의미하며, 그것은 직무기술서와 직무명세서의 기초가 되고 있음을 알 수 있다. 그러므로 직무분석결과는 고용관리뿐만 아니라 건강, 안전, 교육 및 훈련, 작업방법의 개선, 표준작업량의 결정, 임금률의 통일화와 균등화, 직무평가, 인사고과, 나아가서는 고충처리나 단체교섭에 활용된다. 따라서 직무분석은 기업경영전반 또는 인적자원관리전반의 개선 또는 합리화에 크게 기여하고 있다. 이러한 직무분석은 직무중심 관리시스템을 구축하는 데 필수적이고 기초적인 자료임을 알 수 있다.

직무분석을 좀더 구체적으로 설명하면 직무를 구성하고 있는 일과 그 직무를 수행하기 위하여 담당자에게 요구되는 경험, 기능, 지식, 능력, 책임 등 그 직무가 타 직무와 구별되는 요인을 각각 명확하게 밝혀 기술하는 방법이다. 바꾸어 말하면, 직무의 내용 또는 요구조건을 사실적인 자료를 기초로 정리·분석하여, 다양한 각각 직무의 성질에 관한 적절한 정보를 기초로 유효하게 확보·육성·활용하는 기술이 직무분석인 것이다. 우리나라에서는 주로 사람중심의 사고로 인하여 직무분석을 등한시하여 왔으나 앞으로의 합리적인 인사관리를 위해서는 직무분석에 관한 연구와 적용이 보다 더 절실한 상황이다.

(2) 직무분석의 목적

직무분석은 직원의 노동력을 과학적이고 합리적으로 관리하기 위한 기초작업의 하나이다. 따라서 직무분석은 과학적이고 합리적인 인사관리의 기초로서 그 구체적인 목적은 다음과 같다.

첫째, 직무분석은 조직의 합리화를 위한 기초작업이다.

호텔기업의 운영을 계획적·능률적으로 하기 위해서는 먼저 각 직원에 대한 일의 배분을 적절히 하고 그 배분된 일의 범위와 책임을 명확히 하여야 한다. 그 다음 그 일을 수행할 때에 누구로부터 어떠한 통제·감독을 받고 누구를 어떻게 통제·감독하는가를 명확하게 해 두지 않으면 안된다. 이를 위해서 각 직원이 하고 있는 일의 현황과 받고 있는 감독의 상황을 조사하여 현황을 파악·분석하는 직무분석을 실시하는 것이다. 이러한 직무분석의 결과를 토대로 하여 직무목적, 수행직무의 종류, 업무분장의 적정화, 권한의 명확화란 측면에서 조직을 합리적으로 재편성하고 재정비하게 되는 것이다.

둘째, 직무분석의 결과는 채용, 배치, 이동, 승진 등의 기준을 만드는 기초가 된다. 직무분석의 결과에 따라 직원을 채용할 때는 추상적·일반적인 기준에서 우수한 인력을 선발하는 것이 아니고 회계사무직으로서, 정비원으로서, 전기공으로서 우수한가 또는 우수한 작업자가 될 수 있는 소질을 지니고 있는가를 기준으로 해서 선발하여야 할 것이다. 직원의 배치전환·이동·승진의 경우에 있어서도 마찬가지이다.

셋째, 업무합리화의 기초가 된다. 직무분석을 실시함으로써 밝혀진 업무내용은 곧 업무합리화의 기초가 된다. 업무의 흐름을 파악하여 조직의 능률화 방안을 연구할 수 있다. 파악된 업무단위의 내용을 표준화하여 업무처리의 방법을 통일성 있게 할 수 있다.

넷째, 직무분석은 인사고과의 기초작업이다. 인사고과를 합리적으로 실시하려면 인간적인 평가와 함께 맡은바 직무를 어느 정도 수행하였는가, 또한 그 직무에 필요한 지식, 경험, 기능을 어느 정도 가지고 있는가, 해야 할 책임을 어느 정도 수행하였는가를 구체적으로 평가할 필요 있다. 이와 같이 인사고과를 적정하게 실시하기 위해서는 먼저 각 직무는 어떠한 내용과 성질을 가지고 있으며 그 직무를 수행하기 위해서는 어떠한 지식, 숙련 등의 능력이 필요한가를 결정하여야 한다.

다섯째, 직무분석의 결과는 직원의 훈련 및 개발의 기준이 된다. 교육훈련개발의 목적은 각 직원이 현재 맡고 있는 또는 장래 담당예정인 직무를 보다 완전히 수행할 수 있도록 하는 데 있다. 따라서 무엇을 어떠한 방법으로 어느 정도 훈련할 것인가 하는 이른바 훈련필요성은 각 직무를 수행하기 위해 필요한 지식, 숙련, 기능의 종류와 정도를 명확하게 함으로써 알 수 있게 된다. 이처럼 직무분석의 결과는 훈련개발의 기준이 됨과 동시에 각 직원의 지식, 숙련의 과부족 상황을 판정하는 기준도 된다.

여섯째, 직무분석은 직무급의 도입을 위한 기초작업이다. 직무급이란 '동일노동, 동일임금의 원칙'에 입각하여 직무의 상대적인 가치에 따라 보상이 결정되는 임금제도이다. 직무의 상대적 가치를 결정하는 것은 일반적으로 일의 복잡도, 일의 난이도, 책임의 대소, 작업조건의 좋고 나쁨 등의 4가지 요인이다. 직무분석은 이와 같은 직무의 내용과 특성을 구체적으로 파악하여 비교평가할 수 있는 정보를 제공해 준다. 따라서 직무분석은 직무급설정을 위한 기초작업이 되는 것이다.

이외에도 직무분석은 인사상담, 안전관리, 정원관리, 작업환경의 개선 등의 필요한 정보를 제공해준다.

3) 직무분석의 구체적 내용

일반적으로 직무분석에 포함해야 할 내용은 다음과 같다.

① 직무의 범위 : 직무의 내용(개요, 작업순서와 방법, 작업시간과 난이도 등)
② 직무수행상의 책임 : 직무의 목적(기본직능, 소관범위와 규모, 직책과 목표, 직무기준, 직책 미완수 시의 손실, 사용권한, 타 직무와의 관계 등)
③ 직무의 정신적 작업강도 : 지적과정, 신경과정, 감각과정, 심적 특성 등
④ 직무의 신체적 작업강도 : 기본동작, 사용신체부위, 취급물품 크기, 중량 등
⑤ 작업환경조건 : 특징, 물적 배치, 환경조건(온도, 습도, 조명, 음향, 먼지, 청결정도 등), 위험성(기계, 전기적 폭발위험성, 유독성 등), 직업병과의 관계 등
⑥ 직무수행에 필요한 자격요건 : 연령, 성별, 경험, 지식, 교육, 기술숙련, 신체적, 정신적 특질 등
⑦ 숙련과정 : 작업구조와 시간적 과정의 변화, 신체동작과 심적 과정의 변화
⑧ 주해 : 설비, 기계장치, 비품, 자재, 소모품, 용어의 정의 등

4) 직무분석의 절차

직무분석절차는 6단계로 나누어 고려해 볼 수 있다.

(1) 직무분석의 목적설정

기존호텔에서 현재의 인사시스템을 합리적이고 체계적으로 개선하고자하는 경우와 신규호텔을 개관할 경우에는 직무분석의 방법, 내용, 범위 등의 차이를 보일 수 있기 때문에 목적설정을 확실히 정의해두면 합리적인 결론을 얻을 수 있다.

(2) 준비작업 및 기초자료의 수집

직무분석의 합리화를 위해서는 필요한 자료수집이 필수적이다. 자료를 기초자료와 참고자료로 구분할 수 있다. 기초자료로는 직무기술서와 직무명세서가 있으며 보조자료로는 조직도(Organization Chart)와 SOP(Standard Operation Procedure)를 활용할 수 있다.

(3) 분석대상직무의 선정

모든 직무를 분석할 경우는 많은 시간과 비용이 소요되며 분석할 동안 업무에 지장을 초래할 수 있기 때문에 가능하면 대표성 있는 직무를 대상으로 선별하여 분석하는 것이 경제적이고 효과적일 수 있다.

(4) 직무분석방법을 통한 정보수집과 분석

직무분석방법으로는 관찰법, 면접법, 질문지법, 경험법 등을 들 수 있다.

첫째, 관찰법은 가장 보편적인 방법으로서 직접 직원들이 직무를 수행하는 것을 관찰, 기록, 분석하는 방법이다.

둘째, 면접법은 일반적으로는 면접을 통하여 직무를 분석하는 방식이다. 더불어 관찰법과 병용해서 직무를 분석하는 것이 보다 더 효과적일 수 있다.이 방법은 오늘날 가장 널리 알려진 직무분석의 방법인데 나음과 같은 여러 기지 장점을 가지고 있다. 즉 ① 직무에 관한 완전하고도 정확한 지식을 확보할 수 있다. ② 직원 스스로가 직무에 관한 사실을 기술함에 있어서 수반되는 곤란성을 제거할 수 있다. ③ 직원 스스로가 설문지에 적당히 기입하는 폐단이 방지될 수 있다. ④ 분석자는 자료의 중요성 정도를 평가할 수 있다. ⑤ 사실을 수집할 때 표준적인 분류가 가능하다.

이러한 장점이 있음에 반하여 다음과 같은 단점 또한 지적된다. ① 많은 종류의 직무를 분석해야 할 경우에는 많은 시간과 노력이 소요된다. ② 면접 당사자의 인건비만으로도 상당액이 된다. ③ 광범위한 실시는 불가능하다.

그러나 이러한 단점은 앞서 말한 장점에 비하면 아직도 그 비중이 적으므로 면접법은 현재까지도 가장 뛰어난 직무분석의 방식으로서 널리 사용되고 있다.

셋째, 질문지법은 직무에 관한 지식을 얻기 위해 직무의 모든 국면과 직무가 수행되는 환경에 대한 질문서를 작성하여 해당직무상의 직원으로 하여금 직접 기입하게 하는 방법으로 장점은 다음과 같다. ① 다른 어떠한 방법보다도 신속하게 직무에 관한 사실을 수집할 수 있다. ② 면접방법보다도 광범위하게 자료를 수집할 수 있다. 그러나 완전한 사실을 얻을 수 없다는 결정적인 단점이 있으므로 질문지방식만으로는 만전을 기할 수 없기 때문에 양자를 종합한 방식의 출현을 보게 되었다.

넷째, 경험법은 직접 직무를 수행해서 얻은 자료를 분석하는 방법으로서 직무의 내용과 직무가 요구하는 내용들을 직무담당자가 직접 경험으로 얻은 자료를 분석하는 방법이다.

이러한 직무분석의 결과는 우선 직무분석표(Job Analysis Schedule), 신체요건표(Physical Demands Form), 직원특성표(Worker Characteristics Form) 등에 기록되었다가 나중에 직무기술서나 직무명세서를 작성하는데 기본자료로 이용된다.

(5) 직무기술서(Job Description)

직무분석은 인사관리를 합리화하기 위해서 행하는 것이므로 수집된 직무에 관한 정보와 자료는 인사관리를 합리화하는데 손쉽게 이용할 수 있도록 정리하고 기술되지 않으면 안된다. 만약 막대한 노력과 시간을 소비해서 실시한 직무분석의 결과가 직무분석자의 머릿속에만 남아 있거나 단편적인 서식으로만 보존된다면 직무분석을 하는 본래의 의의는 상실되고 말 것이다. 그러므로 직무분석의 모든 결과는 그 직무를 수행하거나 혹은 감독하게 될 모든 직원들이 일목요연하게 그 직무가 지니고 있는 성격·내용·수행방법 등을 간략하게 정리하여 문서로 기록되어야 한다. 직무기술서는 여러 직원들이 동일한 직무를 분석한 다음에 작성된다. 그러므로 직무기술서는 직무분석의 결과이며 그 목적이 된다고 할 수 있다. 앞에서 말한 바와 같이 직무기술서는 직무분석의 결과를 정리해서 일정한 문서로 기록한 것이기는 하지만, 구체적으로 이를 어떻게 정리할 것이며, 특히 직무에 관한 어떠한 사실을 기술할 것인가가 문제된다. 직무기술서의 내용은 일반적으로 직무의 성격, 직무내용과 수행방법 등으로 구성된다. 먼저 직무기술서의 내용을 열거하면 기술직의 경우에는 다음과 같다.

① 직무명, ② 직무분류번호, ③ 해당직무의 개괄적인 기술, ④ 해당직무의 수행

에 있어 사용되는 공구 · 기계 및 특수한 장치 등에 관한 개요, ⑤ 직원의 통상자세, ⑥ 사용되는 원재료, ⑦ 가장 밀접한 협동관계에 있는 다른 직무와의 관계, ⑧ 어떠한 직무에 경험이 있는 직원이 해당직무에 승진할 수 있는가, ⑨ 해당직무의 수행상 필요로 하는 훈련, ⑩ 임금 내지 급여액과 종류, ⑪ 통상의 취업시간, ⑫ 온도, 습도, 조도, 환기 등의 작업조건 등이며 직무의 수행기준이 기재되는 수도 있다.

이상의 직무기술서는 사무직 · 기술직 내지 관리직에도 적용되며, 이는 ① 직무급의 기초가 되는 직무평가의 기준이 되고, ② 승진인사의 결정기준도 되고, ③ 경영간부육성의 기준이 되기도 한다. 이 경우의 직무기술서를 일명 직위기술서(position description)라고도 한다.

(6) 직무명세서(Job Specification)

직무분석의 결과에 의거하여 직무수행에 필요한 직원의 행동 · 기능 · 능력 · 지식 등을 일정한 양식에 기록한 문서를 말한다. 즉 직무명세서는 직무기술서를 기초로 하여 채용 · 배치 · 승진 · 평가 등 인사관리의 목적에 따라 필요한 자료를 유출 · 편성하여 작성한 것이라고도 말할 수 있다. 따라서 각 직무에 필요한 자격요건을 직무기술서에서 찾아내어 더욱 상세하게 기재한 것이 직무명세서이다.

그런데 미국에서는 일반적으로 직무의 특성을 기술한 것을 직무기술서라 하고 직무에 요구되는 인적 요건을 기술한 것을 직무명세서라 하여 양자를 구별하는 기업도 있으나, 양자를 동시에 기술한 혼합형식도 있다. 이와 같이 직무의 특성에 중점을 두어 간략하게 기술된 직무기술서를 기초로 하여 더욱 상세하게 직무의 내용과 특히 직무에 요구되는 개인적 요건(인적 특징)에 중점을 두어 일정한 형식으로 정리한 문서가 직무명세서이다. 우리나라에서도 이 양자를 동시에 기술한 혼합형식이 널리 이용되고 있으며, 직무기술서 · 직무조사표 · 직무설명서 등의 명칭이 사용되고 있다.

우리는 흔히 직무기술서와 직무명세서를 혼동해서 사용하는 경우를 본다. 물론 직무기술서와 직무명세서는 직무분석의 결과를 일정한 서식으로 정리 · 기록한다는 점에 있어서는 차이점이 거의 없지만 그 구성요건에 있어 직무요건과 인적요건을 각각 중점적으로 다루고 있다는 점에서 양자 간에 명백한 특징을 찾아볼 수 있다. 즉 직무기술서는 직무내용과 직무요건을 거의 같은 비중으로 다루고 있는데 비하여 직무명세서는 인적요건을 매우 중점적으로 기술하고 있다는 점에서 양자 사이의 차이점을 찾아볼 수 있는 것이다. 그러므로 전자는 직무의 특성이 강조되고 후자는 직무에 요구되는 인적 요건(인간의 특성)을 중점적으로 다루고 있는 것이 그 특징이다. 요더(D. Yoder)는 “직무명세서는 직무기술서에서 발전한 것으로, 특히 직무에 의해서 요구되는 인간의 특성을 강조하는 문서”라고 정의를 내리고 있다.

일반적으로 직무 명세서는 ① 직무확인사항, ② 직무개요, ③ 인적요건의 세 가지 부문으로 구성된다. 이 가운데서도 특히 인적요건을 강조하고, 이에 대하여 상세히 기술하고 있다. 예로 현장 작업자의 직무상 필요로 하는 인적요건에 관한 직무명세서의 기재사항들은, ① 성별 및 연령, ② 작업자의 체격, ③ 동작의 기민성, ④ 작업자의 정서적인 성격, ⑤ 작업자의 정신적 능력, ⑥ 작업자의 교양정도, ⑦ 경험 및 숙련도, ⑧ 일반적인 분류에 들어가지 않는 특수한 기능 등과 같은 것을 구체적으로 기술한다.

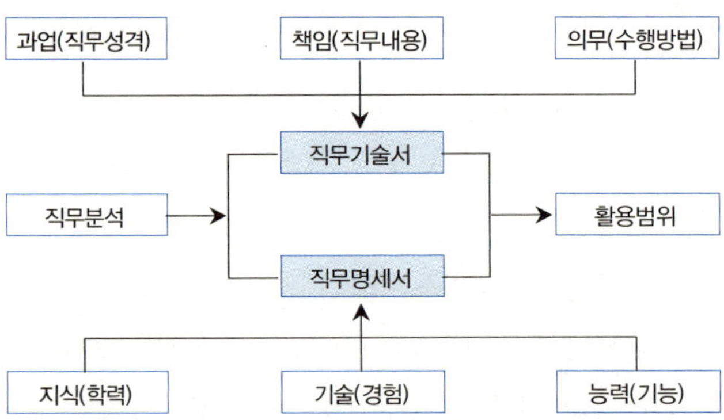

직무분석 후 활용범위

a. 조직구조설계
b. 인적자원계획 수립
c. 직무평가자료와 보상
d. 모집, 채용, 배치
e. 교육훈련과 능력개발
f. 직무수행성과에 대한 평가
g. 경력개발계획
h. 노사관계
I. 기계장치의 설계 및 작업방법개선
j. 직무설계 및 직무분류
k. 안전관리
l. 작업지도 및 경로상담 등

[그림 6-3] 직무기술서와 직무명세서의 활용범위

5) 직무평가(Job Evaluation)

(1) 직무평가의 의의

조직상의 직무들이 지니고 있는 각 직무들의 상대적 가치를 평가하고 결정하는 과정을 말한다. 이러한 직무평가는 직무분석을 통해 얻어진 직무기술서와 직무명세서를 기초로 하여 이루어지며 직무평가는 직무자체의 가치를 평가하고 결정하는 것이지 직무를 수행하는 직원자체를 평가하는 것이 아니다. 그러므로 직무평가는 동일한 상대적 가치를 지닌 직무에는 동일한 임금을 적용하고, 상대적 가치가 높은 직무에 대해서는 높은 임금을 책정하는 직무급제도의 기초가 된다.

(2) 직무평가의 목적

각 직무가 지니고 있는 상대적 가치에 따라 호텔기업의 임금체계 확립과 인적자원관리의 합리화에 목적을 두고 있으며, 이를 구체적으로 설명하면, 사내임금체계의 합리화, 공정한 임금조건으로 직원불평의 최소화, 임금관리의 단순화, 적재적소 배치, 인사이동과 승진의 결정기준 등으로 활용하는 데 있다.

(3) 직무평가방법과 평가요소

직무평가방법은 크게 종합적 방법(비계량적 방법)과 분석적 방법(계량적 방법)이 있다. 종합적 방법(비계량적 방법)은 직무수행의 난이도를 기준으로 각 직무의 상대적 가치를 비계량적으로 평가하는 방법으로 이는 서열법과 분류법을 활용하며, 분석적 방법(계량적 방법)은 직무평가의 요소와 조건을 분석하여 계량적으로 평가하는 방법으로 점수법과 요소비교법을 활용한다. 직무평가의 평가요소로는 책임요

〈표 6-2〉 직무평가방법 비교표

방법기준	서열법	분류법	점수법	요소비교법
사용빈도	하	중	상	중
비교방법	직무 대 직무	직무 대 기준	직무 대 기준	직무 대 직무
요소의 수	무	무	11개 정도	5개 정도
평가방법	종합적	종합적	분석적	분석적
	비계량적	비계량적	계량적	계량적

소(대인과 대물적 책임), 숙련요소(지능과 육체적 숙련), 노력요소(정신과 육체적 노력), 그리고 작업조건(위험도와 불쾌도), 지식 등을 들 수 있다.

6) 직무설계(Job Design)

(1) 직무설계의 의의

직무설계란 직무분석과 직무평가에 의하여 각 직무의 내용과 성격을 파악한 다음, 그것에 영향을 미치는 조직적 · 기술적 · 인간적 요소를 규명하여 직원의 직무만족과 조직의 생산성 향상을 위한 작업방법을 결정하는 절차라고 할 수 있다. 따라서 직무설계는 직무분석과 직무평가를 통해 직무의 내용과 성격이 명확하게 규정됨으로써 그 작업이 원활해진다. 그러나 지금까지는 직무의 기계적 측면만을 강조했기 때문에 직원의 효율을 저하시키는 원인이 되었다. 그래서 조직은 직무를 인간화시키는 새로운 접근법을 모색해야 할 필요성이 생기게 되었다. 즉 직무의 전문화, 단순화에 따른 단조로움과 권태감을 줄이고 직무에 대한 흥미를 높이기 위한 방법을 모색하게 된 것이다. 이러한 노력의 대표적인 예가 직무순환, 직무확대, 직무충실화, 직무교차 등이 있다.

(2) 직무순환(Job Rotation)

직무순환은 직무 간 유사성을 전제로 과업상의 큰 지장을 초래하지 않는 범위에서 과업상의 이동을 통하여 직무의 단순반복에 따른 권태감을 해소하려는 시도를 말한다. 이 방법은 전문화의 단점을 보완하기 위하여 직무확대와 같이 제시된 것이지만 근본적인 해결책은 되지 못한다. 직원들이 돌아가면서 맡게 되는 직무는 여전히 단순하고 반복적인 일들로 구성되어 있기 때문에 처음에는 흥미를 느낄 수 있지만 곧 시들해진다. 최근에는 직무순환을 직무설계원칙보다는 오히려 직원들의 훈련방법으로 많이 활용되고 있다.

(3) 직무확대(Job Enlargement)

직무확대란 직원의 자기실현욕구를 높여주기기 위해 단순히 수평적으로 직무를 확대시킨 것이다. 예를 들면, 프런트에서 프런트크럭(front clerk)이 캐셔(cashier)업무까지 하는 경우이다. 이런 경우 한 사람이 담당할 업무와 기술의 수가 증대하게 될 것이다. 즉 직무확대란 직무를 보다 다양하고 흥미있도록 하기 위해 하나의 직무에다 또 다른 직무를 추가시킨 것이다. 원래 직원의 단순한 과업수행에 따른 단조로움을 없애고 여러 가지 기술(multi skill)을 익히게 함으로써 직무만족을 높이는 데 주목적이 있었으나 고임금시대에서는 호텔기업들이 노동생산성을 높이는 방법으로 활용하고 있다.

(4) 직무충실화(Job Enrichment)

직원들의 직무를 단순하게 만들거나 직무순환이나 직무확대와 같이 직무를 수평적으로만 늘인다고 해서 직원들의 직무만족을 높이는 데에는 한계가 있을 수밖에 없다. 일을 처리할 때마다 정해진 방법이나 절차를 따르든지 상급자의 지시를 받아야 한다면 맡은 일에 대해 주인의식을 갖기 힘들 것이다. 그 결과 자신의 직무에 만족하거나 높은 근로의욕을 갖기 어렵다. 따라서 직무의 넓이를 넓혀 줄 뿐만 아니라 깊이도 깊게 해 주려는 직무설계원칙이 주장되는데 이를 직무충실화라고 한다.

직무충실화에 의한 직무설계는 직무담당자에게 직무에 관한 권한을 보다 많이 허용하여 직무에 대한 자율성(autonomy)과 책임감을 갖도록 해준다. 그리고 직원들이 자신의 직무에 관해 더 많은 것을 배우고 자신의 성장을 위해 노력할 수 있도록 해 주는 효과를 갖고 있다. 직무충실화가 갖는 가장 큰 단점은 조직 내에는 직무 자체의 특성 때문에 충실화가 불가능한 직무도 있다는 것이다. 예를 들면, 작업대에서의 작업자에게 허용될 수 있는 재량권은 제한되어 있다.

직무충실화 노력을 보다 체계적으로 발전시킨 것이 미국의 경영학자인 헤크만(Hackman)과 올드햄(Oldham)에 의해 주장된 특성모형이다. 이 모형은 직무가 보다 충실하게 만들어지기 위해서는 5가지의 핵심적인 직무특성을 갖추어야 한다고 주장한다. ① 다양한 기능, ② 과업의 정체성, ③ 과업의 중요성, ④ 자율성, ⑤ 피드백 등을 포함한다.

(5) 직무교차(Job Workplace)

직무교차는 수평적으로 직무를 양적으로 확대하는 것은 직무확대와 크게 다르지 않지만 직무확대는 개인에게 직무를 확대시켜주는 것이라면 직무교차는 다른 직원과 공동으로 새로운 직무를 수행하게 함으로서 상호협동을 통한 능률향상과 직원의 기능 폭을 넓혀주는데 목적이 있다.

제3절 채용관리

1. 채용관리

1) 채용관리의 의의

채용관리란 직원의 모집, 선발, 그리고 배치까지의 일련의 과정을 관리하는 것이라고 정의할 수 있다. 즉 채용단계에서 합리적으로 적합한 직원을 채용하여 적재적소에 배치하지 못하였을 경우에 업무성과의 부진은 물론 교육훈련비 및 채용비용의 증가를 초래하고 더불어 조직분위기 유지에 지장을 초래할 수 있다. 따라서 호텔경영에 있어서 효율적인 채용관리(모집, 선발, 배치)는 성공적인 경영을 위한 필수적 요건이라는데 이의가 없을 것이다.

2) 호텔인력수요에 영향을 미치는 요소들

영국의 인력고용국(Department of Employment Manpower Research)에서 조사한 영국의 호텔에 대해 조사한 내용을 소개하면,

첫째, 호텔의 규모, 즉 객실수, 침대수, 레스토랑의 수와 규모 등은 영업의 규모와 유형에 의해 결정된다.

둘째, 소유권(ownership)이 영업의 규모에 미치는 영향과 소유자가 호텔비즈니스에 갖는 태도에 따라 인원구성이 좌우될 수가 있다. 그룹소유의 호텔들은 독립경영호텔보다는 크고 표준화되어 있으며 독립경영호텔은 개인의 취향이 많이 반영되고 있다.

셋째, 건물의 연한과 배치(age and layout)에 따라 호텔영업 효율성이 좌우되며 이

에 따라 인원구성도 바뀐다. 현대적이고 실용성 위주로 건축된 호텔은 영업의 효율성과 경제성을 염두에 둔 것이므로 건물이 오래된 호텔보다는 직원을 적게 채용하고 있었다. 건물이 오래된 호텔은 운영이 더 어렵고 비경제적이다.

넷째, 시설과 서비스의 범위와 종류(range and type of facility and services)는 그것을 제공하는 직원의 수와 구비조건을 좌우한다. 일반적으로 호텔 내의 식음료시설이 다양하고 여러 종류의 고객서비스가 제공되면 자연히 직원도 많이 필요하게 된다.

다섯째, 호텔서비스의 제공방법(method by which hotel services are provided)에 따라 그 서비스를 제공하는 직원의 숙련도와 수가 크게 좌우된다. 호텔서비스는 직원이 개별적으로 제공하는 것, 셀프서비스(self-service) 또는 다른 비인력적인(non-personnel) 방법 등을 사용하여 필요한 직원의 수를 다양하게 변화시킬 수가 있다.

여섯째, 직원의 질(quality of staff)은 생산성을 좌우하며, 따라서 특정한 양과 수준의 호텔시설과 서비스를 제공하기 위해 필요한 직원의 수를 결정하게 된다. 이것은 직원의 자세, 동기부여 및 교육과도 관련이 있다.

일곱째, 조직은 직무와 책임을 부여하고 노동력절감을 할 수 있는 집기 · 기법과 절차, 그리고 전문 하청업자와 물품공급자는 호텔의 특수용도 활용범위에 영향을 미친다.

수요가 수시로 변하면 이에 따라 일용 · 임시 · 시간제 직원을 고용하여 적절하게 대응할 수 있다.

3) 인력소요계획

인력소요계획은 수요예측, 공급분석, 그리고 수요와 공급의 균형을 고려하여 이루어진다. 수요는 추세분석, 비율분석, 그리고 전문가예측방법을 사용하여 예측될 수 있다. 공급분석은 수요예측에서 파악된 적정인력을 조직의 내부와 외부에서 어떻게 확보할 것인가에 대한 분석이다. 즉 수요와 공급에 있어서 효율적이고 효과적인 균형을 유지하는 것이 인력소요계획의 궁극적 목표이다. 그러나 수요가 공급보다 클 경우는 적극적인 구인활동과 내부직원에 대한 교육훈련강화를 시행하고, 공급이 수요보다 클 경우는 구조조정으로 불필요한 인력에 대한 정리작업을 시행해야 한다.

2. 모집관리

1) 모집방법

호텔이 필요한 인력을 채용하기 위해서는 양질의 인적자원을 계획적·조직적으로 유인할 필요가 있다. 이러한 활동을 모집활동이라고 한다. 모집을 위한 공급원은 내부와 외부로 구분할 수 있다.

(1) 내부 공급원에 의한 모집방법

내부의 공급원은 현직직원에서 승진(promotion)이나 전직(transfers), 직무순환(job rotation), 재고용(rehires)과 재소환(recalls) 등을 통하여 필요한 인력을 발견하여 필요한 자리에 충원하는 경우이다.

① 승진

내부의 승진(promotion)을 통하여 적임자를 확보할 수 있다. 이 방법의 장점은 그들은 조직의 구성원, 절차, 방침, 특성을 이미 잘 알고 있으며, 외부채용에 따르는 사기저하를 막을 수 있으며 비용과 교육비를 절감할 수 있다.

내부승진은 자격이 미달하는 자가 선택될 여지가 있어 내부승진에만 의존하면 간부층에 무능한 사람이 많아질 우려가 있다.

② 전직

현직직원 중에서 전직(transfers)을 통하여 적임자를 선택하는 방법으로 적임자가 있는 경우 호텔기업에서 최우선적으로 생각할 수 있는 방법이다.

③ 직무순환

직무순환을 통하여 필요한 인력을 보완할 수 있다. 직무순환(job rotation)은 일시적으로 업무의 비효율을 초래할 수 있으나 직원들의 경험을 확대할 수 있음으로 능력개발에 도움이 된다. 직원은 다양한 경험으로 시야를 넓혀 다음 단계의 승진을 위한 경험축적을 하게 하는 장점이 있다.

④ 재고용

퇴직 당시 근무성적이 우수했던 자를 재고용(rehire)함으로써 업무적응이 빠르고 외부채용보다 적임자일 확률이 높다는 장점이 있으나 다른 직원들이 반발할 우려가 있어 이를 기피하는 호텔기업도 많이 있다.

⑤ 내부공고

여러 직원에게 현재의 결원된 직무를 알리고 응모하도록 하는 방법이다. 이 방법은 직원으로 하여금 새로운 성장이나 개발의 기회를 주며, 모든 직원에게 동등하게 승진의 기회를 주기도 한다. 나아가서 이 방법은 호텔기업의 공개성이 강조되며, 스태프들로 하여금 직무기술, 일반승진, 고과 등에 대한 인식을 증대시키고 조직의 목표를 알리면서 동시에 각자에게 자기의 적임성을 일깨워주는 좋은 효과가 있다.

⑥ 기능재고제도

기능재고제도(skills inventory)란, 직원이 갖고 있는 기능 등에 관한 정보를 보관하는 제도이다. 대부분 기업들은 인사파일(personnel files) 안에 직원의 기능관련정보를 갖고 있다. 인사파일에서 필요한 정보를 찾는데 시간과 노력이 필요하기 때문에 오늘날은 이것을 HRIS(human resource information systems)와 같이 전산시스템화하여 사용하고 있다.

(2) 외부 공급원에 의한 모집방법

사내에 적합한 인적자원이 없는 경우 다음 단계로 그 공급원을 외부에서 찾아야 한다. 외부적 공급원(external sources)에 의존할 경우 채용과정의 비용, 교육비용이 많이 소용되는 반면, 외부 또는 경쟁업체에 관한 새로운 정보를 얻을 수 있고 많은 사람들 중에서 선택할 수 있으므로 더 우수한 사람을 채용할 수 있다는 이점이 있다. 또한 계약직 파견인원을 사용함으로써 인력의 유연성을 늘릴 수 있다. 외부 채용을 위한 모집방법은 아래와 같다.

① 직원을 통한 모집

직원을 통한 모집(employee referral program)이란, 사내에 채용공고를 하여 현직

직원들로 하여금 외부의 적임자를 찾아 응모하도록 하는 방법이다. 이것은 내부의 현직직원이 소개를 하는데 따른 책임감을 느끼기 때문에 신뢰할 수 있는 사람을 모집할 수 있고 비용이 적게 드는 이점이 있다. 주의할 점은 정실에 좌우되지 않도록 심사는 철저히 해야 한다는 점이다.

② 자발적인 응모

자발적인 응모(unsolicited applications or walks-in)는 구직자가 어느 누구로부터의 알림을 받은 바 없이 스스로 판단하여 취업가능성이 있어 보이는 호텔기업을 방문하거나 우편으로 응모하는 방법을 말한다. 이 방법은 관리직이나 전문직보다는 사무직이나 서비스직의 구직자에게서 흔히 볼 수 있는 방법이다. 이 경우 구직자가 자기와 관련된 이력서와 자기소개서를 첨부하여 취업가능성을 타진하고 호텔기업은 공석에 대비 이력서를 분류하여 보관함으로써 모집자원을 확보하는 것이다. 적은 인원을 수시 채용하는 경우에는 이 방법을 통해 채용비용을 줄일 수 있는 이점이 있다.

③ 취업알선기관 및 취업알선대행사

노동부, 경영자총연합회 지방행정기관에서 운영하는 취업정보센터를 통하여 필요로 하는 인력을 모집할 수 있다. 고용기관에서 운영하는 관계로 비용이 들지 않는다. 이밖에 고급인력, 전문인력을 소수로 필요한 경우 헤드헌터와 같은 전문모집대행업체(recruit agency)를 이용할 수 있다. 이때에는 고용이 확정되면 피고용자의 연소득의 일정 액수만큼의 대행료를 지급하여야 한다. 대개의 경우 광고비용을 포함한 다른 모집 비용을 비교하여 유리한 경우에 이 방법을 활용한다.

④ 교육기관

해마다 정례적으로 일정 수의 직원을 채용하거나, 특수한 전문교육을 받은 사람이 필요하다든가 또는 한꺼번에 다수의 직원을 고용하려 할 때 해당 교육기관에 졸업생의 추천을 의뢰하는 방법이 일반적으로 채택되고 있다. 이 방법은 경쟁이 심한 우리나라의 대기업체에서 일반 사무직 사원이나 기술직 사원을 모집함에 있어서 널리 사용하고 있는 방법이기도 하다. 따라서 대형호텔 채용담당자는 관련교육기관과 유기적인 관계를 맺고 필요한 정보를 교환하는 것이 우수한 인력확보를 위해 바람직하다.

⑤ 신문, 잡지, 라디오 및 TV 등에 의한 광고

일시에 많은 인원을 채용하거나 다른 방법으로는 적절한 지원자를 찾을 수 없을 때에는 매스컴을 통한 광고를 하게 된다. 이 방법은 많은 비용이 소요되지만 널리 모집할 수 있고 기업이미지 제고에도 많은 도움이 될 수 있다. 이 방법에 의하는 경우 수많은 지원자 중 선별하는데 따른 노력이 따르고 선발과정에서의 전문성이 요구된다.

⑥ 전산적 서비스

최근에는 개인용 컴퓨터(personal computer)를 통한 통신으로 전산화된 모집서비스(computerized recruiting services)방법을 통하여 모집하는 호텔기업들이 증가하고 있는 추세이다.

내부모집과 외부모집의 장단점을 비교하면 <표 6-3>과 같다.

〈표 6-3〉 내부모집과 외부모집의 장단점

구분 장단점	내부모집	외부모집
장 점	승진자의 사기앙양 동기유발 능력개발 강화 정확한 능력평가 비용절약 외부채용을 하위계층으로 하향시킴	새로운 관점 인력개발 비용 절약 새로운 정보, 지식(경쟁기업 등) 제공
단 점	모집범위의 제한 승진되지 않은 구성원의 실망 승진을 위한 과다경쟁 인력개발 비용	부적격자 채용의 위험성 안정되기까지의 적응기간 소요 내부인력의 사기저하

2) 선발관리

(1) 선발활동의 중요성

선발활동은 지원자 중에서 기업의 선발방침과 담당할 직무에 가장 적합한 사람을 선택하는 과정을 의미한다. 가장 적합한 사람을 알아내는 것은 매우 어려운 일이기 때문에 여러 가지 선발도구들이 사용된다. 선발과정에서 많은 시간과 노력을 투자해서 적합한 인력들을 선택하게 된다면 인사관리의 상당한 부분은 저절로 해결될 것이며, 반대로 선발과정에서 잘못 채용하는 경우에는 다른 인사과정에서 더 많은 노력과 비용이 들 것이다. 우리나라와 같이 해고에 관한 제한이 엄격하고 온정주의적인 조직풍토에서는 선발과정이 더욱 중요하다고 볼 수 있다.

(2) 선발절차

지원자 중에서 적합한 사람을 선택하기 위하여 지원자에 관한 정보를 최대한 정확하게 파악하기 위해서는 일정한 절차를 거치게 된다. 피고어(P. Pigore)와 마이어즈(C. A. Myers)는 선발절차를 ① 예비면접, ② 입사지원서의 검토, ③ 전력조사, ④ 신체검사, ⑤ 선발시험, ⑥ 최종면접 등으로 구분하였다.

선발과정에서의 중요과정을 알아보면,

① 입사지원서 작성

지원자에 관한 정보를 얻기 위하여 교육적 배경을 위시하여, 경력, 보유기술, 취득한 자격이나 면허, 가족상황 등을 지원서에 작성하도록 하고 있다. 최근에는 퍼스널컴퓨터의 조작능력, 외국어능력 등을 추가하여 기재하도록 하여 서류전형에 필요한 정보를 더 많이 확보하려는 것도 유용하다. 입사원서인 지원서의 기재항목에 지원자의 자존심을 해치는 문항은 가급적 피하는 것이 좋다.

② 채용시험

채용시험은 거의 모든 호텔기업에서 주로 지식과 판단력을 변별하기 위하여 보편적으로 실시하는 방법이다. 이는 채용과정에서 채용의사결정에 가장 많은 영향을 주는 과정으로 인식되어 왔다. 그러나 최근에는 지적능력 외에도 적성이나 인성, 열의 등이 중시되면서 필기시험 의존도는 점차적으로 줄어드는 경향도 있다. 그 대신 최근에 이르러서 능력과 적성 및 인성에 관한 심리검사들이 개발되어 널리 지적능력 외의 중요 정보를 얻는데 활용되고 있다.

③ 면접

면접(interview)은 선발시험과 함께 채용과정에서 매우 중시되는 과정으로서 필기시험에서 알 수 없는 응시자의 용모, 태도, 성장배경 등을 알아보기 위한 것이다. 면접은 극히 주관적인 판단에 의존한다는 약점에도 불구하고, 경영자나 인사담당자에게 면접의 유용성은 널리 알려져 있다. 또한 면접을 통해 직무요건과 관련하여 시험결과를 재확인한다든지, 인상을 통하여 육감적으로 호텔기업에 기여할 수 있는 사람인지를 판단하기도 하는 경영자들이 상당히 많이 있는 것이 사실이다. 면접은 면접기법의 정형화된 정도, 참가자 수에 따라 다음과 같은 면접방식들을 생각할 수 있다.

④ 경력조사

경력조사(background investigation), 전력조사(investigation of previous history) 또는 신원조회(reference check)라고도 하는데, 과거의 경력을 조사하여 그것이 직무와 관련성이 있는지를 판단하여 채용하고자 하는 것이다.

⑤ 신체검사

신체검사(physical or mental examination)는 직무수행과 관련하여 신체 및 정신적 능력과 적합성을 조사하는 과정이다. 신체적 부적격자의 발견, 각종 질환소유자의 발견, 약물중독자의 발견은 직무 적응상 매우 중요한 조건이 된다.

제4절 임금관리

1. 임금관리

임금(wage)이란, 직원이 호텔기업에 기여한 노동의 대가로 지급되는 화폐적 보수를 말한다. 즉 노동이 호텔기업에 끼친 생산적 공헌에 따라 지급되는 일체대가를 의미하는 것으로 해석되고 있다. 우리나라의 「근로기준법」에서는 임금이란 "사용자가 근로의 대상으로 근로에게 임금, 봉급 기타 어떠한 명칭으로든지 지급하는 일체의 금품을 말한다(근로기준법 18조)"고 정의하고 있다. 이와 같이 광의의 임금은 정기적으로 지급되는 통상의 임금 또는 급료 등의 경상적인 지급 외에 보수, 상여 등 각종의 임시적 지급까지도 포함한다. 협의(狹義)의 임금은 각종의 임시적 지급을 제외한 경상적 지급만을 의미한다. 흔히 임금(wage)은 육체적 노동에 종사하는 직원에게 지급하는 것을 말하고, 급료(salary)는 정신적 노동에 종사하는 직원에게 지급하는 것으로 이해되기도 하지만 일반적으로는 앞에서 본 정의와 같이 양자를 모두 포함하는 것으로 생각해도 무방하다.

임금은 경영자에게나 직원 모두에게 중요한 의미가 있으나, 그 의미가 크게 상충되는 면이 있다. 경영자는 임금이 원가의 구성요소이므로 될 수 있는 한 적게 주려고 하는 반면, 직원은 소득의 원천이므로 많이 받으려고 한다. 경영자는 호텔기업 활동의 주요원가로서 임금을 이해하며 임금은 원가의 주요 구성항목이 된다. 원가로서의 임금지출은 노무비로 파악되어 호텔기업이 경쟁력을 높이기 위해서는 일정한 생산량에 대해서 임금은 적게 지급될수록 좋다고 생각하는 경향이 있다. 반면에 수령자인 직원들에게는 임금이 생활의 수단이 되며 이들에게 주어지는 경제적 수입으로서의 임금은 사회적 생활수준과 나아가서는 생활양식 그리고 지위까지도 결정하는 중요한 요인으로 생각된다.

임금은 임금구조와 관리, 임금수준과 정책, 지급방법과 형태 등에 따라서 직원과 기업주, 더 나아가서는 전체사회에 지대한 영향을 미치므로 그 중요성이 강조되어지고 있다. 본서에서는 그 중요성을 크게 세 가지로 구분하여 설명하겠다.

1) 직원에 대한 중요성

직원의 임금은 사회의 구성일원으로서, ① 생계비유지의 원천, ② 사회적 신분을 규정하는 요소, ③ 사회적 · 생리적 욕구충족의 수단, ④ 자질향상과 공헌도 증진의 요소, ⑤ 재무적 인센티브의 요소이다.

2) 호텔기업에 대한 중요성

호텔기업에서 임금이란 ① 비용의 요소, ② 생산성과 능률성 요소, ③ 생산원가의 주요요소, ④ 호텔기업이윤의 요소, ⑤ 호텔기업수입의 원천, ⑥ 최고가격형성과 고객유인의 요소이다.

3) 사회적 중요성

임금은 사회적 집단에 대하여 중요한 영향을 미치고 있다. 높은 임금은 공동사회의 번영을 증대시킬 수 있는 많은 구매력을 직원에게 부여하고 있다. 그러나 충분한 원천확보가 없는 높은 임금정책의 시행은 계속기업으로서의 존립 그 자체에까지 영향을 미치게 한다. 따라서 적정판매가격 수준의 확보를 위해서는 직원을 사회집단의 구성원으로 보고 그들의 생계비 위협을 최소화하기 위하여 물가상승을 억제하고 임금노동자의 생계비 절감을 기할 수 있는 효율적인 정책의 배려가 있어야 한다. 특히 높은 판매가격은 공동사회 내의 많은 집단에서의 절감현상, 즉 직원의 생산과 서비스에 대한 수요절감의 결과를 초래하게 되므로 임금은 사회적으로 중요성이 대두된다.

이와 같이 공정한 임금의 책정은 모든 사회구성원에게도 중요한 문제이다. 임금관리는 임금을 합리적으로 관리하는 것으로 그 중요내용은 임금수준의 결정, 임금격차, 임금의 체계와 형태 등이 있다.

2. 임금수준과 임금격차

1) 임금수준의 의미

임금수준이란 특정 국가, 특정 산업, 또는 특정 기업, 특정 직무군의 일인당 평균 임금의 정도를 말한다. 임금수준은 고찰하는 대상의 범위에 따라 한 나라 전체의 임금수준, 산업별 임금수준, 기업별 임금수준, 특정연령 또는 직종별 임금수준 등으로 나누어 고찰할 수 있다. 임금수준은 나라 전체 또는 기업・산업 등 어느 특정의 노동자 군에게 지불된 임금의 높이를 말하며 보통 노동자 1인당의 임금액을 말한다. 이 경우에는 임금의 범위가 문제가 된다. 호텔기업마다 임금체계와 수당 등의 내용이 다르기 때문에 어디까지 임금에 포함시킬 것인가에 따라 임금수준에 차이가 나는 것이다. 따라서 공통적인 범위를 정하여 총소득금액을 정한 다음 일인의 평균임금을 계산하여 비교하는 것이 용이하다.

기업의 일반적인 임금수준을 결정하는 요인으로서 벨처(Belcher)는 ① 최저 및 최고임금에 대한 법률과 규정, ② 일반산업에서 동종의 직무에서 지급되고 있는 현행률, ③ 노동조합의 임금률과 단체교섭, ④ 적정임금에 대한 경영자의 태도 등을 들고 있다.

우리의 현실을 살펴볼 때 다음과 같이 임금결정요인을 생각해 볼 수 있다. 즉 환경적 요인, 노동적 요인 및 경영적 요인을 들 수 있다. 첫째, 환경적 요인으로서는 시장임률, 사회일반의 생계비수준, 물가의 변동, 단체교섭 등을 들 수 있고, 둘째, 노동적 요인으로서는 노동의 성과로서 나타나는 노동생산성이 그 내용이 된다. 셋째, 경영 측면의 요인은 호텔기업의 지급능력이다. 그 중에서도 실제 우리나라에서는 최근까지 같은 지역에서 같은 동종산업과 비교하여 단체교섭으로 임금수준이 결정된 경우가 가장 많은 것으로 나타난다. 왜냐하면, 노사 양측의 생계비, 부담능력 등 다른 요인에 대해서는 견해의 일치가 이루지 못해왔기 때문이다. 앞으로는 노사 쌍방이 임금수준에 영향을 미치는 여러 요인의 파악에 솔직한 태도로 임하여 호텔기업의 부담능력을 상한선으로 하고 그 범위 내에서 다른 요소를 감안하여 임금수준을 결정하는 관행이 정착되는 것이 바람직하다고 본다.

2) 임금격차

한 나라의 임금실태를 파악하기 위해서는 그 나라의 일반적인 임금수준에 대한 관찰만으로는 적절하지 않다. 즉 어떠한 사회에서든지 현실적으로 한편에서는 높은 임금의 노동자도 있지만, 다른 편에서는 아주 낮은 임금으로 일상생활에 허덕이는 사람이 있을 것이며, 또 산업, 호텔기업의 규모, 지역 및 연령 등에 따라서 임금의 고저에는 상당한 간격이 있을 것이므로 이들에 관한 확실한 지식 없이는 그 사회의 임금의 실태에 대해서 필요한 지식을 모두 가졌다고 말할 수 없다는 것이다. 이와 같이 임금은 마치 상품의 가격이 품종이나 디자인에 의해서 여러 층으로 차이가 나듯이 갖가지의 국면에 따라 아주 다양한 모습을 노출하고 있다.

임금격차(wage differential)는 한 마디로 말해서 동일 시점에서 각 호텔기업의 임금수준을 여러 가지 요인별로 상호 비교했을 경우에 나타나는 상대적인 임금의 간격이라 할 수 있는데 이것은 보통 백분율로 표시된다. 예를 들면, 산업별 임금격차는 한 개의 기준이 되는 산업(보통 전 산업의 평균율이 그 기준이 된다)의 평균임금에 대해서 각 산업의 평균임금이 어느 정도인가를 나타내는 것이다. 임금격차는 산업별 임금격차, 규모별 임금격차, 직종별 임금격차, 성별 임금격차, 학력별 임금격차 등으로 구분해서 볼 수 있는데, 우리나라 임금구조의 특징은 이를 형성하는 임금격차를 어떤 요인에 의해서 관찰해 보아도 선진국의 임금격차보다 크다는 것이다. 이러한 경향은 오늘날 선진국에 있어서는 임금의 격차가 날로 줄어들고 있다는 사실에 비추어서 보다 신중한 정책적인 고려가 있어야 할 것이다.

3. 임금체계

1) 임금체계의 의의

임금형태는 현재 두 가지 의미로 사용되고 있다. 그 하나는 형식면에서 급여명세서의 항목을 의미하고 다른 하나는 내용면에서 착안한 것으로 개별임금의 차이를 두는 기준 즉 직무의 가치나 연공, 자격 등에 따라 직무급, 연공급 또는 지능급 등으로 임금의 내용을 구성하는 것을 말한다. 직원들에게는 임금수준도 중요하지만 임금의 개별격차를 결정하는 기준인 임금체계도 상대적인 만족도의 차이 때문에 예민한 문제가 되고 있다. 임금의 구성항목과 임금의 결정기준을 임금의 체계라고 할 수 있는데, 양자의 관계는 대개 임금의 결정기준이 먼저 결정되고 난 다음 임금의 항목이 구성되는 관계를 가진다.

우리나라 호텔기업의 임금체계는 호텔기업에 따라 구체적 내용이 천차만별이다. 그 개략적인 특징을 요약하면 ① 연고임금체계가 주축을 이루고 있으며, ② 그 체계가 복잡하다. 즉 단일형이 아니고 복합형이다. ③ 기준 내 임금 중 핵을 이루는 기본급의 비율이 낮고, ④ 다양한 임금체계, 즉 통일성 있는 임금체계가 확립되지 않고 있다고 할 수 있다. 말하자면 그 상황의 필요성에 따라 임금항목이 생겨나 합리적 임금관리의 원리에 입각한 임금체계가 갖춰지지 못한 실정이다.

2) 임금체계의 유형

(1) 연공급체계

연공급은 근속, 연령, 학력, 성별 등의 개인적 요소에 기초하여 임금을 결정하는 임금체계이다. 이것은 동양의 위계질서적인 전통에서 생성된 것으로서 오늘날 우리나라 임금체계의 주류를 이루고 있다고 해도 과언이 아니다. 이 연공급은 최근 성과의 비관련성으로 인한 동기부여 효과의 결여로 인하여 많은 비판을 받고 있으나, 그 자체로는 우리 현실의 적합성도 가지고 있기 때문에 일률적으로 그 적부를 논할 수 없는 것이다.

연공급은 첫째, 정기승급제도에 의해서 운영된다. 즉 승급이 정기적으로 근속년수나 연령에 따라 일률적으로 행해진다. 따라서 연공급에 있어서는 이상적으로 생각되는 승급곡선의 설정이 중요한 문제가 된다.

둘째, 직원의 생계비를 감안하여야 한다. 이것은 연공급의 바탕이 되는 사고라 할 수 있다.

셋째, 타 호텔기업의 임금곡선을 고려하여야 한다. 이를 위한 방법으로는 평균연령(근속) 동일화방법이 사용될 수 있다.

넷째, 미래의 전망을 고려하여야 한다. 즉 임금격차의 변화, 연령별 생계비의 변화, 기술격차의 변화, 사회보장과의 관계 등을 고려하여 설정되어야 한다.

이와 같은 연공급은 다음과 같은 장점과 단점을 가지고 있다. 먼저 장점을 살펴보면,

① 과당경쟁을 방지하여 팀워크를 유지할 수 있다.
② 라이프사이클에 따른 임금의 상승으로 생계비를 보장하여 생활에 안정감을 줄 수 있다.
③ 호텔기업 내의 배치전환이나 이동 등의 경우 탄력적이다.
④ 정기승급에 의해 임금이 증가하며 고용의 안정과 노동의 정착이 진전되어 귀속감을 높일 수 있다.
⑤ 폐쇄적 노동시장 하에서의 인력관리가 용이하다.

연공급의 단점은 다음과 같다.

① 동기부여 효과가 미약하여 소극적 근무태도를 야기시킨다.

② 비합리적인 인건비의 지출을 하게 된다.

(2) 직무급체계

직무급은 직무평가에 의해 설정된 각 직무의 상대적 가치에 따라 개별임금을 결정하여 같은 직무를 수행하는 사람에 대해서는 연령·근속 등과 관계없이 같은 임금을 지급하는 동일노동 동일임금(equal pay for equal work)의 이상을 실현할 수 있는 이론적으로 합리적인 임금체계이다. 이 직무급은 서구의 합리적인 사고와 산업화의 진전에 의해 생선·발전된 것으로서 미국을 중심으로 선진국에서 널리 실시되고 있으며 연공급과는 달리 자유로운 노동이동에 의해 임금과 공헌 사이의 단기적 균형을 취한다. 직무급은 직무분석 및 직무평가에 의한 직무분류제도에 의해 운영되므로 직무분석과 직무평가는 직무급의 실시를 위한 전제조건이 된다.

이러한 실시를 위해서는 다음과 같은 조건들이 만족되어야 한다.

첫째, 합리적이며 실용적 의식이 노사 간에 타당하게 인식되어야 한다.

둘째, 직무가 충분히 분화되고 표준화되어 있어야 한다.

셋째, 임금수준이 하위직무에 대해서도 노동의 재생산이 가능한 정도가 되어야 한다.

(3) 직능급체계

직능급은 직무수행능력의 발전단계에 따라 개별임금을 결정하는 임금체계이다. 직무급이 직무의 상대적 가치를 직무평가에 의해 평정하여 그 결과에 따라 임금을 결정하는 것임에 비해 직능급은 직원의 능력을 평가하여 임금을 결정하는 것이다. 이 직능급은 연공급의 단점을 극복하려는 사고를 바탕으로 생겨난 임금체계로서 동일 직종 내의 숙련 정도에 따라 숙련, 반숙련, 미숙련으로 나누어 임금을 결정하는 직종급의 숙련도 등급, 그리고 직무급에서의 직무등급에 대응해서 직능자격등급에 따라 임금을 결정한다. 따라서 능력을 등급화한다는 점에서 어느 정도 직종급과 유사하다고 할 수 있다.

제5절 인사이동

1. 전직(배치)관리

효율적인 채용과정을 거쳐 입사한 직원은 채용당시의 직무에만 머무르지 않는다. 경영진은 인력의 효율성을 높이기 위한 여러 목적으로 전직, 승진, 강등 등의 인사이동을 시킨다. 즉 인사이동은 직원의 직무를 바꿈으로써 적재적소의 인력배치를 추구하는 것이다. 전직이란 직원이 동등한 수준의 다른 직무 또는 직위로 수평적으로 이동함을 뜻하며 직무의 내용이나 책임, 위신 및 보상 등에 있어서 이동 전 업무와 큰 차이가 발생하지 않는다. 전직의 경우에는 임금과 지위의 변화가 따르지 않는다. 호텔기업에서 전직을 시키는 목적은 적재적소의 배치를 가능하게 하여 직원의 직무만족을 증대시키고 또 여러 부서업무를 경험하도록 함으로써 승진을 위한 준비를 할 수 있게 하며 선발과정이나 배치의 잘못을 시정하는 데 있다. 이렇게 전직은 호텔기업과 직원에게 이익을 가져다 줄 수 있지만 합리적으로 운영되지 못할 때에는 인사 불만을 야기시켜 조직에 나쁜 영향을 줄 수 있다. 따라서 전직에 관한 합리적 방침과 기준을 설정하여 공평한 전직관리를 하는 것이 중요하다. 전직조치에 있어서 주의해야할 점은 「근로기준법」 제30조(해고 등의 제한) 제1항에 "사용자는 근로자에 대하여 정당한 이유 없이 해고, 휴직, 정직, 전직, 감봉, 기타 징벌을 하지 못한다"고 규정하여 이 조항에 저촉되지 않도록 하여야 하며 노동조합활동을 이유로 직원을 불이익하게 배치했을 때 이러한 배치관리로 조합활동을 저해했을 때에는 「노동조합 및 노동관계조정법」 제81조 제1항에 의해 부당노동행위가 되어 기업주가 처벌을 받게 된다.

1) 전직(배치)관리의 유형

(1) 교육적 목적에 의한 배치관리

우리나라에서는 신입 사원은 사내에서 교육훈련하고 더욱이 일을 하면서 현장에서 훈련하는 OJT(On the Job Training) 방식이 주류를 이루고 있다. 예로 일정 직능의 속에 몇 개의 직능 간이나 경우에 따라서는 다른 직능의 직무 간을 이동하고 그 직무의 수행능력을 얻으면서 서서히 상위의 직무를 담당하게 한다는 방법이 일반적으로 이루어지고 있다. 이것은 직원의 직무순환(job rotation)이라 불리는 것으로서 여러 가지 업무를 통한 인재의 육성을 목적으로 하는 것이다. 이외에 특정한 업무를 배우거나 지도하기 위해서 다른 관계 호텔이나 사용자에게 어느 정도 장기간 파견시켜 연수하게 한다. 이것도 교육목적에 의한 배치관리의 일종이다.

(2) 만성화·고정화 배제를 위한 배치관리

특정한 직무를 오랫동안 담당하고 있으면 능력 신장의 침체, 모랄(morale)의 저하, 또는 특정한 납품업자 및 고객 등과의 유착이라는 사태가 생기기 쉬우므로 이것을 예방하기 위한 배치관리가 이루어진다. 일반적으로 동일직능 내에서 배치전환이 이루어지지만 조직을 활성화시키기 위해 다른 직능 간의 대규모적인 배치관리가 행해지는 경우도 있다.

(3) 승진·강등에 따르는 배치관리

승진이나 눈부신 기술혁신으로 막대한 설비투자가 이루어져 종래의 경험적 숙련의 기능노동이 불필요하게 되었다. 그러므로 새로운 실비를 조직하고 이에 적응력을 가진 노동력이 필요하게 됨으로 혁신에 대응한 배치관리의 필요성이 생기게 된다.

(4) 호텔기업활동의 변화에 따르는 배치관리

신상품의 개발·다각화·생산이나 판매의 강화·감량경영 등 호텔기업활동의 변화에 따라 경영조직이 수시로 변경되거나, 신 직무의 설치, 구 직무의 해소 등에 따라 직원의 배치관리가 필요하게 된다. 주력상품의 변경, 호텔의 신축, 호텔폐쇄, 자동화의 도입 등의 경우에는 관리자를 포함해서 대규모의 직원의 배치관리가 이루어지게 된다. 불황이 계속되거나 호텔폐쇄의 경우에는 관계호텔이나 호황산업에의 전출·전적이 행해진다. 전출의 경우는 먼저 호텔의 직원이지만 전적의 경우는 먼저 직원이 퇴직하는 것이다. 이 전출·전적도 넓은 의미의 배치관리에 포함된다.

2. 승진관리

근래 우리나라 호텔기업에서는 인사체증 문제 때문에 많은 어려움을 겪고 있다. 호텔기업의 초창기나 성장기에는 혈연, 지연, 학연 등 특수연고 관계나 연공에 의해서 많은 사람들을 승진시키는 것이 가능하였으며 반드시 조직의 업무수행을 위해서 필요하지는 않지만 승진을 위한 새로운 자리를 만들어 냄으로써(승진의 수평적 확대) 직원의 승진욕구를 충족시킬 수 있었다. 이것이 어려워지게 되자 다음 단계로 승진의 수직적 확대, 즉 조직계층을 넓혀서 승진문제를 해결하려고 시도하고 있다. 사원 – 계장 – 과장 – 부장 – 이사 등으로 직위구조가 형성되어 있던 것이 예컨대, 과장대리 · 차장 · 부장대우 · 이사부장 · 이사보 · 이사대우 등 새로운 직제를 편성하여 승진문제를 해결해 보려고 한다. 그러나 이 방법에도 한계가 있는 것이며 호텔기업과 같이 성과지향적 조직에서는 합당한 해결책은 아닌 것이다.

이와 같이 호텔기업이 근시안적인 또는 미봉에 의한 승진을 계속한다면 정상적인 직위구조 즉 피라미드 구조를 형성하지 못하고 마치 항아리를 엎어놓은 듯한 모양을 이루게 된다. 호텔기업이 안정기에 접어들거나 경기침체가 되면 될수록 이러한 현상은 심화되고 승진탈락자가 누적되어 개인과 조직에게 고민을 안겨주게 된다. 조직구성원들은 승진할 수 있는 길이 막혀 있다거나 오랫동안 지연된다는 인식을 점차로 갖게 됨으로써 적극적으로 능력을 발휘하지 못하는 한편 경영자들도 합리적인 승진관리의 방향모색을 위해서 고심하지 않을 수 없게 된다.

1) 승진관리의 기본방향

일반적으로 승진(promotion)이란, 조직에서 구성원이 보다 상위의 직무로 옮기는 것을 말하는데, 보수 · 지위가 오르고 책임이 함께 수반되며, 인정감 · 도전감을 통하여 고차욕구의 달성을 기대할 수 있는 것이라고 정의할 수 있다.

조직에서는 이러한 구성원의 승진을 합리적으로 행하기 위해서 나름대로 승진기준을 가지게 되며 이 기준에 입각하여 각 조직에 적합한 승진제도를 설계하게 된다. 승진의 기준이 무엇이 되느냐 하는 것은 그 조직의 인사관리의 기본이념과 불가분의 관계를 맺고 있기 때문에 승진기준은 사실상 승진관리 하나에만 적용되는 것이 아니고 직원의 채용으로부터 배치, 교육훈련, 인사고과, 직무이동, 보상관리, 유대관리에 이르기까지 전 인사관리영역에 영향을 미치게 된다. 이러한 승진기준으로 가장 일반적인 것이 연공주의와 능력주의이다. 우리는 이 양자를 조화시키는 방안을 모색함으로써 승진관리의 기본방향을 설정할 수 있을 것이다.

(1) 연공과 능력의 문제

승진에 관한 기본적인 방침을 결정하는 데 있어서 가장 중요한 것은 능력(competence)과 선임권(seniority)의 상대적인 비중을 결정하는 문제이다. 연공주의는 조직구성원의 승진에 있어서 근무연수나 나이, 시간의 차이에 의해 승진에 우선권을 준다는 개념으로서, 근무년에 비례하여 개개인의 업무능력과 숙련도가 신장된다는 기본적 사고에 근거하고 있다. 이러한 연공주의는 측정의 신뢰성이 높아 객관적이며 우리나라의 경우와 같이 연공질서가 지배적인 사회는 사회제도와 그 이념이 일치한다. 이 제도는 노동조합 사이에 널리 지지를 받아온 원칙으로 대부분의 경우 학력중시 풍토, 기술의 정체, 사회적 질서개념(예 : 장유유서, 권위질서)의 유지, 직원의 기득권 중시 등의 경향을 수반한다. 반면에 능력주의는 일반적으로 조직구성원이 조직목표달성에 기여하는 업무수행능력에 따라 승진에 우선권을 준다는 것으로서 합리적 사고방식을 강조하는 구미각국에서 일찍이 발전된 개념이다. 이같은 능력주의는 직무와 구분하여 능력을 평가할 수 없으므로 합리석이고 명확한 직무분석 및 직무평가에 기초한 직무분류제도를 그 필수적인 전제조건으로 한다.

(2) 연공과 능력의 조화

앞에서 언급한 여러 가지 상황적 조건을 감안할 때 우리나라 호텔기업에 있어서 승진관리의 가장 중요한 과제는 연공주의와 능력주의를 조화시키는 방향을 모색하는 데서 비롯된다. 즉 연공주의와 능력주의의 어느 쪽도 서로 버릴 수 없는 비등한 가치가 있는 경우에 복합기준을 설정함으로써 해결해 나가야 한다는 것이다. 이 경우에 경영자는 두 기준 모두의 중요성을 감소시키지 않도록 하는 중용이나 타협안을 제시하여야 한다. 그러나 중용이나 타협을 통한 일종의 의사균형 상태를 유지한다는 것은 단일 선택안을 취하는 것보다 더 어려울 수도 있기 때문에 양 기준을 모두 충족시킬 수 있는 다각적인 경영자(multi-manager)로서의 역할이 요청되는 것이다.

2) 승진유형

승진은 일반적으로 대별하여 ① 직위승진제도 또는 직계승진제도, ② 신분 및 능력을 중심으로 한 자격승진제도, ③ 역직승진제도(役職昇進), ④ 대용승진제도, ⑤ 조직변화승진제도가 있다. 이를 좀더 구체적으로 설명하면 다음과 같다.

(1) 직위승진제도

직위승진 또는 직계승진이란, 상급지위나 상급직계로 변경하는 것을 말한다. 즉 직원이 하위 직위에서 상위 직위로 이동하는 것을 말한다. 직위(직계)승진은 직무중심적 능력주의에 입각한 것으로 직무분석 · 평가 · 등급구분 및 직무급에 의한 직위(직계)제도가 확립되어 있어야 하며, 이를 토대로 하여 직무자격요건에 비추어 적격자를 선정 · 승진시킨다. 직위(직계)승진제도가 성공적으로 운영되기 위하여서는 다음과 같은 전제조건이 필요하다. 첫째, 직위관리체계가 정비되어 있어야 하며, 둘째, 인적 능력구성과 직계구성이 서로 일치되어야 하며, 셋째, 업무내용이 안정되고 조직기구, 생산양식, 기업규모와 같은 것에 큰 변동이 없어야 한다. 일반적으로 직무담당자의 경험 · 능력 · 기능 등의 향상에 의하여 새로 담당하는 직무가 보다 높은 직위에 있는 경우에 승진이 되는 것이다. 이는 직무와 직결된 속직적(屬職的) 승진제도이다.

(2) 자격승진제도

자격승진이란, 직무내용과는 직접적으로 관계없이 각 개인이 갖추고 있는 학력 · 연령 · 근속년수 또는 지식 · 기능 · 능력과 같은 속인적 자격요건에 따라 보다 상위의 처우구분으로 이동하는 것을 말한다. 자격승진에는 신분자격승진과 능력자격승진이 있다.

① 신분자격승진

이는 학력, 근속년수, 근무상황 등 개인의 속인적 자격요건이 승진기준이 되어 상위의 처우 구분으로 이동되는 것을 말한다. 그리고 이들 속인적 요건은 직무와는 관계없는 것이다.

② 능력사격승진

이는 개인이 보유하고 있는 지식 · 기능 · 능력 등의 잠재적 능력이 승진기준이 되어 장래에 유용성이 있다고 평가받아 자격제도상 상위의 처우구분으로 이동되는 것을 말한다. 그리고 이들 속인적 요건은 직무와 관련이 있는 것들이다. 일반적으로 자격승진이라고 할 때는 이 능력자격승진을 의미한다.

(3) 역직승진제도

역직승진이란 관리체계로의 직위, 즉 라인직위체계(계장, 과장, 차장, 부장 등)상의 승진을 말한다. 조직은 업무를 능률적으로 운영하기 위하여 과업을 분화하여 가지만, 조직의 각 단위별로 소속구성원을 효율적으로 지휘 · 통제하기 위해서 조직의 장 또는 보조자(주임, 계장, 차장, 부장 등)를 두는데, 이것이 역직이다. 역직승진은 이들 역직의 담당자가 상위의 역직위로 이동하는 것을 말한다.

(4) 대용승진제도

대용승진이란 준승진이라고 하는데, 직책과 권한 등 직무내용상의 실질적인 변화는 없이 직위명칭 또는 자격호칭 등의 형식적인 승진이 이루어지고, 임금 · 복리 · 후생 · 사회직 · 신분 등의 부수적인 혜택을 받는 것을 말한다. 이는 조직의 인사정체현상이 두드러지고 직원의 승진에 대한 욕구가 강렬하며, 조직의 효율성을 높여야 할 때 이를 해결하기 위하여 이루어지는 승진이다.

(5) 조직변화승진제도

조직변화승진이란 승진대상에 비하여 직위가 부족한 경우에 조직구조 자체를 변화시켜 조직의 직위계층을 만들고 승진의 기회를 확대하여 실시하는 승진을 말한다. 이 경우는 조직구조를 변화시킴으로써 직무구조의 재편성까지 뒤따르는 것이 일반적이다.

그러나 실제 운용에서는 조직구성원의 승진이 정체될 경우, 이를 해소하거나 처우상의 목적을 위하여 실시될 수 있다. 또한 경영자의 스타일에 따라 여러 형태의 승진이 혼재하여 시간이 흐를수록 승진기준이나 체계가 일관성을 상실할 수 있으며, 이로 인해 사기저하 등 조직관리상의 문제가 대두된다. 따라서 합리적이고 과학적인 승진기준의 설정과 승진계획이 필요하다.

3) 승진계획의 수립

승진은 호텔기업 측면에서 보면 필요한 직위에 필요한 사람을 선택하여 조직에 최대한 공헌하게 하는 의미가 있을 뿐만 아니라 능력개발을 위한 훌륭한 도구로서의 역할을 하는 것이고, 직원 입장에서 보면 성취감, 보수의 증가, 사회적 신분의 상승의 의미가 있는 중요한 문제로서 최대한 객관적이고 공정하게 관리되지 않으면 안된다. 승진계획은 호텔기업의 형편에 맞게 또 모든 직원들이 공감할 수 있는 기준에 따라 수립되지만, 일반적으로 합리적인 승진제도를 운영하기 위한 고려사항은 다음과 같다.

승진계획 수립 시 주의하여야 할 사항은 다음과 같다.

① 승진계획은 승진방침에 따라 조직 내의 모든 적용 가능한 직위에 대하여 작성·수립되고 실시되어야 한다.
② 호텔기업은 새로운 승진계획을 실시하거나 실시중의 계획을 고치려고 할 때, 그에 앞서서 직원 및 직원단체의 의견을 참고해야 한다.
③ 승진계획은 다른 부문의 인사계획, 특히 인력계획과 모집계획 및 교육훈련계획 등을 고려하여 조화되도록 해야 한다.
④ 승진계획이 어떤 절차에 의하여 운영되고 있는가를 직원들이 언제나 알 수 있도록 해야 한다.
⑤ 승진계획은 모든 직원에 대하여 통일적이고 공평하게 적용되어야 한다.

이와 같은 주의사항을 고려하여 승진계획을 수립할 때 포함되어야 할 사항은 다음과 같다.

① 승진계획에 적용될 대상직위의 범위
② 승진후보자의 선정범위
③ 승진후보자의 탐색방법
④ 승진에 필요한 자격기준
⑤ 승진후보자의 평가방법
⑥ 승진후보자의 서열 및 평가방법

이외에도 공정한 승진관리를 위해서는 승진경로(promotion ladder)를 명시할 필요가 있다. 각각의 직무에 대하여 승진경로를 명시해 놓으면 직원은 스스로 승진을 위하여 필요한 자격요건을 갖추기 위하여 노력하고 호텔기업은 이에 필요한 교육개발을 할 수 있을 것이다. 승진경로란 직무책임의 분석에 의한 직원발전의 논리적 경로이다. 직무책임의 분석을 통하여 직무의 상하 전후의 관련체계가 파악되면 직위체계를 작성할 수 있으며 직위체계가 파악되어 있으면 승진경로는 더욱 명확해 질 수 있다.

제6절 인사고과

1. 인사고과의 개념

직무평가가 한 조직의 목적을 달성하기 위하여 구성된 각 직무의 상대적 가치를 체계적으로 결정하기 위한 제도임에 반하여 인사고과(merit rating, employee rating)는 조직 내의 여러 직무에 종사하고 있는 직원의 근무성적이나 능력 등을 그 조직체에 대한 유용성의 관점에서 평가하여 이들의 상대적 가치를 주기적으로 결정하기 위한 제도이다. 스미스와 머피(P.C. Smith and M.J. Murphy)는 인사고과란 "직원들이 소속하고 있는 조직 내에 그들의 가치를 질서 있게 평가할 수 있도록 하는데 그 목적이 있다"고 밝히고 있고, 미(J.F. Mee)는 "조직에 있어서 직원이 보유하고 있는 현재적 및 잠재적 유용성(present and potential usefulness)을 주기적으로 평가하는 방법이다"라고 정의하고 있다. 또한 란그스너(A. Langsner)는 구체적으로 "직원의 능력 · 근무성적 · 자격 · 습관 · 태도의 상대적 가치를 조직적으로, 그리고 사실에 입각하여 객관적으로 평가하는 절차이다"라고 규정하고 있다. 사실 인사고과제도를 공식적으로 채택하거나 하지 않거나 간에 모든 관리자는 어떤 형태로든지 일상근무를 통하여 부하의 능력이나 근무성적을 평가하고 있는 것이다. 그러나 이에 대한 통일적이며 체계적인 평가 없이는 인사문제의 결정에 있어 그릇된 판단이나 특정인에게 가지는 지나친 호감을 최소화시킬 수는 없으며 불공정성이나 속단주의를 막을 방법이 없는 것이다. 이러한 결과는 관리자가 자기의 판단이 정당하다는 것을 증명할 수가 없게 되며 부하들은 미래에 대한 기대를 가지지 못하는 까닭에 결국에는 불공정성에 대한 비난이나 불만이 발생하게 되어 조직 내의 인사문제는 악화될 수도 있는 것이다.

2. 인사고과의 목적

인사고과는 호텔기업에 대한 직원들의 능력과 기여도를 객관적으로 평가하여 직원들의 승진, 급여, 전직 등의 필요한 자료를 얻는 것이 주목적이었으나, 인사고과 평정자의 주관에 의한 오류로 인사반영을 통한 통제적 목적으로 사용하는데 한계를 노출해 왔다. 그리하여 최근에는 경영관리상의 통제적 목적보다는 인사고과과정을 통하여 능력개발 등 비통제적 목적으로 많이 사용되는 추세이다. 특히 연공서열에서 벗어나 능력과 기여도중심의 인사체제의 전환을 시도하는 호텔기업들이 늘어나면서 인사고과제도에 관한 전반적인 재검토가 요구되는 등 인사고과의 활용이 많은 주목을 받고 있다. 학자에 따라서 인사고과의 목적을 여러 형태로 분류하나 일반적인 인사고과의 목적을 설명하면 다음의 <표 6-4>와 같다.

〈표 6-4〉 인사고과의 다섯 가지 목적

목 적	내 용	구심점
① 인사배치 및 이동	각자의 능력에 적합한 적재적소의 배치에 활용된다.	배치, 전환, 승진, 복직, 채용, 해고
② 인력개발	직원의 정확한 능력을 파악하고 인력개발에 활용된다.	교육훈련, 개발
③ 인력계획 및 기타 인사기능의 타당성 결정	직원의 연령, 성별, 직종, 기능도, 근무연도 등에 따라 장·단기인력개발 수립에 요청되는 양적·질적 자료를 제공토록 한다. 이렇게 함으로써 인사고과를 통하여 직원의 근무능률을 평정하여 해당 직원의 채용시험·승진 등이 과연 타당하였던가 하는 인사기능의 타당성을 측정하는 도구로도 활용된다.	인력계획에 요청되는 인적 데이터 확보, 채용, 배치전환, 승진 등의 인사기능의 타당성 검정
④ 성과측정 및 보상	직원의 성과를 측정하여 직원의 관심사인 승급, 상여금, 임률결정 및 승진에 활용된다.	결정, 승진, 승급, 상여금, 임률
⑤ 조직개발 및 근로 의욕 증진	인사고과를 통하여 직무담당자의 조직관계나 직무조건의 결합을 발견하고 개선할 계기를 찾는다. 뿐만 아니라 직원의 성취의욕의 자극제로서도 활용된다.	직무개선, 성취의욕 증진

자료 : 황대석, 인사관리, 서울 : 박영사, 1986, p. 233

3. 인사고과의 중요성

최근 호텔기업들은 경쟁력제고를 위하여 단순 연공서열주의 탈피의 필요성과 함께 인사고과에 대한 중요성을 인식하고 이를 합리적으로 개선하는 등 많은 노력을 펼치고 있는데 그 이유를 살펴보면,

첫째, 치열한 호텔기업경쟁 하에서 경쟁력우위를 확보하기 위하여 새로운 경영이념이나 경영방침을 구축하고 이를 실현하기 위하여 구체적인 행동기준을 직원 개개인에게 명확하게 제시함으로써 바람직한 행동을 유도할 필요성이 높아져 왔고,

둘째, 복잡 다양한 경영활동 속에서 관리능력의 발휘가 예전보다 훨씬 많이 요구되고 있으며 이에 따른 인재육성이 호텔기업 장래를 위한 중요과제로 인식되고 있으며,

셋째, 전반적인 인사관리의 효율성을 높이기 위하여 체계적이고 종합적인 인사시스템의 합리화와 공정한 운용이 필요성이 대두되고 있고,

넷째, 기업 내에서 인사관리의 객관성과 공평무사한 평가관리가 절실히 요구되고 있기 때문이다.

호텔기업에서 인사고과를 제대로 실시하는 것은 여간 어려운 일이 아니다. 평가자, 피평가자 모두가 기본적으로 그 필요성을 인식하고 있으나 가부장적인 우리나

라의 조직문화풍토 하에서 여간 부담스러워하지 않는 실정이다. 평가자는 사실 그대로 평가하는 것을 주저하고, 피평가자는 결과에 잘 승복하지 않는 경우가 많아 감독자와 부하 간 갈등의 계기가 되기도 한다. 따라서 인사고과는 평가하기 쉬우면서 피평가자가 이를 이해하고 받아들일 수 있도록 하는 것이 중요하다.

4. 인사고과방법

인사고과방법을 선정하는데 중요한 것은 호텔기업의 규모·업종·관리수준·사용목적·고과자의 평가능력·피고과자의 직종 등을 고려하여 해당기업의 상황에 알맞은 것을 선정하는 것이다. 호텔기업은 직종이 비교적 다양하고 평균학력이 비교적 낮은 점을 감안하면 비교적 단순한 평가방법을 선정하는 것이 좋을 것으로 생각된다. 왜냐하면, 고과방법에 대해서 평가자는 물론 피평가자가 쉽게 이해할 수 없는 방법을 택할 경우 서로가 결과에 대하여 승복할 수가 없기 때문이다.

인사고과에는 여러 가지 방법이 사용되고 있다. 전통적으로 흔히 사용되어 온 방법들을 요약·설명하면 다음과 같다.

1) 도시척도법(Graphic Scale Method)

도시척도법은 가장 오랫동안 그리고 가장 널리 사용되고 있는 방법으로서 평가요소마다 주어진 측정척도에 따라 피평가자에 대한 평가를 표시하는 방법이다. 척도(보통 3~5단계)에 점수를 배정하여 평가결과를 수치로 표시할 수도 있다. 평가요소를 간단히 기술하고 척도의 각 단계도 설명하여 평가요소와 척도단계에 대한 평가자의 공통된 이해를 높임으로써 평가결과의 정확도와 신뢰도를 높일 수 있다.

2) 강제선택법(Forced Choice Method)

강제선택법은 도시척도법에서 흔히 나타나는 관대화 경향이나 중심화 경향을 줄이기 위하여 사용되는 방법으로서, 평가요소마다 주어진 몇 개(보통 3~5개)의 기술 중에서 피평가자에 해당하는 기술에 체크로 표시하도록 되어 있다. 기술마다 점수도 배정하여 평가결과를 수치로 표시할 수도 있다. 그리고 평가요소마다 정규분포

(normal distribution)를 강요함으로써 평가의 집중화 경향을 억제할 수 있다.

3) 대조법(Checklist Method)

대조법은 성과나 평가특성에 대한 질문을 중심으로, 이에 대한 가부를 표시함으로써 피평가자를 평가하는 방법이다. 질문마다 가중치를 배정하여 평가결과를 수치로 계산할 수도 있다. 직무마다 해당되는 질문이 다르므로 전체적인 평가가 어렵고 각 직무마다 별도의 질문들을 설계하여야 하므로 많은 시간이 요구된다.

4) 중요사건법(Critical Incident Method)

중요사건법은 평가기간 동안에 일어난 중요사건을 기록해 두었다가 이를 중심으로 피평가자를 평가하는 방법이다. 사건에 대한 기록을 유지하기에 많은 시간이 요구될 뿐 아니라 어떠한 사건들을 기록・유지할 것인가에 대한 개념이 평가자마다 다를 수 있다.

5) 자유서술법(Essay Method)

자유서술법은 성과나 행동특성 등 주어진 평가요소나 측면을 중심으로 피평가자에 대하여 자유로이 서술하는 방법이다. 평가자를 가장 자세히 설명할 수는 있지만, 평가자의 서술방법과 스타일에 따라서 평가내용에 많은 차이가 있을 수 있다.

6) 서열법(Ranking Method)

서열법은 피평가자들을 서로 비교하여 그 순위를 정하면서 그들을 평가하는 방법이다. 서열법에는 평가요소별로 서열을 정하여 이를 종합하여 평가하는 단순서열법(straight ranking method), 가장 우수하거나 가장 열등한 사람을 뽑고 나머지 사람들 중에서 또 우수한 사람들을 뽑아 나가는 교대방법(alteration method), 그리고 두 사람씩 쌍을 지어 비교하면서 서열을 정하는 일조비교법(paired comparison method) 등이 있다. 서열법은 대체로 피평가자수가 제한되었을 때 사용될 수 있는 방법이다.

〈표 6-5〉 인사고과방법 비교-예시

1. 도시척도법

업적달성도

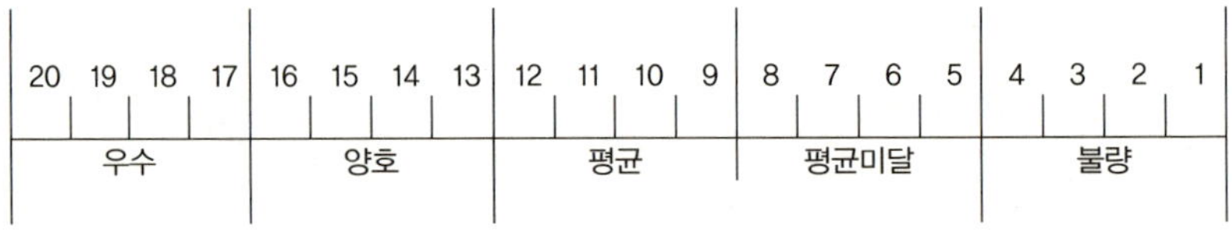

2. 강제선택법

- 자기 업무에 관한 모든 사항을 완전히 파악하고 있다.
- 표현력이 매우 좋다.
- 치밀한 관리를 요구한다.
- 일에 부주의하고 과오를 자주 범한다.

3. 대조법

	가	부	또는	수 치
근무시간을 잘 지킨다.	_____	_____		□□□
책임감이 있다.	_____	_____		□□□
자기개발에 노력한다.	_____	_____		□□□
팀워크에 적극적으로 기여한다.	_____	_____		□□□

4. 자유서술법

평가기간 동안에 피평가자가 달성한 업적에 대하여 자세히 기술하시오.

5. 서열법

피평가자	업적달성수	업무추진력	부하육성	책임감	합 계	서 열
A	1	3	2	1	7	1
B	5	1	1	2	9	2
C	2	2	4	5	13	3
D	6	4	3	3	16	4
E	3	6	5	4	18	5
F	4	5	6	6	21	6

자료 : 이학종, 인사관리 p. 324

일반적으로 이들 여러 방법 중에서 도시척도법이 가장 널리 사용되고 있다. 그러나 미국 기업에서는 관리직의 경우에 자유서술법도 도시척도법 만큼 널리 사용되고 있고 이 두 방법에 이어서 대조법과 서열법, 그리고 강제선택법과 중요사건법의 순서로 많이 사용되고 있다.

5. 고과자의 훈련

아무리 인사고과제도가 잘 되어 있더라도 고과자나 조정자가 그 제도를 충분히 이해하지 못하고 객관적이고 합리적인 태도를 견지하지 못하면 호텔기업경영 측면이나 직원들에게 중요한 영향을 미치는 인사고과제도가 소기의 목적을 달성할 수 없다. 고과자나 조정자가 고과실시 전에 인사고과의 영향을 주는 고과요소, 고과기준, 고과방법, 고과기술, 고과윤리 등에 관하여 철저한 교육훈련을 받아야 한다. 고과를 효율적으로 실시하기 위해서 고과자가 준수해야 할 점은 다음과 같다.

1) 인사고과(근무성적평정)에 대한 이해

평정은 개개인의 가치를 객관적으로 정확히 평가하여 인사관리의 자료를 마련하려는 의도 이외에도 다음과 같은 목적에서 이를 활용해야 한다.

① 부하의 잠재적 유용성의 발굴과 적재적소의 배치, 능률향상
② 부하에 대한 올바른 이해
③ 평가를 통하여 자신의 관리능력향상
④ 부하의 결점교정과 지도감독을 충분히 강화
⑤ 부하의 개발방향 모색 및 지도자료 획득

2) 평가자 준수사항

평가자 준수사항은 대부분 인사고과규정에 명시되어 있는데, 그 내용은 다음과 같은 것들로 구성되어 있다.

첫째, 인사고과를 공정하고 엄격히 행하기 위하여 평가자는 자신의 고과의 적부

에 대하여 책임감을 가져야 한다. 이는 무책임고과를 배제하고 있음을 의미한다.

둘째, 평가는 평가대상이 되는 전 기간에 대하여 일상의 관찰과 지도에 의하여 얻은 자료 및 자신이 확인한 사실에 의하여야 한다. 평가가 객관성을 갖도록 구체적인 사실에 입각한 자료에 의해 평가하도록 해야 한다.

셋째, 피평가자에 대한 감정 및 편견에 좌우되는 일이 없어야 한다. 상사에 대한 타협 및 동료부하에의 사사로운 감정을 자제하고 신념에 의한 평가를 행하여야 한다. 인사고과는 사람이 사람을 평가하는 것인 만큼 평가자의 주관을 완전히 배제할 수는 없다고 하나 평가자는 인사고과의 중요성을 인식하여 관대화 경향이 나타나지 않도록 해야 한다.

넷째, 평가대상기간 외의 시기에 일어난 일에 대해서 평가해서는 안된다. 이는 평가기간이나 평가결과의 소급이 없는 평가기간 내에 발생한 것에 관해서 평가해야 한다는 고과불소급의 원칙을 표현하고 있다.

다섯째, 고과는 피평가자의 성적 및 태도의 대표적인 것에 의하여 행하여서는 안된다. 결코 예외적인 것에 영향을 받아서는 안된다(예외적인 것은 특기사항으로 기입한다).

제7절 교육훈련과 경력개발

1. 교육훈련

1) 교육훈련의 개념

교육훈련은 호텔기업이 그 목적을 달성하기 위하여 고용한 직원의 업무수행능력을 향상시켜 나가는 과정이라고 말할 수 있다. 즉 고용한 직원에 대하여 그들의 업무수행능력을 향상시킴으로써 호텔기업의 목적을 달성코자하는 중요한 경영관리 활동이다. 최근 교육훈련 대신에 훈련개발이라는 말을 많이 쓰는데, 훈련개발이란 직원의 현재 및 잠재능력향상을 통하여 개인의 발전과 조직의 발전에 기여하게 하기 위한 체계적인 접근방법이라고 할 수 있을 것이다.

둘리(C.R. Dooley)는 교육훈련의 의의를 다음과 같이 표현하고 있다. 교육훈련이란 신입사원에 대해서 한 번만 행하는 것은 아니다. 성공을 거두고 있는 호텔에서는 교육훈련이 계속되고 있다. 상사가 자신이 원하는 방식대로 부하에게 일을 시킨다면 그것이 바로 교육훈련인 것이다. 그리고 부하에게 지시를 하고 업무절차를 토의한다면 이것 또한 교육훈련인 것이다. 그러므로 교육훈련은 직장을 벗어난 교실 즉 특정한 장소에 모여 행하는 직장 외 훈련(off the job training)의 형식을 취함이 전형적인 것처럼 생각되지만 그것은 교육훈련활동의 중심은 아니다. 중심은 오히려 직장의 상사가 일상업무 중에서 행하는 직장 내 훈련(on the job training), 즉 개인지도(personal coaching)에 있는 것이다.

2) 교육훈련의 목적

실제 훈련이 시작되기 전에 신입사원에게 맨 처음 말해주어야 할 것은 직무수행의 책임에 대해서다. 신입사원을 교육시키고자 하는 직무과업은 최대의 고객만족 수단에 불과하다는 것이다. 다음은 호텔에서 공통적으로 실시하는 구체적인 교육훈련의 목적이다.

① 호텔을 고객과 사원들을 위한 안전한 장소로 만든다.
- 사고예방
- 안전장치

② 사원의 만족도증가
③ 퇴직에 따르는 비용감소
④ 부여된 직위의 업무수행에 필요한 지식과 기술수준의 제공
⑤ 인적자원의 기술수준과 업무수행능력의 향상
⑥ 생산성 향상
⑦ 노동의 효율성 향상

⑧ 향상된 능력개발과 승진의 기회

3) 교육훈련의 체계와 분류

(1) 교육훈련의 체계

호텔기업이 실시하고 있는 직원의 훈련과 개발프로그램을 간단히 정리하기란 쉬운 일이 아니다. 기업의 업종, 규모 및 발전단계 등의 차이에 따라 훈련과 개발의 필요성이나 정도가 다른 것이므로 서로 다른 프로그램으로 나타나기 마련이다. 구체적으로 훈련대상을 신입사원과 현직직원으로, 현직직원을 다시 계층별로 일선직원, 감독관리층, 중간관리층, 최고경영층으로 나눌 수 있으며, 훈련장소에 따라서 직장 내 훈련(on the job training)과 직장 외 훈련(off the job training)으로 나누어지며, 그 내용에 있어서도 교양과 전문교육훈련 등으로 나누어진다. 이러한 다각적인 분류방법들은 그 나름대로의 기준에 따라 프로그램화할 수 있겠으나 실제로는 훈련의 중복 등 혼란을 야기시킬 우려가 있다. 그래서 훈련과 개발을 누가 주체가 되어 담당하느냐를 기준으로 일반적으로 종합적인 체계를 [그림 6-4]와 같이 정리할 수 있다.

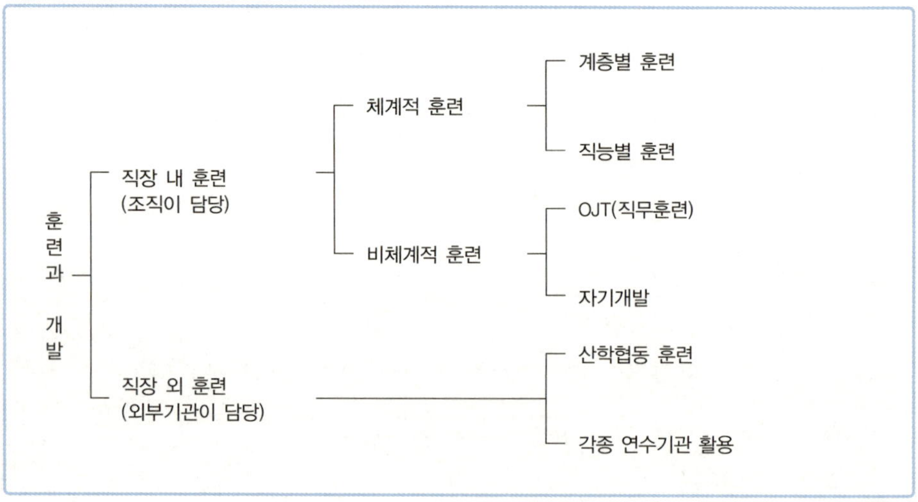

[그림 6-4] 교육훈련의 체계

예) I호텔의 교육체계

Hotel Course Progression Chart 호텔 내 교육프로그램 발전단계

총지배인 단계	총체적인 경영 프로그램					
개인능력개발 단계	경영중심의 틀	고급 세일즈 훈련	재무	발표기술		
개발센터	경영 능력평가 프로그램					
경영/간부단계	신임관리자수업	경영훈련개발	기술훈련자격증 개관	서비스리더십개관	인터뷰기술	평가기술
개인적 단계	기술훈련개발	그룹 훈련자양성	훈련평가기술	시간관리	정보공학	세일즈/마케팅훈련
감독자 단계	기술훈련자자격증	서비스리더십	고객서비스교육 강화			
기초단계	오리엔테이션 틀	고객서비스교육	6컨티넨츠클럽	교환훈련	건강안전관리	문화교육

(2) 교육훈련의 분류

① 입사훈련

입사훈련은 신입사원에 대한 교육훈련으로서 그 목적은 조직체의 조직과 발생, 역사와 전통 등 조직체에 대한 일반적인 소개와 조직체의 일원으로서 조직체생활에 필요한 자세와 태도를 갖추게 하는 것이다. 입사 초기에 이직률이 높은 경우가 많기 때문에 입사훈련은 신입사원의 조직체에 대한 만족스러운 적응을 위하여 그 중요성이 점차 커지고 있다. 특히 현대조직의 조직문화(organization culture) 관점에서 입사초기부터 조직체의 전통가치를 습득시키고 '조직체의 사람'을 만드는 사회화과정이 점점 강조되어가고 있다.

② 계층별 훈련

조직체계층과 조직구성원의 신분에 따라서 교육훈련 프로그램을 작성할 수도 있다. 임원진으로부터 시작하여 간부 또는 중간간부, 사원 등의 계층을 중심으로 각 계층에서 필요로 하는 교육훈련을 제공할 수 있다. 일반적으로 상위계층일수록 전략적인 과제를, 하위계층일수록 실무기술에 관련된 과제를 강조하게 된다.

③ 전문분야별 훈련

교육훈련 프로그램은 조직체의 전문분야를 중심으로 형성될 수 있다. 생산, 마케팅, 재무, 회계, 인사, 노무, 기획관리, 국제경영, 경영정보시스템(MIS) 등에 관한 기능분야별 전문교육 프로그램이 이에 속한다.

④ 기능훈련

기능(skill) 습득을 위한 훈련은 계층별 또는 전문분야별 훈련으로 포함될 수 있지만, 교육대상자가 많고 그 중요성도 크므로 별도로 분류될 수 있다. 기능훈련은 업무수행을 필요한 기능·기술훈련 프로그램으로서 강의실 교육(classroom training), 실습장 훈련(vestibule training), 양성공 훈련(apprentice training) 과 직장 내 훈련(on-the-job training)을 포함한다. 교육훈련 대상자가 많기 때문에 그들의 효율적인 훈련을 위한 작업지시훈련(job instruction training)도 많이 활용되고 있다.

⑤ 직장 내 훈련

직장 내 훈련은 흔히 OJT라고 불리어지는데, 감독자가 부하의 직무수행을 감독하면서 직무수행방법과 이에 필요한 기술을 훈련시키는 방법이다. 훈련과 직무가 바로 연결되고 감독자가 각 직무담당자에게 적합한 훈련을 실시하기 때문에 매우 실질적이고 효과적인 방법이어서 여러 교육훈련방법 중에서 실제로 가장 널리 사용되고 있다. 직장 내 훈련(OJT)의 성공여부는 훈련자의 자질에 달려있으므로 호텔 내에서는 평소 훈련자의 자질양성의 힘써야 한다.

(3) 관리감독자의 교육훈련에 대한 책임

호텔기업에서 각 계층의 관리감독자는 스스로 일상업무를 통하여 부하직원의 능력개발을 위한 지도와 동시에 연간교육계획에 따라 실시되는 각종 교육과정에 직원을 적극적으로 참여시켜 능력과 자질을 직무수행에 가장 적합하도록 해야 한다. 따라서 교육훈련부서는 교육훈련이 효과적으로 수행될 수 있도록 호텔 교육전반에 대한 조사연구, 기본방침의 결정시달, 회사전체교육의 조정, 관리, 우수한 사내강사의 양성, 시설과 교재의 제공 등을 지원해야 한다. 그러나 부하의 능력개발에 대한 일차적 책임은 어디까지나 상사인 것이다. 이와 같은 관점에서 관리감독자는 업무 수행에 대한 책임뿐만 아니라 부하의 능력개발에 대한 부수적인 책임도 당연히 가지고 있는 것이다. 특히 호텔의 일선 감독자의 직장 내 교육은 통상적인 업무의 일부로서 지속적으로 실시되어야 할 중요한 업무이다.

4) 교육훈련의 순환과정

호텔기업에 있어서 교육훈련의 중요성은 전술하였거니와 교육훈련 중에서도 실제로 교육의 필요성을 파악하고 체계적으로 프로그램화하여 실시하는 교육훈련의 순환과정을 알아봄으로써 효과적인 교육훈련의 흐름을 알 수가 있을 것이다. 대개의 경우 교육훈련은 일과성으로 끝나지 않는다. 교육훈련은 교육의 필요성이 제기되거나 문제의 발생을 확인하는 과정에서 시작하여 몇 가지 순환과정을 거치게 된다. 교육훈련의 필요성 또는 문제는 진행되는 일의 성과가 기대치에 미달할 때나 오류가 발생할 때 제기된다. 호텔기업에서 이러한 문제는 서비스, 객실의 청결, 체크인, 체크아웃에 소요되는 시간에 대한 고객의 불평 등의 형태로 나타난다. 유감스럽게도 고객들의 극히 일부만이 불만을 드러내고 대부분의 고객들은 불만이 있어도 이를 드러내지 않는다. 대부분의 교육훈련프로그램은 고객의 불만에 의해 이루어지지 않고 관리감독자들의 확인에 의해 이루어진다.

통상 호텔기업에서의 교육훈련의 첫째 과정은 교육훈련의 필요성을 찾아내거나 문제점을 확인하는 것이다. 둘째 과정은 교육훈련의 목적을 확인하는 것이다. 교육훈련의 목적은 여건에 따라 다양하다. 이 과정에서 호텔의 관리감독자들은 교육훈련 프로그램의 목표를 세운다. 대표적인 예로 고객에게 제공되는 서비스, 생산성의 향상 또는 비용절감이 그 목표가 된다. 셋째 과정은 교육훈련의 목표수준(criteria)을 설정하는 것이다. 목표수준은 관리감독자들이 교육훈련의 효율성을 측정하기 위하여 척도(benchmark)를 마련하는 것이다. 목표수준이 설정됨으로써 나중에 교육의 성과를 측정할 수 있는 것이다. 넷째 과정은 피교육자를 선발하는 것이다. 이 과정에서는 계획된 교육내용이 피교육자의 수준에 맞고 필요하며 동원이 가능한 사람을 선발하는 과정이다. 다섯째 과정은 교육훈련을 위하여 피교육자의 지식, 기술,

태도 측면에서 교육훈련실시 때 기준선을 설정하기 위하여 피교육자를 사전 테스트하는 과정이다. 여섯째 과정은 적절한 교육훈련방법과 기술을 선택하는 것이다. 그 교육목적, 평가기준, 피교육자의 수준에 따라 훈련방법을 달리 선택하여야 한다. 일곱째 과정은 실제로 교육을 실시하는 과정이다. 이 과정에서 가장 중요한 것은 교육계획과정에서 결정된 형식과 바로 앞 단계의 교육훈련 사이클을 따라야 하는 것이다. 왜냐하면, 계획된 과정대로 실시하지 않은 경우 목표수준에 의거한 교육이 효율적으로 실시되었는지를 알 수 없기 때문이다. 여덟째 과정은 마지막 단계로서 교육훈련의 결과를 평가를 하는 것이다. 일반적으로 일곱째 과정까지는 잘하는 관리감독자들도 의도한 목표수준만큼 교육성과가 있었는지에 대한 평가를 제대로 하지 못하는 경향이 있다. 교육훈련은 이러한 순환과정을 통하여 지속적으로 계속되어야만 교육훈련의 궁극적인 목적인 행동변화를 통하여 호텔기업에 기여할 수 있는 것이며 단편적인 임기응변식의 교육훈련은 그 효과가 지속되기 어렵다.

교육훈련의 중요단계에서의 필요한 내용을 알아보기 위하여 그 순환과정을 크게 나누면 첫째, 어떠한 훈련과 개발이 필요한지를 조사하는 과정으로서 교육훈련의 필요성분석 둘째, 목표한 행동변화를 가져오게 하기 위해서 적절한 준비와 방법을 선택하여 실시하는 실시과정 셋째, 교육훈련의 효율성을 평가하는 과정으로 나눌 수 있다.

(1) 교육훈련의 필요성분석

교육훈련이 효율적으로 실행되기 위해서는 먼저 교육훈련의 필요성이 분석되어야 한다. 왜냐하면, 그 필요성이 분석됨으로써 교육훈련의 내용과 방법을 결정하는데 필요한 정보를 획득할 수 있기 때문이다. 그런데 이러한 교육훈련의 필요성을 분석하는 방법으로서 비취(D. S. Beach)는 다음과 같은 내용을 제시하고 있다.

① 조직 및 생산문제의 확인

- 저생산성(low productivity)
- 고원가(high cost)
- 미숙한 자원통제(poor material control)

- 저품질과 원료낭비(poor quality, excessive scrap and waste)
- 과도한 노사분쟁(excessive labor-management strike)
- 극단적인 고충(excessive grievance)
- 규칙의 과도한 위반(excessive violation of rules of conduct)
- 높은 이직률(high employee turnover)
- 지나친 결근(excessive absenteeism)
- 생산지연(delayed production)

② 직무와 직원의 분석

- 직무분석(job analysis)
- 인사고과(personnel rating)
- 테스트(testing)

③ 직원과 관리자의 의견모집

훈련계획의 필요성을 보여주는 문제점(problem area and deficience)에 관한 모든 견해 수집을 위한 질문서(interviews and questionnaires)

④ 미래문제의 예측

- 기업의 확장(expansion of business)
- 신제품과 새로운 서비스(new product and service)
- 새로운 디자인(new design)
- 공장신설(new plant)
- 신기술(new technology)
- 조직변화(organizational change)
- 인력재고(manpower inventory)

호텔기업에서 실제로 사용할 수 있는 방법을 소개하면,

① 필요성분석을 위한 위원회 구성

② 직무기술서와 직무명세서의 활용
③ 교육전문가의 활용
④ 업무수행 능력측정법의 활용
⑤ 태도조사
⑥ 인사고과의 활용
⑦ 기술·기능 테스트
⑧ 업무수행과정의 여러 기록들
⑨ 고객반응(예:즉석 고객불만 토로, 불평서신, 감사서신 고객만족도 조사 등)
⑩ 교육필요성에 관한 설문조사
⑪ 퇴직면담
⑫ 중요사건에서의 경험

위에 제시된 방법들의 문제점에 대한 개선방안 등이 파악되면 경영상·직무상 바람직한 기술, 지식, 태도(standard)와의 차이점이 바로 교육훈련의 필요점이 된다. 교육훈련의 필요점이 명백하게 파악되면 그 중에서 당기 내에 실현가능한 것, 특히 긴급을 요구하는 중요한 것을 선정하여 교육훈련의 목표로 설정한다.

5) 교육훈련 프로그램의 목표설정

교육훈련 프로그램상의 목표는 일반적으로 피교육자의 프로그램내용에 대한 반응을 목표로 하는 것, 지식습득을 목표로 하는 것, 직무수행 중의 행동변화를 목표로 하는 것과 결과중심의 목표설정으로 나눌 수 있다.

첫째, 피교육자의 반응을 목표로 한 교육훈련프로그램은 피교육자가 그러한 교육과정 자체를 어떻게 보느냐하는 문제와 관련된다. 예를 들면, 단순히 소속호텔에 대하여 어떻게 느끼느냐 하는 계기만을 강화해 주기도 한다. 피교육자들에게 읽고 쓰기를 연수시키거나 금연이나 체중감소를 하도록 설계된 프로그램들이 이런 유형의 대표적인 예이다. 이런 교육의 목표달성은 피교육자에게는 직접적인 혜택이 가고 호텔에 간접적인 혜택이 된다는 식으로 진행하여야 효과적이며 직원들에게만 혜택이 간다는 내용이 되어서도 안된다.

둘째, 지식습득을 목표로 하는 교육훈련 프로그램은 연수 중에 피교육자가 호텔기업의 경영과 업무상 필요한 지식과 개념을 이해하고 배우는데 목표를 둔다. 이러한 유형은 통상집체교육의 형태로 진행되며 대표적인 예로는 관리자능력개발 프로그램과 정신교육 프로그램을 들 수 있다.

셋째, 직무상의 행동변화를 목표로 하는 교육훈련 프로그램의 예를 들면, 접객부서 직원들의 서비스태도, 즉 정성스럽고 친절함이 양질의 서비스척도가 되는 경우이다. 결과적으로 호텔기업은 공통적으로 고객들에 대한 양질의 서비스행동을 가져올 수 있는 교육프로그램개발을 최우선 과제로 생각하고 있다.

넷째, 결과중심의 목표설정은 가장 보편적이며 직원 개인 또는 집단의 측정 가능한 업무성과를 증대시키는 것을 프로그램의 목표로 하는 것이다. 예를 들면, 투숙절차를 더 빨리 처리하게 하는 교육훈련이나 주방에서 쓰레기를 줄이는 훈련 또는 단골 고객(repeat guest)수를 늘리는 교육훈련이 결과중심의 목표를 가지는 교육훈련 프로그램이다.

어떤 교육훈련 프로그램은 이 네 가지 중의 하나를 목표로 설정하지만 실제에 있어서 몇 가지 다른 목표를 동시에 설정하는 경우도 많다.

교육훈련의 목표를 설정할 때는 달성하고자하는 바를 명백히 하고 측정 가능한 언어를 사용하여 서술하는 것이 중요하다. 예를 들면, 직원들의 직무만족을 증가시킨다는 목표를 세울 경우 그 목적달성은 성공할 수가 없다. 왜냐하면, 설정한 목표 자체가 구체성이 없고 막연하기 때문이다.

그러나 직무만족을 증가시키는 측정수단으로서 퇴직자의 수를 줄인다는 목표를 수립하면 그 목표는 측정 가능하고 확인 가능한 목표가 될 수 있을 것이다. 전형적으로 우수하게 설계된 교육훈련 프로그램에서는 목표를 "서술한다, 완성한다, 만든다, 정의한다, 확인, 판정한다, 참여한다"와 같은 서술어를 사용하여 기술한다.

6) 목표수준의 설정

교육훈련의 필요성이 올바르게 파악되고 교육훈련의 목표가 설정되었다 하더라도 목표수준이 수립되지 않으면 그 프로그램은 성공할 수 없다. 목표수준은 교육훈련과정을 통해서 얻어지는 지식이나 성과를 측정하는 척도를 마련해 주는 역할을 한다. 예를 들어, 식음료서비스훈련의 경우 훈련의 목표수준을 테이블세팅, 식음료 운반, 테이블에서의 서빙하는 방법을 습득하는 것으로 결정하였다고 하면, 이의 달성을 측정하기 위해서 교육자는 피교육자에게 제한된 시간 내에 혼자 이런 과업수행을 요망할 것이다. 이때 제한된 시간 3분 또는 30초 안에 자력으로 이러한 업무의 수행을 할 수 있게 하는 것이 그 교육훈련의 목표수준이 된다. 이외에도 행동의 변화, 반응, 지식습득의 정도를 측정하기 위하여 다른 목표수준을 설정할 수 있을 것이다.

7) 피교육자의 선발

교육훈련 프로그램의 성공여부는 궁극적으로 피교육자에게 달려 있다. 우리나라 속담에 말을 물가에 끌고 갈 수는 있으나 말이 물을 먹으려 하지 않으면 물을 먹일 수 없는 것처럼 모든 교육훈련 프로그램에서 피교육자를 선발하는 것은 그 프로그램의 성공여부에 커다란 영향을 미칠 수 있다. 이 과정에서 관리감독자가 유의해야 할 점은 부하들이 차별대우를 한다는 인상을 주지 않도록 공평무사하게 합리적으로 선발해야 한다. 특히 승진, 급여인상, 기타 특혜 수반이 기대되는 교육훈련 프로그램인 경우 더욱 신중을 기하여야 한다. 피교육의 대상은 계층별로 신입사원, 관리감독층, 중간관리층, 최고경영층으로 구분할 수도 있고, 또 직능별로 관리직, 스태프직, 일반직, 기능직 등으로 구분하여 그 대상을 명확하게 할 수 도 있다. 이렇게 훈련대상이 결정되면 그 다음 단계로 피훈련자의 현재의 지식, 기능, 태도의 수준을 알아보는 것이 교육훈련의 효율성을 높이는 중요한 과정이 된다.

8) 피교육자의 사전 테스트

대부분의 일선 관리감독자들은 실제 교육훈련실시 전에 피교육자들의 현재 시점에서의 피교육자의 지식, 기능, 능력 수준을 테스트하는 과정을 놓치기 쉽다. 그러나 이 과정을 생략하면 교육훈련을 시작하기 전에 기준선을 설정할 수 없기 때문에 교육훈련 전의 직무수행과 교육훈련 후의 직무수행을 비교할 수가 없어 교육훈련 프로그램의 성공여부를 평가할 수 없는 것이다. 다음은 교육훈련의 실시단계로서 위에 서술한 단계를 통한 준비된 계획과 의도에 맞는 교육훈련의 방법을 선택하는 과정이다. 오늘날 과학과 기술의 발전에 힘입어 교육훈련에 컴퓨터가 많이 이용되고 그 외에도 시·청각적 효율을 높일 수 있는 기자재의 개발로 많은 새로운 방법들이 개발되고 있지만 전통적인 방법들도 여전히 유용하게 사용되고 있다.

9) 교육훈련의 방법

교육훈련의 성과를 크게 좌우하는 중요한 요소는 교육훈련을 실시함에 있어서 적용하는 방법 내지 기법이다. 교육훈련계획의 내용이 아무리 훌륭하다고 하더라도 우수한 훈련의 방법 내지 기법을 도입할 수 없다면 이는 전혀 소용없는 것이 되고 만다. 그러므로 훈련부문의 전문가들에게 요청되는 가장 중요한 과업 중의 하나는 우수한 훈련방법을 발전시키는 문제라고 할 수 있다. 대체로 현재까지 소개되어 있는 기본적인 훈련방법으로는 강의식, 통신식, 회의식, 직무순환법, 시청각교육법, 역할연기법, 사례연구법 등이 있다.

10) 교육의 실시

어떤 교육프로그램이 소기의 목적을 달성하기 위해서는 실제교육을 실시하는 단계는 훈련방법, 피교육자, 교육자를 선정하는 과정만큼 중요하다. 교육계획을 아무리 철저히 수립하였다 하더라도 계획한 내용대로 교육을 실시하지 못하고 결국 가장 손쉬운 방법으로 끝내버리는 경우가 더 많다. 계획한 내용대로 교육을 실시하지 못하면 교육목적의 달성은 멀어지게 마련이다. 국내호텔기업의 경우 가장 긴급한 과제 중의 하나가 교육훈련 전문가의 양성이다. 교육훈련 전문가의 양성을 통하여 일선 매니저들의 교육능력을 획기적으로 개선하지 않는 한 양질의 서비스는 기대하기 어려운 실정이다. 물론 교육훈련이 효과적이기 위해서는 여러 가지 근무조건이 충족되어 직원들의 의욕이 있어야 하지만 계획적이고 체계적인 교육훈련의 실시가 절실히 요청되는 것이다.

교육훈련을 실시하는 단계에서 누가 훈련을 담당할 것인가를 결정하는 것도 중요한 문제이다. 교육훈련자에 따라 교육훈련의 성과는 차이가 있게 마련이다. 담당자로서는 경영자, 감독자, 교육훈련 전담자, 내부나 외부의 전담자 등이 있으며 훈련내용, 훈련방법, 훈련대상자에 따라 가장 효과적인 교육을 실시할 수 있는 사람으로 결정되어져야 한다. 교육훈련 담당자로서 갖추어야 할 조건을 열거하면,

① 업무에 대한 기술적 지식
② 피훈련자의 능력과 기술수준에 관한 파악
③ 학습원리에 대한 지식
④ 효과적인 의사소통능력
⑤ 동기유발능력
⑥ 인내심
⑦ 의욕
⑧ 이해심 등을 들 수 있다.

11) 교육훈련결과의 평가

교육훈련의 여러 단계 중에서 가장 중요한 것 중의 하나가 교육훈련을 실시한 후, 효과를 평가하는 과정이다. 그럼에도 불구하고 가장 소홀히 다루어지기 쉬운 과정이다. 이 과정을 소홀히 함으로써 많은 기업들이 많은 교육비를 지출하면서도 교육프로그램이 직원들이나 조직에 얼마만큼 도움이 되었는지를 모른다. 대부분의 관리감독자들이 이 과정에서 실패하는 몇 가지 이유를 알아보면 첫째, 관리감독자들이 몇몇 사람의 변화를 목격하고 단순히 교육의 효과가 있다고 짐작한다. 둘째, 관리감독자들이 교육 후 변화를 관찰하든 하지 않든 상관없이 교육훈련은 효과가 있기 마련이라고 쉽게 생각하기 때문이다. 또 관리감독자들은 종종 프로그램이 가치가 없는 것이라고 판단하여 평가과정을 무시하는 경우도 있다. 그 중에서도 관리감독자들이 평가하는 요령을 몰라 못하는 경우가 더 많은 것으로 보인다.

조직에서의 교육훈련은 어떤 프로그램의 교육실시 후에 얼마만큼 피교육자에게 지식, 기능, 태도, 행위, 등의 변화가 있었는가 하는 것만을 효과의 지표로 삼는 것

은 아니나 이를 측정하는 방법을 알아보면,

① 훈련참가자의 의견조사
② 획득된 지식 또는 행위의 측정
③ 직무수행 결과의 측정

평가의 기초가 되는 것은 수량적으로 표시한 측정결과와 주관적인 관찰의 질적 기술이다. 교육훈련의 평가방법에는 전후비교법, 표준비교법, 테스트법, 평균비교법 등이 있다.

(1) 전후비교법(Pre-test and Post-test)

이 방법은 동일한 평가기준을 써서 훈련 전과 후에 나타난 변화를 비교함으로써 교육훈련의 효과를 평가하는 것을 말한다. 예를 들면, 판매를 촉진하기 위한 교육훈련을 실시한 경우 그 전후의 판매실적을 비교함으로써 교육훈련의 효과를 평가할 수 있다. 이것은 동일한 피훈련자를 대상으로 하는 평가방법이다.

(2) 표준비교법(Matched Control Method)

동질의 2개 집단을 선정하여 한 집단을 훈련을 시키지 않고 다른 한 집단은 훈련을 시킨 다음 양 집단의 차이를 알아보는 방법이다. 이 방법은 변화의 발생이 훈련때문인가 아니면 다른 요인 때문인가를 확인하는데 도움을 주는 것이다.

(3) 테스트법(Test-Method)

이것은 특정한 기술・지식의 습득을 목적으로 하는 교육훈련 후 그것에 대한 검정시험을 실시함으로써 성과를 측정하여 소기의 교육훈련의 목적을 달성하였는가의 여부를 판정하는 것이다.

(4) 평균비교법(Average Scores)

동일한 훈련을 여러 차례 되풀이하는 경우 지금까지 훈련받은 집단들에 나타난

훈련효과의 평균치와 어떤 특정집단의 훈련효과를 비교함으로써 각 집단의 질적 차이가 훈련효과에 미치는 영향을 알 수 있다.

교육훈련효과 평가방법에는 이상과 같은 여러 가지 방법이 있지만 평가의 신뢰성과 당위성을 높이기 위해서는 가능한 한 여러 가지 방법을 병행하여 실시하는 것이 바람직하다.

2. 평가과정을 통한 경력개발

1) 목표에 의한 관리(MBO)

목표에 의한 관리(management by objectives : MBO)는 피터 드러커(Peter Drucker)가 1954년에 발간한 『경영의 실제』라는 책에서 주장한 것으로 경영자들로부터 대단한 호평을 받은 계획기법이다. MBO란 경영자가 자기부하와 합의하여 활동목표를 결정하고 이를 바탕으로 부하의 실적을 평가하는 제도를 말한다. 완수해야 할 목표를 계획기간과 함께 구체적인 숫자로 명시하고 이 목표를 근거로 하여 실적을 평가한다. 그리고 경영자와 부하가 정기적으로 모여 앉아 실적을 평가하며 그 결과를 피드백(feedback)해 준다. 요약하면 목표의 구체성, 부하들의 참여, 계획기간의 명시 그리고 실적에 대한 피드백을 MBO의 특성으로 들 수 있다. 조금 더 자세하게 알아보자.

(1) 목표의 구체성

'비용을 절감하자' 혹은 '서비스 품질을 개선하자'는 식으로 단순하게 표현된 목표는 부적절하다. MBO는 목표가 측정될 수 있게 구체적이기를 요구한다. 일반 관리를 10퍼센트 줄이겠다든가 혹은 반품률이 5퍼센트 미만이 되도록 한다는 식으로 표현이 정확해야 한다.

(2) 부하들의 참여

하급부서의 목표를 설정하는 데는 세 가지 방법을 생각할 수 있다. 상급부서의 책임자가 결정하여 하달하는 방법, 부하가 스스로 작성하여 올리는 방법 그리고 이

둘을 절충하는 방법이다. 전통적으로는 상의하달식으로 결정되었다. 예를 들면, 마케팅 담당이사가 각 지역별 판매담당자들에게 다음 해의 매출목표를 정해준다든가 사장이 공장장에게 다음 해 달성해야 할 생산원가의 목표를 지시하는 식이다. 그러나 이러한 방법은 부하들의 의견이 반영되지 않으므로 현실과 동떨어진 목표가 되거나 아니면 부하들의 자발적인 협조를 얻기가 힘이 든다. 이와는 대조적으로 목표를 부하들이 먼저 결정하여 위로 올리는 경우는 얻기 쉬울지 몰라도 부서 간의 목표를 조정하는 것이 힘이 든다. 왜냐하면, 하급자들은 조직 전반적인 관점에서가 아니라 자신의 입장에서 생각하기 쉽기 때문이다. 절충하는 방법에 의한 MBO는 위의 두 가지 방법의 단점을 시정할 수 있다. 목표가 위로부터 결정되어 내려오는 것도 아니고 그렇다고 밑으로부터 올라가는 것도 아니다. 상호협의 하에 결정되기 때문에 최고경영자가 정한 조직의 최고목표와 아래부서의 목표들이 체계적으로 조정될 수 있다.

(3) 계획기간의 명시

MBO는 계획이 구체적일 뿐만 아니라 기간도 명시되어 있다. 일반적으로 3개월, 6개월 혹은 1년씩으로 정하여 과업의 진전에 따라 정기적으로 통제를 할 수 있는 근거를 마련한다.

(4) 실적에 의한 피드백

MBO는 목표를 구체적으로 명시함으로써 경영자가 하급부서의 업무진행상황에 대한 정보와 함께 평가도 쉽게 제공해 줄 수 있다. 부하는 의사결정에 자신이 참여하고 상사로부터 피드백, 즉 잘하고 있다든지 더 노력이 필요하다는 식의 지적을 늘 받게 되므로 스스로의 활동을 통제할 수 있고 그 결과, 목표를 성취하려는 욕구가 더 강해진다. 이와 같이 MBO를 사용함으로써 조직구성원들의 작업동기를 높일 수 있다.

2) 경력개발계획(Career Development Program)

호텔기업에서 끊임없이 변화하는 환경조건에 적응하도록 인적자원을 개발하기 위해서는 직원 개개인의 경력을 중요시하지 않을 수 없다. 경력(career)을 쉽게 이야기하면 한 개인이 자기의 일생 동안 직업 또는 작업을 통하여 보유하게 되는 모든 직무를 뜻한다. 경력경로(career path)는 한 개인의 경력을 형성하는 연속적인 직무 패턴이다. 이러한 의미의 경력은 많은 요인에 의해서 형성된다. 유전·문화·부모·학교·연령·가족·조직에서의 실제경험 등의 모든 요인들이 복합적으로 작용하는 것이다. 한 조직 내에서 개인의 경력축척에 가장 중요한 부분을 차지하고 있는 것이 배치전환과 승진이다. 이것을 직무관계로 표현하면 전자는 수평적으로 이동되어야 할 직무가 되며 후자는 수직적으로 이동되어야 할 직무가 된다.

조직구성원들은 최종학교를 졸업하고 직업을 선택해서 이직할 때까지 나름대로의 개인적인 욕구를 충족시키면서 조직의 목표에 부응하게 된다. 개인은 자신의 경력을 선택하게 되는데 경력은 개인생활에 있어서 계속성, 질서 그리고 의미를 제공해 주는 일련의 작업활동을 의미한다. 경력은 개인적으로 인지되고 사회적으로 제약되는 것이며 한 개인이 시간과 공간을 통해서 선택해 온 조직화된 경로가 된다.

경력개발(career development)은 조직이 그 구성원 개개인의 경력을 조직 내에서 개발하도록 격려하며 그 과정에서 조직의 목표달성에 필요한 능력개발을 하기 위해서 나타난 제도이다. 따라서 경력개발의 목적은 기본적으로 개인의 능력을 최대한 개발시켜 이것을 조직의 경력기회에 적용시킴으로써 개인의 경력욕구를 충족시키는 것이고 경력기회를 제공하는 조직 측에서는 적시에 조직의 적소에서 개인능력을 활용함으로써 조직의 유효성을 높이는 것이 된다.

경력개발은 개인적 차원과 조직적 차원으로 나누어 생각할 수 있다. 개인적 차원에서는 경력이 개인의 삶의 목표에 의해 결정된다. 따라서 개인의 성장환경·능력·가치관·일에 대한 태도·성격 등이 중요한 영향변수가 된다. 이 차원에서는 경력개발의 목표가 자기계발을 통해 일로부터 심리적 만족을 얻는데 있다. 조직적 차원에서는 조직목표를 달성하기 위해서 필요한 자질을 갖춘 인적자원을 개발하는데 역점을 둔다. 따라서 인적자원을 개발하기 위해서 여러 가지 제도 및 기법을 쓰게 되는데 그 적용은 매우 다양하다.

직원의 경력개발에 대하여 경영자의 관심이 크게 된 것은 조직의 내부 및 외부환경의 변화가 매우 빨라졌고 기술진보의 속도가 가속화되면서부터이다. 조직의 미래에 대한 위험과 불확실성에의 적응력을 높이고 조직구성원 자신의 욕구충족에 대한 근본적인 대책을 조직이 보다 장기적인 안목에서 마련해야 할 필요성은 점차 커지고 있는 것이다.

3) 리더십이론

리더십에 관한 연구는 상당히 일찍부터 여러 영역에서 이루어져 왔으며, 그 동안 많은 학자들은 실증적 연구를 통하여 새로운 이론을 개발하고 발전시키는데 상당한 기여를 하였다. 역사적으로 볼 때 리더십이론은 크게 특성이론, 행위이론 및 상황이론으로 나눌 수 있다. 특성이론은 효과적인 리더에게는 남과 다른 개인적 특성이 존재한다고 강조한다. 그러나 이 이론에 입각한 많은 연구들은 리더들의 공통적인 특성을 추출해내지 못하고, 성공적인 리더십과 리더의 특성 간에 나타나는 관련성이 발견되지 않아 곧 한계에 부딪치게 되었다.

행위이론은 리더의 행위에 초점을 두고 집단이나 조직의 성과를 높일 수 있는 리더십 스타일을 발견하려는데 연구의 중점을 둔다. 그러나 이러한 연구추세도 어떤 유형의 리더가 가장 높은 성과를 올릴 수 있는가에 대하여 명확한 대답을 주지 못하였기 때문에 완전한 리더십의 이론이 될 수는 없었다.

상황이론은 가장 효과적인 리더란 여러 가지 상황의 요구에 가장 부합되는 리더라고 강조한다. 즉 어떠한 상황에서나 효과적으로 적응될 수 있는 유일한 리더십 스타일은 존재하지 않으므로 추종자와 리더가 맡은 과업을 포함하는 상황특성에 가장 효과적으로 작용할 수 있는 리더십 스타일을 개발할 필요가 있다는 것이다.

(1) 맥그리거의 X이론과 Y이론

맥그리거(D.McGregor)는 인간의 본질과 행위동기에 관한 기본 전제로써 두 가지의 서로 다른 관점을 나타내는 경영이론을 제시하였는데, 이것이 그의 유명한 X이론(X theory)과 Y이론(Y theory)이다. 맥그리거는 그의 이론을 근거로 하여 리더십의 유형을 다음과 같이 상호대칭적인 관점에서 설명하고 있다.

X이론의 관점에 따르면, 인간은 야망이 없고 책임을 지기 싫어하며 안정만을 원

하고 통제되기를 바란다. 또한 근본적으로 일을 싫어하고 되도록 일을 회피하려고 하며 자기의 이기적인 욕구충족만을 추구한다. 따라서 인간에 대하여 이러한 생각을 지닌 리더의 행위는 자연히 사람들의 행위를 감시·감독하고 통제하며 강제로 목표를 향하여 끌고 가는 양상을 보일 것이다. 왜냐하면, 이러한 리더들은 안전과 안정감과 같은 보다 낮은 수준의 욕구들에 의하여 사람들이 더욱 동기화될 수 있다고 생각하기 때문이다.

이와는 반대로 Y이론의 관점에 따르면, 인간은 책임 있는 일을 원하며, 주어진 환경에 따라 의욕과 자질을 개발할 수 있는 잠재능력을 갖고 있다. 따라서 적절한 조건만 마련되면 자기 지시나 자기 통제를 통하여 조직의 목표를 달성하는데 기꺼이 기여한다. 따라서 인간에 대하여 이러한 생각을 가진 리더는 사람들이 성취감과 자아실현 등과 같은 보다 높은 수준의 욕구에 의해 동기화된다고 믿기 때문에 사람들에게 보다 많은 자주성과 자율성을 부여하고 그들의 잠재능력을 발휘할 수 있는 기회를 제공할 것이다.

이상에서 알 수 있는 것과 같이 X이론의 리더는 독재형의 리더십을, 그리고 Y이론의 리더는 민주·참가형의 리더십을 선호한다고 할 수 있는데, 맥그리거는 이 중에서 Y이론의 리더가 더욱 생산적이고 효율적이라고 강조한다.

(2) 리커트의 '시스템 4' 이론

기업조직에서 의미 있는 리더십 스타일에 대한 중요한 연구는 리커트(R. Likert)에 의해 이루어졌다. 리키트는 성과가 높은 집단의 감독자들이 사용하는 일반적인 리더십 스타일을 발견하기 위하여 광범위한 연구를 행하였다. 그 결과 그는 높은 성과를 기록한 리더들은 부하의 인간적인 측면에 대한 많은 관심과 높은 성과목표를 가지고 있으며, 또한 이러한 리더들은 집단적인 감독방법을 사용하여 보다 효율적인 작업집단을 구축하기 위한 노력에 일차적인 관심을 집중하는 사람이라는 것을 발견했다. 그는 이러한 유형의 리더십 스타일을 '직원 중심적(employee-centered)'인 리더십이라 부르고, 반면에 인간적인 측면보다는 작업이나 직무를 더 중시하고 과업목표를 달성하기 위해 계속적인 압력과 부하들을 엄격하게 감독하는 스타일을 '직무 중심적(job-centered)'인 리더십이라 칭했는데, 후자는 성과가 낮은 부문에서 보다 자주 발견된다는 사실을 지적하였다.

그 후 리커트는 현장연구를 통하여 효과적인 조직은 그렇지 못한 조직과 여러 구조적 특성에 있어서 차이가 난다는 것을 발견하였다. 그는 조직시스템을 네 가지 유형으로 분류하였는데, 이들 조직시스템의 효율성 여부는 리더의 행위에 따라 달라진다는 것을 강조하고 있다. 따라서 리커트는 이들 네 가지 조직시스템에 따라 리더십 스타일 다음과 같이 분류·기술하고 있다.

① 시스템 1

리더는 하급자들을 매우 불신하며 언제나 위협과 강압적인 방식으로 그의 지시나 명령을 관철시키려고 노력한다. 하급자들은 조직의 의사결정과정에 참여할 수 없으며, 만일 조직 내에 비공식적 집단들이 존재한다면 이들은 통상조직목표에 대하여 사사건건 반대하는 태도를 취한다.

② 시스템 2

리더는 비교적 겸손하고 온화한 태도로 하급자들을 대한다. 하급자는 매우 한정된 범위 내에서 의사결정에 참여할 수 있다. 그러나 상·하급자 간의 관계에서 하급자는 여전히 조심스럽고 두려움을 가지고 상급자를 대한다. 조직 내의 비공식적 집단들은 조직목표에 선택적으로 반대하는 태도를 취한다.

③ 시스템 3

리더는 하급자에 대하여 상당한 정도의 신뢰감을 가지며, 하급자들은 비교적 낮은 수준의 의사결정과정에 참여할 수 있다. 대체로 조직 내의 비공식적 집단들은 대체로 조직목표를 지지하는 태도를 취한다.

④ 시스템 4

리더는 하급자를 완전히 신뢰하고 상당한 정도의 권한을 부여한다. 따라서 상급자는 언제나 하급자의 아이디어나 견해를 유도하고 하급자는 자유롭게 의견을 개진할 수 있다. 조직 내의 공식적 집단과 비공식 집단은 일체감을 가지고 조직목표를 완전히 지지하는 태도를 보인다.

이들 네 가지 조직시스템 중에서 특히 '시스템 1'의 리더십과 '시스템 4'의 리더십은 서로 대칭되는 것으로서, 전자는 고도의 직무 중심적 · 권위적인 리더십이고 후자는 고도의 직원 중심적 · 민주적인 리더십이라고 할 수 있다. 이에 대하여 리커트는 '시스템 4'의 리더십이 보다 생산적이고 효율적이라고 주장한다.

모든 호텔기업에서 기업목적을 달성하기 위한 제반 경영활동이 효율적으로 추진되기 위해서는 관리자들의 적절한 리더십발휘가 필수요건이지만, 일선 관리자들이 민주적인 리더십을 발휘하여 마음에서 우러나오는 서비스가 창출될 수 있도록 일선 관리자들의 리더십함양이 절실히 요구되고 있다. 왜냐하면, 직급에 비해 비교적 많은 부하를 거느리는 호텔기업에서 초급간부와 신세대의 갈등으로 말미암은 서비스품질저하가 나오기 쉽기 때문이다.

3. 직무만족과 인사관리의 방향

직무만족(job satisfaction)이란, 직무에 대한 태도의 하나로서 한 개인의 직무나 직무경험평가 시에 발생하는 유쾌하고 긍정적인 정서상태라고 정의할 수 있다. 이는 한 직원이 자신이 일에서 바라고 있는 것을 일이 실제로 제공해 준다고 믿는 정도를 반영하는 것이다. 1940년 이후 지금까지 직원의 직무만족 정도는 조직의 성과를 평가하는 중요한 기준이 되어 오고 있다. 직무만족이 이렇게 중시되고 관심의 대상이 되고 있는 이유를 데이비스(R. C. Davis)는 다음과 같이 강조한다. 즉 직원의 직무만족이 높을수록 조직은 아래와 같은 효과를 얻을 수 있다는 것이다.

① 직원들은 조직목표의 달성을 위하여 자발적으로 협조한다.
② 직원들은 조직과 그들의 상사에 대하여 좀더 순종하고 충성하게 된다.
③ 조직이 어떠한 어려움에 처하게 되면 직원들도 조직과 함께 어려움을 극복하려고 노력한다.
④ 직원들은 자신의 직무에 대하여 한층 더 흥미를 갖게 된다.
⑤ 직원들은 조직 내의 법규나 규율을 엄수하고 질서를 유지하게 된다.

⑥ 직원들은 자발적으로 직무 수행을 위하여 열심히 노력하게 된다.
⑦ 직원들은 그들이 조직의 구성원임을 자랑스럽게 생각하게 된다.

따라서 직원들의 직무만족을 높인다는 문제는 특히 조직의 인사정책의 수립과 함께 매우 중요하다고 할 수 있다.

제8절 인간관계

1. 인간관계의 개념

미(Mee)의 견해에 따르면, 경영관리 측면에서의 인간관계는 직원의 근로의욕을 향상시킬 중요한 목적을 갖고 있다는 전제 하에서, 직원이 높은 사기와 협동정신을 갖고 있는 경우에는 기업전체의 근로의욕은 향상되고 동시에 집단의 협력체계가 확립되어 노사협력을 통해 집단의 목표를 달성하게 되어 각 직원의 수입도 증대된다 하였다. 따라서 인간관계란, 직원과 호텔기업이 고도의 사기를 기초로 하여 보다 향상된 생산성과 효율성을 창출하기 위하여 상호 협동하는 수난이라고 정의하고 있다. 이러한 의미에서 인간관계의 정의는 고도의 사기(Morale)를 통해서 각 집단의 구성원이 자발적으로 집단공동목표 달성을 위해 협력체계를 확립하는 수단 또는 기술이라고 요약할 수 있다.

1) 호손실험

호손실험은 메이요 교수가 1924년에서 1932년까지 실시되었던 실험으로서 공장 내의 조명이 생산성에 미치는 영향을 연구함으로써 인간관계이론의 형성에 직접적인 영향을 준 최초의 계획이었다. 물론 4차에 걸쳐 실시된 실험의 결과는 ① 인간의 생산성은 인적 요인(직원의 태도와 감정)에 좌우된다는 점, ② 인간은 인간적 환경 발전의 욕구를 갖는다는 데에서 인간은 인간관계적 존재로서 파악되어야 한다는 점, ③ 환경요인의 개선은 생산성향상을 기대할 수 있으므로 인간의 태도 및 감정에 대한 이해가 필요하다는 점, ④ 집단 내에서 직원의 자발적 협력관계에 대한 이해(비공식조직의 중요성 인정) 등으로 집약할 수 있다. 이러한 실험의 결과는 인간관계론의 기본개념을 형성하는데 있어 직접적인 동기가 되었는데, 이 실험은 메이요의 학문적 발전에 대한 공로일 뿐 아니라 인간의 존엄성을 기초로 하는 인간관계론의 새로운 영역을 개척하였다고 할 수 있다.

2. 인간관계기술의 주요기법

오늘날 모든 기업의 공통과제는 직원들의 사기를 높여 생산성과 효율성을 향상시킴으로써 호텔기업과 직원의 공동이익을 극대화하는 것이다. 호손실험에서 입증되었듯이 환경개선과 물질적 보상만으로는 직원들이 자발적으로 기업의 공동목표 달성에 협력하는데 한계가 있기 때문에 인간관계기술을 통하여 직원들의 근로의욕을 향상시키는 노력들이 다양하게 시도되고 있다. 이 중에서 대표적인 것을 요약 정리하면 다음과 같다.

1) 사기조사(Morale Survey)

직장사기를 유지・증진시키는 조직구조를 설정하고, 경영관리를 하기 위한 불가결한 전제조건으로서 조직불균형의 원천, 노동의욕의 저해요인, 직원의 불만에 대한 원인 등을 통계적 방법이나 태도조사를 통해서 알아내려는 방법이다.

2) 인사상담제도(Personnel Counselling)

직원이 가지고 있는 감정이나 번민을 알아내어 상담을 받고 지도하여 직장에 순응시키는 것을 목적으로 하는 직장사기의 앙양 내지 유지를 위한 한 방책이다.

3) 제안제도(Suggestion System)

경영에 관한 경영적・기술적 또는 기타의 사항에 관하여 개선의견이나 제안을 직원으로부터 수집을 하여 경영개선에 이바지하고, 동시에 의사소통의 증진, 경영문제에 관한 직원의 적극적인 관심증대, 근로의욕증진을 꾀하는 제도이다.

4) 의사소통(Communication)

의사전달이라고도 하며, 보통 사람과 사람사이의 정보, 의사 또는 감정이 교환되는 것을 말한다. 종류(경로)로는 하향적 · 상향석 · 수평적 의사소통이 있다.

5) 소시오메트리(Sociometry)

모레노(J. L. Moreno)에 의하여 고안된 것으로 소집단 중의 사회관계를 수량적으로 측정하여 집단 내의 인간관계, 즉 구성원 상호간의 감정관계를 객관적 방법으로 표현하려는 사회심리적인 인간관계연구의 한 방법이다.

6) 브레인스토밍(Brain Storming)

오스본(A.F. Osbon)에 의해 창안된 것으로 참가자의 자유연상(free association)에 의하여 많은 아이디어(idea)를 끌어내기 위한 방법으로 두뇌선풍 또는 두뇌짜기라고도 한다.

7) 센시티비티 트레이닝(Sensitivity Training)

이것은 개방적인 분위기를 갖는 자유로운 상황 하에 모인 사람들이 상호간에 깊은 관계를 맺게 하고, 자기가 그룹 내의 다른 구성원들로부터 어떻게 인지되고 있는가에 대한 능력을 개발하는 데 중점을 둔 훈련방법으로 T-Group 훈련이라고도 하며, 1947년 브레드포드(L.P. Bredford)에 의해 개발되었다.

8) 무결점 운동(ZD)

ZD란 zero defect(무결점)의 약자로서 무결점계획 혹은 무결점운동이라 한다. 이는 직원 각자의 주의와 노력에 의해서 결점을 없애고 상품질의 향상, 신뢰성, 저렴한 가격 등에 의하여 고객에게 만족을 주도록 직원을 계속적으로 동기유발하는 계획이다.

9) 동기조사(Motivation Research)

인간의 행동을 유발시키는 근본적인 욕구를 심층면접(depth interview), 집단토론법(group discussion), 투영기법(projective techniques)들의 방법으로 파악하는 것으로서 사기조사의 태도조사방법과 같다.

10) 리더십 트레이닝(Leadership Training)

리더십의 개발을 위하여 훈련시키는 방법으로서 여기에는 브래이크(R.R. Blake)의 관리격자, 리커트((R. Likert)의 관리시스템 등의 기법이 많이 이용된다.

11) 델파이 방법(Delphi Method)

이는 다수의 의견을 체계적으로 수집하기 위하여 그룹별로 토론하고, 그 결과를 전체모임에서 발표·토론하고, 다시 전체모임에서 토론된 것을 가지고 그룹으로 돌아가서 토론하여 그 결과를 전체회의에 가져오는 식으로, 계속해서 정보와 의견교환을 체계적으로 행하고 또 각자에게 참가의 기회를 부여하는 제도이다.

제9절 후생복지

1. 후생복지의 개념

후생복지가 무엇인가에 관하여 지금까지 많은 학자나 실무자들이 그 정의를 논의하여 왔으나 그 내용과 범주가 매우 넓을 뿐만 아니라 시대에 따라 변천하여 왔으므로 아직 명확한 정설을 보이고 있지 못하다. 그러나 여러 견해들을 검토하여 후생복지의 정의를 시도한다면 후생복지이란 기업이 노동생산성의 향상, 노사관계의 안정, 노동력의 정착과 노동능력의 유지향상에 기여할 것을 기대하여 직원 또는 직원이었던 자나 혹은 필요에 따라서는 직원의 가족을 대상으로 하여 주로 작업시간 이외의 생활면에서 직접적인 근로조건의 개선으로서는 충족시키기 어려운 경제생활의 안정과 심신의 건강을 증진시키고자 인사관리의 한 수단으로서 실시하는 일련의 서비스라고 할 수 있다.

직원의 후생복지를 위한 제반시설 및 제도는 노동력의 재생산을 위한 보조적 수단이라고 말할 수 있지만, 경영관리의 내용이 고도로 발전하고 변화된 오늘날의 호텔기업에 있어서는 이것이 대단히 중요한 의미를 갖는다. 후생복지가 직원과 사용자에 대하여 어떠한 이득을 가져오는가를 열거하면 <표 6-6>과 같다.

〈표 6-6〉 후생복지의 증진에 의한 노사 쌍방의 이득

직원에 대한 이익	사용자에 대한 이익
① 사기가 앙양된다. ② 복지에 대한 인식이 깊어진다. ③ 불만이 감소된다. ④ 경영자와의 관계가 개선된다. ⑤ 고용이 안정되고 생활수준이 향상된다. ⑥ 건설적으로 참가하는 기회가 늘어난다. ⑦ 호텔기업의 방침 및 복석에 대한 이해가 커진다. ⑧ 지역사회의 시설 및 기관에 대한 직원 개인으로서의 관심과 이해가 촉진된다.	① 생산성의 향상과 원가절감이 된다. ② '팀워크'의 정신이 왕성해진다. ③ 결근·지각·사고·불만 및 노동이동률이 감소된다. ④ 인간관계가 개선된다. ⑤ 채용 및 훈련비용이 절감된다. ⑥ 직원과 건설적으로 일할 기회가 늘어난다. ⑦ 호텔기업의 방침과 목적을 과시할 기회가 많아진다 ⑧ 호텔의 PR을 할 계기가 다음에 의하여 늘어난다. • 지역사회의 지도자와의 협력 • 지방봉사단체의 강화 • 호텔의 목적, 활동에 대한 선전

여기에서 분명히 유의하여야 할 일이 있는데, 그것은 일반적으로 말해서 후생복지만을 충실히 하면 자동적으로 좋은 효과를 가져올 수 있느냐 하면 반드시 좋은 효과만 있는 것이 아닐 수도 있다는 점이다. 후생복지를 충실히 한 결과 결근율이 감소하고 노동생산성이 향상되었다고 주장하는 경우라도 혹시 이러한 현상이 노동조건의 다른 요인의 개선효과로서 나타났는지도 모르기 때문이다. 바꾸어 말하면, 후생복지를 충실히 했다고 해서 반드시 전술한 효과가 나타난다고 하는 증거는 아무 것도 없다는 말이 된다. 다만, 이러한 효과가 있을 것이라는 기대는 후생복지의 기능으로 보아 충분히 고려될 수 있기 때문에 중시되는 것이다.

2. 후생복지관리의 형태

1) 법정후생복지와 법정 외 후생복지

호텔기업이 실시하는 기업 내 후생복지의 범위에는 각각 다양한 내용이 포함되나 우선 법정후생복지와 법정 외 후생복지로 나누어 생각할 수 있다. 전자는 법률에서 의무화한 사회보험의 기업부담분이며 사회보장제도의 발전에 좌우된다. 후자는 호텔기업이 독자재량으로 직원에 대하여 실시하는 경제적 급여이며 사회정책의 발전에 좌우된다.

(1) 법정후생복지제도

후생복지제도는 국가사회보장제도와 밀접한 관계를 가지고 있다. 처음에 호텔기업에 의해서 착수된 직원을 위한 후생복지제도도 나중에는 그의 일반적인 최저선을 확보하기 위해 법률로서 강요하는 사회급여가 되어 사회보장제도로 발전됨에 이르렀다. 점차 국가에 의한 사회보장이나 공공시설이 발전되어 호텔기업 내의 자율적인 후생복지의 급여부분이 감소되고 있는 경향이 있다. 오늘날 선진 산업국에서는 직원이 질병, 노령, 재해, 실업 등으로 일을 못하게 될 때, 국가가 그 최저생활을 보장하는 사회보험을 실시하고 사회보험을 호텔기업에 부담시키고 있다. 이런 경우 기업에 있어서의 후생복지시설은 그 내용이 달라져서 새로운 분야를 개척함으로써 그 목적을 달성할 수 있다. 그러나 우리나라의 경우 아직은 국가적 보험제도가 미약하여 호텔기업 내에서의 복지후생급여에 대하여 당분간 경영자나 직원의 쌍방이 다 같이 부담하지 않을 수 없다.

우리나라에서 현재 실시되고 있는 법정후생복지의 내용을 알아보면, 법정복지비용의 규모가 고용보험까지 포함되면서 급격히 증가함에 따라 각 호텔기업의 법정 외 복지비가 축소될 여지도 있으나, 직원들의 복지에 대한 요구가 오히려 더욱 다양화·분산화되는 추세에 있다. 따라서 기업복지를 경영의 한 부분으로 인식하여 법정 외 후생복지비의 규모의 경제를 달성시키는 것이 필요할 것이다.

오늘날 선진국에서는 직원이 질병, 노령, 재해, 실업 등으로 인해 일을 할 수 없을 때 국가가 최저생활을 보장하는 사회보험이 실시되고 있으며 사회보험의 비용도 국가와 조직에서 부담하고 있다. 우리나라도 각종 사회보험제도를 실시하고 있지만 비용에 있어 쌍방이 이를 분담하고 일부만을 지원받는 경우가 대부분이다. 우리나라에서 실시하고 있는 4대 보험은 산재보험, 의료보험, 국민연금, 고용보험이다.

(2) 법정 외 후생복지제도

앞에서 언급한 바와 같이 법정후생복지제도는 국가 내지 산업적인 차원에서 강제적으로 실시하는 것이다. 법정후생복지 이외에 호텔기업이 자율적이며 추가적인 급여에는 법정 외 후생복지제도가 있다. 이를 다시 두 가지로 분류하여 법정사회보험에 보다 추가적으로 혜택을 주는 방향과 그 이외에 기타 후생복지를 생각할 수 있다.

법정 외 후생복지 설정방향
- 사회보험의 추가급여
- 기타 자율적인 신설 급여

전자의 경우에 국가차원에서 설정된 사회보험(의료보험, 연금보험, 재해보험, 실업보험)의 급여이상으로 자율적 수준을 설정하고 그 초과수준에 대해서 호텔기업이 부담하는 방식이다. 예컨대, 질병의 경우 의료보험이 적용되지 않는 특수부문(고급약재 및 입원실 이용 등)에 대한 보조를 하거나 질병수당과 회복기 지원 등을 강화하는 내용이 된다. 연금보험의 경우에는 공적보험이 지급하는 것과 별도로 추가적으로 사적 보험이 지급되도록 사용주가 별도로 보험료를 지급하는 경우이다. 그 이외에도 재해보험의 경우 기업 내의 재해조치, 병원의 설치, 실업보험의 경우 전환교육훈련의 강화 등을 들 수 있다. 후자의 경우에는 전자와는 별도로 호텔기업이 자율적으로 설정한다.

2) 후생복지 운영의 합리화

후생복지의 증진은 호텔기업에 있어 노사 간 모두에게 이익을 가져다준다. 그것은 호텔의 생산성을 높이는 방안인 동시에 직원의 생활향상을 기하게 된다. 산업의 민주화라는 관점에서 볼 때 후생복지의 증진은 현재보다 오히려 앞으로를 내다보고 강조되어야 할 것이다.

그러나 후생복지를 덮어놓고 그 시설이나 제도를 확대하는 것만이 소망스러운 것은 아니다. 호텔의 경영부담능력에 한계가 있을 뿐 아니라 직원으로서도 복지적 혜택보다 도리어 직접적인 임금의 증액을 바라는 경향이 높다. 그러므로 합리적인 호텔의 후생복지관리에서 기본적으로 고려되어야 할 것은 다음과 같다.

첫째, 적정성의 원칙을 지켜야 한다. 호텔의 모든 직원에게 절실히 필요하고, 경영부담에 알맞으며, 동종 산업이나 그 지역 내의 타 산업과 비교하여 크게 차등이 없는 정도의 복지시설을 하는 것이 마땅하다. 따라서 직원의 의견을 참고로 연차적인 확충계획을 세워 나가야 한다.

둘째, 오늘날의 호텔은 합리성을 추구하는 방향에서 후생복지를 관리하지 않으면 안된다. 복지시설과 제도는 호텔에서만이 아니고 국가나 지역사회에서도 추진하고 있으므로 서로 중복이나 관련성이 결여되지 않도록 해야 하고 국가의 사회보장제도나 사회의 보험사업을 이용하는 등 지역사회와 협력하여 공동으로 추진하는 것도 좋은 방법의 하나일 것이다.

셋째, 협력의 원칙으로서 직원은 후생복지가 자신들을 위해 마련된 시설임을 인식하고 이를 유지·향상시키기 위하여는 호텔기업의 책임이 크지만 동시에 직원의 책임도 크다는 것을 알아야 한다. 따라서 노사가 협의하여 후생복지의 내용을 충실하게 관리함으로써 알찬 시설이나 제도를 발전시킬 수 있으며 그 운영에 있어서는 더 한층 협력적 효과를 발휘할 수 있게 될 것이다.

이와 같이 후생복지시설은 직원의 지지와 협력을 얻어야 하며, 그 존재가치를 인정받으려면 그 관리방법에 있어 다음과 같은 운영방법이 검토되어야 한다.

① 호텔에 후생복지담당직원을 두고 직접 운영하는 방법
② 직원의 자치적 운영에 맡기는 방법
③ 호텔과 직원대표와의 합동위원회에 의해 운영되는 방법
④ 제 3자에게 운영을 위탁하는 방법

이상에서 어느 방법을 택하는냐 하는 것은 시설의 종류, 호텔의 위치, 직원의 규모, 호텔의 특수성에 따라 결정될 것이다. 최근에는 위탁 또는 직영이냐의 문제가 크게 논의되기도 한다. 이것은 각기 장·단점이 있으므로 그 호텔이 목적하는 바에 의하여 선택하도록 하여야 할 것이다.

제10절 노사관계

1. 노사관계의 개념

노사관계의 개념은 그 포괄하는 영역은 매우 크다. 예컨대, 사회·경제적인 측면에서 자본가계급과 노동자계급의 대립에 관한 논의라든지, 노동조합의 법적 지위 내지는 노사관계 문제의 법률적 해결에 관한 것이라든지, 또는 여러 가지 차원에서의 노동운동에 관련된 이슈들이 제기될 수 있다. 그러나 우리가 여기에서 취급하는 노사관계(labor relations)는 호텔기업경영을 매개로 하여 성립되는 경영노사관계를 지칭하는 것이다.

사용자와 직원과의 관계(또는 경영자와 직원과의 관계)는 본래 타인인 노동자가 고용됨으로써 성립한다. 즉 고용과 함께, 첫째로 경영자와 노동자는 고용조건을 둘러싸고 거래관계가 성립되고, 둘째로 노동자는 고용을 통하여 호텔기업의 직원으로서 사용자의 방침·계획·명령 등에 따라 취업하는 관계에 놓이게 된다. 첫째의 고용조건 결정관계는 사용자와 노동자의 경제적 거래관계이고, 이해와 대립되는 관계(경영자-노동조합관계)이며, 둘째의 종업관계는 말하자면 사용자가 대가를 지불하고 그것에 의해 노동자가 일하는 협동관계 내지는 사용종속의 관계(경영자-직원관계)이다. 즉 노사관계에 있어서의 대립이 종업관계의 방해가 되지 않고 가급적 능률화의 논리가 관찰될 수 있도록 노사관계의 면에서 노력하는 것이 노사관계의 관리이다.

2. 노사관계 발전과 유형

현대의 노사관계를 논하려면, 역사적 발달에 의한 역사적 유형과 국민문화적 유형을 살펴볼 필요가 있다. 노사관계의 역사적 유형으로 고용주와 임금노동자가 고용조건의 결정을 중심으로 하여 맺어진 개인적 관계가 영국의 산업혁명 이후 오늘날까지 각국에서 추진되어 온 공업화과정을 배경으로 성립되어 왔다. 그 당시부터 현대에 이르기까지 노사관계의 역사적 발달을 단계적으로 유형화하면 전제적 노사관계, 친권적 노사관계, 협조적 노사관계, 민주적(대등적) 노사관계로 구분할 수 있다.

1) 전제적 노사관계

전제적 또는 독재적 성격을 띠고 있는 것이며, 이때에는 근로조건이 사용자의 일방적 의사로 결정되고 사용자와 직원의 관계는 절대명령과 복종·구속의 관계로서 인간적인 대우는 무시되었던 시대의 노사관계이다.

2) 친권적 노사관계

친권적 노사관계는 19세기 초 로버트 오웬(Robert Owen) 이래 형성되어 일반화되었던 노사관계이며 1세기동안 지속되었다. 자본주의적 생산의 발달과 함께 전제적 노사관계가 직원의 협조를 얻을 수 없다고 판단하고 사용자는 직원의 충성에 대한 대가로서 직원의 복지에 책임을 진다는 봉건적 전통을 반영했으며 직원은 사용자가 베푸는 은혜에 보답한다는 관계로서 노사관계가 순조롭게 유지될 수 있다.

3) 협조적 노사관계

노동조합의 조직이 점차 강화되어 종래의 고용주가 전제적으로 결정하던 노동조건에 대하여 노동자가 집단적으로 영향을 미칠 수 있게 되었다. 그러므로 근대형 노사관계가 성립되었고 고용자가 노동자의 힘과 타협하는 방향으로 발전하였으며 경영주가 직원의 복지증진과 의사소통으로 노사 간의 긴장적 대립을 완화하고 직원집단을 소극적으로나마 인정하는 노사관계로 발전하였다.

4) 민주적 노사관계

경영주(자본주)와 노동자가 대등한 지위를 접하는 산업민주주의이론의 노사관계를 의미하며 자본의 집중과 독점화가 진전되어 호텔기업의 규모가 확대되고 소유와 경영이 분리되고 전문경영자가 경영을 하게 되었다. 자본주의의 고도화가 경영규모를 확대시켰으며, 경영규모의 확대는 노동력을 집중시키고 기계화와 표준화로 발전시켰다. 또한 기계화나 표준화의 발달은 미숙련 직원과 여성 노동자를 대량으로 진출시킴으로서 노동조합이 직업별 조직으로부터 산업별 조직으로 변화되었으며, 노동조건을 결정하는 단체교섭과정에서 노사는 대등한 사회적 지위를 인정받게 되었다.

따라서 산업사회에 있어서 대등한 지위를 당연한 것으로 보는 산업민주주의의 이념이 형성되기에 이르렀고 민주적 노사관계의 실현을 보게 되었다.

다음으로 국민문화적 유형으로서는 전제적 노사관계, 친권적 노사관계, 계급 투쟁적 노사관계, 경쟁·대등적 노사관계로 보는 것이며, 일본이나 우리나라의 경우는 이러한 유형의 혼합형이라고 볼 수 있다.

이와 같이 우리나라의 노사관계의 성격을 역사적으로나 국민문화적 유형으로 보면 아직도 순수한 민주적 노사관계 유형이 되지 않고 있다는 것에 유의하여야 할 필요가 있다.

3. 직원참여의 형태

1) 직원 의사소통제도

노사 간의 의사소통 원활화는 참여의 기초단위로 간주된다. 노사 신뢰를 바탕으로 형성된 정보의 제공은 어떠한 형태의 직원참여보다 더 효과가 있기 때문이다.

(1) 사보발간

호텔 측이 제공하는 동향소개와 직원의 기고를 통해 회사의 흐름을 한눈에 알아볼 수 있도록 해주는 것이 사보다. 사보는 대규모 호텔기업에서는 보편화되어 있으나 중·소규모 호텔기업에서는 아직 보편화되어 있지 않은 실정이다.

(2) 경영설명회

호텔기업의 주요 경영정책, 인력운용계획, 경기전망 등 직원의 주요관심사항을 최고 경영자가 직접 설명하고 질의·응답하는 시간을 정기적으로 갖는다면 정보에 대한 직원의 궁금증이 해소되고 회사전체를 이해할 수 있는 좋은 기회가 될 수 있다.

(3) 팀 및 부서단위 설명회

전체직원을 대상으로 설명회를 자주 개최하는 데는 여러 가지 제약이 따르게 된다. 그러므로 팀 및 부서단위에서 상하 간의 교량역할을 충분히 해 줄 필요가 있다. 다만 중간관리자들이 회사의 전반적인 사항과 일상적인 업무를 잘 전달할 수 있어야 한다.

(4) 직원 조사결과 피드백

호텔기업에서 직원의 태도 및 의식조사를 실시하는 빈도가 늘어나고 있는데, 문제는 설문조사결과가 본인에게 얼마나 피드백 될 수 있느냐에 달려있다. 조사 후에 그 결과를 알려주면 노사 간에 높은 신뢰관계가 형성될 수 있기 때문이다.

2) 작업현장의 참여제도

작업현장 참여제도는 미국에서 활발히 논의되고 있는 직원참여의 한 방법이다. 코찬(Kochan) 교수 등은 직원참여를 ① 작업장단계, ② 단체교섭단계, ③ 전략적 의사결정단계의 3단계로 구분하고 있다. 이들에 따르면 대부분의 나라에서 직원참여는 작업장의 참가가 주류를 이루고 있으며 이는 생산방식의 변화에 큰 원인이 있다.

소품종 대량생산체제 하에서는 테일러(Taylar)와 포드주의(Fordism)에 의한 계획과 실행의 분리가 효과적이었다. 그러나 다품종 소량생산체제의 도래는 포드주의의 장점을 상쇄시키고 고객의 만족을 극대화시킬 수 있도록 다기능공을 요구하고 있다. 이제 호텔기업의 경쟁력은 생산현장에 있는 직원들을 고도의 인재로 교육·훈련시키고 조직의 몰입도를 증대시킴으로써 직장만족도를 높이는데 달려 있다는 인식이 널리 퍼져가고 있다. 이런 점에서 생산현장참여의 중요성이 강조되고 있는 것이다.

(1) 직원 제안제도(Suggestion Scheme)

다품종 소량생산체제 하에서는 직원의 개성과 창의성이 존중되어야 한다. 직원은 자기가 수행하고 있는 업무를 보다 창의적으로 수행하기 위한 갖가지 제안을 할 수 있어야 하는 것이다. 자기업무 이외에 직원의 관리, 복지 등 일반사항까지도 제안제도를 활용할 수 있다. 특히 컴퓨터의 발달은 직원들이 각종 세안제도를 활성화할 수 있도록 여건을 조성해 주고 있다.

(2) 품질관리조(Quality Control Circle)

이는 직장 내에서 생산과 품질관리활동을 자주적으로 실천하는 작은 그룹을 가리킨다. QC는 미국의 품질관리학자인 데밍(W.E. Deming) 박사의 영향을 받은 일본이 꽃피운 관리기법이다. 즉 일본이 미국의 아이디어를 받아들여 발전시키고 세계적으로 확산시킨 관리기법인 것이다. 최근 미국에서 논의되고 있는 QC도 일본의 경쟁력에 위협을 느낀 미국기업들이 일본의 것을 역수입한 형태이다.

(3) 팀시스템(Team System)

팀시스템은 공동의 목표를 가진 사람들이 시너지(synergy)효과를 얻기 위해 만든 유연한 조직을 의미한다. 팀제는 전통적인 부·과제로는 급변하는 경영환경에 능동적으로 대응할 수 없다는 인식 하에서 상황변화에 탄력적으로 적응하기 위해서 생성된 제도이다. 팀제는 자율성의 허용정도에 따라 여러 가지 형태로 운영될 수 있다. 자율적 팀제(self-directed team)는 소수의 직원으로 구성된 소집단에게 생산운영에 관한 광범위한 재량권을 부여하는 참여형태이다.

(4) 전사적 품질관리제도(Total Quality Management : TQM)

TQM 제도는 고객을 중시하는 체계적이고도 과학적인 전사적 활동을 의미한다. 이 활동은 '고객에게 만족을 줌으로써 호텔기업은 매출을 증가시키고 이익을 실현한다'고 하는 경영이념을 관철시키는 활동이다. 이 제도는 재화나 용역의 특성이 고객의 욕구에 의해 정의되어야 한다는 점을 강조하고 있다. 이렇게 함으로써 진정한 고객만족, 나아가 고객의 즐거움까지 창출할 수 있다는 것이다. 또한 고객만족을 창출하는 재화와 용역을 생산하는데 있어서 과정을 중시하여 인간위주의 경영시스템을 지향하고 있다. 다시 말해, 직원이 작업공정에서 뿐만 아니라 문제인식과 문제해결, 자료수집 및 의사결정, 리더십과 집단토의기법 등의 훈련을 충분히 받고 교육을 받는다면 지속적인 개선메커니즘을 제대로 수행할 수 있을 것이므로 이들을 믿고 능력을 강화시킬 필요가 있다는 것이다.

(5) 목표에 의한 관리(Management by Objective : MBO)

호텔기업 내에서 개별직원이 무엇을 언제까지, 어느 정도 달성할 것인지 하는 목표를 사전에 설정하여 그 목표를 달성함으로써 호텔기업의 목표를 달성토록 하는 관리방식이다. 이 방식은 1960년 미국에서 최초로 실시된 것으로 이후 일본, 유럽 등의 선진국기업뿐만 아니라 우리나라 호텔기업에서도 광범위하게 도입되어 큰 성과를 거두고 있다. 이 방식의 특징은 개인의 목표를 부문의 목표, 사업장의 목표와 결부시켜 체계화하고 있다는 점이다. 개인의 업적은 목표의 달성이라는 구체적인 성과로 평가한다. 즉 상사와의 협의・조정을 통해 구체적인 형태로 업무가 부과되기 때문에 목표를 설정에서부터 평가에 이르기까지 명확하게 업무를 알 수 있다. 자신이 수용한 목표와 그것에 대해서는 권한이 위임되어 있기 때문에 일의 보람을 갖게 된다.

따라서 이 방식은 종래의 관리방식에다 직원의 근로의욕 향상을 제고시키기 위해 행동과학적 관리방식을 결부시킨 것이다. 다만, 형식적인 운영이 되지 않도록 정기적인 체크가 필요하다.

3) 성과 및 자본참여제도

(1) 성과배분제도

성과배분제도는 통상적으로 지급되는 임금과는 별도로 분기, 반기, 1년 등 특정기간을 기준으로 한 호텔기업의 경영성과에 따라 직원에게 이익배분을 실시하는 제도를 말한다. 연중 또는 회계년도 중에 생산성을 나타내는 매출액, 경상이익, 부가가치 등의 특정지표가 목표 이상의 성과를 거두었을 때, 상여금의 전액 또는 일정부분을 이러한 성과배분지표와 연동시킴으로써 신축적인 배분체계를 갖는 것이다.

이러한 측면에서 일반적으로 이 제도는 호텔기업이 기대한 경영성과 이상의 성과를 달성했을 경우 기대성과와 실제성과 간의 차이를 직원에게 배분하는 것을 의미한다. 성과배분제도는 성과를 어떻게 규정하느냐에 따라 임금수준관리나 임금형태관리 그리고 임금체계관리에서 그 성격이 달라진다. 따라서 성과에 대한 정확한 정의가 우선되어야 한다.

(2) 직원지주제도(Employee Stock Ownership)

직원지주제도는 호텔기업이 경영방침으로서 직원에게 특별한 조건 내지는 방법, 즉 저가격, 배당우선, 공로주, 의결 및 주식의 배당 등으로 기업의 주식을 직원에게 취득 · 보유하게 하는 제도이다. 직원이 임의로 증권시장, 기타에서 자사 주식을 구입한 경우는 여기에 포함되지 않는다. 원래 노무관리상 합리화 내지는 안정주의 확보라는 기업중심의 관점에서 강조되었으나 최근에 와서는 직원재산형성 촉진의 일환으로 논의되고 있다. 다시 말해, 이 제도를 통해 직원의 참여에 의한 협조적 노사관계질서와 경제성장에 따른 직원재산형성 촉진이 모색되고 있다.

(3) 대표참여제도

대표참여제도는 직원대표 또는 노조가 사용자와 함께 임금, 복지, 근로조건, 경영정책 등에 대하여 보고 협의하고 경우에 따라서는 이에 합의까지도 하는 제도를 말한다.

(4) 단체교섭제도(Collective Bargaining)

이는 단결이라는 집단적 힘을 배경으로 얻어진 노동시장에 있어서 노동력의 독점적 공급자라는 지위를 배경으로 직원대표가 사용자를 대상으로 근로조건의 유지 · 개선 및 직원의 경제적 · 사회적 지위 향상을 위해 행하는 교섭이다. 노동조합법에서 단체교섭이란 대등한 지위에 있는 당사자가 단체협약을 체결할 것을 목적으로 교섭을 행하는 것을 말한다. 단체교섭은 노동조합의 대외적 활동의 핵심을 이루는 기능이라 할 수 있는데 단체협약이라는 집단적 근로관계에 있어서의 규범을 탄생시키는 과정이다. 따라서 단체교섭의 본질은 노동조합과 사용자 당사자 간의 결정이며 노사관계상 공동규범의 형성과정이다. 또 서로의 주장을 관철하기 위해 설득과 회유 등 협의를 함과 동시에 쟁의행위라는 투쟁수단을 배경으로 타협점을 모색하는 일련의 정치적 과정이라 할 수 있다.

(5) 노사협의제(Labor-Management Consultative Body)

경영과 관련된 의사결정과 관련하여 직원에게 발언권을 주고 이들의 의견을 수렴하는 직원참여의 한 형태이다. 이 제도는 협의, 자문의 기능을 가지나 주요의사결정권한은 가지고 있지 않다. 노사협의제의 목적은 노사 간의 이해와 협조를 통해 상호이익을 증진시킴으로써 산업평화를 도모하고 더 나아가 국민경제발전에 기여하는데 있다. 다시 말해 노사 간에 발생하는 문제를 노사 간 협의와 대화를 통해 해결할 수 있도록 함으로써 협조적 노사관계로 발전시키는데 있다고 할 수 있다.

우리나라는 1980년에 노사협의회법이 제정되고 1997년에 노사협력증진에 관한 법률로 명칭이 바뀌고 합의사항 등에 관한 노사의 갈등이 있을 때는 노동위원회의 중재요청을 할 수 있는 조항이 신설되는 등 동 협의회의 기능이 대폭 강화되어 시행되고 있다.

4. 노사관계관리의 합리적 방향

노사관계는 경영자와 노동자 사이의 구체적인 근로조건·생활조건을 둘러싸고 이루어지는 대립적인 사회관계이다. 현대적 인사관리의 입장에서는 이러한 대립관계를 인정하지만 그 대립을 가능한 한 교섭이나 협의에 의해서 조정·완화시켜 기업 내의 노동질서를 유지할 필요가 있다. 따라서 오늘날의 노사관계관리란 노사 간의 대립적 관계를 어떠한 형태관리에서 일보 나아가서 노사협력의 관계까지 형성할 것을 목적으로 하는 조직적이고 종합적인 일련의 시책이라 할 수 있다.

따라서 현대적 의미의 노사관계관리는 노사가 상대방을 대등한 협력자로서 존중하고 갖가지 대립을 보다 높은 차원의 조화로써 승화시켜 나갈 필요가 있다. 이를 위해서는 ① 일상의 인사관리를 통한 상호신뢰의 형성, ② 노사관계조정에 필요한 모든 제도의 합리적 설정, ③ 단체교섭기술 등의 모든 조건이 마련되어야 할 것이다.

참고문헌

국내문헌

강정대, 현대인사관리론, 세영사, 1996.

김종규, "관광호텔의 효율성 평가에 관한 실증적 연구", 1993.

김충호 · 원융희, 호텔조직인사관리, 대왕사, 1995.

서울대학교 경영연구소 편, 경영핸드북 서울대학교출판부, 1983.

신유근, 인사관리, 경문사, 1982.

신유근, 조직행위론, 다산출판사, 1994.

한국경영자총연합회, 신인사고과사례집, 1995.

안태호, 경영키포인트, 대하출판사, 1975.

양운섭, 경영관리론, 형설출판사, 1993.

오종석, 인사관리, 삼영사, 1990.

오종석, 인적자원관리, 삼영사, 1996.

유기현, 인간관계론, 무역경영사, 1992.

윤영미, 호텔경영입문, 1996.

이순구, 서원석, 호텔인사관리론 2005.

이승영 · 박영배, 비교경영론, 법문사, 1995.

정종진 · 이덕로, 인적자원관리, 1996.

최중태, 현대인사관리론, 박영사, 1988.

한국노동연구원, 우리나라의 임금, 1997.

황대석, 인사관리, 박영사, 1986.

국외문헌

中山三郎 · 本多壯一, 例解人事勞動の管理と診斷, 同友館, 1976.

A. Langsner and H.G.Zollistch, Wage and Salary Administration, 2nd (ed.), Cincinnati Ohio : South-Western, 1970.

C.R. Dooley, training Within Industry in the United States, International Labor review, Vol. 54, No.6.

D.S. Beach, Personnel : The management of peoples at work, Macmillem, 1975.

D.W. Belcher, Wage and Salary Administration, Englewood Cliffs, N.J. : Prentice-Hall, 1972.

P.C. Smith and M.J Murph, Job Evaluation and Employee Rating, New York : McGravo-Hill 1946.

R.C. Davis, The Fundmentals of top Management, N.Y. : Haper and Row, 1951.

W.L. French, The Personnel Management Process, 6th(ed.,), 1987.

제7장 호텔 마케팅

제1절 호텔 마케팅의 개념

제2절 호텔 마케팅환경

제3절 호텔 마케팅전략

제4절 호텔 마케팅믹스

제1절 호텔 마케팅의 개념

1. 호텔 마케팅의 개념

1) 마케팅의 개념

마케팅의 개념은 미국에서 1950년대 초에 처음으로 등장하게 되었는데, 1950년대 이전에는 공급이 수요에 미치지 못했기 때문에 판매자, 즉 기업이 주도하는 시장이었으나 1950년대를 전환점으로 하여 공급이 수요를 초과함으로써 구매자, 즉 소비자가 주도하는 시장으로 바뀌게 되었다. 결국 기업들은 단순히 상품을 대량 생산하여 대량 판매함으로써 이익을 남기겠다는 종래의 안일한 생각으로는 경쟁에서 살아남기가 어렵다는 것을 깨닫게 되었다. 소비자의 필요와 욕구를 파악하여 이에 맞는 상품을 만들어서 판매해야만 치열한 경쟁에서 살아남을 수 있다는 것을 알게 된 것이다. 따라서 기업중심의 경영철학이 소비자 중심의 경영철학으로 바뀌게 되면서 마케팅 개념이 생겨나게 된 것이다.

마케팅을 정의하는데 일반적으로 두 가지 관점이 있는데, 그 하나는 마케팅을 상품이 생산자로부터 소비자에게 이르는 사회적인 유통현상으로 보고 유통기구와 그 기능의 분석·검토를 통하여 이를 개선하고자 하는 관점인데 이를 거시마케팅이라 한다. 또 다른 하나는 유통기능을 실질적으로 담당하는 개별기업의 마케팅활동을 마케팅으로 파악하고 이들 활동의 분석·연구를 통하여 개선하고자 하는 관점인데 이를 미시마케팅이라 한다.

마케팅에 관한 정의는 학자들마다 조금씩 의미를 달리하고 있지만 오늘날 가장 널리 인정되고 있는 것이 코틀러(P. Kotler)의 마케팅 정의이다.

코틀러(P. Kotler)는 마케팅의 정의로 "개인과 집단이 상품과 가치를 창조하고 타인과의 교환을 통하여 그들의 욕구와 욕망을 충족시키는 사회적 또는 관리적 과정"이라고 하였다. 이를 근간으로 하여 미국의 마케팅학회(AMA : American Marketing Association)가 1985년도에 내린 마케팅의 정의는 '개인이나 조직의 목표를 충족시켜 주는 교환을 창조하기 위해 아이디어, 상품, 서비스의 창안, 가격결정, 촉진, 유통을 계획하고 실행하는 과정'이다. 따라서 마케팅이란 개인이나 집단이 상품이나 가치를 창조하여 다른 사람과 교환함으로써 그들이 필요로 하고 원하는 것을 습득하는 하나의 사회적·경영적 과정이라고 정의하고 있다. 호텔기업마케팅이란 호텔서비스에 대한 잠재고객의 필요와 욕구를 분석하고 목표고객을 확인하고 그들이 만족할 수 있는 서비스상품을 개발·제공하여 지속적으로 목표고객을 유인·창출하기 위한 제반활동을 말한다.

2) 호텔마케팅의 개념

호텔기업은 환대적 서비스를 바탕으로 객실, 식음료, 부대시설 등의 상품을 판매하는 기업이다.

거시적으로 보면 호텔기업도 일반기업과 비슷한 마케팅 활동을 하고 있다고 할 수 있으나, 미시적으로 보면 호텔상품은 유형적 상품과 무형적 상품(서비스)이 결합하여 하나의 상품으로 구성되어진다. 무형적 상품을 고객에게 유형화시켜줌으로서 호텔에 대한 이미지 형성과 강력한 고객관계 구축을 유도하는데 매우 중요하다. 너불어 차별화된 이미지 형성과 강력한 고객관계 구축을 위해서는 고객의 필요와 욕구를 먼저 이해하고 고객의 필요와 욕구가 충족될 수 있는 차별화된 상품을 개발하여 합리적인 가격, 유통, 촉진수단 등의 방법으로 고객에게 제공하여 이로 인한 고객만족은 호텔기업의 이익을 창출하는데 중요한 역할을 하고 있다.

2. 호텔마케팅의 발전과정

1) 생산지향시대

생산지향개념(production concept)은 판매자의 지침이 되는 가장 오래된 개념 가운데 하나이다. 기업활동의 초점을 생산활동에 두었던 시기로 대체로 1910년에서 1920년대까지를 말한다. 생산지향개념은 소비자가 입수 가능하고 값이 적절한 상품을 선호할 것이라는 가정 하에 출발하므로 경영관리자는 생산과 유통의 효율을 높이는데 중점을 두었고, 시설확충, 작업방법 및 대량생산문제에 관심을 쏟았다. 물론 경영관리자가 시장상황을 전혀 고려를 하지 않았다는 것은 아니고 상대적으로 시장을 적극적으로 확인하고 이를 개발하려는 문제보다는 제조와 관련된 문제를 더욱 중요시하였음을 뜻한다.

이러한 개념이 적용될 수 있는 경우는 첫째, 수요가 공급을 초과하고 있는 경우, 둘째, 제품의 코스트가 너무 높아서 능률적인 생산방식을 통해 원가인하가 특히 요청되는 경우이다.

이러한 개념은 호텔의 발전단계에서 보면 Inn시대와 Grand Hotel시대에서 요구되는 개념이라고 할 수 있다. 즉 이는 특정 고객을 제외한 일반고객의 이익은 무시 내지 경시되는 것이다.

2) 제품지향시대

1920년부터 1930년대까지 적용되던 개념으로서 생산지향개념과 마찬가지로 제품지향개념(product concept)은 내부지향적이다. 제품지향개념은 소비자가 기존제품과 제품형태를 선호하고 있어서 관리자의 업무는 이러한 제품의 우수한 개량품을 개발하고자 하는 것을 의미하고 있다.

이 개념이 빠뜨리고 있는 점은 소비자의 욕구충족이라는 점이다. 한 예로서 마케팅 근시안에 사로 잡혀 청소년시장만 주력한 나머지 다른 시장개발에 소홀히 하여 사양화된 우리나라의 유스 호스텔(youth hostel)과 제2차 세계대전 이후 최상급 서비스와 시설을 갖춘 호텔의 경영자가 도로변에 위치하여 편리성과 낮은 객실료를 콘셉트로 대응한 모텔(motel)을 무시한 경우가 대표적인 예라고 할 수 있다.

3) 판매지향시대

1930년대부터 1950년 초까지 적용되던 개념으로서 판매지향개념은 기업이 충분한 판매와 판매촉진노력을 기울이지 않으면 소비자는 기업의 제품을 대량으로 구입하지 않을 것이라고 가정하고 있다. 판매활동의 목표는 가능한 한 판매를 달성하여 판매 후의 만족 또는 판매에 따른 수익의 기여에 대하여 염려하지 않는 것이다. 이 시기에는 두 가지의 주요한 기업구조적 변화가 있었는데, 첫째, 광고나 마케팅

조사 등과 같은 제반 마케팅활동이 마케팅관리자의 책임 하에 총괄적으로 통합되는 경향이며, 둘째, 다른 부서에서 시행하던 판매훈련 또는 판매분석 등의 활동들이 판매부서로 이관·통합되는 경향이다.

이러한 개념은 비탐색적(unsough goods), 즉 소비자가 보통 일상적으로 구매하지 않는 경우에 흔히 적용되고 있는데, 호텔의 경우 호텔판촉부를 중심으로 한 하드셀링(hard sclling)은 단기적으로 효과적이나 장기적으로 고객의 구매 후 만족이 보장될 수 없으므로 계속구매를 유도하기 어렵다는 점을 간과해서는 안된다.

4) 마케팅지향시대

마케팅지향개념은 1950년대 초부터 나타난 비교적 새로운 경영이념인데, 특히 관광업계에 있어서 급속히 적용되고 있다. 마케팅지향개념이 가정하고 있는 것은 조직목표의 달성이 표적시장의 현재욕구와 잠재욕구를 결정하는데 좌우되고, 경쟁사보다도 효과적이고 또한 효율적으로 바람직한 만족을 제공한다는 것이다.

이러한 마케팅지향개념은 종래 경제이론상으로는 소비자주권(consumer sovereignty)의 개념에 기초하고 있다. 이와 같은 마케팅지향개념은 1950년대 이후 기업에 도입되어 경영활동의 획기적인 변화가 일어났으나, 기업마케팅활동에 대한 사회적 비판이 1960년대 후반 서서히 나타나기 시작하였다. 즉 1960년대 이후에 다시 대두된 소비자보호운동과 소비자의 삶의 질 추구 및 환경보호운동 등으로 마케팅지향개념의 재정립이 요구되었다.

〈표 7-1〉 마케팅 개념과 판매개념의 차이

마케팅 개념	판매개념
• 소비자 욕구를 강조 • 고객의 욕구와 필요를 파악한 후 이를 충족시킬 제품의 생산방법을 모색 • 대외적·시장지향 • 시장욕구의 강조 • 저압적 판매 • 순환적 판매 • market-in • 장기계획지향	• 제품을 강조 • 먼저 제품을 만든 후 판매기법을 모색 • 대내적 기업지향 • 기업욕구의 강조 • 고압적 판매 • 직선적 판매 • product-out • 단기계획지향

자료 : 서성한·최덕철·이신모, 관광마케팅론, 법경사, 1997, p. 33

5) 사회지향적 마케팅 개념

1970년대부터 현재에도 적용되고 있는 개념으로서 사회지향적 마케팅 개념은 가장 새로운 마케팅 개념으로서 표적시장의 현재욕구와 잠재욕구 및 이익을 명확히 하여 소비자 및 사회복지를 유지하고 높여 갈 수 있게 경쟁사보다 효과적이며 효율적으로 소망하고 있는 만족을 제공하는 것이라 가정하고 있다.

사회지향적 마케팅은 1970년대에 들어 환경파괴, 자원부족, 인구폭발, 세계적인 기아, 빈곤, 물질문명 팽배, 소비자의식의 전환과 같은 시대적 여건 하에서 기존의 마케팅 개념으로는 기업이 존속 · 성장할 수 없는 상황이 도래하게 되었다. 그 결과 소비자불만, 환경문제에의 관심고조, 정치적 · 법률적 요인과 같은 외부의 압력이 호텔기업의 마케팅활동에 큰 영향을 미치게 되었다. 이러한 시대에 호텔기업이 성공하여 존속을 계속하려면 사회적인 책임을 지는 방향으로 호텔기업과 마케팅의 관리자가 마케팅활동을 하지 않으면 안된다는 것이 점차 확고해졌는데, 이러한 1970년대의 거시환경적 상황이 마케팅 개념을 사회지향 중심으로 변천되게끔 하였다.

많은 호텔의 레스토랑에서 금연석과 금연장소를 설치하는 것과 로스앤젤리스의 그린 스위트(Green Suite)에서의 환경에 친숙한 호텔객실을 개발하였는데, 그린 스위트에서는 모든 것이 자연소재, 생분해성 및 피부가 거칠어지지 않는 세제 샴푸와 보디로션을 사용하고 있는 것이 좋은 예 이다. 또한 햄버거 체인기업들이 플라스틱 포장용기에서 종이포장용기로 바꾼 것도 그 예 중의 하나이다.

6) 고속정보망지향 마케팅 개념

2000년대부터 현재에도 더욱 중요한 마케팅 개념으로서 이 개념은 개인이나 조직이 인터넷을 이용하여 양방향 의사교환을 바탕으로 마케팅활동을 하는 것을 말하며 더불어 기본적인 마케팅 개념과 사회지향적 마케팅 개념이 고속정보망으로 대표되는 정보통신기술과의 접목으로 형성된 마케팅관리개념이다. 예를 들면, 점포의 자동화와 무인 점포화, POS시스템의 구축, 데이터베이스마케팅의 확산, 일대일 마케팅, 상호작용마케팅, 홈쇼핑, 텔레마케팅, PC마케팅 등을 포함한다.

〈표 7-2〉 마케팅 개념의 발전과정

개 념	배 경	초 점	수 단	목 표
생산지향	수요 〉 공급	제품	대량 생산	핀매량 증대에 의한 이윤추구
제품지향	수요 = 공급	제품	제품의 질 향상	〃
판매지향	수요 〈 공급	제품	판매증진	〃
마케팅 지향	소비자 욕구 다양화	소비자 욕구	마케팅 믹스	소비자 욕구충족에 의한 이윤추구
사회지향적 마케팅	지나친 상업주의	소비자와 공공복지	마케팅 믹스/그린마케팅	소비자 욕구충족에 의한 이윤추구와 공공복리증진
고속정보망지향 마케팅	고속정보망의 발전	개별고객화	마케팅믹스 일대일 마케팅 데이터베이스마케팅 인터넷마케팅	고속정보망을 통한 대량 개별고객화

이상과 같이 마케팅의 발전과정에 대해서 살펴보았으나 간과해서는 안 될 것이 이런 개념적 변천과정과 현재의 위치는 국가와 호텔기업에 따라 다르게 나타날 수도 있다는 것이다. 또한 이러한 변전과정의 구분은 주로 학문적 관심사 또는 연구 경향의 강도에 영향 받은 바가 많으므로 반드시 현실을 정확하게 반영한 것으로 단정할 수 있다는 것이다.

제2절 호텔 마케팅환경

1. 호텔의 거시환경

1) 경제적 환경

호텔의 수요증대는 세계 및 각국의 경제사정과 밀접한 관련이 있다. 특히 여행이나 외식의 전제조건이 되는 경제적인 여유는 국내의 경제상황과 직접 연관되므로 현재 및 미래의 국·내외경제를 조망해 보고, 특히 우리나라의 경제여건과 노동시간 그리고 소비구조의 변화에 대하여 체계적으로 분석·평가하는 일은 호텔의 마케팅 전개의 필수적인 과제이다.

또한 호텔 고객은 다국적이기 때문에 수용국과 송출국 간의 환율이 호텔산업의 경영에 영향을 주는 것 역시 경제적 환경의 한 예라 할 수 있다.

2) 정치적·법적 환경

호텔의 마케팅의사결정은 정치적·법적 환경의 변화에도 영향을 받는다. 정치적·법적 환경은 법률, 정부기관, 압력단체 등으로 구성되며 사회 내 여러 조직과 개인에 영향을 주고 압력을 준다. 특히 호텔사업은 다른 사업과는 달리 수요의 탄력성이 크기 때문에 정치적·법적 환경에 영향을 많이 받게 되는데, 그 단적인 예가 대만과의 단교로 인하여 대만관광객의 유입이 크게 줄어들게 되어 호텔영업에 영향을 받은 것이라고 할 수 있다.

3) 사회·문화적 환경

사회·문화적 환경이란 기업을 둘러싸고 있는 사회·문화적 조건 전반을 뜻한다. 이러한 사회·문화적 환경에는 사회적 환경으로서 인구통계적 환경과 문화적 환경으로서 개인의 의식, 라이프스타일, 가치관 같은 것이 있다.

호텔에 영향을 미칠 수 있는 인구통계학적 환경은 인구의 증가, 출생률의 둔화와 이로 인한 가족규모의 축소, 사망률의 저하로 인한 인구구조의 변화, 지역 간 내지 국제 간 이동으로 인한 인구의 지역적 변화 등이다. 문화환경은 여러 가지 시설 및 사회의 기본적 가치, 받아들이는 자세, 기호 그리고 행동에 영향을 미치는 요인을 포함하는데 이러한 문화적 변화를 예견하고 커다란 관심을 가져야 한다.

4) 기술적 환경

인류의 문명에 가장 큰 변화를 미치는 요인은 기술이다. 기술적 환경은 새로운 시장기회와 신제품의 개발을 가져올 뿐만 아니라 호텔사업에도 많은 영향을 주었다. 컴퓨터화된 비디오에 의한 체크인, 체크아웃서비스는 현재 많은 호텔에서 실시하고 있으며, 원격주문기에 의한 주문을 받는 레스토랑은 이젠 흔한 일이 되고 있다. 컴퓨터화된 이익관리시스템은 호텔에 있어서 수요에 대응한 가격설정에 의하여 이익을 최대한 올리는데 기여하고 있다. 이러한 기술과 기술의 진보는 새로운 기회를 제공해주고 있다. 따라서 호텔에서는 이러한 기술도입을 통한 혁신을 추구해야 할 것이다.

5) 자연적 환경

자연적 환경이란 호텔의 마케팅활동에 의해서 영향을 받거나, 마케팅활동에 영향을 미치는 자연자원의 변화를 말하는 것으로 오늘날 환경에 대한 인식의 변화로 자연환경에 대한 관심이 점차 높아지고 있다. 즉 자연자원의 고갈이나 환경오염으로 인한 환경파괴, 지구온난화현상 등과 같은 문제에 관심이 고조되면서 환경보호운동이 점차 확대되고 있다.

따라서 호텔은 환경보호를 위한 다각적인 노력의 필요성이 강조되고 있을 뿐만 아니라 호텔경영도 과거의 이익위주의 경영패러다임에서 환경을 경영의 중요한 한 부분으로 패러다임으로의 전환을 하여 환경경영에 많은 관심과 도입을 시도해야 할 것이다.

6) 경쟁환경

미래의 경쟁사를 마케팅의 거시적 환경의 부분으로 고려하며, 이러한 미래의 경쟁사의 출현과 경쟁을 예측하기 쉽지 않고 또한 이러한 미래의 경쟁사들이 현재와 미래의 사업에 대한 지대한 영향을 미칠 수도 있을 것이다. 경쟁환경의 진입과 철수요인에서 보면 호텔기업은 높은 초기투자비용과 좋은 입지의 희소성 때문에 진입장벽이 높고, 철수장벽 또한 높아 경쟁사가 쉽게 출현하기 어렵다고 생각할 수 있으나, 수요와 공급이 많은 경우에는 경쟁호텔들이 신규호텔사업을 추진하고 계획한다. 그 결과 경쟁환경은 예측이 쉽지 않기 때문에 거시적 환경으로 본다.

2. 호텔의 미시환경

1) 호텔

마케팅계획을 수립할 때 마케팅관리자는 최고경영층, 재무, 구매, 생산, 회계부문 등 여러 부문을 고려해야 하다. 이러한 모든 부문은 마케팅계획수립자와 밀접한 관계를 유지하면서 업무를 추진해야 하며 이것이 마케팅부문의 미시환경이 된다.

모든 기업은 그 기업이 추구해야 할 방향이나 궁극적인 목표인 기업의 사명을 비롯하여 장기적인 목표와 정책 등을 가지고 있으며 이에 따른 각 부문의 전략이나 계획이 수립된다. 최근 경영층은 대표이사, 전무, 상무, 이사 등으로 구성되며 이들은 기업의 사명, 목표, 전사적 전략 및 방침 등을 수립한다. 따라서 마케팅계획도 이들이 설정한 범위 내에서 의사결정을 해야 한다. 또한 마케팅관리자는 각 부문과도 긴밀한 협조를 해야 한다. 재무부문 관리자는 마케팅계획수립을 위한 자금의 조달가능성, 각 상품별로 마케팅활동에 대한 자금의 효율적인 배분, 실현가능한 수익률, 판매예측과 마케팅계획에 내재된 위험수준 등에 관심이 높을 것이며, 연구개발부문 관리자들은 보다 매력적인 제품의 디자인과 능률적인 생산기업의 개발 등 기술적인 문제에 집중한다. 객실담당부서는 판매부문이 요구하는 청결하고 안락한 객실을 제공할 책임 있는 것이다. 이와 같이 호텔의 모든 부문은 마케팅계획의 수립이나 추진에 영향을 미친다.

2) 공급업자

공급업자란, 호텔이 상품이나 서비스를 창출함에 있어 필요한 자원을 제공해 주는 기업 또는 개인을 말한다. 예를 들어, 호텔식음료상품을 생산하기 위하여 야채, 고기, 비품 등을 확보하여야 하며, 노동력, 전기, 컴퓨터 등을 구비하여야 한다. 이때의 각 요소들의 가격변동이나 품질 또는 배달체제의 문제는 호텔 마케팅활동에 많은 영향을 미치게 된다. 따라서 공급업자에게 영향을 미치는 환경변화는 호텔 마케팅활동에 큰 영향을 미치므로 이에 대한 주의를 항상 가져야 한다.

3) 마케팅중개자

마케팅중개자는 어느 기업이 최종구매자에 대하여 상품을 홍보하고 판매하며 유통시키는 것을 지원하는 기업을 말한다. 중개자란, 호텔의 고객개척과 판매를 도와주는 사업체이다.

일반적으로 중개자는 여행사, 마케팅서비스대행사, 특별유통회사, 비서클럽, 항공사 등을 들 수 있다.

중개자는 유통기관으로서 호텔이 고객을 찾아 판매하는데 도움을 주는 영리기업이다. 이에는 호텔상품을 판매대행 또는 기획여행상품으로 재판매되는 여행도매업자(wholesaler)와 여행소매업자(retailer)가 있다.

마케팅서비스대행사는 호텔기업의 적절한 시장을 표적으로 삼아 판매촉진을 지원하는 마케팅리서치회사를 비롯하여 광고대리점, 미디어기업, 텔레마케팅기업, 그리고 마케팅상담기업 등이 있는데, 이러한 기업은 창조성, 질, 서비스 및 가격에 따라서 여러 가지로 구분될 수 있다. 호텔기업은 정기적으로 이들 중개자의 업적을 평가하고, 실적이 양호하지 못한 것은 바꿔나가야 한다.

4) 고객

호텔은 고객시장을 면밀히 검토하여야 한다. 마케팅의 궁극적인 목표가 고객욕구를 충족시켜 주는 만족에 있기 때문에 고객에 대한 조사와 관심을 가지지 않고는 마케팅 자체가 존재할 수 없기 때문이다. 일반적으로 기업은 5가지 형태의 고객시장을 가지고 있는데 이를 살펴보면, 개인소비를 목적으로 상품이나 서비스를 구매하는 개인과 조직으로서 최종적인 호텔이용고객인 고객시장과 생산과정에 사용하거나 처리하기 위해 혹은 판매대행을 위해 필요한 제품이나 서비스를 구매하는 조직체로서의 산업시장 내지 재판매시장이 있다. 그리고 공공서비스를 생산하거나 필요한 사람에게 이전시키기 위해서 상품이나 서비스를 구매하는 정부기관과 해외구매자 등도 있다.

5) 경쟁호텔

모든 호텔기업은 여러 경쟁호텔과 경쟁을 하고 있다. 마케팅 개념에 따르면 호텔기업은 성공하기 위하여 경쟁호텔 이상으로 고객의 현재욕구와 잠재욕구를 충족시키지 않으면 안된다. 따라서 호텔기업은 단순히 고객의 욕구에 적응한다는 생각에서 벗어나, 동일한 표적시장에서 활동하는 경쟁사의 전략보다 더욱 효과적일 수 있어야 한다는 생각을 가져야 하며 소비자의 마음 한 가운데 자사의 상품에 대하여 강한 인상을 심어 줌으로써 전략적 위치를 획득하지 않으면 안된다.

어느 호텔기업에 있어서도 경쟁력과 함께 최적으로 마케팅전략을 갖춘 것은 있을 수 없다. 각 호텔기업은 그 규모와 업계에 있어서 타 경쟁호텔과의 위치관계를 고려하지 않으면 안된다. 즉 호텔기업 규모의 대소를 불문하고 각각의 시장에 있어서 경쟁호텔보다도 경쟁우위를 갖는 마케팅전략을 수립하지 않으면 안된다. 특히 마케팅전략 수립 시 경쟁우위를 확보하기 위해서는 경쟁호텔의 점유율을 평가하여야 하며 이를 구체적으로 평가하기 위해서는 아래의 세 가지 점유율을 고려해야 한다.

첫째, 시장점유율(Share of Market) : 표적시장에 있어서 경쟁호텔의 시장점유율 둘째, 생각점유율(Share of Mind) : 생각나는 호텔의 브랜드명을 말할 때, 경쟁호텔 브랜드명을 말하는 고객의 비율, 셋째, 마음점유율(Share of Heart) : 호텔상품과 서비스에 대한 구매선호도를 물었을 때, 경쟁호텔 브랜드 명을 말하는 고객비율 등을 평가해야 한다.

6) 공중

공중은 호텔기업이 목적을 달성하는데 실질적 또는 잠재적으로 이해관계를 갖고 있거나 영향을 미치는 여러 집단을 말하는데, 이들 공중은 호텔기업에 수요창조를 충족할 수 있는 능력을 조성하여주기도 하지만 반대로 방해요인으로 작용할 수 있으므로 이들과 보다 적극적이고 우호적인 관계형성이 요구된다.

일반적으로 호텔기업은 금융공중, 매체공중, 정부공중, 시민운동공중, 지역공중, 일반공중, 내부공중 등 7가지 형태의 공중과 관계를 가진다.

금융공중은 호텔기업의 자금조달 능력에 영향을 미치는 집단으로 은행, 투자신탁회사, 증권회사, 주주 등이다. 각 호텔은 대차대조표와 같은 회계정보공시를 통하여 관련 금융공중에게 호텔의 재무상태에 대한 정보를 제공하여야 할 책임이 있으며 이러한 과정을 통해 좋은 관계를 유지하여야 한다.

매체공중은 뉴스, 특집기사, 사설 등을 제공하는 매체기관으로 특히 일간신문, 잡지, 라디오, TV방송국 등을 말한다. 각 호텔은 보다 많은 매체범위를 확보하기 위해 기사거리를 제공하여야 한다.

정부공중은 대부분 정치 및 법률과 관련되는 문제이다. 경영자는 마케팅계획 수립 시 정부정책의 변화를 고려해야 한다.

시민운동공중은 소비자단체, 환경보호단체, 기타단체 등에 의한 영향을 말하는데 오늘날 환경과 관련된 환경보호단체와의 관계는 매우 중요한 것이며, 특히 지역공중인 지역주민과의 우호적인 관계는 호텔기업의 장기적인 목표달성을 위해서는 필수적이라고 할 수 있다.

지역공중은 인근주민, 지역사회단체 등을 말하는 것으로 호텔은 지역사회의 문화공간으로서 보통 지역공동체 관계담당자 내지 성원과 긴밀한 관계를 유지하여야 하며 가치 있는 지역사회운동 등에 공헌할 수 있어야 한다.

일반공중은 마케팅활동과 관련된 일반인을 말하며, 내부공중은 직원, 경영자, 이사회 등이 있다.

제3절 호텔 마케팅전략

1. 시장세분화

1) 시장세분화의 개념

시장세분화란 시장을 어떤 기준에 따라 나누는 것을 말하며 목표시장선정을 위해 이렇게 나누어진 시장 각각에 대해서 고객의 특성을 파악하는 것이 필요하다.

즉 시장은 다양한 고객으로 구성되어 있고 고객은 여러 가지 관점에서 서로 다른 욕구, 구매태도 및 구매방법을 가지고 있다. 그러나 그 중에서도 유사한 특성을 지닌 고객들을 서로 모아 군집화하는 과정을 시장세분화(market segmentation)이라 한다. 즉 다양한 고객들로 구성된 전체시장을 특정의 동질적인 특성을 지닌 세분시장으로 분할하고 묶는 과정을 말한다. 각 시장 내에서 호텔기업이 투입하는 마케팅 믹스 전략은 고객들이 가능하면 동질의 반응이 되도록 하여야 한다.

본질적으로 호텔시장세분화는 보다 더 고객지향적이며 따라서 보다 더 마케팅적 사고에 접근하는 것이라 할 수 있다. 세분화는 총체적으로는 이질적인 호텔시장 속에서 비교적 동질적 요소를 가진 고객집단을 선정, 이를 목표시장으로 정하고 그 시장의 욕구를 더욱 철저히 충족시킴으로써 효과적인 자원의 배분과 절약 및 이윤의 확보도 가능해지기 때문이다.

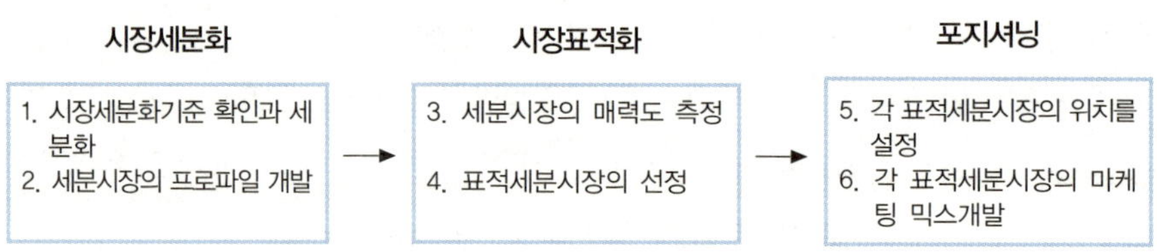

[그림 7-1] 시장세분화, 시장표적화, 포지셔닝 설정의 제 단계

2) 시장세분화의 이점

시장세분화를 하면 고객의 특성을 보다 잘 이해할 수 있어 호텔이 고객의 기대에 부응할 수 있는 서비스 상품을 생산·판매할 수 있게 해준다. 자신의 서비스상품을 이용할 고객에 대한 충분한 지식과 이해를 갖고 있으므로 호텔기업은 자원을 낭비하지 않고 효율적으로 배분할 수 있다. 또 전체시장을 대상으로 하지 않고 세분시장을 대상으로 하는 만큼 시장의 변화추이를 체계적으로 파악할 수가 있다. 이러한 세분화과정을 통해 호텔기업은 자원을 최적배분을 할 수 있는 마케팅믹스를 개발할 수가 있어 고객만족을 줄 수 있으며 궁극적으로 기업의 목적을 달성하게 된다.

시장세분화가 현대마케팅에서 절대적으로 필요하고 중요한 것이지만 그렇다고 해서 무조건 세분화를 하는 것은 아니며 적어도 아래와 같은 요건이 충족될 경우에만 효과적인 시장세분화를 실행할 수가 있는 것이다.

첫째, 세분시장의 구매력과 규모가 계량적으로 측정될 수 있어야 한다.

둘째, 호텔이 세분시장에 효과적으로 촉진하거나 접근이 가능해서 기여할 수가 있어야 한다.

셋째, 별도의 프로그램이나 노력을 투입할 만큼 규모가 크거나 수익성이 확보될 수 있어야 한다.

넷째, 호텔이 효과적인 마케팅믹스를 개발할 능력과 자원을 갖고 있어야 한다.

3) 시장세분화의 기준

시장을 세분화하는데 있어서 유일한 방법은 존재하지 않는다. 마케팅관리자는 시장구조를 분석하는 유익한 방법을 발견하기 위하여 여러 가지 세분화변수를 단독 또는 결합시켜 시도해 볼 필요가 있다.

일반적으로 호텔시장을 세분화하는데 사용되는 기준은 <표 7-3>과 같다.

〈표 7-3〉 호텔시장의 세분화 기준

세분화 기준	사용되는 변수
지리적 기준	국가, 지역, 도시규모, 인구밀도
인구통계적 기준	연령, 교육수준, 성별, 직업, 소득, 가족수, 국적
사이코그래픽적 기준	개성, 사회계층, 라이프사이클, 태도, 동기
행동적 기준	구매상황, 품질, 여행객 지위
여행목적 기준	비즈니스, 관광, 친지방문, 단체여행, 개별여행

(1) 지리적 기준

지리적 기준에 따른 세분화에서는 국가, 지역, 도시규모, 인구밀도와 같은 여러 가지 지리적 단위로 시장을 구분하는 것으로 이 기준은 시장세분화의 기준으로 비교적 많이 활용되고 있다. 이것은 비교적 통계자료의 수집이 용이하고 매체 및 조사를 통한 각종 정보의 비교와 적용이 쉬울 뿐 만 아니라 자료의 해석과 응용 또한 용이하기 때문이다.

하얏트 호텔은 지역의 욕구를 충족시키기 위하여 각 레스토랑 메뉴에서 70%는 전국적 주요메뉴를 제공하고, 나머지는 지역요리를 제공하는 프로그램을 운영하는 것이 좋은 예이다.

(2) 인구통계적 기준

인구통계적 기준은 연령, 성별, 소득, 직업, 교육수준 등을 기준으로 하여 시장을 세분화하는 것이다. 인구통계적 기준도 또한 지리적 기준과 같이 일반적으로 사용되고 있는 기준이다. 특히 성별에 따른 세분화는 이전부터 의류, 화장품, 잡지마케팅에 응용되어 왔으나 최근 들어 호텔에서도 많이 이용되고 있는 변수이다.

1970년대 여성은 모든 비즈니스여행자 1%에도 미치지 못하였다가 최근 들어, 이 숫자가 호텔에 따라서는 약 40%에 달하는 등 급격히 변화하고 있다. 따라서 많은 호텔에서 시설을 디자인할 때 여성을 고려하고 있으며 피트니스센터, 로비의 바, 밝은 색조의 객실 등이다.

(3) 사이코그래픽적 기준

사이코그래픽적 세분화는 개성, 사회계층, 라이프사이클, 태도, 동기 등의 특성을 기초로 하여 몇 개의 집단으로 나눈다. 호텔고객들은 호텔상품의 구매 시 그 선택기준이 이상적이거나 경험적 가치보다는 준거집단(reference group)의 형태를 모방하거나 답습하려는 성향이 많으며 타인을 의식하고 타인과의 경쟁심리가 많이 작용하므로 이 세분화방법이 최근 각광받고 있다.

독일 호텔의 켐핀스키 그룹(Kempinski Group)은 뉴욕, 보스턴, 워싱턴 DC의 호텔 건설에 있어서 사회계층과 생활양식에 따른 시장세분화를 실시하여 과거 좋은 시절의 서비스를 제공하던 소규모 유럽식 호텔을 높이 평가하는 상류 비즈니스 여행객을 표적으로 한 부유층시장을 선정한 것이 예이다.

(4) 행동적 기준

이것은 상품관련세분화라고도 하는데 행동적 기준에 따른 세분화에서는 고객이 상품에 대한 그들의 지식, 태도, 사용 또는 반응을 기초로 하여 각각의 집단으로 구분하는 것이다.

펜실바니아주 포코로산(Pocono Moutains)에 소재하는 몇 개의 호텔이나 제주의 그린빌라호텔은 신혼여행으로 특화되어 있다. 몇 가지 사례를 보면 객실은 하트모양의 베드와 샴페인글라스 모양의 욕조를 구비하고 있다.

(5) 여행목적 기준

여행목적 기준에 따른 세분화는 여행시장을 비즈니스 여행시장과 관광목적여행시장으로 구분하고 이를 다시 더 세분화하여 고객집단을 구분하는 것이다. 싱가포르에 위치한 호텔들은 보다 많은 관광객을 유치하기 위해 여행시장을 단체시장과 개인시장으로 구분하고 단체시장을 다시 그룹 투어(group tour), 국제회의(convention), 기업체 모임, 그리고 항공사 승무원 등으로 구분하고 있으며 개인시장은 개인 여행객, 빈번한 비즈니스 여행객(frequent travelers), 단체포괄여행 등으로 세분화하고 있다.

4) 세분시장의 평가

세분시장을 평가할 때, 고려해야할 요소로서 세분시장의 규모, 성장률 및 기대수익률, 세뷰시장의 구조적 매력성(경쟁요인), 그리고 호텔기업의 목적에 부합되고 자원의 활용가능성(필요기술과 자원의 보유여부) 등을 들 수 있다. 따라서 이러한 평가가 이루어지면 경쟁호텔에 비해서 세분시상고객에세 우수한 가치를 제공할 수 있고 경쟁적 우위를 확보할 수 있을 때 세분시장에 진입해야한다. 이렇게 선정된 세분시장이 표적시장이다.

2. 표적시장의 선정

1) 호텔시장 표적화의 개념

전체시장을 여러 가지 기준에 의해서 세분화한 후 이들 세분시장 중에서 어느 세분시장을 호텔이 공략의 대상으로 삼아야 할 것이지를 결정하는 과정을 시장표적화(target marketing)라 한다. 다시 말해서, 이는 시장세분화를 통해 파악된 각 세분시장에서 호텔이 주 고객시장을 확인하고 선정하는 과정이다. 이렇게 선정된 시장을 목표시장 혹은 표적시장(target market)이라 한다. 표적시장은 호텔이 차별적 경쟁우위를 발휘할 수 있다고 판단되어 선정한 고객집단이다.

2) 호텔시장 표적화의 유형

(1) 비차별화 마케팅전략

비차별화 전략은 세분시장의 차이점을 생각지 않고 전체시장에 하나의 마케팅 믹스전략을 구사함을 뜻한다. 이러한 전략은 소비자들의 공통점을 찾아 접근하며 경제성을 추구하는데 그 특징이 있다. 이 전략은 한 가지 형태의 서비스상품을 단일 마케팅믹스전략으로 전체시장에 접근한다. 전체 시장을 하나의 단일시장으로 보기 때문에 세분화의 의미가 없으며 광고, 유통 등에서도 한 가지 프로그램으로 진행되기 때문에 비용절감효과가 있다.

(2) 차별화 마케팅전략

세분화된 각 시장에 각기 다른 마케팅믹스로 접근하는 방식으로 세분시장 모두 또는 2개 이상의 시장을 표적시장으로 선정하는 전략이다. 이러한 전략의 장점은 매출의 증대를 가져오며 단일 표적시장전략의 경우 직면할 수 있는 위험을 분산시킬 수 있다. 다양한 고객의 욕구에 맞추어 상품을 다양하게 설계하고 다양한 가격과 광고를 하며, 다양한 유통경로로 고객에게 접근할 수 있다. 그러나 이 방법은 많은 거래비용이 요구되어지며 자원이 여러 세분시장으로 분산되는 단점이 발생한다.

(3) 집중화 마케팅전략

집중화 전략은 차별화 전략이나 비차별화 전략과는 달리 전체에서 하나의 매력적인 세분시장을 선정하여 집중적으로 마케팅활동을 하는 것을 뜻한다. 이 전략의 장점은 비용절감효과를 나타내며, 최적의 마케팅믹스개발로 매출의 증대를 가져올 수 있다. 그러나 큰 기업이 경쟁자로 나타났다든지 고객의 욕구가 변하여 수요에 변화가 발생하면 큰 손실을 초래할 수 있다.

(a) 비차별화 마케팅전략

(b) 차별화 마케팅전략

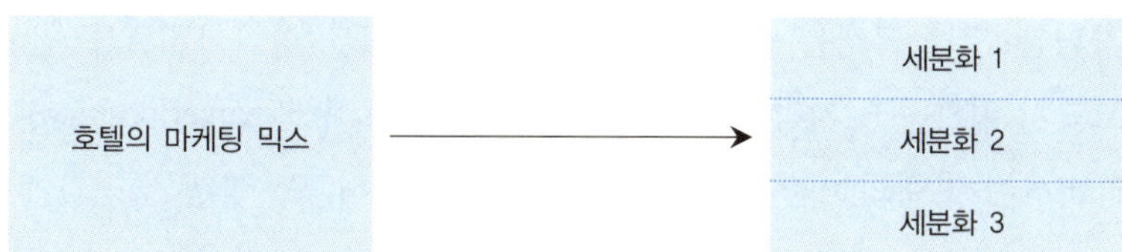

(c) 집중적 마케팅전략

[그림 7-2] 시장 커버레이지 3가지 전략

(4) 시장커버리지 전략의 운용

① 기업자원이 제한 : 집중화 마케팅전략이 적합

② 상품동질성의 정도 : 비차별화 마케팅전략이 적합

③ 디자인이 다양한 경우 : 차별화와 집중화 마케팅전략이 적합

④ 상품의 생명주기(Product Life Cycle) : 도입기 - 비차별화와 집중화 마케팅전략이 효과적, 성숙기 - 차별화 마케팅전략이 적합

⑤ 같은 취향을 가진 고객과 자극에 대한 반응이 같은 경우 : 비차별화 마케팅전략

⑥ 경쟁호텔의 세분시장공략이 적극적인 경우 : 비차별화 마케팅은 비효과적이며 또한 경쟁호텔이 비차별화 마케팅전략으로 전체시장을 공략한다면 차별화 또는 집중화 마케팅전략을 사용하는 것이 효과적일 수 있다.

3. 포지셔닝(Positioning)

1) 호텔 포지셔닝의 개념

호텔의 대중화, 체인화는 경쟁의 심화로 이어지며 결과적으로 호텔은 고객유치에 보다 적극적인 자세와 서비스상품 차별화를 달성하지 않으면 안 되게 되었다. 그러나 호텔서비스상품의 무형적 특성 때문에 자사의 서비스상품과 경쟁호텔의 서비스상품의 차별적 이점을 고객에게 확실히 인식시키지 못한다. 이러한 제약에도 불구하고 치열한 경쟁 때문에 호텔은 자사의 서비스상품이 고객에게 어떻게 인식되고 평가되는 지와 고객은 어떻게 인식하고 있는 지를 파악하지 않으면 안된다.

이때 고객이 평가하고 지각하고 있는 위치가 시장포지션(market position)이고, 경쟁호텔에 비하여 고객의 마음속에 자리 잡고 있는 상태, 즉 경쟁 호텔과 비교해서 어떻게 인식하고 있는가 하는 상대적 위치가 포지셔닝이라고 할 수 있다. 따라서 호텔의 속성으로서 상표, 가격, 상품, 고객, 이미지, 규모 등이 포지셔닝 기준이 될 수 있으며 이를 가장 이해하기 쉬운 수단이 아래 [그림 7-3] 포지셔닝 지도(positioning map)이다.

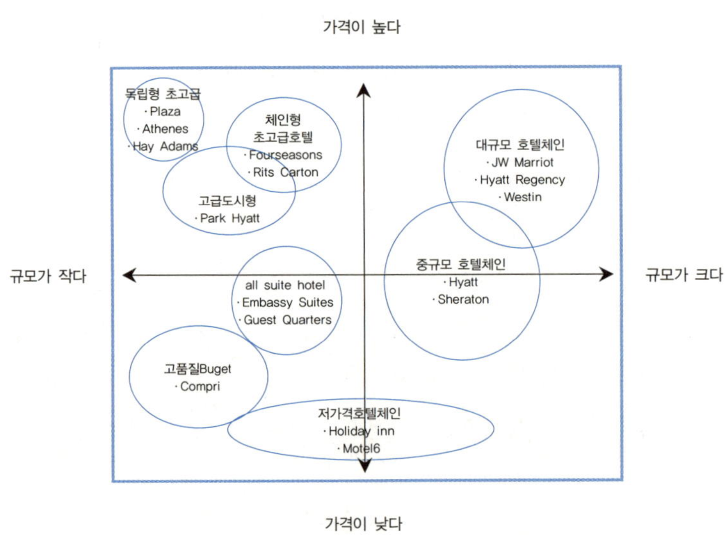

자료 : 竹中工務店編, 호텔개발의 21C 전략, p. 22

[그림 7-3] 미국도시호텔의 포지셔닝맵

2) 호텔포지셔닝의 역할

호텔포지셔닝은 시장세분화와 표적시장 선정에서 얻은 정보를 기초로 하여 호텔 상품 콘셉트를 파악하고 이를 세부적인 마케팅믹스전략으로 전환하는데 중추적인 역할을 한다. 호텔이 시장에서 바람직한 포지션을 갖지 못하고 흔들릴 때 언제든지 경쟁호텔로부터 공격을 받을 수 있고 고객으로부터 외면당하게 된다. 호텔이 시장에서 확실한 포지셔닝 전략을 갖고 있으면 다른 기업의 모방이나 진입으로부터 자신을 보호할 수 있고 확보한 서열이나 위치의 유지 · 발전을 도모할 수 있다.

호텔이 포지셔닝을 해야 하는 이유는 포지셔닝을 통해 확인된 이미지를 커뮤니케이션해야 선택적 지각이라는 고객지각에 쉽게 부합될 수가 있고, 경쟁이 치열한 상황에서 차별적 이미지를 구축해야 호텔 내지 브랜드 충성도를 확보할 수 있고, 광고홍수로 혼란을 느끼는 고객들에게 선택적 주의를 유인할 수 있기 때문이다.

3) 호텔포지셔닝의 방법

호텔이 자사상품의 성공적인 포지셔닝을 위해서는 먼저 자사 호텔과 경쟁호텔의 브랜드가 현재 어떻게 포지셔닝되어 있는지를 파악해야 한다. 이를 위해서는 소비자를 대상으로 시장조사를 실시함으로써 자사의 상품이 상품의 속성 내지 그 밖의 포지셔닝 기준으로 볼 때 어느 위치에 존재하는가를 알아야 한다. 이러한 단계를 거친 이후에는 현재의 위치가 자사가 바라는 위치인가 또한 이상적인 위치인가를 파악하고, 그렇지 않다면 이러한 위치를 변화시키기 위한 마케팅 믹스의 변화를 시도해야 한다. 즉 상품디자인에 대한 개선, 가격의 조정, 유통경로의 변경, 촉진활동 등의 문제가 다시 고려되어야 한다.

포지셔닝은 마케팅전략에서 핵심전략으로 선택될 수 있고 시행될 수 있는 유용한 수단이 된다. 성공적인 포지셔닝을 추구하기 위해서는 고객이 중시하는 속성이나 구매기준을 파악하고 그러한 속성과 구매기준에 맞추어 집중적인 노력을 경주하여야 한다.

포지셔닝을 효과적으로 하기 위해 많이 사용되고 있는 것이 브랜드 인지도(perceptual map)이다. 브랜드 인지도는 동종품군에 대해서 고객들이 몇몇 평가기준에 따라 각

상품의 위치를 어떻게 인식하고 있는가를 나타낸 것으로 표적시장의 특성을 시각화한 것이다. 따라서 이러한 브랜드 인지도를 통하여 자사의 강·약점과 환경의 기회와 위협을 정확히 분석하며 또한 경쟁사들과의 경쟁호텔에서 우위를 점할 수 있는 전략을 수립해야 한다.

제4절 호텔 마케팅믹스

1. 호텔 마케팅믹스의 개념

호텔기업은 세분화를 통해서 선정된 목표시장에 대한 포지셔닝과 마케팅목표를 개발한 뒤에는 마케팅믹스를 설계하는 과제에 당면하게 된다. 제조기업에 있어서 가장 일반적이고 보편적인 마케팅믹스는 제품(Product), 가격(Price), 촉진(Promotion) 그리고 유통(Place)의 네 가지 수단을 믹스한 것으로 4Ps믹스라 한다. 즉 기업이 표적시장에서 목적을 달성하기 위해 이용하는 통제 가능한 마케팅변수들의 집합이라고 할 수 있다. 그러나 일반제조기업과는 달리 서비스기업, 즉 호텔기업마케팅은 고객과의 상호접촉을 통한 인적서비스가 중요한 변수로 작용하고 있을 뿐만 아니라 고객도 직접 서비스에 참여하기 때문에 일반제조기업과 동일한 마케팅믹스(4Ps)를 사용하기에는 다소 무리가 있다. 따라서 서비스기업 즉 호텔기업에서는 4Ps의 개념만으로는 부족한 부분이 있어 이 책에서는 Booms와 Bitner(1981)가 연구한 서비스기업 마케팅믹스(7Ps)를 인용하여 설명하고자 한다. 이는 일반적인 마케팅믹스 4Ps에 3Ps를 추가하여 7Ps를 서비스기업 마케팅믹스로 제시하고자 한다. 추가되는 3Ps로는 고객과의 상호작용 관계에 참가하는 직원(People), 물리적 증거(Physical Evidence), 그리고 서비스 생산 및 전달시스템의 과정설계(Process)를 포함하고 있다.

다른 학자들 중에서 모리슨(Morrison)은 기존 4Ps에다 직원(People), 패키징(Packaging), 프로그램(Programming) 및 제휴(Partnership)가 추가된 8Ps를 제시하였다. 이 8Ps는 서비스기업 중에서 여행사와 관광기업에 적용하면 보다 더 적절하다고 할 수 있다.

2. 호텔 마케팅믹스(7Ps)

1) 상품(Product)

(1) 호텔상품의 개념

호텔상품이란 객실, 식음료, 기타 부대시설과 인적서비스의 결합으로 이루어져 있다. 이는 호텔서비스는 고객에게 제공되는 유·무형의 인적·물적·시스템적 활동의 총체로서 크게 인적서비스, 물적서비스와 시스템적 서비스로 구성되어 있기 때문이다. 여기서 물적서비스는 크게 객실, 식음료, 부대시설의 구조, 인테리어, 집기, 비품 그리고 음식과 음료 등으로 구성되며, 인적서비스는 숙련된 직원들의 정서적인 서비스를 지칭하며, 시스템적 서비스는 호텔의 서비스제공시간이나 불평 및 예약 등의 처리제도 등을 말한다.

따라서 호텔상품이란 어떤 한 요인의 독립된 개념이라기보다는 복합요인의 결합 개념이므로 복합적인 특성을 가지고 있다.

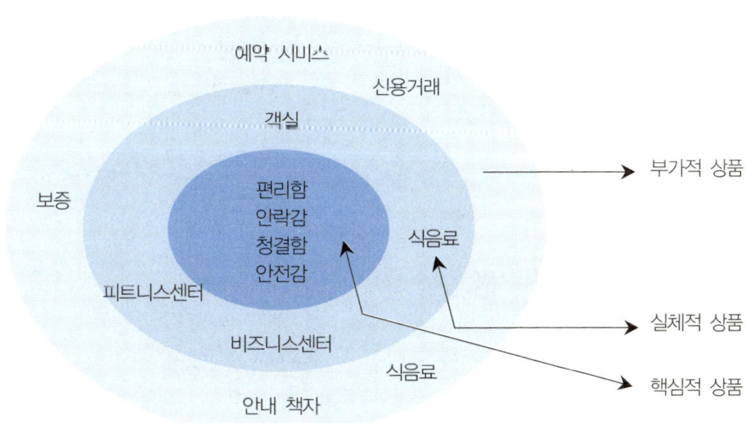

자료 : T.Powers, Introduction to Management in the Hospitality Industry, 3rd (ed)., p. 492를 참조하여 저자 작성

[그림 7-4] 호텔상품의 개념

(2) 호텔상품의 유형

호텔상품은 일반적인 분류체계를 중심으로 분류해보면 다음 그림과 같이 객실, 식음료, 그리고 부대시설상품으로 구분이 가능하다.

오늘날 대규모호텔에서는 원스톱 쇼핑(one stop shopping)이 가능토록 하는 상품의 다양화를 추구하나 호텔상품은 호텔에 따라 그 종류가 다양하며 최근의 동향중의 하나는 대규모호텔들은 앞에서 언급 한바와 같이 다양한 상품을 구비하는 경향이 있으나, 중·소규모 호텔들은 지역밀착 혹은 차별화를 위한 방안으로 몇몇 상품만을 갖추고 특화시키는 경향이 있다.

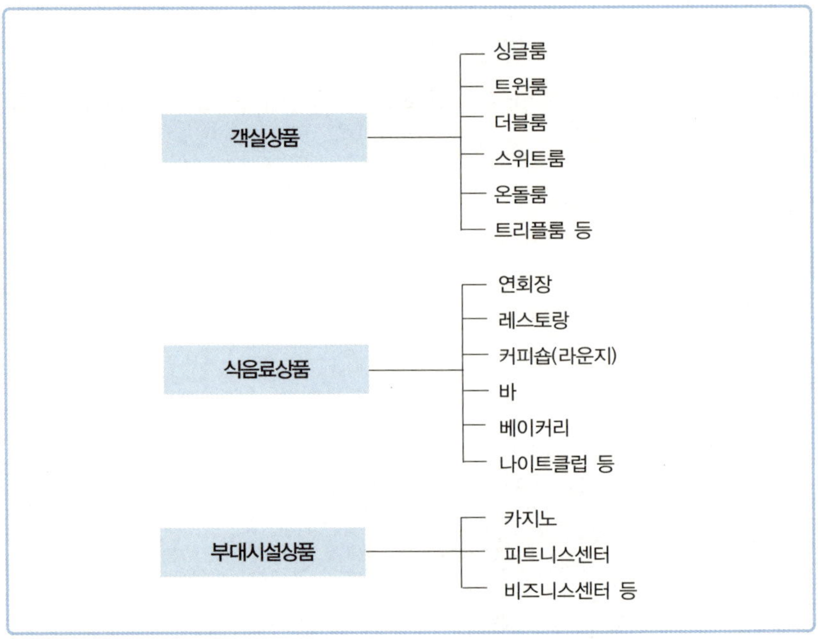

2) 가격(Price)

(1) 호텔상품가격의 개념

가격이란 구매자가 판매자에게 지불하는 상품이나 서비스의 대가이다. 따라서 가격은 호텔기업의 이윤추구와 소비자의 지불능력이나 구매의욕을 만족시켜야 하는 이중적 성격을 띠고 있는 것이다. 이런 관점에서 가격결정 내지 가격정책은 언제나 전체 마케팅전략의 범위 내에서 다루어져야 하며, 상품계획과 더불어 고려해야 할 사항인 것이다. 왜냐하면, 본래 상품정책이란 소비자에게 적정한 품질의 상품을 적정한 가격으로, 적절한 양만큼, 적절한 시기에, 적절한 방법에 의하여 제공하기 위한 기업의 계획 활동인 까닭에 가격을 상품과는 별도로 생각할 수 없기 때문이다.

(2) 호텔상품가격의 유형

호텔상품의 가격은 각 호텔마다 다양한 가격전략을 사용하고 있기 때문에 일률적으로 설명하기에는 다소 무리가 있다. 왜냐하면, 오늘날 각 호텔기업들은 경쟁우위를 확보하기 위한 전략 중 윈-윈(win-win) 전략을 비롯하여 상호 전략적 제휴를 통하여 다양한 가격정책을 사용하고 있기 때문이다. 그러나 일반적으로 호텔요금체계를 살펴보면 다음과 같다.

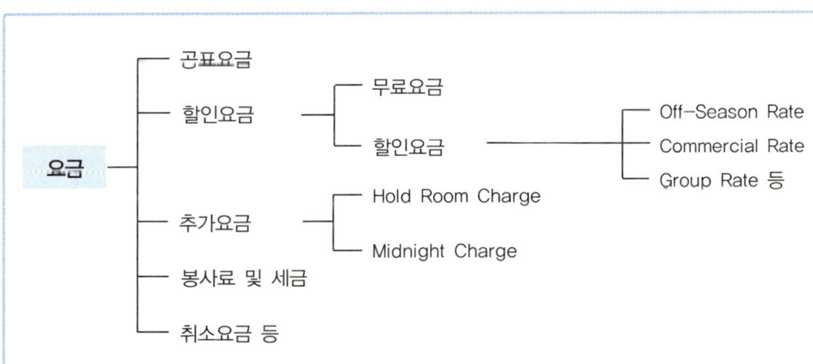

[그림 7-5] 호텔상품 가격의 유형

3) 유통(Place : 입지)

(1) 호텔상품유통의 개념

호텔에서의 유통문제는 독특하다. 호텔의 상품은 물적 유통시스템이 거의 존재하지 않는 독특한 유통경로개념을 가지고 있을 뿐만 아니라 시장범위 역시 전 세계적이라 할 수 있다.

호텔은 생산과 소비가 동시에 발생하므로 일반상품에서의 유통, 운송, 창고관리, 재고관리 등의 문제와는 달리 입지와 경로가 매우 중요하다. 특히 입지는 한 번 결정되고 난 뒤에는 이전이 거의 불가능하기 때문에 마케팅활동에서는 통제불가능 요인이 된다. 그러므로 입지선정은 유인성과 접근가능성을 고려하여 주변경관과 어울리는 분위기로 선정되어야 한다.

(2) 호텔상품 유통의 유형

호텔상품의 유통경로는 일반적으로 직접경로와 간접경로로 나눌 수가 있는데, 다른 제조기업과는 달리 유통경로기관(마케팅 중간상)이 개입하지 않는 경로가 많아 고객과 직접적인 거래가 이루어지는 경우가 많다.

즉 유통전략이란 호텔이 자사의 상품을 고객에게 인식시키고, 예약해주고, 전달하기 위해 활용하는 직·간접 유통경로를 결합하는 것이다. 직접유통은 고객에게 서비스를 촉진하고, 예약하고, 제공하는데 전체적인 책임을 질 때 발생하게 된다. 일반적으로 직접유통은 "the travel trade"로 알려진 집단적인 어떤 여행유통업자와 함께 활동하지 않을 때, 공급업자와 수송업자에게 적용된다. 예를 들면, 호텔의 주말 패키지는 해당호텔을 직접 통해서만 예약이 가능하다는 것이다.

간접유통은 상품과 서비스를 촉진하고, 예약하고, 제공하는 것에 대한 책임이 하나 이상의 다른 서비스기업에 주어질 때 발생한다. 또한 유통과 더불어 입지의 개념으로도 부가적으로 사용되기도 한다.

4) 촉진(Promotion)

(1) 호텔상품촉진의 개념

호텔마케팅활동에 있어서 촉진은 호텔상품의 무형적 특성을 유형화하는 중요한 마케팅수단이라는 것이다. 촉진은 목표 내지 잠재고객에게 기업, 서비스 상품, 브랜드와 관련된 우호적·설득적 정보를 커뮤니케이션 하는 호텔마케팅활동의 하나이다. 즉 호텔이 자사상품에 대한 정보를 고객에게 의도적으로 전달하려고 하는 활동을 촉진이라고 할 수 있다. 그러므로 촉진의 목적은 표적시장의 고객들에게 구매욕구를 자극하는 정보를 제공하는 것인데 제품에 대한 인지와 이미지형성을 통하여 최종적으로 구매행동을 유발시키는 것이다.

호텔에 있어서 촉진활동은 제조기업의 그것보다 중요한 역할을 하는데, 이는 호텔상품이 무형적인 특성을 가지고 있기 때문이다. 고객이 특정 호텔상품의 특성이나 혜택을 완전히 이해하기도 힘들고 그 호텔상품이 자신들의 욕구를 얼마나 충족시킬 수 있는지 평가하기 힘들기 때문이다. 특히 호텔상품은 이용하기 이전에는 평가가 불가능하기 때문에 촉진활동이 구매의사결정단계에서 중요한 역할을 한다.

(2) 호텔상품촉진의 유형

호텔기업은 촉진을 위해 Promotion Mix의 수단들 중에서 어떠한 수단들이 호텔상품촉진전략에 적합하고 효과적인 수단이 될 수 있는지를 파악하고 적절하게 관리하여야 한다. 즉 Promotion Mix의 수단으로는 광고(Advertising), 판매촉진(Sales Promotion), 홍보(Public Relations), 인적판매(Personal Selling) 그리고 다이렉트 마케팅(Direct Marketing) 등을 들 수 있다.

5) 직원/참가자(People)

호텔서비스는 생산과 소비가 동시에 이루어지는 특성을 가지고 있어 이 과정에서 발생하는 고객과 직원 간의 인간적 상호작용은 호텔마케팅에 있어서 중요한 의미를 지니고 있다.

따라서 참가자란 호텔서비스의 생산과정에서 참가하는 고객과 접객하는 직원을 말하며, 생산과 소비의 동시성에서 발생하는 고객과 접객직원 간의 상호작용은 서비스의 질, 고객만족, 호텔 재방문 등에 많은 영향을 미치게 된다.

서비스의 생산이란, 호텔 측면에서 보면 생산과정에 고객이 참가하는 것이고, 고객 측면에서 보면 욕구실현과정에 직원의 참가로 볼 수 있다. 즉 서비스의 생산에 있어서 판매자인 접객 직원과 구매자인 고객은 상호간의 파트너의 관계에 있고, 호텔기업의 서비스 제공활동은 파트너인 고객의 행동특성에 강하게 영향을 받으며, 동시에 고객의 상호 실현활동은 파트너인 접객직원의 서비스제공 활동에 크게 의존하고 있다. 따라서 고객이 만족할 수 있는 서비스를 제공하기 위해서는 '구매자와 판매자 간의 상호작용'이 원활하고 효과적으로 이루어져야 한다.

6) 물리적 증거(Physical Evidence : 유형적 증거)

호텔기업의 마케팅믹스 수단의 하나로서 물리적 증거, 즉 시설 및 환경을 들 수 있다. 시설이미지를 통하여 고객의 욕구충족을 추구하며 호텔과 고객 간의 상호작용이 이루어지는 환경을 말한다. 이러한 물리적 환경에는 외부환경과 내부환경으로 구분할 수 있는데, 외부환경으로는 신규고객확보를 위해 가장 큰 수단으로 작용하는 시설의 외형, 간판 등의 안내표지판, 주차장, 주변환경 등이 있으며, 내부환경으로는 내부장식과 표지판, 벽, 색상, 가구, 시설물, 공기의 질과 온도, 향기 등이 해당된다. 더불어 기타 서비스의 물리적 증거로는 종사원의 유니폼, 광고팸플릿, 메모지, 영수증 등을 들 수 있다.

물리적 증거가 중요한 이유는 무형적 서비스상품의 질과 수준을 고객이 판단하고 평가하는 데 도움이 되는 유형적 단서이기 때문이다. 고객들은 가시적인 요소에 의해서 상품과 서비스를 평가하고 만족하는 경향이 있기 때문이다.

7) 작업진행(Process)

지속적이고, 효율적이고, 효과적인 대고객서비스의 원활한 흐름을 위한 시스템의 개발과 활용을 통해 고객에게 만족을 주는 마케팅믹스수단 중의 하나이다. 즉 이것은 대고객서비스프로세스를 관리하는 것으로 서비스가 전달되어지는 절차나 활동들의 흐름을 의미한다. 따라서 서비스의 효율성을 높이고 고객만족을 증대시키기 위한 서비스생산 및 전달시스템의 설계가 대단히 중요하다. 이를 위해 호텔에서는 표준서비스매뉴얼을 개발하여 서비스과정과 흐름을 체계화하고 있다. 이러한 매뉴얼을 개발할 시에는 프로세스에 대해 고객이 느끼는 점들에 대해 주의해야 하며, 반드시 고객의 관점에서 설계되어져야 한다.

일반 호텔기업에서 적용되고 있는 마케팅믹스의 수단인 4Ps보다는 서비스기업, 즉 호텔기업에서는 Booms와 Bitner에 의해서 연구된 7Ps가 보다 구체적이고 효과적이라고 할 수 있다. 따라서 표적시장인 고객들에게 호텔상품의 무형화부분을 유형

참고문헌

국내문헌

김성혁, 관광마케팅론, 대왕사, 1996.

김영태 역, 호텔 · 외식 · 관광마케팅, 2010.

김진섭, 관광마케팅, 대왕사, 1998.

박종의, 전략적 마케팅론, 삼우사, 1998.

박중환, 현대호텔마케팅, 형설출판사, 1998.

서성한 · 죄넉철 · 이신모, 괸광미게팅론, 법경사, 1997.

엄서호, 레저산업론, 학현사, 1998.

윤훈현 · 조봉진, 현대마케팅론, 범한서적주식회사, 1990.

정익준, 호텔 · 외식산업 마케팅, 형설출판사, 1997.

국외문헌

A. Morrison, Hospitality and travel Marketing, New York : Delma Publishers Inc, 1989.

E. J. McCarthy, Basic Marketing : A Managerial Approach, 6th(ed.), Homewood, Illinois : Richard d. Irwin, 1978.

P. Kotler, Marketing Management, 6th(ed.), Englewood Clifts, New Jersey : Prentice-Hall International, Inc, 1988.

P. Kotler, Principle of Marketing, 1980.

I. Powers, Introduction to Management in the Hospitaloty Industry, 3rd(ed.), 1988.

Robert D. Reid, Hospitality Marketing Management, 2nd(ed.), Van Nostrand Reinhold, 1989.

제8장

시설관리

제1절 호텔시설 유지관리

1. 유지관리

1) 유지관리의 필요성

호텔건물은 계속적인 관심 없이는 효율적으로 운전되지 않는다. 건물 내 설치된 시스템과 장비들은 기본적인 유지관리, 보수, 부품교체, 자동장치의 보정 및 안전사고방지에 대한 꾸준한 관심 등을 필요로 한다. 만약 이러한 요구에 적절한 대응을 하지 못하면 시설유지관리가 제대로 되지 못하고 이것은 곧바로 고객들의 서비스 질에 대한 불만족과 직원들의 능률저하로 나타나며 궁극적으로 영업이익도 감소시키게 된다.

쉬운 예로, 주방 배기팬(fan)이 가동 중에 모터가 파손되어 작동되지 않으면 요리냄새와 연기가 배출되지 못하고 인근 레스토랑으로 확산하게 된다. 고객들 입장에서 보면 실내분위기가 아주 불쾌하게 느껴지게 되고 주방에서 일하는 요리사들 입장에서는 가스기구에서 발생되는 열기와 연기로 요리하는데 엄청난 애로사항이 발생한다.

이러한 원인을 분석해 보면, 대부분의 경우 모터베어링이 마모되어 과부하가 걸려서 모터가 손상되는 것으로 베어링부분의 이상 여부를 사전에 점검하여 빨리 수리를 하지 못한 까닭이다. 이러한 문제는 배기팬에만 국한되는 것이 아니라 호텔건물 내 모든 장비나 시스템에도 해당되며 경우에 따라서는 영업 불가능한 상황이 발생되기도 한다. 이런 점에서 볼 때 유지관리업무는 시설부의 가장 중요한 업무이며 모든 시설부 직원들이 이 업무를 위해서 일을 한다고 볼 수 있다.

2) 유지관리의 유형

(1) 일상적 유지관리(Routine Maintenance)

일상적인 유지관리는 호텔 내 시설물 전반을 현재의 상태로 계속 유지하고 그 기능이 저하되지 않도록 매일매일 점검하는 것이다. 이러한 유지관리는 단순한 작업들로서 기술이 크게 필요하지 않으며 기록에 남길 필요도 없다. 예를 들면, 고장난 전등기구의 교체, 잔디 깎기, 카펫 청소, 바닥 세척, 유리창 청소, 객실 정돈 등이 해당되며 대부분의 호텔에서는 이러한 일상점검을 객실 관리부에서 수행하고 있다. 기술적인 일상점검은 주로 시설부 업무 중의 하나로서, 각 기계실이나 전기실에 있는 장비의 운전상태를 시각적, 청각적으로 매일매일 점검하는 것이다.

(2) 예방적 유지관리(Preventive Maintenance)

예방적 유지관리는 장비제작사로부터의 점검지침서에 따라 기술과 경험이 있는 직원이 수행하게 된다. 예방적 유지관리는 장비의 수명을 연장하고 고장을 최소화할 수 있기 때문에 이 예방적 유지관리를 얼마만큼 잘 수행하느냐에 따라 유지관리가 수행되었는가, 그렇지 못한가가 판가름 나게 된다. 예방적 유지관리를 수행하기 위해서는 점검, 경미한 수리, 작업계획의 3가지 절차를 밟게 된다. 점검은 체크리스트(check list)를 이용하여 예방점검대상의 장비나 주위를 주의 깊게 살펴보면서 누수 여부, 이상음이나 이상진동 여부, 압력계나 유량계 등의 지시눈금의 정상여부, 각 부분의 작동상태 등을 꼼꼼히 체크하는 것이다. 경미한 수리는 점검시의 간단한 수리나 교환, 조정 등을 말하는 것으로, 유지관리 담당자는 공구를 지참하고 다니면서 이러한 일들을 즉시 수행한다.

만약에 베어링이나 기타 부품을 교체하기 위해서 장시간 장비의 가동을 중지해야 될 경우에는 작업계획을 세워 실시한다.

(3) 계획적 유지관리(Scheduled Maintenance)

계획적 유지관리는 이미 알려진 문제점들이나 정기적으로 수행해야 될 유지관리 업무의 스케줄을 세워 작업하는 것을 말한다. 계획적 유지관리를 넓게 보면 예방적 유지관리의 한 부분이라고 할 수 있으나, 작업범위가 넓고 작업시간이 많이 필요한 특징을 가지고 있으며 작업시간 전에 관련부서와 업무협조가 필요하다.

(4) 사후 유지관리(Breakdown Maintenance)

고장이나 결함이 발생한 후 수리를 행하는 것이 사후 유지관리이다. 이러한 사후 유지관리는 앞에서 언급한 예방적 유지관리를 제대로 수행하지 않았기 때문에 발생한다. 이 경우에는 긴급상황이 발생되고 수리비용도 많아지게 되며, 긴급인원 투입으로 인하여 계획된 작업에 영향을 주게 된다.

3) 객실유지관리

객실 내의 마감상태나 가구류, 기구류들은 고객의 시각에서 볼 때 금방 눈에 띄는 것이기 때문에 이들에 대한 유지관리 상태에 따라 고객들에게 좋은 인상과 나쁜 인상을 주게 된다. 따라서 객실의 유지관리는 예방적 유지관리(preventive maintenance) 차원에서 이루어져야 하며 체크리스트를 사용하여 점검하는 것이 효과적이다. 데이터에 의하면, 객실유지관리비용 중 가구류에 대한 보수비용은 전체유지관리 예산의 2~3% 정도이고, 페인트작업이나 장식비용으로 전체유지관리 예산의 2.5~4.5% 정도 쓰이고 있는 것으로 나타난다. 객실의 냉・난방을 공급하는 팬코일 유니트(fancoil unit)도 객실유지관리 업무에서 상당한 비중을 차지하고 있다.

4) 외부전문업체에 의한 유지관리

시설부의 업무 중에는 국내법규에 의하여 정기적으로 시설물을 점검하여 그 결과를 국가기관에 제출해야 하는 것이 있다. 이러한 업무는 주로 안전과 위생에 관련한 것으로써 면허를 가진 등록업체에 용역을 주어 처리하게 된다. 또한 업무의 성격상 전문성을 요구하거나 시설부에서 직접 관리하는 것이 오히려 비용이 많이 드는 경우에도 외부의 전문업체와 용역계약을 맺어 관리를 하게 된다.

<표 8-1>은 주요 설비에 대한 외부전문업체의 유지관리 계획이다. 이러한 이유 외에도 최근의 노사문제라든지, 전체적인 인건비를 줄이려는 차원에서 외부전문업체에 의한 유지관리가 확산되고 있는 추세이다.

〈표 8-1〉 주요설비 유지관리 계획

	1	2	3	4	5	6	7	8	9	10	11	12	비 고
1. 보일러 세관작업						■							
2. 냉동기 연간점검			■										
3. 정화조 탱크 청소				■						■			법규 연 2회
4. 가스설비점검(가스안전공사)								■					법규 2년 1회
5. 사우나 욕조수 수질검사					■						■		법규 연 2회
6. 주방용 냉각탑 화학세관			■										
7. 시수 탱크 청소					■						■		법규 연 2회
8. 수처리설비 필터 교체작업 –지하수 처리설비 –세탁폐수 설비 –중수도 설비						■							
9. 지하수 수질검사							■						법규 연 1회
10. 오·폐·중수 수질검사	■	■	■	■	■	■	■	■	■	■	■	■	법규 월 2회
11. 전기시설안전점검(전기안전공사)									■				법규 2년 1회
12. 건축물 안전점검 –일상점검 –정기점검 –정밀 안전진단 및 점검													–법규 분기별 –법규 3년 1회 –법규 10년 1회
13. 소방시설 정밀점검				■					■				법규 1년 2회
14. 주방, 세탁실 배기덕트 청소						■							
15. 워키토키검사							■						법규 2년 1회
16. 엘리베이터 정기검사												■	법규 연 1회
17. 발전기 정기검사				■									법규 2년 1회
18. 실내공기 환경검사						■					■		법규 연 2회
19. 엘리베이터 유지관리계약											■		
20. 곤도라 유지관리계약									■				
21. 조경 유지관리계약			■										
22. 전화교환설비 유지관리계약						■							
23. 커피머신 유지관리계약					■								
24. 방역작업 연간계약								■					

2. 에너지관리

1) 호텔의 에너지소비 특징

호텔은 다용도시설이 복합된 건물로서 열부하 특성은 일반건물에 비해 복잡하고 에너지 사용량도 일반건물에 비해서 많은 편이다. 조사에 의하면 호텔건물은 에너지사용량에 있어서 기본부하(건물 냉·난방 부하, 급탕부하, 외부 조명 부하 등)의 비중이 높기 때문에 객실 투숙률에 영향을 크게 받지 않은 것으로 나타나고 있다. 따라서 호텔건물의 에너지사용량을 줄이기 위해서는 이 기본부하를 어떻게 줄이느냐에 달려 있다고 볼 수 있다.

호텔의 에너지소비의 특징은 다음과 같다.

첫째, 다른 종류의 건물에 비해 가동시간이 길고 에너지소비량이 크다. 둘째, 연회장, 결혼식장, 회의실 등의 퍼블릭존(public zone)은 부하밀도가 높아 조명, 인체 등의 내부부하와 외부부하가 대부분을 차지하며 사용 상황에 따른 부하의 변동폭이 크다. 따라서 에너지소비량이 큰 폭으로 변화한다. 또한 환절기에는 냉방과 난방이 동시에 필요하기 때문에 운전과정에서 에너지손실이 발생할 수 있으며 마지막으로 급탕량이 많아 물 사용료와 가열에 소요되는 에너지소비가 크다.

2) 호텔의 에너지비용 및 사용량 분석

호텔의 에너지비용이 차지하는 비중은 우리나라 호텔의 경우 총매출액의 약 3.5~5%, 일본의 경우에는 약 7.5% 이상인 것으로 알려져 있다. 우리나라도 앞으로 에너지단가가 점점 더 인상될 것이 예상되므로 총매출액에 대한 비율이 올라갈 것으로 판단된다. 따라서 호텔산업에서 에너지비용을 보다 효율적으로 관리하는 것이 호텔경영상 매우 중요하며 그러기 위해서는 합리적인 시스템을 적용할 필요가 있다.

[그림 8-1]은 서울 시내에 있는 한 특급호텔의 에너지비용조사 결과이다. 그림에서 전기요금(조명+콘센트+공조+위생+기타 동력 등)이 전체의 62% 정도 차지하고, 가스요금이 약 21%, 나머지 약 17%를 수도료가 차지하고 있다. 수도료가 비교적 작은 부분을 차지하는 것은 중수도설비와 일부 지하수를 사용하기 때문인 것으로 분석된다.

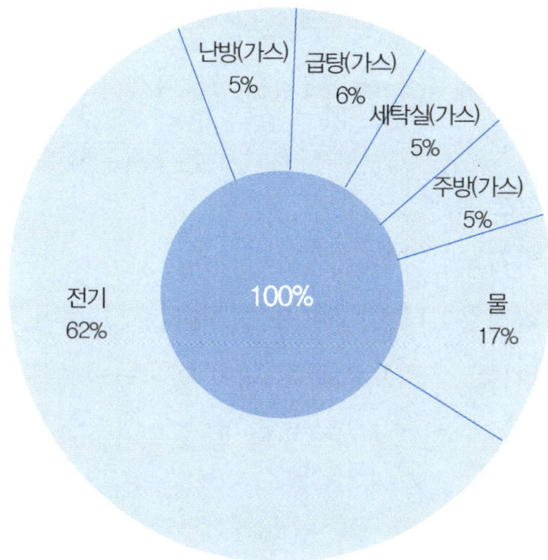

[그림 8-1] 호텔의 에너지비용조사

<표 8-2>는 외국 체인호텔의 에너지사용량에 관한 자료이다. 전기와 연료 사용량은 건물면적당 사용량으로 표시되어 있고, 물 사용량은 투숙한 객실당 사용량으로 표시되어 있다.

〈표 8-2〉 호텔 에너지사용량 기준(150개 객실 이상 규모, 실내수영장 있음)

	양 호	보 통	불 량	아주 불량
전기(kwh/m^2, per day)	〈 165	165~200	200~250	〉 250
가스(m^3, per day)	〈 200	200~240	240~300	〉 300
물(liter/room/day)	〈 600	600~770	770~880	〉 880

3) 호텔건물의 에너지절약 대책

호텔건물에서의 에너지절약 대책은 다른 건물과 별 차이가 없지만, 최근에 와서 중수도설비나 열병합 발전설비 등이 많이 적용되고 있다. 열병합 설비는 급탕부하, 난방부하가 큰 호텔에 도입될 경우 발전폐열을 효율좋게 이용할 수 있다. 중수도설비는 최근의 잦은 기상변화로 인하여 우리나라에도 물 부족이 예상됨에 따라 대형건물에 설치하도록 의무화되고 있으며 생산단가도 시수에 비하여 톤당 50% 이상

차이가 나므로 매우 경제적이라 할 수 있다.

일반적으로 호텔에서의 에너지 절약대책은 크게 4가지로 분류하여 생각할 수 있다.

(1) 부하를 최소로 하는 대책

CO_2 농도에 의한 외기도입량을 제어한다든지, 부하가 되는 외기침입을 적게 하기 위해서 출입구에 회전문이나 방풍실을 설치하는 것 등이 좋은 예이다. 또한 여름철이나 겨울철에 외기를 직접 도입하게 되면 냉・난방비용이 증가하므로 전열교환기를 설치하여 배기되는 실내공기로부터 열을 회수하여 급기하는 방식도 많이 적용되고 있다.

(2) 에너지의 효율적 이용

보일러, 냉동기, 공조장비, 펌프 등의 운전효율을 높이기 위해서는 고 효율기기의 적용, 부분부하특성이 좋은 기기 및 제어방식, 댓수 분할에 의한 고효율운전, 축열시스템 등의 적용을 고려할 수 있다. 호텔의 연회장, 회의실 등 퍼블릭 존(public zone)은 사용상황에 따라 피크풍량보다 적은 풍량으로도 운전되는 시간이 길기 때문에 변풍량 방식(VAV 방식)도 많이 채용되고 있다. 또한 이러한 지역은 봄, 가을철의 냉방이 필요할 때 냉동기를 가동하지 않고 비교적 온도가 낮은 외기를 이용하여 냉방하는 외기냉방도 가능하다. 조명에너지는 건물전체 전기사용량의 약 30%나 차지하고 있으므로 절감효과가 큰 절전형 등기구의 사용이 점점 확산되고 있다.

(3) 운전시간의 단축

객실의 경우 고객이 외출하거나 체크아웃을 할 경우 자동적으로 전원이 차단되는 키택시스템(key-tag system)이 많이 도입되고 있다. 그리고 각 영업장의 경우 영업시간에 맞추어 최대로 운전시간을 단축시킬 수 있는 타임스케줄에 따라 공조기를 가동하도록 한다. 사용시간대가 불규칙한 연회장이나 회의실의 경우에는 직원들의 교육을 통하여 사용하지 않을 경우 조명등을 끄도록 관리한다.

(4) 폐열의 회수

공조설비의 폐열회수는 전열교환기를 이용하며, 에너지절약대책 중에서 적용 예가 가장 많다. 호텔의 경우 인원밀도가 높은 연회장이나 회의실계통과 전 외기 공조를 하는 객실계통에 자주 적용되고 있다. 호텔은 8kg/cm^{2}의 고압증기를 사용하기 때문에 이들로부터 배출되는 응축수로 부터 재증발증기를 회수하는 프레쉬 베셀(flash vessel)을 설치하는 것도 폐열을 회수하는 좋은 방법 중의 하나이다.

세탁실의 경우 세탁물을 린스(rinse)한 물은 수온이 70℃ 이상이고 어느 정도 세제를 포함하고 있으므로 재사용(reuse) 하게 되면 에너지 비용뿐만 아니라 세제약품비까지도 절감이 가능하다.

3. 환경관리

1) 환경관리의 필요성

21세기의 환경문제는 범인류적인 차원에서 심각한 문제로 대두되고 있다. 오늘날 급격한 산업사회의 발달과 도시화로 인하여 우리의 주변 환경은 날로 심각하게 오염되었고 생활환경마저도 현격히 악화되어 가고 있으며, 무설제한 개발로 각종 생태계 파괴현상도 초래되고 있다. 탄산가스에 의한 온실효과, 오존층파괴, 산성비, 매연, 소음, 각종 산업폐수 문제 및 생활용수의 오염과 각종 폐기물 등 우리의 환경문제는 날로 심각해지고 있다.

호텔은 다른 서비스업종에 비하여 환경오염물질의 배출이 많고 다양하기 때문에 무엇보다도 환경친화적인 경영과 투자가 요구되며, 전 직원에 대한 지속적인 교육과 홍보가 필요하다. 최근에 시행되고 있는 쓰레기종량제나 프레온가스에 의한 오존층 파괴문제, 수질오염문제 등은 곧바로 호텔의 운영과 직결되는 환경문제라고 볼 수 있다.

2) 수질관리

호텔은 물 사용량이 많은 만큼 오염된 폐수의 배출도 많다. 호텔에서 배출되는 폐수는 크게 일반 생활오수와 세탁실에서 배출되는 산업폐수로 나눌 수 있다. 생활오수는 주로 화장실배수, 목욕물, 주방배수 등으로 이루어지며, 모두 오수정화조로 보내져 처리한 뒤 하수구로 방출된다. 일반적으로 생활오수의 오염도는 생물화학적 산소요구량(BOD)기준으로 200~300PPM 정도이나 주방지역으로부터 그리스(grease)나 식용유 등이 그대로 배출되면 BOD가 500PPM까지 상승하여 처리가 어렵게 되므로 각 주방마다 설치되어 있는 그리스트랩을 매일 청소해야 한다.

세탁폐수에는 드라이크리닝의 세재로 사용하고 있는 트리크로로 에틸렌, 파크로 에틸렌과 같은 특정 유해물질과 이러한 유기염소화합물을 함유한 크리닝 찌꺼기, 폐액 등이 배출되므로 별도의 폐수처리설비에서 처리한 후 시하수구로 방류한다.

처리수의 수질기준은 각 지역마다 다르나, 서울 도심지의 경우 생활오수는 BOD 40PPM, 세탁폐수는 COD(화학적 산소 요구량) 기준으로 130PPM으로 규정되어 있으며, 이를 위반할 시에는 과태료가 부과되게 된다.

3) 대기관리

대기오염과 관련하여 세계적인 환경문제로 대두되고 있는 것으로 온실효과와 관련한 기상이변, 산성비, 오존층파괴, 스모그현상 등을 꼽을 수 있다. 이러한 환경문제들은 화석연료(석탄, 벙카 C유, 경유 등)를 사용할 때 발생하는 탄소화합물(Co_2)과 각종 산화물질(So_2, Nox) 등에 기인하는 것으로 국내호텔의 경우에는 1991년부터 시행하고 있는 정부의 청정연료(LNG) 공급정책에 따라 대부분이 보일러 연료로 LNG를 사용하고 있다.

오존층파괴는 냉동기나 냉장, 냉동고, 에어컨 등에 냉매체로 쓰이는 프레온 가스(CFCS)나 하론 가스에 의한 것으로서 호텔은 이러한 장비를 많이 사용하기 때문에 장기적으로 대책을 마련하여야 한다. 우리나라는 1992년 몬트리올 의정서에 가입하면서 개발도상국으로 재분류되어 선진국규제조치를 10년간 유예받고 2005년까지는 일정량 범위 내에서 이들의 생산 및 사용이 가능하게 되었다. 따라서 호텔 내의 모든 장비도 2005년까지 대체냉매를 사용하는 장비로 바꾸어 설치하거나 갱신해야 한다.

4) 폐기물관리

호텔에서 배출되는 쓰레기는 크게 음식물쓰레기와 일반잡쓰레기로 나눌 수 있는데 6:4 정도로 음식물쓰레기의 발생량이 많다. 음식물쓰레기는 수분함량이 높고 쉽게 부패되어 매립 및 소각처리에 어려움이 있다. 그렇기 때문에 분리수거를 철저히 하여 순수 음식물쓰레기를 사료용으로 농장에 반출하는 것이 호텔 내 쓰레기발생량을 줄일 수 있는 최선의 방법이라 할 수 있다.

환경부는 최근에 음식물쓰레기의 감량화를 위해 1997년 7월 1일부터 1백인 이상의 집단급식소와 30평 규모 이상의 식품접객업소 그리고 시장, 호텔, 백화점에 대하여 음식물 쓰레기 감량화를 의무화하도록 하였다. 현재까지 알려진 감량화 기술로는 발효방식, 건조방식, 소멸방식 등이 있으나, 악취발생 문제와 부산물의 발효정도, 재활용에 따른 여러 문제점을 안고 있다. 감량화시설의 선정 시에는 시설설치 장소, 재활용문제, 시설의 성능 등에 대한 면밀한 검토가 요구된다.

4. 방화관리

1) 호텔 방화관리의 중요성

호텔은 취침을 목적으로 하는 건물인데다 음식, 연회, 유흥 등 복합용도의 부대시설 등을 갖추고 있으며, 내부시정에 익숙치 못한 불특정 다수인이 주야에 걸쳐 상주 또는 이동하는 곳으로서 화재 시 대량의 인명피해를 가져올 가능성이 매우 높은 특징을 가진 건물이다. 또한 각종 내장재를 비롯하여 가구, 침구류, 카펫 등 가연성물질이 다량 산재되어 있고 주방과 같이 화기취급 장소들이 여러 곳이 있어서 사용자들의 사소한 부주의는 대형사고로 연결될 수 있으며, 지속적인 내부, 개보수공사 등도 화재발생요인을 가중시키고 있다. 이와 같은 화재의 발생을 예방하거나 발생된 화재를 신속하게 진압하기 위하여 대부분의 호텔에서는 방재과 혹은 안전관리과를 두어서 방화관리업무를 담당하도록 하고 있다.

2) 호텔화재 예방대책

호텔건물은 소방법상 특수건축물로 분류되며 내화구조로 설계, 시공되어진다.

또한 건축방재의 계획에 있어서 기본적인 사항으로 건축물의 공간적 대응과 건축물의 설비적 대응이 고려되어 있기 때문에 근본적으로 건축물의 방화대책은 마련되어 있다고 볼 수 있다. 그러나 인간생활의 주변에서 화기나 가연물을 완전히 제거한다는 것은 불가능하기 때문에 다음과 같이 화재발생의 가능성에 대한 예방대책이 필요하다.

① 화재예방 측면에서 내장재의 불연화와 내열 및 규격전선사용을 철저히 한다.
② 화재확산방지 측면에서 법규에 따른 방화구획설정, 호텔주변의 소방차 등의 통로확보, 소화용수의 확보를 확실히 한다.
③ 화재조기발 조치 측면에서 감도가 우수한 연기감지기 및 가스감지기의 설치 관리대책이 필요하다.
④ 호텔직원에 대한 지속적인 소방안전교육을 실시한다.

3) 호텔화재 진압대책

부득이하여 호텔 내의 화재나 긴급사태가 발생할 경우에는 신속히 출동하여 초기에 대처하는 것이 가장 바람직하다. 그러기 위해서는 각 부서의 직원들로 구성된 비상대기조의 운영이 필요하며, 인원구성은 호텔의 규모나 특성에 따라 달라질 수 있지만 4명씩 4개 분대로 구성하는 것이 효과적이다. 평상시에는 각자 근무장소에서 정상근무를 하다가 비상관재실로부터 화재발생에 대한 암호방송이 나가면 즉각 출동하도록 평소에 훈련을 한다. 암호방송은 화재 시와 훈련상황 시를 구분하여 방송하여 예를 들면,

진짜 화재 발생 시에는,
“업무 연락입니다. 총지배인께서는 ○○○으로 와 주십시오.”
훈련상황 시에는,
“업무 연락입니다. 부총지배인께서는 ○○○으로 와 주십시오”라고 한다.

[그림 8-2]는 호텔 내 화재상황 대응체제도의 한 예이다. 그림에서 보면 2차 화재상황까지는 호텔직원에 의한 진압활동이며, 화재가 확산된다고 판단되면 즉시 관할소방서에 신고하여 지원을 요청한다.

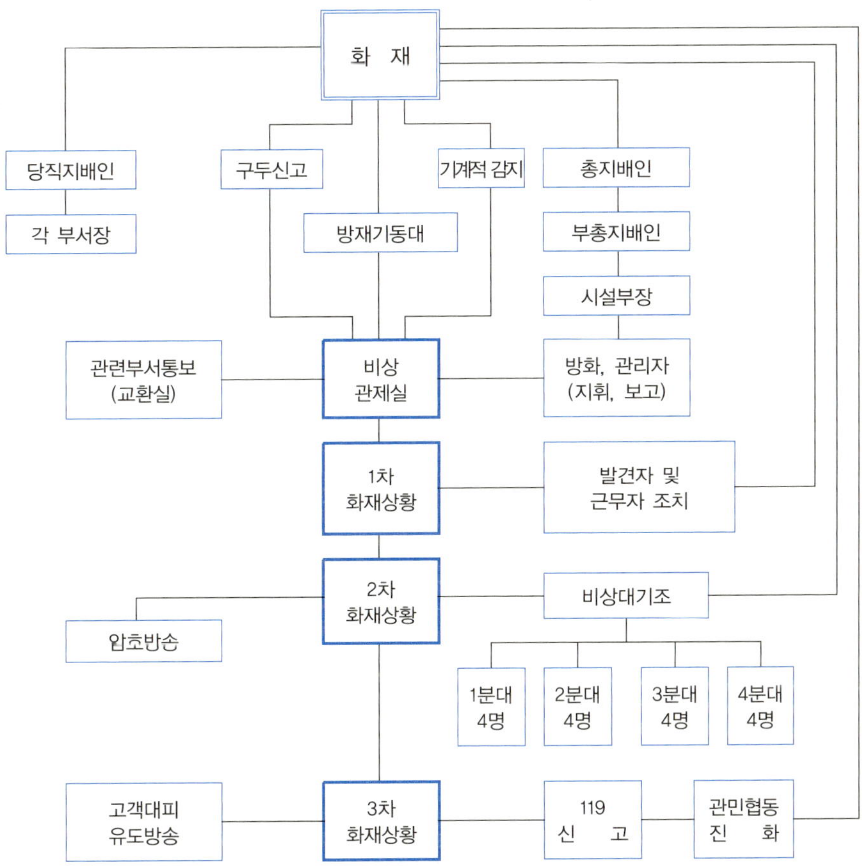

[그림 8-2] 화재상황 대응체제(신고, 진압, 보고, 지원)

4) 호텔화재 피난대책

인명안전대피 측면에서 두 방향 이상의 피난로를 항시 확보해 두고 방·배연시설, 피난기구, 유도 등은 제기능을 충분히 발휘할 수 있도록 정기적으로 점검한다. 각 부서별 자위조직은 방재센터의 지휘에 의해 운영되며 고객대피유도방법은 통로, 피난구, 유도 등의 유도방향으로 안내하여 피난층으로 대피한다. 특히 혼란으로 인한 2차적인 안전사고발생을 방지하기 위해서는 건물구조, 용도, 영업장의 위치에 따라 층별로 적합한 대피유도반을 운영하는 것이 바람직하다.

<표 8-3>은 고객대피 방송문안의 예이다.

〈표 8-3〉 고객대피 방송문안(Ⅱ, Ⅲ단계 화재시)

Ⅱ 단계 화재시 방송문안
고객 여러분께 안내말씀 드립니다. 지금 ○○○에서 발생된 화재는 당 호텔 자위소방대에 의하여 초기진화 조치되고 있사오니, 손님 여러분께서는 현 위치에서(직원의 안내에 따라) 안심하시고 기다려 주시면 감사하겠습니다.
Ⅲ 단계 화재시 방송문안
고객 여러분께 안내말씀 드립니다. 지금 ○○○에서 화재가 발생하여, 당 호텔 자위소방대에 의하여 진화되어 가고 있습니다만 고객여러분의 안전을 위하여 대피하여 주실 것을 안내하오니, 각 층의 피난계단을 이용하여 침착하게 1층으로 대피하여 주시면 감사하겠습니다. 대피 시는 ELEVATOR는 이용하실 수 없습니다.
화재상황 종료 방송문안
고객 여러분께 안내말씀 드립니다. ○○○층에서 발생된 화재는 당 호텔 자위소방대에 의하여 아무런 피해 없이 완전 진화 조치되었습니다. 잠시나마 손님 여러분께 불편을 드린 점에 대하여 사과드리오며, 계속 저희 호텔을 애용하여 주시기 바랍니다. 대단히 감사합니다.

5) 방재센터 운영

방재센터에서는 건축물 내에 있어서의 화재정보를 일괄 집중 감시하는 기능을 가지고 있으며, 화재의 진전상황을 파악할 수 있다. 따라서 화재상황에 따라 적합한 정보를 제공하고 피난할 필요가 있는 경우에는 그 뜻을 지시할 수 있다. 방재센터의 감시, 제어기능은 다음과 같이 분류할 수 있다.

① 화재의 탐지
② 확인, 판단, 지령, 통보
③ 초기소화
④ 연소방지(방화, 방배연)
⑤ 피난유도

⑥ 본격소화
⑦ 방범관리
⑧ 기타 관련사항

5. 시설 개·보수작업(Renovation Work)

1) 시설 개·보수작업

호텔시설물들은 오래 사용하여 노후화가 되었거나, 영업에 따른 확장 내지는 변경을 하거나 또는 영업장분위기를 쇄신하기 위하여 인테리어를 새롭게 하는 등의 이유로 개・보수 작업을 하는 것은 흔한 일이다. 체인호텔의 경우, 새로운 호텔에 투자하는 금액보다 개・보수에 투자하는 금액이 해마다 증가하고 있다. 이러한 시설 개・보수나 증축에 사용되는 비용은 일종의 자본투자성공사(capital projects)로서 앞에서 설명한 유지관리비용과는 근본적으로 개념이 다르다.

일반적으로 개・보수나 증축공사는 다음과 같은 이유에서 추진된다고 볼 수 있다.

① 시장경쟁력을 계속 유지하기 위해서 투자
② 시장경쟁력을 개선하기 위해서 투자
③ 호텔시설물을 확장하기 위해서 누자
④ 호텔시설물의 효율적인 운전을 위해서 투자
⑤ 호텔시설물의 안전을 유지하고 개선하기 위해서 투자
⑥ 노후된 장비를 교체하기 위해서 투자
⑦ 세금을 줄이기 위해서 투자

시장경쟁력을 계속 유지하기 위해서 투자하는 대표적인 예로는 객실의 정기적인 개・보수 작업과 기타 영업장에 대한 개・보수작업 등을 들 수 있다. 이 부분에 대한 투자는 호텔재무상태의 분석에 영향받기보다는 일정 기간마다 투자하는 경향이 있다.

〈표 8-4〉 호텔 물의 개·보수사이클

개보수 단계	객실당 비용(개략치)	범 위
6년차 개보수 작업	5,000,000원 ~ 8,000,000원	- 카펫 교체, 벽지교체, 페인트작업, 천갈이, 주요 가구 교체
12년차 주요시설 교체작업	17,000,000원 ~ 25,000,000원	- 상기 작업 포함 - 각 시스템이나 장비의 교체 혹은 개보수(주방장비, 세탁장비, 전화교환 설비, 자동제어설비, 방재설비, 컴퓨터 등)
50년차 대규모 개보수 작업	40,000,000원 ~	- 상기 작업 포함 - 건물 구조 변경(칸막이, 면적 등), 배관 덕트류 전면 교체, 건물외벽 복원

<표 8-4>는 호텔건물의 개·보수 사이클을 표시한 것이다. 시장경쟁력을 개선하기 위한 투자로서는 각 영업장의 내부인테리어를 변경하거나 내부가구들을 모두 교체하는 것 등을 생각할 수 있는데 투자액에 대한 회수기간을 사전에 충분히 검토하여야 한다. 호텔시설물을 확장하기 위한 투자는 호텔을 처음 지을 때의 개념과 마찬가지로 타당성조사를 통하여 투자대비 이윤을 면밀히 분석해야 한다. 호텔 시설물의 효율적인 운전을 위한 투자는 시설부와 관련된 사항으로서 주로 에너지 비용절감을 위한 투자로 볼 수 있다.

보통은 투자액 대비 회수기간이 3년 이내이면 경제성이 있다고 볼 수 있으며, 비교적 다른 분야보다 투자의 우선권을 갖고 있다. 호텔시설물의 안전을 개선하기 위한 것과 노후된 장비를 교체하기 위한 투자는 경우에 따라서 우선순위가 지연될 수 있으나 꼭 필요한 투자라고 볼 수 있다. 세금을 줄이기 위한 투자는 여러 가지가 있을 수 있으나 초기호텔설계 당시에 검토하는 것이 바람직하다.

예를 들면, 완벽한 소방설비를 설치할 경우 화재보험료의 인하폭이 커질 수 있으며 심야전기 사용에 따른 전기료 인하, 최근에 발표된 중수도설비를 설치할 경우 수도료 감면 등이 해당된다고 볼 수 있다.

2) 공사관리

개·보수 공사나 증축공사는 공사규모나 호텔조직에 따라 차이는 있겠지만 대부분의 경우 시설부의 책임 하에 이루어진다. 이러한 공사들은 호텔영업을 하면서 작업을 해야 하기 때문에 호텔영업에 지장을 주지 않도록 사전에 기술검토를 철저히 하여 공정스케줄에 차질이 없도록 해야 한다. 특히 공사기간 동안의 소음문제, 분진발생, 페인트냄새 등의 문제와 함께 용접작업에 의한 화재발생, 작업자들의 안전사고발생, 기존 시스템과의 연결문제 등이 모두 시설부에서 관리·감독해야 될 사항들이다. 기존 시스템과 연결작업 시에는 대부분의 경우 단수나 정전상황이 발생하기 때문에 주로 심야시간대에 작업을 해야 하며 객실고객들에게도 사전에 안내를 하여 불편함이 없도록 세심한 배려가 필요하다.

또한 외부업체 작업자들의 경우 호텔 내부사정을 잘 알지 못함으로 이들의 동선관계나 영업장의 출입금지 문제 및 도난사고가 발생되지 않도록 사전교육이 필요하며 매일매일 작업일지를 제출토록 하여 작업진행상황을 파악하도록 한다.

제2절 호텔건물 내 시스템의 종류

1. 호텔건물 내 시스템

호텔건물도 일반사무실 건물이나 병원, 백화점 등의 건물과 마찬가지로 인간이 생활하기 위한 건물로서 국내건축법, 소방법 및 관련법규에 근거하여 건축하기 때문에 여기에 설치되는 각종 시스템 역시 다른 건물과 비교하여 비슷하다고 볼 수 있다. 다만, 호텔의 특성으로 식품냉장, 냉동설비라든지 세탁폐수설비, 연회행사를 위한 음향설비 등이 추가로 필요한 설비들이며, 경우에 따라서는 에너지절감 차원에서 열병합발전설비나 중수도설비 등이 도입되기도 한다. 이러한 설비들은 호텔의 규모나 특성에 맞게 설계가 되어야 하며, 과잉설계가 될 경우에는 에너지 낭비적인 요소와 함께 초기투자비가 높게 되고 반대로 과소설계가 될 경우에는 고객들이나 직원들에게 만족할 만한 서비스의 제공이 불가능하게 된다.

일반적으로 건물시스템을 설계하기 위해서는 다음과 같은 절차를 밟게 된다.

① 시스템의 부하계산
② 시스템의 개략설계 및 장비선정
③ 연간 에너지 사용량 추정
④ 라이프사이클 비용 추정(life cycle cost)
⑤ 장비배치 검토
⑥ 최종설계

시스템의 부하라는 것은 그 시스템이 필요로 하는 용량을 말하여 대개의 경우 시간당 필요한 용량으로 표시된다. 부하계산은 보통 최고로 나쁜 조건이나 최대로 부하가 걸리는 경우를 예상하여 산정하는 것으로, 예를 들면, 호텔을 이용하는 많은 고객들이나 직원들이 물을 사용하는데 있어서 어떠한 경우에도 원활하게 물을 공급할 수 있도록 펌프용량을 산정한다든지 또는 최고로 더운 날씨에도 냉방이 잘 될 수 있는 적정한 에어컨용량을 계산하는 것을 말한다. 이때 과거의 기후 조건이나 설계데이터가 참조가 되기도 한다.

일단 부하 계산이 끝나면 개략적인 시스템설계와 장비선정을 하게 되는데, 이때 어떤 시스템이나 장비를 선정하는 것이 나중에 운전하는데 보다 경제적인지와 함께 장비수명과 관련하여 투자비에 대한 경제성을 따지게 된다.

이상의 절차를 거쳐 장비배치검토와 함께 최종설계가 진행된다.

2. 급·배수설비

1) 급수설비

(1) 수질

호텔 내에서 사용되는 물의 용도를 음료수용과 기타 잡용수용으로 나누어 생각할 때 대부분의 경우 수돗물을 사용하고 있으나 몇몇 호텔의 경우 잡용수 계통에는 경제적인 이유로 지하수를 사용하는 경우가 있다. 그러나 최근 지하수양수에 의한 지반침하문제와 함께 지하수의 오염문제로 지하수개발이 규제되고 있으며, 이에 따라 건물 내 잡용수용으로 중수도설비의 설치를 적극 권장하고 있다.

음료수의 수질기준은 보건복지부령「수도법」45개 항목에 대해 규정되어 있다. 수돗물의 경우 모두 이 기준치 이내로 공급되고 있으나, 대부분의 건물에서는 수돗물을 일단 시수탱크에 받아서 사용하고 있으므로 이 과정에서 수돗물이 오염되는 경우도 있다. 이러한 수질오염을 방지하기 위하여 공중위생관련 법규에서는 연 2회 시수탱크의 청소를 의무화하고 있으며 일반 사람들이 접근하지 못하도록 시건장치를 실시하도록 하고 있다. 호텔의 경우에는 월 1회 정도 수질검사를 실시하여 오염 여부를 확인하는 것이 바람직하다. 수영장의 경우는 대장균의 발생을 억제하기 위해서 법정염소농도인 0.4~1.0PPM을 유지해야 한다.

(2) 물 사용량

국민 한 사람당 물 사용량은 나라마다 다르나, 우리나라의 경우 선진국가들 보다 평균 30~50% 정도 물 사용량이 많은 것으로 나타나고 있다. 국내 호텔의 경우에도 예외가 아니어서 외국의 호텔보다 물소비량이 높은 편이다.

(3) 급수방식

건물 내의 급수방식에는 다음과 같이 네 가지 방식이 있고 이들 방식이 병용되는 경우도 있다.

① 수도직결 방식

수도본관에서 수도관을 인입하여 건물 내의 필요 개수에 직접 급수하는 방식이며 일반적으로 2층 이하의 소규모 건물이나 주택에 적용한다.

② 고가수조 방식

우리나라에서 가장 일반적으로 쓰이고 있는 방식이며, 수돗물을 일단 수조에 저수하고 펌프를 이용하여 건물의 최고 높은 곳에 설치된 고가수조에 양수하여 고가수조로부터는 중력에 의해 건물 내 필요처에 급수하는 방식이다. 수질에 대한 오염의 기회가 타 방식에 비해 많으며, 수조 내 청소 등 정기적인 보수관리가 필요하다.

③ 압력수조방식

수조 내의 물을 펌프를 이용하여 압력수조에 보내고 압축된 공기로 가압하여 그 압력으로 건물의 필요처에 급수하는 방식이다. 이 방식은 고가수조와 같이 중하중 물을 건물 위에 올려놓을 수 없을 때 유리해진다.

④ 부스터 펌프방식(booster pump)

수돗물을 일단 수조에 받아 가압펌프로 필요처에 급수하는 방식이다. 급수량의 변화에 관계없이 일정 수압으로 급수할 수 있도록 펌프측에서 조절한다. 부스터 펌프방식은 가변속펌프에 의한 회전수제어방식이 많이 사용된다.

(4) 급탕설비

급탕설비는 호텔 내에서 사용되는 온수를 공급하는 설비로서 보일러에서 직접 온수를 만들거나 혹은 보일러스팀을 이용하여 온수를 만들어 공급한다. 온수의 공급온도는 객실, 사우나와 같이 사람 몸에 직접 사용하는 곳은 화상방지를 위하여 49℃ 이하가 되도록 공급하는 것이 바람직하며, 기타 주방이나 세탁실 지역은 60℃ 정도로 공급한다. 급탕방식으로는 열교환기를 통하여 온수를 만들어 곧바로 공급하는 순간급탕방식과 온수탱크에 온수를 저장하여 놓고 공급하는 저탕식 방식이 있으며 저탕식 방식의 경우에는 저탕조 내에 레지오넬라균이 서식할 염려가 있으므로 주기적인 청소와 함께 약품소독이 필요하다.

급탕배관은 배관 내 정체된 온수가 식는 것을 방지하기 위하여 계속 순환시켜주는 환탕배관이 추가로 설치된다.

2) 배수설비

(1) 배수의 종류

① 오수

화장실 내의 대소변기와 이와 유사한 용도를 가진 기구(비데, 오물씽크 등)에서 배출되는 물을 말하며 배수관을 통하여 오수정화조시설로 보내 처리한 후 시 하수구로 방류한다.

② 잡배수

세면기, 욕실, 주방 등에서의 배수를 말하며, 우리나라의 경우 오수와 잡배수를 합쳐서 배수하는 합류식이 많이 사용되고 있다. 주방의 경우, 배수 중에 함유된 지방분이 배관을 막히게 하거나 수질오염도를 증가시킴으로 이것을 처리하기 위하여 주방마다 그리스트랩을 설치하고 있다. 주방배수도 오수배관과 함께 묶여서 오수정화시설로 보내져 처리한 후 시 하수구로 방류한다.

③ 우수

건물지붕 및 옥외주차장 빗물을 말하며 별도의 배수관으로 시 하수구로 방류된다.

④ 특수배수

세탁실로부터 배출되는 세탁폐수가 이에 해당되며, 우리나라의 경우 산업폐수로 분류되어 별도의 처리시설을 필요로 한다.

(2) 트랩(trap)의 역할

배수관에 연결되어 있는 모든 위생기구에는 배관 내의 냄새가 역류하는 것을 방지하기 위하여 트랩이 설치된다. 트랩의 종류는 모양에 따라 P형, S형, U형, 드럼형 등이 있으며 굴곡진 부분에 물이 고여서 냄새의 통과를 방지하는 역할을 한다.

(3) 통기관의 목적

트랩 속의 물은 배수관 내의 압력변동으로 인해 없어져 버리는 일이 있다. 이것을 방지하기 위해 배수관 내의 압력이 가능한 한 실내의 압력에 가깝게 되도록 배수관내로 공기를 출입시키는 것이 통기관의 설치목적이다.

3. 식품 냉장·냉동 설비

호텔에서는 식품을 저장하거나 얼음을 만들기 위하여 많은 수의 냉장고(refrigerator), 냉동고(freezer) 및 제빙기(ice machine) 등이 설치되어 있다. 일반적으로 호텔로 물건이 반입되는 장소인 로딩 덕(loading dock) 주변에는 식품류를 보관하기 위한 냉장, 냉동창고가 설치되어 있다. 또한 각 주방에도 별도의 냉장고, 냉동고가 설치되어 있으며 필요에 따라서 제빙기도 설치되어 있다. 객실층에는 고객이 직접 얼음을 사용할 수 있도록 복도에 제빙기를 설치하고 있으며 각 업장에는 아이스크림 기계, 쇼케이스, 음료수 냉각기, 콜드 테이블(cold table) 등이 설치되어 있다. 이러한 설비들은 모두가 냉장·냉동설비에 포함된다.

1) 냉동설비의 운전원리

냉동설비의 주된 목적은 어떤 공간 내의 설정온도를 유지하기 위하여 외부로부터 침입하는 열을 막고, 자체 발생되는 열은 계속적으로 외부로 배출시키는 것이다. 만약 내부의 설정온도가 0℃ 이하로 유지되면 냉동고(freezer)라고 부르고 0℃ 이상으로 유지가 되면 냉장고(refrigerator)라고 한다.

[그림 8-3]은 냉동시스템의 작동원리인데, 그림에서 보듯이 냉동시스템은 크게 증발기, 압축기, 응축기, 팽창변 4부분으로 구성되어 있으며, 증발기는 냉장고나 냉동고의 내부에 위치하면서 내부의 열을 흡수하여 외부에 있는 응축기를 통하여 방열한다. 시스템 내부에는 프레온가스라고 하는 냉매가 순환을 하면서 열 운반역할을 하는데 증발기입구에서는 액체상태인 냉매가 증발기부분에서 기체상태로 기화

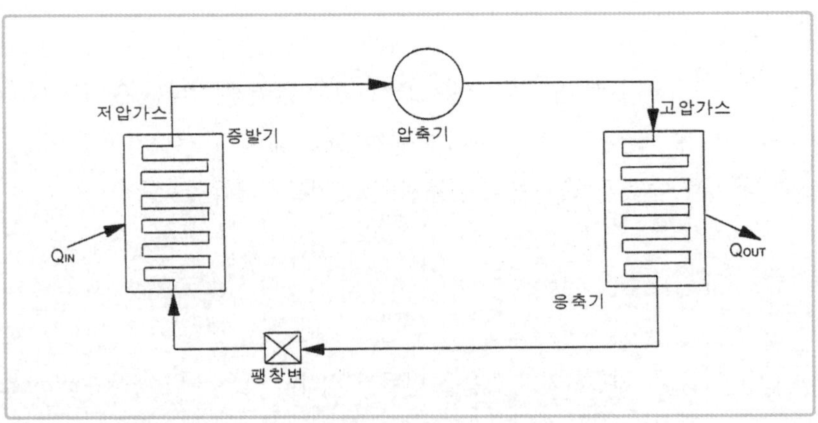

[그림 8-3] 냉동시스템의 원리

하면서 주위의 열을 흡수하게 된다. 증발기를 지난 냉매는 기체상태이며, 압축기에서 고온, 고압상태로 압축된 냉매가스는 응축기 부분에서 열을 방출하면서 고압상태의 액체로 변하며 팽창면을 통하면서 압력이 낮아지고 냉매유량이 조정되면서 사이클(cycle)을 계속 형성하게 된다.

응축기 부분에서 열을 방출할 때 공기 중에 그대로 방출할 경우 공냉식이라고 히며, 순환하는 냉가수를 통해서 방출할 경우에는 수냉식이라고 한다. 일반적으로 수냉식이 공냉식에 비하여 소음이 적고 효율이 높은 편이나 설치비가 비싸다.

2) 식품냉동의 목적

수산식품, 축산식품 및 농산식품은 생물을 자원으로 하기 때문에 신선한 상태라도 상온에 오랫동안 방치하면 급속하게 변질해서 부패한다. 저온으로 보존함으로써 식품의 변질을 늦추어 품질유지기간의 연장을 도모하는 것이 저온저장의 목적이다. 저온저장을 목적으로 해서 식품은 그 동결점을 경계로 냉각식품과 동결식품으로 나뉘어지는데, 일반적으로 그 이용온도범위는 15~-60℃이다. 냉동식품의 저장온도에 대해서는 미생물의 증식을 억제하는 것을 주안으로 하는 시대에서 식품의 물성, 색조, 맛 등의 물리적·화학적 제반 변질을 가능한 한 억제하여 자연 그대로의 품질을 유지하는 것이 중요시되고 있어 그 기준온도도 낮아지고 있는 경향이다.

냉각식품의 저장온도에 대해서 최근 동결하지 않는 범위에서 될 수 있는 한 서온을 유지하려고 하는 경향이며, 보관온도를 5℃ 이하로 표시하는 냉각식품이 증가하고 있다. 또한 0℃로부터 그 식품의 동결점까지 좁은 온도 내의 빙온냉장이 시도되고 있고 -3℃ 부근에서의 반동결 저장도 연구되고 있다.

〈표 8-5〉 동결식품의 보관온도 기준

품 목	보관온도(℃)	보관기간(월)
정어리	−18 −23	6 12
고등어	−18 −23	6 8
꽁 치	−18 −23	6 12
청 어	−18 ～ −20	4～6
대 구	−18 −20 −23	4～6 8～9 9～10
가자미	−18	7～12
전갱이	−18	12
유엽어	−18 ～ −20	4～6
참치 청새치(생식용)	−30 −40	3～6 6
쪄서 말린 것 말린 오징어	−18～25	6～12
칠면조	−18 −25 〉	6～12 24
닭고기	−18 −25 〉	12 24
브로일러	−20 −25	2～13 2～20
집토끼고기	−18 ～ −23.5	6
아이스크림 버터	−25 −20	12 12
전란, 난황, 난백 (무첨가, 가당, 가염)	−18	24
새우·게	−18 −25	6～12 12～25
굴·가리비조개	−18 −23	5～9 9

품 목	보관온도(℃)	보관기간(월)
가다랭이(생식용) (가공용)	−30 −40 −20 이하	6 6
오징어	−18	12
낙지	−20 −25	6 12
연어·송어	−18 −23	5～8 10
도미	−18 −25	3～5 12
으깬 어육 (명태)	−23 ～ −25	6～12
이크라·연어알젓 대구알젓(염장)	−18 ～ −22	6～12
말린청어알(제품) (염장원란)	−14 −14	6 12
절인 생선	−23	6～10
고래	−18 −20	4～6 12
미역(염장)	−14	6
식육일반	−20 ～ −25	6
쇠고기	−18 ～ −20 −20 ～ −25	6～12 8～18
송아지고기	−18 −23 ～ −25	4～9 8～12
큰소고기	−18 −25 〉	7～10 12
돼지고기	−18 ～ −20 −20 ～ −25	4～10 6～12
양고기	−18 ～ −20 −20 ～ −25	6～10 8～15
어린양고기	−18 −15	9 12

4. 냉·난방 환기설비

1) 공기조화설비

냉 · 난방 및 환기설비는 일반적으로 공기조화설비(air conditioning)라고 불리며, 줄여서 공조설비라고도 한다. 이 말의 정의는 주어진 실내의 온도, 습도, 청정도 및 기류분포 등을 조절하여 실내의 사용목적에 알맞은 상태로 유지시키는 것을 말한다. 호텔건물의 공기조화설비는 손님들의 만족도에 영향을 주는 가장 큰 요소 중의 하나이다. 특히 우리나라와 같이 4계절이 있는 나라에서는 환절기에 일교차가 심하여 낮에는 냉방을 해야 하고 밤에는 난방이 필요하기 때문에 객실의 온도관리에 어려움이 따르며 손님들로부터 제일 큰 불만의 대상이 되기도 한다. 또한 이 공기조화설비는 호텔운영 자체에도 큰 영향을 주게 되는데, 첫 번째는 호텔직원들의 작업환경과 관련된 사항으로 실내온도가 너무 높거나 환기가 불충분하면 생산성이 떨어지거나 안전사고발생의 위험이 생겨 궁극적으로 서비스의 질이 떨어지게 된다.

두 번째 이 설비는 건설비용도 높을 뿐만 아니라 유지관리비용도 전체유지관리비용의 약 12%나 차지하고 있어 관리가 잘못될 경우 에너지 비용의 낭비를 초래하게 된다.

2) 실내온도와 환기량

객실기준온도는 국적별로 다소 차이가 있으나 일반적으로 서양인이 동양인보다 1~2℃ 낮은 온도를 선호한다. 개인별로도 건강상태에 따라 차이가 있으므로 각 객실별로 온도조정이 가능하도록 시스템이 구성되어야 한다.

호텔 각 객실의 환기량은 부하계산에 따라 송풍량을 산출하지만 연회장, 바, 레스토랑(특히 철판구이, 튀김을 취급하는 장소)은 냄새, 담배 연기의 제거를 고려해서 환기량을 신중히 결정한다. 호텔주방지역은 주방기구로부터 발열이 심하기 때문에 여름철의 주방 내 온도상승이 실내환경을 크게 악화시키므로 되도록 스포트쿨링(spot cooling)이 바람직하다.

<표 8-6>은 호텔 각 객실의 외기도입량 및 환기회수의 개략치이다.

〈표 8-6〉 호텔 객실의 외기도입량 및 환기회수의 개략치

실 명	외기유입량 [$m^3/m^2.h$]	환기회수 [회/h]	실 명	외기유입량 [$m^3/m^2.h$]	환기회수 [회/h]
객 실	100~150	6~10	로비라운지	5	6~10
욕 실	–	15 이상	아케이드	5	6~15
중소연회장	10~15	10~15	미용·이용실	8~15	6~15
대연회장	10~30	10~15	일반사무실	5~8	6~10
결혼식장	5~8	6~10	주주방	–	20~60
레스토랑 바	8~10	10	보일러실	–	15
	10~	10~15			

3) 설비 구성요소

공조설비는 공조의 정의에 나타난 4가지 요소인 온도, 습도, 청정도 및 기류분포 등을 제어하기 위해서 기본적으로 [그림 8-4]와 같은 시스템으로 구성되어 있다.

(1) 열원 설비

공조설비에서 전체의 열부하를 처리하기 위한 설비로는 냉동기, 보일러가 주체이고 부속설비로는 냉각탑, 냉각수 펌프, 급수설비, 부속배관 등이 있다.

(2) 공조기 설비

공기조화기는 공조대상공간에 보내는 조화공기를 만드는 설비로 공기냉각의 제습기, 가열기, 가습기, 공기 여과기 및 송풍기를 일체의 케이싱에 넣은 것을 말한다. 호텔객실의 경우에는 일반적으로 팬코일 유니트(fancoil unit)라고 불리는 작은 용량의 공기조화기를 객실입구 천정 속이나 창가 측에 설치하여 개별운전이 가능하도록 하고 있다.

(3) 열수송 설비

공조기와 공조대상 공간 사이에서 공기를 순환시키거나 또는 외기를 도입하기 위한 송풍기 - 덕트 계통, 열원설비와 공조기 사이에서 냉온수를 순환시키는 냉온수 펌프 - 배관계통 등을 포함한다.

(4) 자동제어 설비

전체 시스템을 자동적으로 유지하고 운전하기 위한 제어설비로 공조설비 전체의 운전, 감시 등의 중앙관제설비도 포함한다.

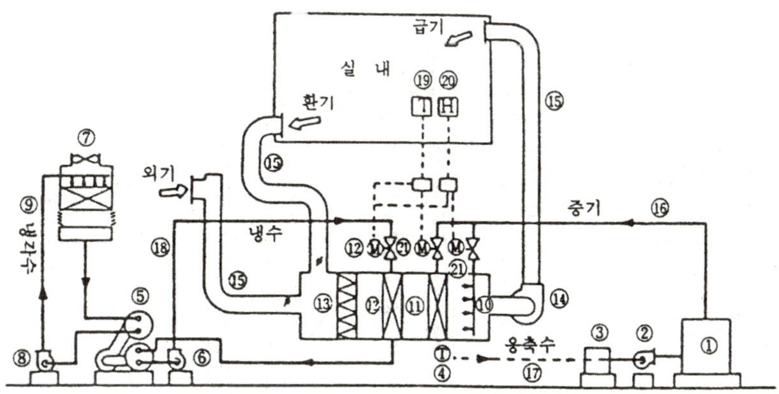

열원설비:	① 보일러	② 급수펌프	③ 환수탱크	④ 증기트랩
	⑤ 냉동기	⑦ 냉각탑	⑧ 냉각수펌프	⑨ 냉각수배관
공조기설비:	⑩ 가습기	⑪ 가열기	⑫ 냉각제습기	⑬ 에어필터
열반송설비:	⑥ 냉수펌프	⑭ 송풍기	⑮ 덕트	⑯ 증기배관
	⑰ 환수배관	⑱ 냉수배관		
자동제어설비:	⑲ 서모스텟	⑳ 습도조절기	㉑ 자동밸브	

[그림 8-4] 공조 시스템의 구성

〈표 8-7〉 실내 온·습도 기준

	Cooling Temperature (Maximum)		Relative Humidity	Heating Temperature Minimum		Sound Pressure Levels
	°C	°F	%	°C	°F	NC
Guest Room	22.0	(72)	50	24.0	(75)	35
Guest Bath	24.0	(75)		24.0	(75)	
Guest Corridor	24.5	(76)	50	21.0	(70)	35-40
Guest Service Area	25.5	(76)	55	20.0	(68)	40
Guest Vending Area	25.5	(78)	55	20.0	(68)	40
Public Spaces	23.0	(74)	50	21.0	(70)	35-40
Public Toilets	23.0	(74)	50	21.0	(70)	40
Retail Shops	23.0	(74)	50	21.0	(70)	35-40
Health Club:						
Office	23.0	(74)	50	21.0	(70)	40
Changing Rooms	23.5	(78)	50	22.0	(72)	40
Sauna Rest Area	25.5	(78)	50	25.5	(78)	40
Massage Area	23.0	(74)	50	21.0	(70)	40
Exercise Room	23.0	(74)	50	21.0	(70)	45-50
Indoor Swimming Pool (See Note)	26.5	(80)	50	26.5	(80)	45-50
Hotel Offices	23.0	(74)	50	21.0	(70)	40
Computer Room	23.0	(74)	50	21.0	(70)	40
Entrance Vestibules	-	-	-	18.5	(65)	-
Fire Stairs (Exterior)	-	-	-	12.5	(55)	-
Kitchen/Pantries (See Note)	30.0	(85)	-	18.5	(65)	45-50
Bakery Finishing	20	(68)	-	18.5	(65)	45-50
Kitchen Preparation	20	(68)	-	18.5	(65)	45-50
Laundry (See Note)	30.0	(85)	-	18.5	(65)	45-50
Valet (See Note)	30.0	(85)	-	18.5	(65)	45-50
Housekeeping	25.5	(78)	50	21.0	(70)	45-50
Employee Dining	25.5	(78)	50	21.0	(70)	40
Employee Locker & Shower Areas	25.5	(78)	-	21.0	(70)	45
Maintenance Work Shops	26.5	(80)	-	18.5	(65)	45
Telephone Equipment Room	24.5	(76)	50	21.0	(70)	45
Telephone Switchboard Room	23.0	(74)	-	21.0	(70)	35-40
Radio and TV Equipment	23.0	(74)	-	21.0	(70)	45
Elevator Machine Room	30.0	(85)	-	18.5	(65)	45-50
Storerooms:						
General and Bulk	26.5	(80)	-	18.5	(65)	-
Wine (red) and Beverage	20.0	(68)	-	18.5	(65)	-
Mechanical Plant	30.0	(86)	-	18.5	(65)	-
Equipment Rooms	30.0	(85)	-	18.5	(65)	-
Engineer Control Room	23.0	(74)	50	22.0	(72)	45
Enclosed Garages	30.0	(85)	-	12.5	(55)	-

Note: Kitchen/Pantries, Laundry and Valet areas will have to be partially air conditioned. Indoor swimming pool shall be provided with a dehumidifying system.

4) 부문별 공조 요점

(1) 객실

객실은 일년 내내 매일 24시간 운전되어야 하며 겨울철의 정전기발생을 방지하기 위해서는 상대습도를 40% 이상으로 유지해야 한다. 실온제어를 각 객실 개별로 하는 것이 기본이지만 자동제어를 채용해도 설정온도는 객실고객이 자유롭게 바꿀 수 있는 방식이 좋다. 객실의 공조시스템에서 고려해야 할 점은 다음과 같다.

① 침대부분에 불쾌한 드래프트(draft)가 일어나지 않도록 유닛을 배치한다.
② 기기의 점검, 교환을 쉽게 할 수 있도록 배치한다(점검구는 쉽게 접근할 수 있는 구조로 설치).
③ 소음수준은 NC-35 이하가 되도록 설치한다.
④ 가능하면 창가바닥설치형을 설치한다.

(2) 퍼블릭(public)지역

현관 로비, 라운지는 고객의 출입이 많으므로 실내를 정압으로 유지해서 외기침입을 막고 건축적으로는 회전문을 설치하는 것이 에너지 손실이 적다. 레스토랑 지역은 특히 실내압력밸런스에 유의하고 이러한 부분의 냄새가 다른 부문으로 흐르지 않게 배출구와 흡입구의 상호배치를 검토한다. 대연회장, 중・소연회장, 회의실에는 흡연에 의한 실내공기오염이 되기 쉬우므로 환기횟수는 시간당 10~15회가 되도록 한다. 또 연회 시에는 촛불을 켜는 일이 많으므로 촛불의 불꽃이 흔들리거나 꺼지지 않도록 기류를 0.25m/s 이하가 되도록 공기배출구, 흡입구의 배치에 유의한다.

(3) 지하부분

직원의 대부분이 지하에서 근무하고 있으며 지하 주차장이나 쓰레기 처리장과 연결되기 때문에 실내공기가 오염될 수 있으므로 신선한 외기의 공급과 환기량을 충분히 고려해야 한다. 주방지역은 다른 부분과 달리 대량의 환기를 필요로 하며 배출구 및 흡입구의 배치에 특히 유의해야 한다. 특히 주방 천장이 낮을 경우는 배출구로부터의 풍속을 낮추어 직원들에게 불쾌한 드래프트(draft)를 주지 않도록 한다. 주방지역의 실내는 부압을 유지해서 요리 시의 냄새가 주변으로 퍼지지 않도록 해야 하며, 주변의 오염된 공기가 침입하지 않도록 주의한다.

5. 전기설비

1) 개요

우리나라의 전력을 담당하고 있는 기관(회사)은 한국전력(주)으로서 화력발전, 수력발전, 원자력발전 등으로 전기를 생산하여 수용자에게 공급하고 있다. 일반적으로 건축전기설비는 건축물을 주체로 실내조명설비, 동력설비, 공기정화설비, 위생설비, 소방설비, 약전설비(전산, 통신, 방송설비) 및 기타 전력이 필요한 모든 전기공작물에 전기를 공급해주는 주된 설비원이다. 특히 호텔전기설비는 일반 오피스빌딩과는 다르게 낮과 밤의 구분이 없고 연중무휴로 운영되고 있다는 점이 특징이다. 이런 이유로 유지관리에 어려움이 있기 때문에 호텔전기설비는 설계에서부터 시공에 이르기까지 빈틈없이 시설되어야 한다.

호텔전기설비 공사비용은 전체 공사비용에 약 15~18% 정도 차지하고 있으며, 이 비율은 점차 늘어나고 있는 추세이다. 호텔전기설비 투자비용이 늘어나는 이유로는 시스템첨단화와 자동화를 들 수가 있으며, 또한 투자비용은 다소 높더라도 실질적으로 에너지절약 측면을 고려하기 때문이라고 볼 수 있다.

2) 사용 전압 및 주파수

우리나라의 상용 주파수는 60HZ이고 사용전압은 110V, 220V, 380V 및 440V를 사용하고 있지만, 에너지절감과 경제성의 측면에서 건물 내의 전기는 380V, 220V 3상 4선식을 사용하도록 권장하고 있다. 유럽지역은 주파수가 50HZ를 사용하고 있고, 미국의 경우에는 우리나라와 비슷하나 110V를 주로 사용하고 있다.

따라서 이들 나라로부터 외산장비를 수입할 경우에는 주파수와 전압 등의 전기적인 조건을 분명히 명시해야 한다.

3) 콘센트 및 스위치

(1) 콘센트

콘센트는 조명용, 이동기기, 정보장치 등 모든 기기장치의 전원을 공급하는 단말기로서, 일반적으로 이동기기, 장치용으로 가장 많이 설치되어 있다. 콘센트는 건물 내의 벽면, 천장, 바닥, 이동가구 내 등 그 사용목적에 따라 여러 장소에 설치된다. 그 중에서도 보통 벽기둥의 하부나 바닥에 시설되는 것이 많다. 주방지역이나 실내 수영장 주변은 물청소를 하기 때문에 방수형 콘센트가 설치된다. 유럽형 플러그(plug)는 국내규격의 콘센트와 맞지 않기 때문에 어댑터(adaptor)를 준비하여 손님들이 사용하는데 불편이 없도록 해야 한다.

(2) 스위치

조명제어에는 점멸과 조광의 두 가지 방법이 있다. 조명시설을 컨트롤한다는 것은 시설을 효율적으로 또는 적절하게 사용하는 것을 뜻한다. 단순히 스위치로 불을 켜고 끈다는 것 자체도 사실은 주간, 야간 등의 주위환경에 따른 제어의 목적을 달성하고 있는 것이다.

호텔의 각 업장 및 공공지역에는 직원이 일일이 필요한 조도를 조절할 수가 없으므로 조명제어장치를 설치하여 프로그램에 의해 조도를 조절하는 방법이 많이 사용되고 있다. 또한 창고나 직원이 사용하는 복도와 화장실 등에는 여러 회로로 나누어 필요 용도만큼 스위치를 켜기도 하며 적외선 스위치를 설치하여 사람이 없으면 자동으로 꺼지는 방식을 도입하기도 한다.

4) 수·배전 설비

(1) 수전설비

건축물의 수전설비에 있어서 가장 중요한 것은 건축물이 건립될 지역의 전력 공급회사로부터 공급 가능한 전력(전압, 용량 및 안정성)을 충분히 검토하는 것이다. 결정된 전력을 기초로 수전설비규모를 설계하게 되고 변전실의 공간을 확보하게 되는데 변전실은 전압강하, 전력손실, 시설비용, 유지관리와 에너지절약 등을 감안하여 실부하 중심 가까운 곳에 위치한 장소로 안정성과 비상시 운영 등을 포함하여 결정해야 한다.

[그림 8-5]는 일반적인 건축물에 있어서 수전설비의 계통도이다. 그림에서 한국전력(주)로부터 고압 수전된 전기는 전력계량기를 거쳐서 메인스위치보드(main switchboard)로 연결되고 배전반을 통해서 각 부하로 공급하게 된다. 이때 터보 냉동기와 같은 대형장비에는 변압기를 사용하지 않고 직접고압의 전기가 공급될 수 있으며, 기타 건물 내에 사용되는 부하에는 변압기를 통해서 110V, 220V, 380V 등으로 감압하여 공급하게 된다. 비상발전기에서 발전되는 전기는 정전 시 메인스위치보드에 자동 또는 수동으로 절제될 수 있도록 시스템을 구성하여 비상부하에 전기를 공급하도록 한다.

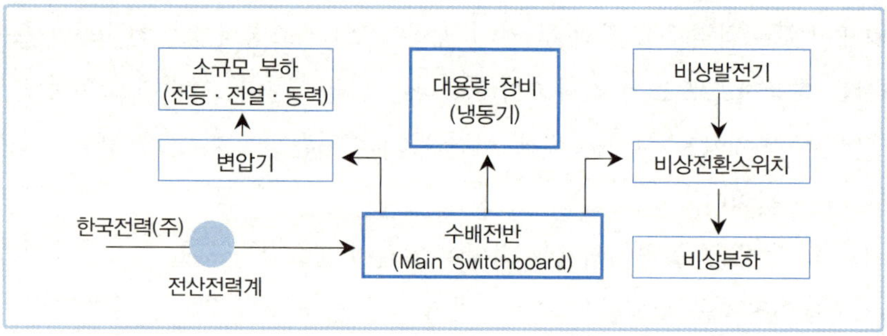

[그림 8-5] 수전설비 계통도

(2) 배전설비

배전설비는 층별, 용도별로 구분하게 되고, 각 변압기마다 적정부하로 배분되어야 한다. 배전방식으로는 상수, 중성선 이용 유무, 중성점 접지 유무 등에 따라 단상 2선식, 단상 3선식, 3상 3선식, 3상 4선식으로 구분한다.

① 단상 2선식 : 30kw 이하의 소용량 부하에 사용하며 전압은 주로 110V에 많이 이용된다.

② 단상 3선식 : 30kw~50kw 정도의 부하에 이용되며, 110V와 220V를 겸용으로 쓰일 때 이용된다.

③ 3상 3선식 : 동력전동기에 많이 사용되며, 3상 200V, 3상 380V정격으로 사용된다.

④ 3상 4선식 : 380V/220V에 쓰이는 방식이며 3상 동력과 단상 220V에 쓰이며 일반적으로 사용되는 방식이다.

(3) 지역별 전기설비 구성

① 객실지역

객실은 주로 220V 단상전기가 공급되나, 외국손님들이 휴대하고 다니는 면도기나 소형컴퓨터 등을 사용할 수 있도록 110V의 전원공급도 필요하다. 각 객실마다 독립된 분전반으로부터 전등, 전열, 냉장고, TV 및 화장실 내 헤어드라이어(hair dryer)에 전기를 공급하며, 안전을 위해서 회로별로 누전차단기를 설치하여야 한다. 객실지역의 에너지사용량을 분석하기 위해서는 객실지역을 구분하여 적산전력계를 설치하는 것이 바람직하다.

② 공공지역

호텔 공공지역은 업장과 복도, 로비, 연회장 등으로 구분되어 지역별, 용도별 전원 공급이 각각 이루어지게 된다. 각 회로별로 정격용량의 차단기가 설치된 전등, 전열, 분전반이 각각 구성되며 일반부하와 비상부하로 구분된다. 공공지역의 전기설비는 지역별로 전기실이 구성되어 집단으로 관리된다. 이들 공공지역 역시 에너지사용분석을 위해 정확히 구분 설치된 전기배전반에 적산전력계를 설치하여 전력사용량 산출이 용이토록 해야 한다.

③ 주방지역

주방지역의 전기설비는 다른 지역보다 안전성이 더 요구되며, 감전사고에 대비하여 누전차단기를 설치하여야 한다. 또한 모든 기기는 접지가 잘 되어 있어야 하며, 사용기기 보수에도 용이토록 구성되어야 한다. 주방지역의 전등, 전열 등의 회로 및 주방장비는 일반부하와 비상부하가 적절히 분배되어야 하며 적산전력계를 부착하는 것이 바람직하다.

④ 전산실, 통신실

일반전등, 전열 및 동력설비회로와 구분된 변압기로부터 공급받아 별개운전이 되도록 구성되어야 하며, 접지 또한 일반전기와 별개의 접지로 구성되어야 한다. 모든 전산・통신 장비들은 무정전 전원공급장치(UPS)로부터 전원을 공급받을 수 있도록 설치되어야 한다.

⑤ 비상전원 설비

일반 건축물은 화재발생이나 정전 시를 대비하여 비상발전 설비, 무정전 전원공급장치(UPS), 배터리(battery) 전원공급장치들을 설치해 놓는다. 화재가 발생하고 정전까지 되는 큰 재난이 발생했을 때를 대비하여 호텔은 소방부하라는 그룹을 별도 구성하여, 화재 시 공급되어야 하는 최소기기에 전원이 공급될 수 있는 용량의 발전기를 비상용으로 구성하게 된다. 이 발전기용량을 결정하는 것은 최소한 소방비상부하이지만 정전 시 호텔이 최소한의 운영을 하기 위해서 소방비상부하 ≤ 정전 시 비상부하 ≤ 최소 운영 부하용량이 비상발전기용량을 결정하는 기준이 될 것이다. 정전 시에 비상전원이 공급되어야 하는 대상물은 다음과 같다.

- 소화펌프 및 자탐설비 전원
- 배연 관련 급・배기팬(fan)
- 오・배수펌프(필요 최소대수)
- 양수펌프(필요 최소대수)
- 엘리베이터(필요 최소대수)
- 비상계단, 복도, 비상구 등의 보안 등(100%)
- 지하 및 창이 없는 장소로 필요한 개소
- 변전실, 자가발전실, 전산실, 통신실, 전화 교환실 등의 전등 및 콘센트의 필요 개소
- 일반 사무실 전등(설치등 수의 10~20%)
- 객실에 1개 이상의 비상등
- 기타 보안상 필요한 최소부하

6. 조명설비

1) 개요

일반적으로 공공장소 특히 호텔로비와 같은 공간에서의 조명의 역할은 단순히 공간을 밝혀준다는 가장 기본적인 기능 외에 인테리어분위기와의 조화를 통하여 고객들에게 편안함과 호감을 줄 수 있는 분위기를 연출할 수 있어야 하며 호텔특성이 있는 분위기면 더욱 효과적이다. 이러한 기본적인 특성에 맞추어 조명 연출 또한 중요하다. 장소에 따른 적절한 조명기구를 선정하여 빛의 양과 질을 잘 조화시켜야 하며 시간이나 계절에 맞추어 빛을 조절하는 조광기(dimmer)를 사용하면 더욱 효과적이다. 또한 시각장애(눈부심)를 줄이는 등 기구를 사용해야 하며 유지 보수의 편리성도 고려해야 한다. 인테리어와 잘 조화되는 장식조명과 아울러 벽면의 그림을 강조할 수 있는 다운스포트(down spot)나 그림, 벽 등의 부분조명은 사람의 눈길을 끌 수 있다. 각 장소에 맞는 소품들과 스탠드(stand)류는 호텔의 분위기를 한층 고급화시키는 중요한 역할을 한다.

2) 호텔 조명계획

(1) 현관, 홀 조명

현관이나 홀은 호텔고객에게 첫인상을 주는 중요한 장소이므로 지나치게 개성이 강한 조명을 하면 로비 및 기타 장소의 조명이 뒤져 보이게 되므로 다운라이트(down light) 등의 건축화 조명을 이용하도록 한다.

(2) 로비지역 조명

호텔로비는 이용도가 가장 높은 장소이다. 조명은 아늑한 분위기를 연출해야 하고 천장, 벽면이 너무 어두워지지 않도록 한다. 조명은 백열전구를 사용한 다운라이트(down light)를 많이 배치하고 낮은 조도의 형광등을 간접조명으로 병용하여 빛의 부드러움을 살리고 호화스러운 분위기를 내기 위해서는 샹들리에를 시설한다. 전체적인 조도를 낮추고 독서를 위하여 곳곳에 200룩스(LUX) 이상의 조도를 내는 플로어스탠드(floor stand)를 설치하여 국부조명을 할 수 있도록 한다.

(3) 레스토랑 조명

조명의 중요성이 강조되는 장소로서 실내의 벽, 천정 및 가구의 색조 등과 조명이 조화되어 분위기를 살릴 수 있도록 한다. 간접조명으로 포근한 분위기를 조성하고 국부적으로 브라켓다운라이트(bracket down light)등으로 강조하거나 방 전체를 어둡게 하고 객석만 핀라이트(pin light) 또는 플로어스탠드(floor stand)등으로 조명을 연출한다. 광원은 연색성이 좋은 광원으로 선택하고 조도는 200~500룩스가 되도록 한다.

(4) 객실조명

백열전구에 의한 다운라이트(down light)나 플로어스탠드(floor stand)에 의해 차분한 분위기를 연출할 수 있도록 한다. 형광등은 벽면의 밸런스등이나 천장 간접조명으로 사용하는 것이 효과적이다. 테이블 또는 데스크에는 스탠드를 설치하고 화장대등은 벽등이나 다운라이트(down light)로 조명을 한다. 조명은 각각의 전용등으로 설치하고 점멸은 입구나 침실에서 모두 가능하도록 3way로 시설한다.

① 양실의 객실전등

- 천정등 : 백열전구에 의한 100룩스 정도의 전반조명용으로 하고 점멸은 입구와 침대에서 절환점멸이 가능하도록 한다.
- 플로어스탠드(floor stand) : 백열전구 100W를 사용하고 조광스위치로 조도를 조절하도록 한다.
- 데스크스탠드(desk stand) : 개인 사무작업 또는 독서용으로 200룩스 이상 유지하도록 한다.
- 침실등 : 누워서 독서면에 대한 조도를 100~200룩스를 유지할 수 있게 하고 옆으로 빛을 내지 않도록 한다.

② 한실객실의 전등

- 독서 및 식사도 하므로 조도와 분위기가 조화되어야 한다. 대체로 팬던트(pendant)기구로 200룩스 정도의 조도면 알맞다.

(5) 세면장, 화장실 조명

조명은 밝고 차분한 분위기를 낼 수 있도록 형광등과 다운라이트(down light)를 함께 사용하고 조도는 200룩스 정도로 유지한다.

(6) 조경 조명

호텔에서는 고객이 한정된 시간에만 이용하는 것이 아니므로 낮에는 조용하고 평화로운 분위기를 연출할 수 있도록 하고, 밤에는 조명빛이 자연스럽게 아름다운 분위기를 연출할 수 있도록 배치해야 한다. 이러한 분위기를 연출하기 위해서는 조명대상에 따라 명암의 구분을 확실히 해주어야 한다. 조명기구는 정원등(pole spot light)을 사용한다.

(7) 연회장 조명

연회장은 행사 종류에 따라 조명을 연출해야 하므로 화려하면서도 기능성에 비중을 두어야 한다. 조명기구는 다운라이트(down light), 크리스털 샹들리에, 특수 무대조명 등을 설비하여 행사에 맞게 조명을 연출할 수 있도록 한다.

(8) 집회실 조명

집회실 조명은 연색성이 좋은 등을 사용하고 조도는 200~500룩스가 되도록 한다. 천정은 너무 어둡지 않도록 트랙라이트(track light)와 다운라이트(down light)를 사용하고 무대에는 특수조명 설비를 한다.

(9) 그릴, 바아 조명

레스토랑을 정식회식장이라 한다면 그릴은 자유로운 분위기에서 식사를 하는 곳이라 하겠다. 따라서 매우 아늑한 분위기를 연출하기 위해서는 조도 조정이 가능하고 식탁은 너무 어둡지 않도록 천정이나 공간의 조도를 낮출 수 있도록 한다.

(10) 주방 조명

주방은 청결감이 필요하고 음식을 조리하고 만드는데 불편함이 없도록 조명을 해야 한다. 조명기구는 매입형광등의 조명이 유리하고 조도는 500룩스 이상으로 한다.

7. 소방설비

1) 개요

건축물에 있어서 소방설비란, 소방용으로 제공하는 설비인 소화설비, 경보설비, 피난설비, 소방용수설비 및 소화활동설비를 총칭한 것으로서 국내 소방법 및 관련

〈표 8-8〉 외국 호텔의 조도기준

Area	Lighting Lux	Intensity FC	Fitting Type	Watts Sq.m *
Ballroom	425	40	I	50
Exhibition	540	50	I	60
Assembly	425	40	I	50
Main Entrance Lobby	270	25	I	35
Lobby	160	15	I	25
Dining Room	300	28	I	30
Specialty Restaurant	300	28	I	30
Meeting Rooms	540	50	I/F	40
Coffee Shop	212	20	I	30
Lounge	270	25	I	25
Night Club	270	25	I	30
Cocktail Lounge	270	25	I	30
Bar	270	25	I	30
Public Corridors	270	25	I/PL	25
Guest Corridors	110	10	I/PL	15
Service Corridors	160	15	F	15
Foyer	212	20	I/PL	30
Front Desk	425	40	I	50
Offices	530	50	F	20
Kitchen	530	50	F	20
Laundry Work Area	530	50	F	20
Valet	530	50	F	20
Housekeeping Area	400	37	F	15
Work Shop	540	50	F	20
Service Rooms	300	28	F	15
Machine Rooms	212	20	F	15
Employees Lockers	320	30	F	15
Storage	212	20	F	10
Rental	425	40	I	50
T.phone Switchboard Room	300	28	F	15
Toilets (Public)	212	20	F/PL/HID	15
Exteriors	65	6	-	-
Projection Room	160	15	I	20
Garage	95	9	F	10
Discotheque	160	15	I	100
Guest Elevator Lobbies	212	20	I/PL	30

Remark

I : Incandescent
F : Fluorescent
PL : Fluorescent Energy Saving Lamp
HID : High Intensity Discharge

* Includes chandeliers, wall brackets, etc., decorative effect lighting.

규칙에 규정되어있다. 호텔건물은 무엇보다도 인명안전(life safety)이 최우선이 되는 만큼, 위험이 예상되는 곳은 비록 소방법에 명시되어 있지 않더라도 화재보험협회나 외국의 기준을 참조하여 설계 시 반영하는 것이 바람직하다. 특히 최근의 대형호텔이 생겨나면서 건축물의 대형화, 고층화, 심층화, 복잡화에 따라 이들 대상물에서 화재나 가스폭발 등의 위험성이 높아지고 있다. 따라서 재해가 발생한 경우에 적절히 대응하기 위한 고도의 방재, 소방시스템이 요구되어 지고 있다. 이 때문에 컴퓨터 등 전자기술을 구사하여 건축물이 전체적으로 종합적이며, 유기적으로 기능할 수 있도록 소위 인텔리전트화되어 가고 있는 추세이다.

2) 소화설비

(1) 소화기

소화기는 화재의 가장 초기에 사용하는 소화설비로 용기에 저장된 소화재를 한 번 동작으로 한 번에 방사하게 된다. 배치원칙은 각층마다 보행거리 20m 이내마다 설치한다.

(2) 옥내 소화전 설비

옥내 소화전설비는 화재가 소화기로는 불가능한 단계에 사용하는 소화설비로서 건물 각층의 벽면 등에 호스, 노즐, 소화전 개페밸브를 격납한 상자를 설치하고 화재 시에는 호스를 끌어내서 화점에 물을 뿌려 소화시키는 설비이다.

(3) 옥외 소화전 설비

옥외 소화전의 설비 내용은 옥내 소화전 설비와 거의 같지만 건물 외부에 설치하여 건물 아래층(1~2층)의 초기화재나 인접건물로의 연소방지를 위한 소화설비이다.

(4) 스프링클러 설비

스프링클러는 고정식 자동소화설비로, 천정부에 스프링클러헤드를 배치하고 화재 시의 온도 상승으로 스프링클러헤드가 감열 개방되어 자동적으로 방수하여 소화하는 설비이다. 통계에 의하면, 스프링클러 설비에 의한 초기소화의 성공률은

96.2% 알려져 있으며, 소화설비 중에서 가장 효율이 좋은 설비라고 할 수 있다.

(5) 하론 설비

하론 설비는 전기실, 발전기실, 컴퓨터실, 엘리베이터 기계실 등 물에 의해 피해를 받을 수 있는 장소에 설치한다.

(6) Co_2 설비

Co_2 설비방식은 하론 설비와 동일하며 기름탱크실에 주로 설치한다.

3) 경보 설비

(1) 자동화재 탐지 설비

화재 시의 열 또는 연기나 불꽃을 감지기가 감지하고 자동적으로 경보를 발함으로서 화재를 조기에 발견하여 조기통보, 초기소화, 조기피난을 가능하게 하기 위하여 설치하는 경보설비이다. 숙박시설의 경우 연면적 600m^2 이상의 경우에는 설치하여야 한다.

(2) 가스누설 경보 설비

가스를 사용하는 주방지역이나 보일러실에 가스감지기를 설치하여 가스의 누설을 사전에 감지하기 위한 설비로서, 시스템과 설비는 자동화재 탐지 설비와 똑같다.

(3) 비상방송 설비

화재 발생시에 스피커를 통한 음성에 의해 건물 내의 사람들에 대해 정확한 통보, 피난유도를 하기 위한 설비이다.

(4) 자동 화재속보 설비

소방대상물과 소방기관과의 사이를 전용선으로 연결하여 화재발생시에 누름버튼스위치만 누르면 소방기관이 즉시 상대방을 알도록 한 설비이다.

4) 피난설비

(1) 피난기구

피난기구는 화재가 발생하였을 때 옥내계단 등의 보통의 피난수단을 사용할 수 없게 되었을 때 사용하는 것으로 어디까지나 피난의 보조수단이다. 법령상 피난기구로는 피난로프, 공기안전매트, 미끄럼대, 피난사다리, 피난트랩, 구조대, 완강기, 피난다리의 8종류가 규정되어 있으며, 피난층 및 11층 이상의 층에 대해서는 설치할 필요가 없다. 따라서 호텔객실의 경우 2층에서 10층까지는 설치를 하여야 하며 주로 간이 완강기가 사용된다.

(2) 유도등, 유도 표지

화재 등의 발생시에는 안전한 피난장소로 피난하는 경우의 방향 표시가 되는 조명기구를 유도등이라고 말하고 같은 형태의 표지판을 유도 표지라고 한다.

5) 소화활동 설비

(1) 연결송수관 설비

연결송수관 설비는 송수관이라고 하는 배관설비를 설치한 건축물에 외부로부터 소방펌프자동차에 의해 물을 가압 송수하여 소방대원이 내부 화재현장에서의 소화활동을 용이하고 유효적으로 실시할 수 있도록 하기 위한 설비이다.

(2) 비상콘센트 설비

화재현장에서 소방대가 소화활동상 필요한 조명기구나 공구류를 항상 접속하여 사용할 수 있도록 소방대 전용의 전원을 공급하는 설비를 비상콘센트 설비라고 한다. 11층 이상의 층과 지하층(지하층수가 3 이상일 경우)에 설치한다.

(3) 무선통신보조 설비

지하층의 화재현장에서 활동하는 소방대와 지상의 소방대와 원활하게 무선교신을 할 수 있도록 지하층에 안테나를 설치하는데, 이러한 설비를 무선통신보조 설비라고 한다.

(4) 제연 설비

화재에 의한 대량의 연기를 전부 배출하기 위한 것이 아니라 연기의 확산을 막아 피난로를 확보하기 위한 설비로서 주거자를 안전하게 피난토록 함과 동시에 소화 활동을 유리하게 하는데 목적이 있다.

6) 소화용수 설비

화재의 연소확대방지를 위해 공설소방대가 사용할 수 있도록 설치하는 소방용수 설비를 말한다. 소화용수 설비에는 공공의 목적으로 설치된 공설소화전 및 저수조가 있다.

8. 전화 설비

1) 전화교환 설비

일반적으로 전화교환기라고 하면 공 통신용의 전화국의 교환시설이 아니라, 사설구내교환장치(PABX/private automatic branch exchanger)를 말한다. 이 사설교환설비는 일정지역에 밀집된 가입자가 있을 경우 공공시설의 교환시설(전화국)로는 전부를 감당할 수 없거나 일정지역의 특성을 전화국에서 담당할 수 없을 때 독립된 교환설비로 운영을 하게 된다. 따라서 호텔의 경우 각 객실마다 고객이 투숙하고 퇴실한 후의 요금정산과 고객에 대한 서비스를 별도의 교환기를 설치하여 운영하게 되는 것이다. 이러한 교환기들은 기계/수동식 전화교환 설비에서부터 지금의 전 전자방식의 디지털교환 설비까지 발전하여 최근의 호텔들은 이러한 디지털교환 설비를 도입·설치·운영을 하고 있다.

2) 호텔통신장비와 주변기기

호텔의 전화교환 설비는 그 자체가 독립적으로 운영되는 것이 아니라 [그림 8-6]과 같이 주변에 많은 기기들과 접속되어 있다. 최근의 정보통신분야의 발달과 함께 고객의 요구도 다양해져서 단순음성통화에서부터 데이터통신까지 동시에 접속운영을 하고 있고, 나아가 화상통화까지도 보편화될 것으로 예측된다.

그림에서 전산인터페이스는 전산장비와 통신장비가 서로 다른 언어를 가지고 있기 때문에 호환성을 맞추어 주며 통신요금을 정리하고, 단가를 삽입하여 금액을 산출하는 기능이다. 요금정산장치는 교환기 자체가 출력하는 기능으로 모든 통화 요금을 기록 관리한다. 내선은 호텔 내 사용하는 전화기까지의 선로를 말하고, 국선은 전화국에서 호텔단자반(MDF)까지의 통신선로를 말하는데, 일반적으로 호텔의 내선과 국선의 비율은 10 : 1.5의 비율이면 큰 문제가 없다. 근거리통신망은 LAN (local area network)을 말하는 것으로 호텔전산망을 이용하여 각 부서의 사무기기를 연결하여 사용하게 된다.

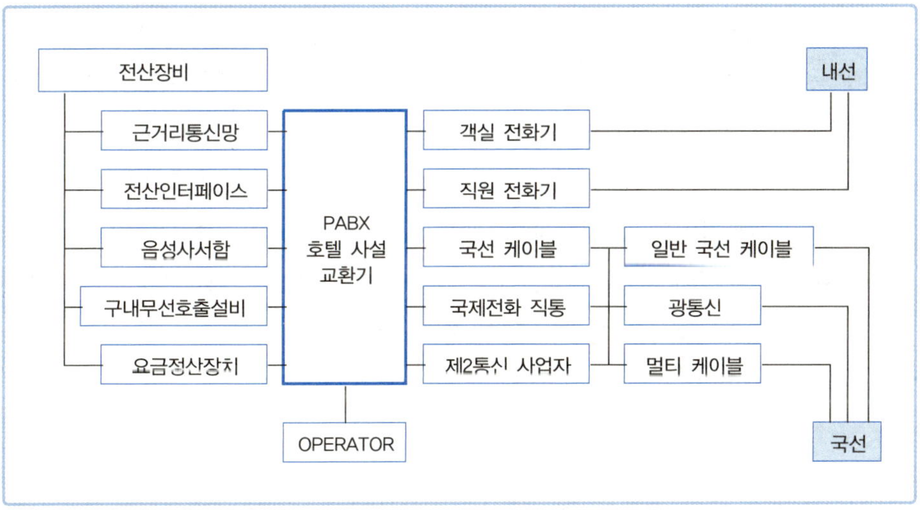

[그림 8-6] 전화 교환설비와 주변기기

3) 객실 전화기

호텔의 전화기는 전 세계 어느 나라 사람이라도 호텔의 전화기를 보고 쉽고 편리하게 사용하도록 그림과 문자로 표현되어야 한다. 또한 첨단화하여 각종 사무기기를 이용토록 아래와 같은 기능이 내장되어야 한다.

① Two Line Phone : 한 전화기에 두 개의 다른 전화번호를 갖고 각각 사용 가능함
② Voice Mail : 음성사서함과 연결메시지가 있을 경우 램프가 켜짐
③ One Touch Function : 객실관리부, 벨데스크(bell desk), 룸서비스(room service) 등을 버튼 하나로 연결하는 기능
④ Emergency Call : 비상시 버튼만 누르면 보안실 또는 교환실로 연결하는 기능
⑤ Data Jack : 컴퓨터나 각종 사무기기를 연결하여 외부와 통신하는 기능(국제규격)
⑥ Hand Free : 손을 사용하지 못하는 상황에 버튼만 누르면 통화되는 기능(스피커폰)
⑦ 맹인을 위한 '5'번에 점자 표시(5번 번호에 손으로 식별 가능한 표시를 설치함)

4) 데이터통신(Data Communication)

정보사회의 도래와 함께 통신수단이 점차 다양해지고 있다. 팩스(fax), PC통신, 인터넷 등 데이터통신도 빠른 속도로 우리 사회에 뿌리내려졌다. 이러한 데이터 통신을 위해서 호텔은 광케이블이나 멀티케이블(multi cable)이 포설되어 있어야 하며 연회장까지도 스크린케이블(screen cable)이 포설되어야 한다. 그리고 데이터통신에 있어서 가장 기본적이고 중요한 것이 모뎀인데, 이 모뎀도 초고속으로 처리 가능한 장비로 구성하는 것이 필요하다. 인터넷 접속은 단말기와 다이얼 모뎀으로는 접속에 어려움이 있으므로 호텔은 최소한의 서버(server)를 준비하고 그 서버로부터 필요한 장소에 케이블을 포설하여 사용하는 것이 바람직하다.

9. 엘리베이터

1) 개요

엘리베이터의 필요성은 고층건물에서는 말할 것도 없고, 2층 건물에서도 효과적인 운영을 위해서 서비스엘리베이터가 필요하다. 일반적으로 호텔건물 내에서 상층부 운송수단으로 엘리베이터, 에스컬레이터, 덤웨이터(dumb-weighter) 등의 3가지 종류가 있으며, 어느 것이 가장 적당한가는 운반높이나 운반물량, 사람이 승차하느냐에 따라 결정된다. 호텔건물에서 엘리베이터는 그 중요도로 볼 때 5번째로 중요한 설비로 알려져 있으며 새로운 고객에게는 호텔입구, 로비지역 다음으로 세 번째

로 보게 되는 장소이기도 하다.

2) 호텔 내 엘리베이터의 종류

엘리베이터는 운전방식에 따라 케이블식과 유압식이 있다. 케이블식은 속도도 빠르고 건물 층수에 관계없이 가장 많이 사용되는 방식이다. 유압식은 가격이 비교적 싼 편이며 안전하나 속도가 느리며 6층 이하의 높이에만 사용이 가능하다. 호텔 내에 설치되는 엘리베이터는 용도별로 볼 때 다음과 같이 분류할 수 있다.

(1) 고객용 엘리베이터(Guest Elevator)

일반적으로 1층 로비에서 객실층을 왕복하며, 클럽플로어(club floor)와 같이 VIP층을 운영할 경우에는 일반고객들의 접근을 방지하기 위하여 별도의 키(key) 시스템을 설치하는 경우도 있다. 호텔에서 필요로 하는 고객용 엘리베이터의 숫자나 크기, 속도 등은 피크 시간대에 손님이 기다리는 시간이 30초 전후가 되도록 설계가 되어야 하며 5분 동안에 투숙객의 15%(7.5% up, 7.5% down) 정도를 운반할 수 있도록 설계되어야 한다.

(2) 서비스 엘리베이터(Service Elevator)

직원전용 엘리베이터로서 객실관리부 직원이나 룸서비스 직원, 세탁물 운반, 기타 물건들을 객실층으로 운반하기 위해서 설치된다. 서비스 엘리베이터는 객실 200실까지는 2대 이상 600실까지는 3대 이상이 되어야 하며 일반적으로 고객용 엘리베이터 숫자의 약 50% 정도이다.

(3) 셔틀 엘리베이터(Shuttle Elevator)

지하주차장을 이용하는 고객들을 위한 엘리베이터로서 지하주차장에서 1층 로비나 영업장이 위치한 층까지 왕복한다.

(4) 주방용 엘리베이터(Kitchen Elevator)

지하층에 위치한 식품창고나 메인 주방으로부터의 식품을 상층부에 위치한 주방지역으로 운송하기 위한 주방전용 엘리베이터이다. 규모가 큰 호텔의 경우 필요한 장소마다 설치하고 있다.

3) 에스컬레이터(Escalator)

에스컬레이터는 층당 설치비가 엘리베이터에 비해서 훨씬 비싸다. 그러나 기다리지 않아도 되며 동시에 많은 고객을 운반하는 이점이 있다. 에스컬레이터는 보통 많은 고객이 동시에 한두 개 층을 올라가거나 내려오는 데에 사용되며, 가장 많이 설치되는 곳이 1층 로비(lobby) 지역에서 2층이나 3층의 각 행사장 지역 사이이다.

4) 덤 웨어터(Dumb Waiters)

덤 웨이터는 편리하고 경제적인 운송방식 중의 하나이다. 이것은 사람이 타서는 안되며 물건만을 운송하도록 하는 목적으로 한두 개 층 사이에 설치된다. 보통 푸시버튼(push button)만으로 조작되며 속도가 느린 편이다.

5) 비상용 엘리베이터(Emergency Elevator)

화재발생 시에는 모든 엘리베이터가 주 피난층(보통 1층 로비 지역)으로 복귀되도록 하는 것이 원칙이다. 이때 객실층의 모든 고객들은 비상계단을 통해서 대피하게 된다. 비상용엘리베이터는 화재가 발생했을 때 소방관이 소방활동을 하기 위한 통로로 주로 사용되며, 건축법규에 의거 필요한 대수를 설치해야 한다. 비상용엘리베이터는 별도로 설치하는 것이 아니라 고객용이나 서비스 엘리베이터 중에서 비상시에 사용할 수 있도록 법규에 맞게 충분한 설비를 하여 보통 때는 일반 용도의 엘리베이터로 사용하고 비상시에는 비상용엘리베이터로 사용하게 된다.

10. 건물 자동화시스템

1) 건물 자동화의 개요

자동화란, 인간의 수동적 조작에 의하던 것을 기계의 힘을 빌어 자동적으로 조절하고 제어할 수 있도록 하는 것을 말한다. 자동화에는 그 대상에 따라 사무자동화, 공장자동화, 건물자동화 등 여러 가지가 있을 수 있다. 건물 자동화란, 건물에 관련된 설비를 조절하고 제어 관리하는 것으로서 원래는 공조, 열원, 위생, 수변전 등의 전통적인 건물설비를 대상으로 하였으나, 점차 그 대상이 조명설비와 엘리베이터 설비 그리고 방재설비나 출입관리 등의 방범설비까지 확대되고 있다. 최근에는 건물에 관련된 모든 설비를 통합하여 운용하므로 통합화 건물자동화시스템(BAS : building automation system) 또는 빌딩메니지먼트시스템(BMS : building management system)이라고도 한다. 호텔건물과 같이 에너지를 많이 사용하고 24시간 가동하는 건물에 있어서는 이러한 건물자동화 설비는 필수적이라고도 볼 수 있으며, 기능면에서 볼 때 크게 3가지로 구분할 수 있다.

① 설비기기의 운전상태, 감시제어, 계측을 하는 빌딩 관리시스템
② 인명, 건물을 지켜주는 방재, 방범 기능을 갖춘 안전시스템
③ 에너지를 절약하고 유지관리를 효율적으로 수행하는 경제적인 시스템

2) 건물 자동화의 목적 및 효과

(1) 쾌적한 환경의 제공

실내의 온도나 습도 등의 온열환경을 비롯하여 Co_2, 번지 등의 실내공기환경 그리고 조명에 의한 광환경에 이르기까지 연속적인 감시와 제어를 통하여 건물 재실자들에게 있어서 최적의 상태로 유지할 수 있다.

(2) 건물 이용자의 편리성 향상

각 설비의 통합화에 의하여 각 건물 이용자의 서비스, 편리성의 향상을 도모할 수 있다. 또한 설비제어관리를 하는데 있어서 외기온도, 강우상태와 건물관리정보를 실내에서 파악할 수 있다.

(3) 다양한 안전의 확보

사고, 정전, 화재 등의 비상시에 적절한 대응을 할 수 있으며, 또한 방범시스템을

통하여 건물이용자의 안전확보 및 기밀유지를 실현할 수 있다.

(4) 에너지 및 자원의 절약

공조 및 전기설비를 대상으로 기기의 고효율 운전, 운전시간의 단축화, 공조부하의 경감, 외기에너지 활용, 폐열회수, 심야전력이용, 전력디멘드제어, 최적기동정지제어 등을 함으로 해서 건물전체의 냉·난방 에너지사용량의 약 15% 정도까지 절감이 가능하다.

(5) 인력 절감 및 관리의 효율화

시스템의 통합화에 의하여 대량의 정보를 집중시켜 종합적으로 관리 할 수 있기 때문에 적은 인원으로 건물설비를 운영할 수 있다. 일상업무, 비상시 대응 및 시스템의 종합화에 의해 상당량의 인력절감을 꾀할 수 있다.

3) 건물 자동화의 구성요소

자동제어장치에는 실내온도 또는 습도와 같은 제어량을 검출하고 이것을 목표치와 비교하여 그 편차에 알맞은 조절신호를 출력하고 조작부를 작동시켜서 정정 동작을 행하는 피드백(feed back) 제어가 일반적으로 사용되고 있다.

① 검출부 : 흔히 센서(sensor)라고 부르며 제어대상이 되는 실내온도나 습도를 검출한다.

② 조절부 : 설정온도(습도)와 검출온도(습도)를 비교하여 제어편차를 적게 하도록 조작부에 신호를 보낸다. 여기에는 로컬처리장치와 퍼스널컴퓨터나 미니컴퓨터와 같은 중앙처리장치가 있다.

③ 조작부 : 조절부(중앙 처리 장치)로부터 신호를 받아 조작량을 변환하여 제어대상에 작동시키는 장치를 말한다. 전자개폐기(릴레이), 전자밸브, 전동모터, 액튜에이트와 같이 제어대상에 구체적인 조작량을 주는 구동기기를 말한다.

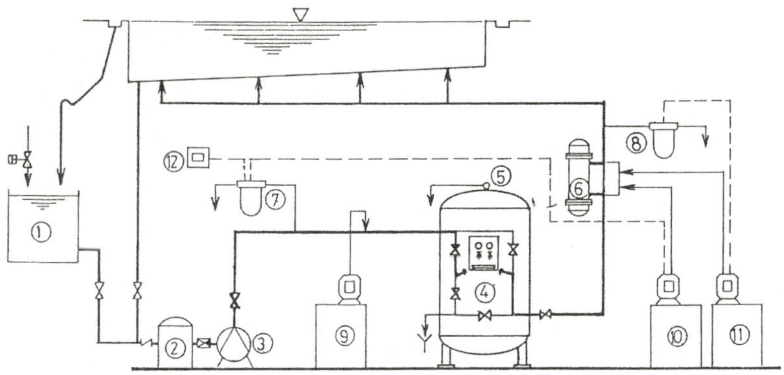

① 수위조절 및 저수 탱크
② 여과기(머리카락, 섬유류 제거용)
③ 순환 펌프
④ 여과기
⑤ 자동 공기 배출 밸브
⑥ 열교환기
⑦ 잔류 염소량 감지기
⑧ PH 감지기
⑨ 응집제 정량주 입장치
⑩ 잔류 염소량 자동조절 및 정량주입장치
⑪ PH 자동 조절 및 정량 주입 장치
⑫ 잔류 염소 지시계

[그림 8-7] 수영장설비 계통도

11. 수영장 설비

1) 수영장의 수질오염원

수영장의 수질은 항상 음료수 상태를 유지하여 수영을 하면서 물을 마시는 경우에도 인체에 전혀 해를 끼치지 않는 청결한 상태이어야 한다. 그러나 많은 사람이 동시에 수영을 하는 경우가 대부분인 관계로 오염도가 매우 빠르며 오염원 또한 다양하다. 특히 전염병이나 피부병 등 질병을 전염시킬 수 있는 가능성이 매우 높기 때문에 수질에 대한 규정이 엄격하여야 함은 물론 기계적, 화학적으로 완벽한 수처리시스템을 설치하여 철저한 수질관리를 수행해야 한다. 수영장의 주요 수질오염원은 인체에 의한 오염과 환경에 의한 오염을 생각할 수 있다.

(1) 인체에 의한 오염

① 인체의 모든 부위가 오염원이 될 수 있으며 계절에 따라 큰 차이가 있다.

② 땀은 주로 암모니아와 유기질소화합물을 포함하고 있으며 개인에 따라 차이는 있으나 보통 25℃의 물속에서 흘리는 땀의 양은 1리터(liter) 정도이다.
③ 자연적인 생리현상으로 수영장 내에서 배뇨를 하는 경우가 대부분이며 소변 중의 염소화에 의하여 처리가 불가능한 유기질소화합물이다.
④ 타액과 함께 배출되는 전염성 질병이다.

(2) 환경에 의한 오염

① 공기나 주변의 흙 속에 포함되어 있는 박테리아, 포자 등
② 지하수나 천연수에서 유입되는 오염물질
③ 타일, 시멘트, 도료 등으로부터 녹아나오는 화학물질

2) 수질관리

수영장의 수질관리는 물속의 오염물질의 제거와 박테리아 등을 살균하기 위한 소독작업으로 이루어진다. [그림 8-7]은 일반적인 수영장 수처리 설비의 계통도이다.

(1) 여과시스템(Filter System)

① 수영장 물의 탁도

수영장 물속에는 앞에서 언급한 오염물질에 의한 많은 부유물질이 존재한다. 이러한 오염물질들은 계속적으로 물을 순환시켜 여과기를 통하여 제거시켜주어야 하며 탁도가 5도 이하가 되도록 관리해야 한다. 경험적으로 1.2~1.5m 깊이의 수영장에 동전을 떨어뜨리고 수영장 밖에서 동전의 앞뒤를 구분 할 수 있을 정도의 투명도를 유지해야 한다.

② 수영장 순환량

수영장 물의 순환량은 수영장의 용적(담수량)을 1일 3회 이상 여과기를 통과하도록 하여 정수처리를 해야 한다. 일반적으로 사용되는 순환량 계산식은 다음과 같다.

$$Q = \frac{A \times B}{F}$$

Q = 여과기 순환량(m^3/hr)
A = 수영장 단면적(m^2)
B = 1인당 요구 순환량(1.66m^3/hr 인)
F = 1인당 수영에 요구되는 면적(4.5m^2)

③ 여과기의 여재

수영장 정수여과기의 여재로는 모래, 자갈 등이 많이 사용되고 있으며 화산석이라든지 활성석 등이 함께 사용되기도 한다.

(2) 약품소독

① 염소(Cl)

수영장의 소독 및 살균을 목적으로 가장 많이 사용되고 있는 것이 염소(chlorine)에 의한 소독이며, 국내 법규상으로 잔류염소량이 0.4~1.0 PPM이 유지되도록 규정하고 있다. 염소는 강한 산화제로서 순간살균력이 좋고 잔유살균력이 유지되는 장점이 있으나 햇빛, PH, 수온 등에 살균력이 영향을 받게 되고 과농도일 경우 인체에 유해한 단점이 있다.

② 오존(O_3)

오존도 염소와 마찬가지로 강한 산화제로서 순간살균력이 좋으나 물에서의 잔류능력이 약하기 때문에 수영장 내에서 물이 정체되는 경우에는 병원균이 번식할 가능성이 있어 따라서 염소와 병용해야 한다.

③ PH관리

우리나라 법규상으로 수영장 물의 PH는 5.8~8.5PPM으로 규정하고 있으나 7.2~7.6PPM 사이로 유지하는 것이 가장 좋다. PH가 7.6PPM 이상이 되면 염소의 살균력이 크게 감소하게 되며 7.0PPM 이하가 되면 눈과 피부에 자극이 심해지게 된다.

④ 조류관리(Algae Control)

조류는 공기 중에 떠다니다가 물속에서 번식하는 미세한 크기의 식물체로 세균이나 곰팡이와 달라서 식물의 특징인 엽록소를 가지고 있기 때문에 수영장 물에 조류가 발생하게 되면 물의 색깔이 초록색을 나타나게 된다. 조류는 햇볕이 있거나 PH가 7.6 이상이거나 수온이 27℃ 이상이면 급속하게 생성되며 특히 장마철 실외 수영장에 자주 발생한다. 조류가 발생하게 되면 PH를 낮추고 염소 농도를 2~5PPM까지 높이게 되면 제거할 수 있다.

참고문헌

국내문헌

김충호, 호텔경영학, 형설출판사, 1989.

원융희, 호텔실무론, 백산출판사, 1995.

정경훈 · 박호래, 호텔경영론, 형설출판사, 1994.

국외문헌

Gerald W. Lattin, Modern Hotel and Motel Management W.H. Freeman and Co., 1978.

Hotel Intercontinental, Service Manual, 1996.

James R. Keiser, Principles and Practices of Management in Hospitality Industry, 2nd(ed.), Van Nostrand Reinhold, 1989.

제9장

호텔정보시스템

제1절 호텔정보시스템의 개요

호텔산업에서 운영하고 있는 컴퓨터시스템은 다른 산업과 성격이 다른 다양한 종류의 시스템으로 구성되어 있다. 그 이유는 호텔산업의 특징상 1년 365일 영업이 이루어지며 영업대상이 완벽한 서비스를 원하는 서비스산업임으로 이를 뒷받침하는 경영정보시스템 성격이 일반기업과 다르다고 할 수 있다.

1. 용어 설명

1) 정보(Information)

수집한 자료 중에서 의사결정에 직접적인 영향을 주는 자료, 즉 자료(data)를 가공한 상태의 의미

2) 시스템(System)

공동의 목표를 달성하기 위하여 하나 또는 그 이상의 상호 관련 있는 요소가 유기적으로 결합되어 있는 집합체

3) 정보시스템(Information System)

의사결정에 도움을 주는 정보를 이용하여 목표 달성할 수 있도록 관리하는 컴퓨터시스템에 의한 유기적인 집합체

4) 호텔정보시스템(Hotel Information System)

호텔 경영의사결정에 도움을 주는 정보를 이용하여 목표를 달성할 수 있도록 관리하는 컴퓨터시스템의 유기적인 집합체

2. 호텔정보시스템의 필요성

호텔시설을 이용하는 고객정보에는 한 번만 이용하는 것이 있는가 하면 다음에 다시 활용하는 것이 있다. 아무리 중요한 정보라도 그것을 제대로 관리하지 못한다면 그만큼 정보의 가치는 줄어드는 것이다. 왜냐하면, 동일한 정보를 또 다시 생성한다는 자체가 그만큼 시간과 노력을 기울여야 하기 때문이다. 그러므로 정보를 효율적으로 관리하기 위해서는 정보관리절차를 조직적이고 체계적으로 시스템화할 필요성이 절실하게 요구되는 것이다.

3. 구성

일반적으로 호텔정보시스템을 대분류하면 크게 4종류로 구분한다. 첫째, 객실 전반적인 업무를 관장하는 프런트오피스 시스템(front office system), 둘째, 일반적인 경영분석업무를 관리하는 백오피스시스템(back office system), 셋째, 업장 및 부대시설업무를 처리하는 업장경영관리시스템(Point of Sales System), 넷째, 모든 시스템을 정리하여 하나의 시스템으로 통합하는 인터페이스시스템(Interface System)으

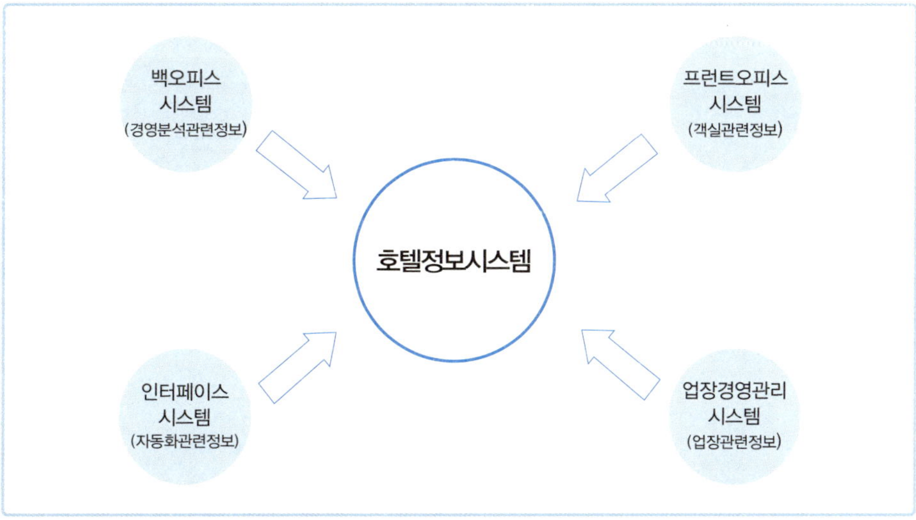

[그림 9-1] 호텔정보시스템의 구성도

로 분류되며 이들 시스템을 그림으로 표시하면 [그림 9-1]과 같다.

4. 시스템별 구성요소

위에서 설명한 4가지 시스템 구성을 세부적으로 기능별로 구분할 수 있다. 구분 기준은 현업에서 수행되고 있는 업무기준척도에 의해서이다.

1) 프런트오피스 시스템

프런트오피스의 주업무는 호텔에 숙박하기 위해 찾아오는 고객을 제일 먼저 접객하고 고객이 체류하는 동안 호텔 내 모든 곳을 안내하며 고객이 호텔을 출발할 때까지 마지막으로 안내하는 호텔창구의 역할을 하는 것이다. 따라서 이러한 모든 업무를 원활하고 신속하게 수행하기 위해서는 시스템에서도 기능별로 구분해야 한다. 첫째, 고객에게 방을 배정하는 프런데스크모듈, 둘째, 고객에게 환전 또는 퇴실시키는 프런트캐셔모듈, 셋째, 고객의 객실예약을 처리하는 예약모듈, 넷째, 고객의 전화사용 및 안내를 하는 교환모듈 다섯째, 객실의 청소상태를 관리하는 하우스키핑모듈이 있다. 프런트오피스 시스템의 각 기능모듈을 그림으로 도시하면 [그림 9-2]와 같다.

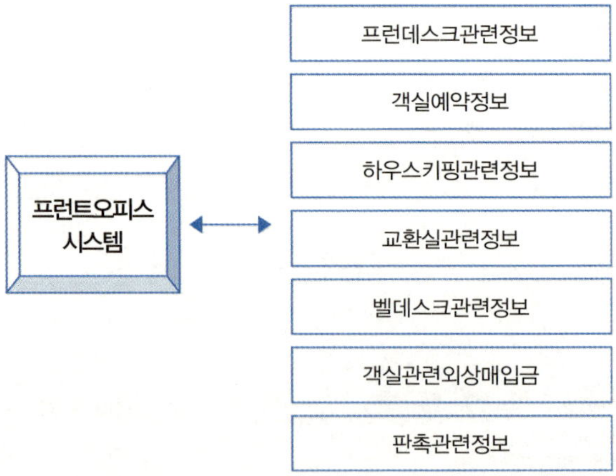

[그림 9-2] 프런트오피스시스템의 모듈

2) 백오피스시스템

백오피스의 시스템에는 호텔에서 발생하는 매출·매입관계를 관리하는 경리·회계시스템, 직원의 채용 및 교육 그리고 급여를 관리하는 인사·교육시스템, 호텔영업에 필요한 식음료관리 및 원가를 관리하는 재고관리시스템과 원가관리시스템이 있으며 호텔 고객관리 및 판촉을 위한 업무를 집행하는 판촉·연회관리시스템 등이 있다. 그리고 이러한 모든 자료를 최고경영자가 참조할 수 있도록 구축된 최고 경영자관리시스템이 있다. 이러한 모든 시스템을 총괄하여 백오피스시스템이라고 한다. 따라서 백오피스의 시스템은 호텔경영특성에 따라 시스템을 구축할 수 있는 유연성이 있는 특징이 있다고 할 수 있다. 백오피스시스템을 그림으로 도시하면 [그림 9-3]과 같다.

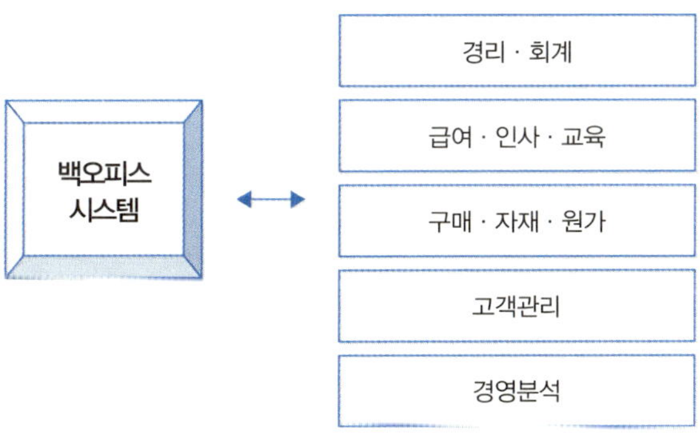

[그림 9-3] 백오피스시스템 모듈

3) 업장관리시스템

업장관리시스템은 호텔 내에 설치되어 있는 다양한 레스토랑, 바(bar) 그리고 수영장, 헬스클럽과 같은 부대시설에서 사용되는 매출을 관리하는 시스템으로서 일반적으로 POS(Point of Sales)시스템이라고 하며 한글로 해석하면 판매시점관리라고도 하나 여기서는 업장(outlet)경영관리시스템으로 칭한다. POS기기의 종류는 사용용도에 따라 백화점용, 호텔용, 외식사업용 등으로 구분할 수 있으며 사용하는 업체의 경영방식에 따라 적절한 기기의 도입이 필요한 아주 민감한 시스템이라고도 할 수 있다. 업장경영관리시스템을 그림으로 도시하면 [그림 9-4]와 같다.

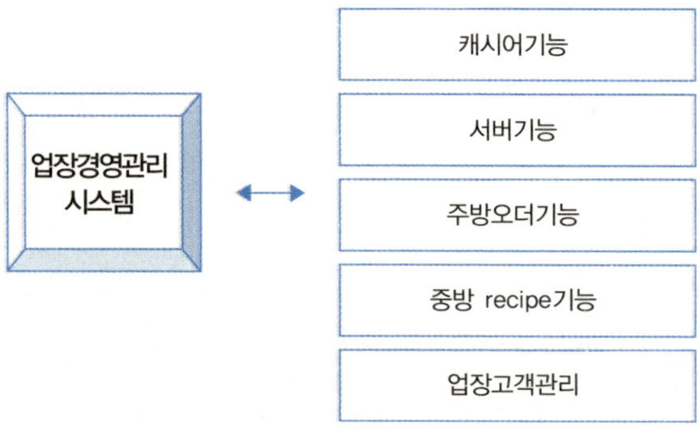

[그림 9-4] 업장경영관리 시스템 모듈

4) 인터페이스시스템

호텔정보시스템의 구성은 다양하게 세분화되어 있고 여기서 출력되는 자료도 분산되어 관리될 수 있다. 따라서 인터페이스시스템의 역할은 이러한 분산된 자료를 하나로 통합시키는 교통순경의 역할을 한다고 보면 된다. 즉 객실관련정보, 업장에서 제공하는 업장관련정보, 경영분석관련정보 등을 고객 및 직원을 위한 정보자료로 이용할 수 있도록 도와주는 역할을 하는 아주 중요한 시스템이며 원리는 [그림 9-5]와 같다.

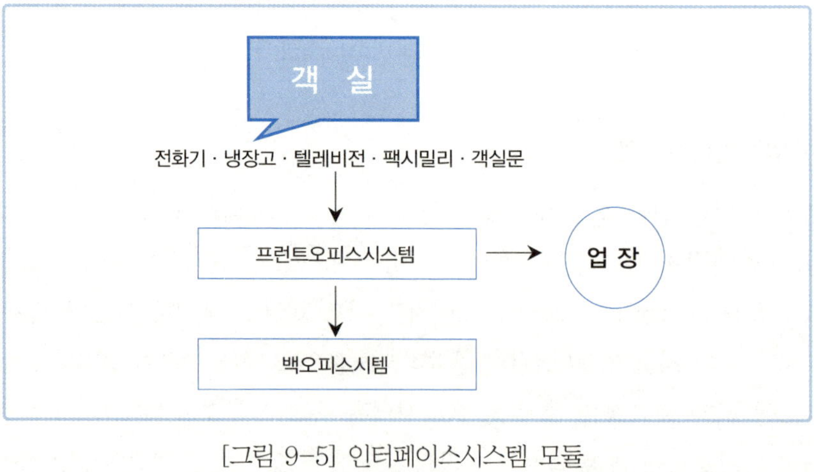

[그림 9-5] 인터페이스시스템 모듈

제2절 호텔 컴퓨터시스템의 구성

일반적으로 컴퓨터시스템 구성을 분류하면 하드웨어와 소프트웨어로 구성된다. 얼마 전까지만 하더라도 컴퓨터의 기억용량과 크기에 따라 대형컴퓨터, 중형컴퓨터, 소형컴퓨터로 구분되었지만 가격이 저렴하고 성능이 우수한 퍼스널컴퓨터의 출현과 발달로 특정기준에 의해 컴퓨터를 분류한다는 것은 무리가 되었다. 더구나 전 세계 호텔에서 사용해 왔던 컴퓨터하드웨어 추세가 대형 또는 중형컴퓨터에서 퍼스널컴퓨터시스템설치로 변환되고 있기 때문에 퍼스널컴퓨터를 환경으로 한 통신장비 및 부대장비가 수 없이 개발・연구되어 이용되고 있다. 이것을 PC-LAN (Personal Computer Local Area Network) 환경이라 한다. 따라서 여기서는 네트워크 환경을 기준으로 한 하드웨어에 관한 설명을 하겠다.

1. 하드웨어시스템

몇 년 전만 하더라도 컴퓨터시스템은 전산 전문요원만 작동시킬 수 있는 아주 귀중한 기계였다. 더구나 하드웨어가격이 고가이고 퍼스널컴퓨터가 대중화되지 않아 사용자 입장에서는 시스템을 응용하여 사용할 수 없는 영역 밖의 기계에 불과했다. 그러나 퍼스널컴퓨터의 발달로 가정과 직장마다 사용자가 원하는 시스템을 이용하여 다양한 응용을 할 수 있게 되었고 그로 인하여 사용자의 요구가 많아진 것도 현실이다. 지금까지 변천된 하드웨어시스템 환경을 비교하면 <표 9-1>과 같다.

컴퓨터기술의 진보로 컴퓨터기억용량으로 컴퓨터의 종류를 구분할 수 있는 시대는 지났다. 과거의 컴퓨터는 상대적으로 다음과 같은 기준으로 구분이 쉬웠다. 즉 작용속도, 소자의 크기, 지정되는 주변장치의 수, 동시사용자의 수, 소프트웨어의 라이브러리의 범위, 사용방법의 복잡성, 가격 등이었다. 여하튼 최근 컴퓨터의 모양과 기술의 진보는 컴퓨터 작용에 대한 자료의 분석과 수집능력만으로 구분을 하기는 어렵게 되었다는 것은 사실이다. 그동안 대부분의 호텔에서 사용하던 시스템은 호스트개념을 가진 메인프레임컴퓨터를 사용하여 프런트오피스 시스템을 움직여왔다.

〈표 9-1〉 하드웨어시스템 변천사

구 분	내 용
90년대 이전 1계층 시스템환경 (1tired Architecture)	메인프레임을 위주로 한 중앙집중식 아키텍처에서 사용자는 수동적일 수밖에 없었고 유지·보수 및 비용의 과다 지출에 대한 문제로 기업의 부담은 클 수밖에 없었다.
90년대 이후 2계층 시스템환경 (2tired Architecture)	기존의 호스트 중심 방식에서 벗어나 네트워크를 기반으로 클라이언트/서버 환경의 오픈시스템이 도입되면서 사용자는 능동적 위치를 지니게 되고, 이로 인해 유지·보수는 물론 비용면에서 상당한 혜택을 보게 되었다.

그러나 퍼스널컴퓨터의 진보와 네트워크의 환경의 발전으로 메인프레임컴퓨터에서 PC-LAN이라는 다운사이징화된 시스템으로 흘러가고 있다. 이것은 이미 사용자들이 퍼스널컴퓨터의 환경에 익숙해져 있고 기업에서 보면 하드웨어 및 기타 장비의 효용성 또는 유지보수의 용이함이 있기 때문에 시스템적인 생산성 가치는 상당히 높다고 보고 있다.

참고로 PC-LAN을 가지고 구축된 시스템의 구성도를 보면 [그림 9-6]과 같다.

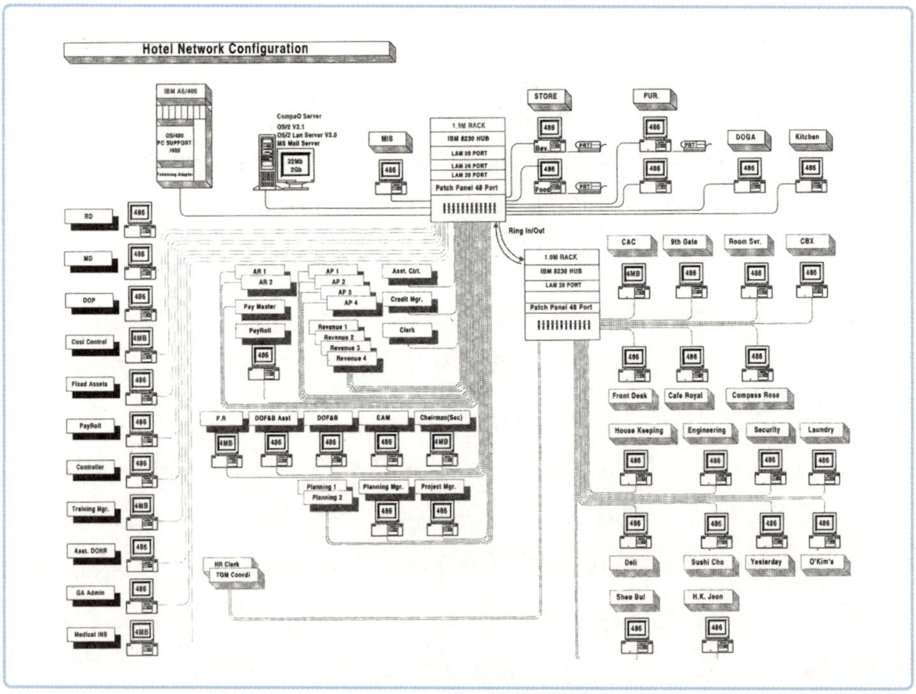

[그림 9-6] PC-LAN환경의 시스템 구성도

2. 네트워크 시스템

컴퓨터시스템의 시장판도를 바꾼 것도 다양하게 개발된 네트워크 장비들이다. 이미 대중화된 퍼스널컴퓨터의 성능과 우수한 네트워크장비를 조합해서 구축되어진 새로운 환경의 프런트오피스 시스템인 Fidelio System에서 사용된 네트워크장비와 LAN을 구성하는 5가지 요소를 그림으로 표시하면 [그림 9-7]과 같고 그 기능에 대한 설명은 다음과 같다.

1) 서버용 퍼스널컴퓨터(Server Personal Computer)

서버용 컴퓨터는 특수한 컴퓨터가 아닌 일반적인 컴퓨터가 사용되어도 상관은 없지만 디스크가 대용량이며 확장슬롯이 많은 컴퓨터가 적합하다. Fidelio System의 서브로는 미국제품인 Compaq Computer를 사용하고 있다. 그 이유는 안전성이 우선이고 국제적인 제품이기에 시스템의 표준화를 기할 수 있어 응용하기가 좋다.

2) 네트워크 인터페이스카드(Network Interface Card)

컴퓨터에 삽입되는 보드로 어댑트카드라고도 불리운다. 이것이 LAN의 하위층을 지원하는 주체가 된다. 이더넷(ethernet), 토큰링(token-ring) 등 다양한 통신방식이 존재한다. 현재 Fidelio System은 이더네드방식이다.

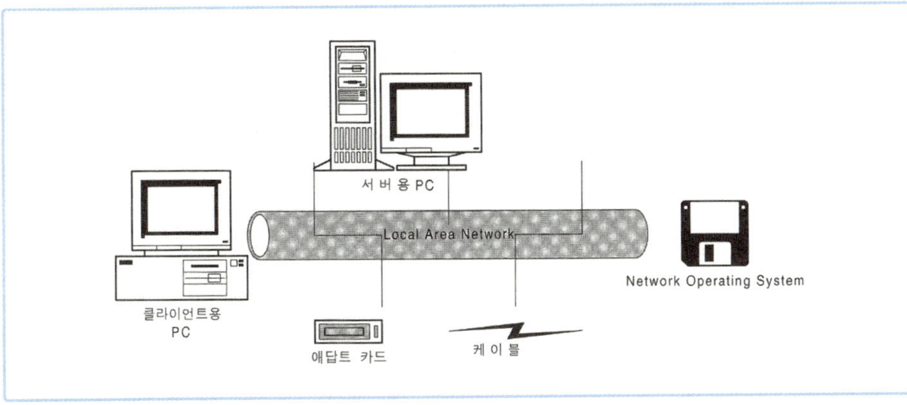

[그림 9-7] PC-LAN 구성도

3) 케이블과 배선시스템

LAN용 케이블로는 가늘면서도 전화선과 같은 케이블인 UTP(Unshielded Teisted Pair)가 사용되고 있다.

4) 네트워크 오퍼레이팅시스템(Network Operating System)

Netware, MS-Networks, LAN Manager, Apple Share, DECnet, TOPS 등 다양한 네트워크 오퍼레이팅시스템소프트웨어가 판매되고 있다. LAN도입 시에는 이러한 NOS에 관한 상식적인 지식이 필요할 것이다. 피델리오시스템(Fidelio System)의 NOS는 netware이다.

5) 클라이언트(client)용 퍼스널컴퓨터

클라이언트는 노트북퍼스널컴퓨터를 포함하여 일반적인 데스크탑퍼스널컴퓨터가 사용되며 컴퓨터를 직접 사용하는 고객용 컴퓨터이다. 피델리오시스템(Fidelio System)의 클라이언트용 퍼스널컴퓨터로는 각 해당국가의 제품을 사용하고 있으며 그 이유는 문제발생 시에 유지 · 보수가 용이하고 가격이 저렴하기 때문이다.

3. 소프트웨어시스템

퍼스널컴퓨터의 보급과 함께 발전해온 소프트웨어시스템은 사무자동화 소프트웨어(워드프로세서, 스프레드쉬트, 데이터베이스 등) 및 통신소프트웨어(유니텔, 하이텔, 천리안 등) 그리고 각종 업무용시스템들이다. 호텔에서 대표적으로 사용한 호텔정보시스템(hotel information system : HIS)은 IBM System 36과 IBM AS/400에서 운영되는 시스템지원프로그램(system support program)과 OS/400으로 작동하는 메인프레임컴퓨터에서 운영되는 객실관리 프런트오피스 소프트웨어이다. 구사된 컴퓨터언어는 RPG(report programming generator)언어로 되어 있어 사용자의 대중성은 없다. 그러나 지금 교체되고 있는 Fidelio라는 소프트웨어는 퍼스널 컴퓨터 환경에서 운영되는 네트워크운영시스템(network operating system), 디스크운영시스템(disk operating system), Windows 3.1, Windows 95 환경에서 개발된 시스템으로써 사용된 컴퓨터언어는 Clipper이고 데이터베이스는 오라클(oracle)로 일반 사용자들도 쉽게 들어본 환경으로 구축되고 있다.

제3절 프런트오피스 관리시스템

프런트오피스시스템의 역할은 호텔투숙객의 체크인부터 체크아웃 이후 관리까지 운영하는 시스템으로 프런트데스크, 벨데스크, 전화교환실, 예약과, 하우스키핑과 같은 부서에서 운영한다.

1. 시스템 구성요소(Configuration)

시스템을 구축하여 가동하기 전에 선행해야 할 작업이 호텔기초자료 입력이다. 이것을 Configuration이라 한다.

1) 도움말 코드정의

주소, 비행기회사, 영수증처리업장, 매출발생분야, 예약경로, 수수료 지급처, 배경색, 수수료 퍼센트, 우대카드 종류, 추천방법, 위치별 객실, 할인카드, 회사분류별, 취미별, 언어별, 테스트, 우편, 국적별, 신문, 지급종류, 가격수준, 랙종류, 객실견품, 객실셋업, 영업사원, 고객이력 유지, 고객서비스 종류, 지급단위, 업그레이드 책임, 업그레이드 종류, 비디오체크아웃, 우대고객구분 등 객실관리시스템을 운영하기 전에 데이터베이스 도움말을 미리 입력하여 코드화된 자료를 불려서 데이터를 확인하고 코드와 연관된 완전한 이름을 도움말 상자를 통하여 인식하는 편리한 구성이다.

예) Airline Code : AC(Air Canada), OZ(Asiana)

2) 계산발생처 코드정의

계산이 어느 부서로 입력되는가를 코드화하여 사용자가 편리하게 업무를 진행할 수 있도록 도와준다.

예) 객실과 세금 : RO, 미니바 : MI, 전화용금 : 511 등

3) 객실취소원인 코드정의

객실예약 후 고객이 취소한 원인을 코드화하여 원인별 분석에 사용되도록 한다.

예) 가격문제 : 1, 기후 : 2, 공항폐쇠 : 3, 교통문제 : 4 등

4) 프런트캐셔 코드정의

프런트캐셔에게 고유번호를 코드화하고 업무시작 전 금액과 종료 후 금액의 차이액을 표시해주고 업무일자 및 업무시간을 기록함으로써 직원관리를 수행한다.

예) 홍길동 : 코드번호, 업무전 금액, 업무일자, 시간, 차이액

5) 더미(가상)객실 코드정의

경리업무상 필요한 자료를 수집하기 위해 가상객실을 코드한 후 시스템으로 자료를 모아서 정리한다. 자료보관일자는 회사에 따라 일정한 정리기간을 정하여 운영한다.

예) 9520 : POS상의 비자카드로 결재한 자료

6) 시장구분 코드정의

객실시장 구분을 코드화하여 시장별 영업결과를 분석한다.

예) COR : 그룹, GTR : 일본 그룹, CRW : 승무원, EBY : 대사관 등

7) 국적별 코드정의

수많은 국적을 가진 고객을 관리하기 위해 나라별 코드화하여 운영한다.

예) AL; 알바니아, GM : 잠비아, KR : 코리아, ZW : 잠비아 등

8) 고장난 객실 코드정의

객실을 판매하지 못하는 이유를 코드화하여 원인별 분석도 가능하게 한다.

예) GC : 대청소, DO : 문 고장, RN : 객실공사 등

9) 객실료 코드정의

호텔 객실료의 구분은 상당히 복잡하며 종류도 다양하다. 따라서 객실료 범주로 구분하여 객실형태별로 객실료를 코드화하여 편리하게 운영한다.

예) VO : 200000

10) 지역별 구분코드정의

세계지역을 구분, 코드화하여 지역별 고객판매율을 분석한다.

예) AF : 아프리카, KR : 한국 등

11) 예약형태별 구분코드정의

객실예약을 어떻게 하여 객실을 어떻게 사용하는지 코드화하여 분석한다.

예) 5 : 공짜, 1 : FIT 등

12) 객실형태별 구분코드정의

수많은 객실형태를 코드화하여 작업을 수행한다.

예) CS : Corner Suite, DT : Deluxe Twin 등

13) 객실 내 서비스품목 코드정의

호텔 내에는 객실고객을 위한 각종 서비스품목이 있다. 이 품목을 코드화하여 입력하면 자동으로 해당부서에서 준비하여 객실에 비치한다.

예) L1 : 세탁물 10% 할인, MP : 메모장 등

14) 고객의 호텔투숙원인 코드정의

고객의 호텔투숙동기에는 여러 가지가 있다. 이 동기를 코드화하여 경영분석에 참조한다.

예) CRS : 체인호텔망 예약시스템, APL : 항공사 예약시스템, PEF : Walk In 등

이외에 해당호텔에서 업무상 필요한 내용을 코드화하여 얼마든지 입력하고 시스템을 사용하는 사용자가 편리하게 업무를 진행하여 고객서비스에 만전을 기한다. 따라서 해당자료를 바탕으로 호텔경영진들이 경영분석에 필요한 자료를 수집하며 경영정책을 수립하는데 도움을 줄 수 있는 방향으로 가는 것이 컴퓨터시스템의 효과적이고 효율적인 관리방법이다.

2. 객실예약 업무관리시스템

객실예약관리 모듈은 고객으로부터 전달되는 예약망에 의해 예약관련 자료가 데이터베이스화되어 형성된다.

1) 예약시스템의 기능

신규예약 및 거래처예약을 관리하는 예약기능, 객실을 할당하는 할당기능, 단체고객을 관리하는 그룹기능, 투숙객행사를 관리하는 이벤트관리기능, 예약최종확인을 전달하는 확인기능, 객실부족 시 객실배당을 기다리는 고객관리기능을 시스템으로 제어한다.

2) 인터넷을 통한 예약시스템

호텔업의 특성이 철저한 고객관리, 호텔이미지 구축, 양질의 서비스에 있다는 가정을 전제로 한다면 인터넷의 특성을 최대한 활용할 수 있는 업종 중 하나가 바로 호텔이다. 여러 비즈니스 분야 중 특히 호텔업종이 인터넷 사용초기부터 두드러졌다는 사실이 이를 반영하고 있다.

(1) 국제 비즈니스네트워크 인터넷의 판촉효과

인터넷은 전 세계 비즈니스맨을 포함한 핵심경제활동인구의 집단이다. 인터넷을 통한 판촉활동은 너무나 자연스러운 흐름이다. 왜 무수히 많은 외국의 호텔들이 일찍부터 인터넷관리에 힘쓰게 되었는가? 아울러 인터넷에는 호텔 자체뿐만 아니라 여행관련 네트워크, 관광안내 네트워크 등이 다수 존재하므로 이 또한 효과적으로 이용할 수 있음을 알려준다.

예약을 하시려면 아래 Form을 입력하고 예약 버튼을 누르십시오.
예약확인을 FAX로 보내드리겠습니다.

예약 정보

투숙객수 : 예약객실수 : 동반 어린이수 : 추가침대수 : 객실종류 :
체크인일시 : 월 일 년
아웃일시체크 : 월 일 년
비행스케줄 : 도착편 : 출발편 :

지불방법 : 개인지불 회사지불 대행사지불
신용카드 : 신용카드번호 : 만기일자 :

투숙객은...
스위스 골드카드 멤버인가요? 예 아니오
스위스그랜드 헬스클럽 멤버인가요? 예 아니오
스위스 그랜드 호텔과 계약이 있습니까? 예 아니오
만일, '예'이면,
기타사항 :

객실 요금표

[스위스 그랜드 | 이달의 행사 | 예약시스템 | Swissotels | 날씨]

서울특별시 서대문구 홍은동 201-1번지
Tel. (82-2)3216-5656 Fax. (82-2)3216-7799
Updated : 98-07-21 --- copyright ⓒ 1998 Swiss Grand Hotel

[그림 9-8] 홈페이지상의 인터넷예약 양식

(2) 고객관리와 온-라인 예약시스템

양자 모두 인터넷의 양방향적 통신체계를 이용한 것이다. 인터넷을 통한 예약시스템은 외국의 경우 이미 보편화되어 있는 것이고 고객정보의 데이터베이스화를 통해 고객의 생일이나 결혼기념일에 축전을 보내거나 서비스만족도를 조사하는 일 등이 그것이다.

[그림 9-8]은 스위스그랜드호텔 홈페이지상의 인터넷예약 양식이다.

3. 프런트데스크 업무관리시스템

객실을 이용하는 고객의 입실을 관리하는 업무를 돕는다.

시스템의 기본기능은 호텔에 도착한 고객의 객실배정기능, 투숙중인 고객의 관리기능, 고객신상관리기능, 거래처관리기능 등이 있다.

4. 프런트캐셔 업무관리시스템

고객의 체크아웃 시 호텔사용료를 정산하고 외국인을 위한 외국환을 교환해주는 업무를 지원한다. 시스템의 기능으로는 영수증 발급기능, 사용액 입력기능, 일괄 사용액 입력기능과 같이 캐셔들이 금전관계를 운영하는 기능은 캐셔 각각의 개인번호와 비밀번호를 부여하여 시스템을 운영하고 이를 관리해주는 캐셔관리기능은 외환교환, 비밀번호 변경과 같은 구성요소로 이루어져 있다. 이 기능 외에 빠른 체크아웃기능과 금전을 관리하고 수정하는 기능이 있다.

5. 하우스키핑 업무관리시스템

고객이 이용하는 객실 및 객실에 비치된 비품 등을 관리하여 투숙객이 집에 있는 듯한 분위기를 조성하여 최대한의 안락함을 제공하는 업무를 지원한다. 시스템의 기능은 고장난 객실체크기능, 객실이력기능, 객실청소상태 조회기능, 그래픽을 통한 객실예약 및 점유기능을 조회할 수 있고 객실투숙상태를 실시간 처리로 [그림 9-9]와 같이 조회가 가능한 기능이 있다.

XX 분 XX 초 현재현황

Room Summary	
Rooms in Hotel	460
Out of Order	0
Rentable rooms	
460	
Out of Service	2

END-OF-DAY Projection	Rms	Prs
Available Tonight	40	
Occupied Tonight	411	576
Allotments	1	
Individual Rooms	411	576
Group Rooms	0	0

CURRENT MOVEMENT	Rms	Prs
Departures Expected	22	23
Departures Actual	148	220
Arrivals Expected	92	153
Extended Stays	6	6
Early Departures	9	16
Day Room	0	0
Walk In	1	1

Housekeeping Status Current	Occ.	Vac.
Dirty Rooms	253	54
Clean Rooms	88	63
Out of Order		0
Out of Service		2

[그림 9-9] 실시간 객실현황 조회 화면

6. 교환실 업무관리시스템

객실고객이 객실에서 사용하는 전화내역관리 및 메시지관리 등 전화설비를 이용한 시스템을 지원한다. 시스템기능으로는 메시지를 화면으로 보는 기능, 메시지를 객실로 전달하는 기능, 추적해서 메시지를 조회하는 기능이 있다. 호텔에서의 교환실시스템은 최신 첨단기능을 가진 시설교환기(pabx)의 운용이 필수적이다

7. 각종 보고서 관리시스템

시스템에서 출력되는 보고서의 종류는 매우 다양하며 호텔경영의 성격에 따라 보고서의 양식 및 필요성은 다를 수밖에 없다. 그러나 기본적으로 호텔에서 운영되는 보고서는 제공된다. 일반적인 보고서, 우편배달보고서, 확인보고서, 일반적인 우편보고서 등이 있는데 대표적인 일반보고서의 종류는 다음과 같다.

① 객실에 투숙 중인 고객에 대한 모든 보고서

② 예약관계에 대한 보고서

③ 고객신상에 관한 다양한 보고서
④ 경리부와 관련되는 보고서
⑤ 나이트오디터 보고서
⑥ 통계 보고서
⑦ 기타 특별보고서 및 시스템 구성 보고서

제4절 인터페이스(자동화)시스템

오늘날 우리 시대를 정보화시대라고 한다. 이럴 때일수록 외국 관광객 대상으로 영업을 하는 특급호텔에서는 고객이 객실에 투숙하는 동안 관광선진국과 버금가는 객실자동화시스템을 보다 활성화하여 눈에 보이지 않는 서비스를 제공하여 경쟁력 우위확보 및 생산성향상에 기여해야 한다. 따라서 본고에서는 호텔객실에서 운용되고 있는 자동화의 기능 및 원리에 관해서 살펴보고 호텔 객실에서 필요한 정보화의 역할은 무엇인지 살펴보기로 하겠다.

1. 정보화사회와 정보기술

정보화사회(information society)는 정보화 비중이 점차 증대되는 사회로서 정치, 문화, 교육, 과학, 기업경영 및 가정생활에 이르기까지 모든 사회분야에서 정보의 가치가 물질의 가치에 비해 상대적으로 높아져 생산, 유통, 소비 등의 활동이 활발한 고도화사회이다.

미국의 저명한 미래학자인 앨빈 토플러(Alvin Toffler)가 1980년에 발표한 저서 "제3의 물결(The Third Wave)"에서 신석기시대의 농업혁명과 18세기의 산업혁명이 인류에게 준 제1, 제2 물결이었으며 현재 인류는 정보혁명에 의해 주도되는 이른바 제3의 물결을 맞이하였다고 예견하였다. 그 외 캐나다의 마샬 맥류한의 "지구촌(Global village)", 프랑스 로라와 밍끄의 "텔레마띠끄(telematique)사회", 일본의 고바

야시 교수의 "C&C(computer and communication)시대" 등 모두가 컴퓨터와 통신을 주축으로 한 정보화사회를 표현하는 용어들이다. 그러므로 정보화사회란 산업화사회가 일정수준 이상으로 발전되고 성숙된 기반에서 컴퓨터와 통신을 매개로 한 정보산업이 중심이 되어 이들이 생산해 낸 정보가 모든 경제적인 부가가치를 창출해 내는 새로운 형태의 사회체계를 의미한다고 볼 수 있다. 따라서 정보화사회를 구축하기 위해서는 정보기술이 필요하다. 정보기술(information technology : IT)이란 정보를 처리하는 기술로서 크게 컴퓨터와 관련된 지식 및 도구를 의미한다. 컴퓨터 하

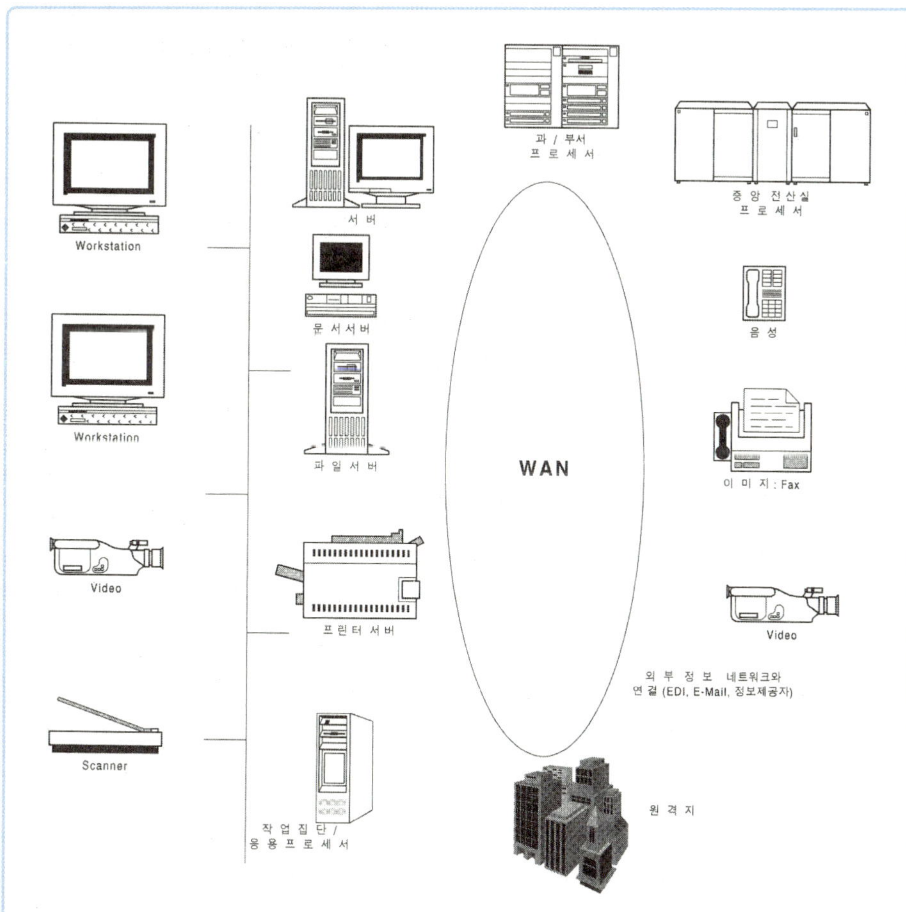

[그림 9-10] 정보기술의 구성

드웨어, 소프트웨어, 정보를 담아두는 데이터베이스, 타시스템 간의 연결을 위한 네트워킹시스템 그리고 이러한 도구들을 활용하는 노하우 등 정보기술에 대한 영역은 포괄적이다. 일반적으로 정보기술의 구성을 표시하면 [그림 9-10]과 같다.

2. 호텔객실의 정보화

노트북을 가지고 출장가는 비즈니스맨을 이상한 눈으로 바라보는 시대는 벌써 지났다. 컴퓨터를 통해 이메일(E-mail)을 주고받는 기업이 늘어나고 있고 확산 보급되고 있다. 따라서 호텔산업도 고객의 편의를 위하여 신속한 정보화로 대응해야 한다.

각 객실의 전화접속방식이 ISO(International Standard Organization) 규정에 따라 설치되고 자료와 노트북을 올려놓고 업무하기가 편리한 책상이 비치되어야 하고 모든 객실에 팩스가 설치되어야 한다. 또한 인터넷 전용선의 설치 및 고객의 진정한 요구를 파악하여 정보산업에 대응할 필요가 있다. [그림 9-11]은 호텔서비스 환경을 나타낸다.

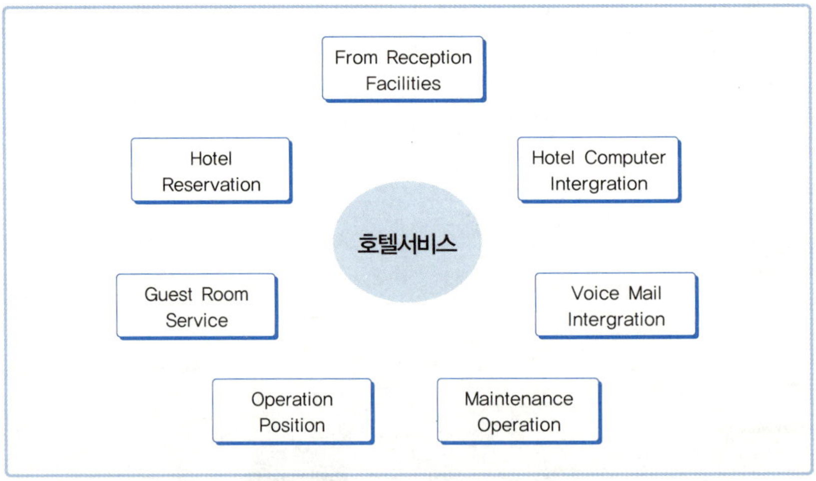

[그림 9-11] 호텔서비스 환경

3. 호텔객실자동화 운영사례

고객이 체크인하여 프런트에서 객실에 입실하기 위한 카드를 직원으로부터 받아 객실로 입실하여 카드를 카드박스에 삽입하면 히터, 에어컨, 전기 등 시설물들이 자동으로 작동될 수 있다. 이 시스템을 에너지관리시스템(energy management system)이라 한다. 입실과 동시에 객실에 비치된 팩스기에서 "환영합니다. 홍길동 씨"라는 환영 메시지가 출력된다. 이 시스템을 팩스메시지시스템(fax message system)이라 한다.

우선 객실에 비치된 전화기를 이용하여 활용되는 서비스기능을 살펴보자. 여기서 알아두어야 할 것은 호텔객실용전화기는 일반전화기와 다른 점이 있는데, 그것은 전화기에 붉은색의 램프가 장착되어 있다는 것이다. 이 램프의 기능은 고객의 객실부재 시에 외부로부터 걸려오는 전화메시지, 팩스 등 전달해야 할 내용들이 있다는 표시기능을 하는 것이다. 고객이 객실에 되돌아와서 램프의 상태를 보고 메시지를 전달받는다(message light system). 객실을 청소한 룸 메이드가 전화기로 통하여 청소의 여부를 입력하면 호스트컴퓨터(room status system)로 데이터가 입력되어 프런트데스크에서 고객에게 객실을 할당할 수 있다. 객실에 비치된 미니바(냉장고)의 이용현황을 전화기로 입력하면 해당객실 고객의 계정코드로 자동입력되어 신속한 자료처리로 손실률이 감소된다(Mini bar system). 미니바 자체에 센서기가 있어 물건을 사용한 시점에서 자동으로 계정코드로 입력되는 시스템도 있다.

그리고 고객이 사용하는 전화내역 및 요금이 자동 산출되어 고객 계정코드로 입력이 된다(call accounting system). 고객이 해당객실에서 호텔 내에 있는 부대업장으로 전화를 걸면 해당직원이 친절하게 고객의 이름을 부르며 "홍길동 씨 무엇을 도와 드릴까요?"라고 이야기를 할 것이다(calling name display system). 전혀 놀랄 필요가 없다.

그 이유는 호스트컴퓨터의 고객데이터베이스와 사설교환기(PABX)의 인터페이스기능으로 작동되는 조그마한 서비스로 보면 된다. 지금부터는 객실에 있는 TV를 통하여 고객에게 서비스할 수 있는 기능은 무엇이 있는지 살펴보도록 하자.

먼저, TV를 켜면 해당호텔의 부대시설안내가 친절하게 설명되며 TV를 통하여 체크인, 아웃기능도 할 수 있고 현재까지 고객이 지불할 금액까지 수시로 조회할 수 있는 기능도 있다. 또한 TV를 통하여 보고 싶은 영화를 시청한 후 자동으로 사용료가 고객계정으로 이체되는 기능도 있다(PPV System).

이외에 노트북을 가지고 객실에서 E-Mail을 보내거나 통신을 하는 고객들이 증가하므로 데이터라인의 추가설치가 필요하다. 이와 같이 오늘날 정보기술은 기업의 생존과 도약에 결정적인 역할을 하는 핵심적인 수단으로 인식이 전환되었고, 특히 숙박산업에서는 투숙하는 고객의 편의를 위하여 사람에게만 의존하였던 서비스 질을 정보기술을 통하여 한층 더 높여 나가야 한다. 정보기술의 특징은 첫째, 비전형적인 절차를 기계적이고 전형적인 절차로 바꾼다. 둘째, 지역적인 한계를 극복함으로써 정보수집에 요구되는 시간이 크게 단축된다. 셋째, 경영활동의 폭이 증대된다. 넷째, 인력이 절감된다. 다섯째, 업무의 복잡성을 줄여준다는 것이다. 그러나 우수한 정보기술이라 할지라도 사용자들이 이를 활용하지 않으면 이는 무용지물인 것이다.

4. PABX시스템의 구조 및 원리

기술적인 개념이지만 호텔의 자동화 역할을 담당하는 장비 중 PABX의 역할은 매우 중요하다. 그리고 이 장비의 규모는 호텔객실 규모에 따라 결정되며 대부분 수입품으로 설치되고 있다. 호텔용 사설교환기 종류로는 AT&T, NEAX, Hicom, Rolm 등이 있다.

사설교환기 장치로 이용되는 호텔객실관리 구성도는 다음과 같고 객실자동화에 대한 PABX기능 중 일부분을 정리해 본다.

1) PABX(Private Automatic Branch Exchange)

오늘날 정보통신기술은 하루가 다르게 급속하게 변화하고 있다. 멀티미디어시대를 맞이하여 각기 다른 미디어들의 새로운 결합이 또 다른 응용기능을 창출하고 네트워크 장치의 확대와 진화를 가져오게 되었다. 데이터프로세싱과 통신의 결합이라는 개념의 데이터통신시장이 미래의 정보화 사회를 주도해 나갈 것이라는 사실이 부인할 수 없는 현실이 되었다. 그리고 이러한 상황은 사용자와 공급자가 독특한 시도를 하도록 제공하여 고객은 하나의 Source로 완벽한 해결책과 총시스템 통합(total system integration)까지 지원하는 시스템을 요구하고 있다. 이러한 시대적인 요구에 부응하여 PABX는 단순하게 전화교환업무를 담당하는 시스템이라는 기본적인 개념을 벗어나 네트워킹을 이용한 데이터통신, 선로 없는 사무실을 구현한 무선통신 그리고 종합정보통신망인 ISDN과의 완벽한 결합 및 ACD, DTB, CTI 등과 같은 다양한 어플리케이션(application)구현, AC-WIN/OPTISET-E와 같은 사용자 중심의 편리한 단말을 갖추어 호텔의 업무환경을 최적으로 바꾸어 준다. 끊임없는 연구투자와 개방형시스템으로 개발된 PABX로 효율적인 커뮤니케이션서비스(communication service)는 물론 창조적인 애플리케이션지원으로 고객만족이라는 의미를 뛰어넘는 고객감동이라는 차원으로 다가올 수 있을 것이다. [그림 9-12]는 호텔전용 디지털전자 교환기기능역할을 그림으로 나타낸다.

(1) PMS(Property Management system) 제공기능(객실관리시스템 연동)

① 요금정보 전송기능
② 체크인/아웃 시, 객실전화등급 변경기능
③ 디지털폰에 이름 및 고객정보 디스플레이기능
④ 메시지상태 표시기능
⑤ Wake-up기능 및 Wake-up 상태 프린터출력기능
⑥ 객실상태 변경(room status)
⑦ Mini Bar Charge기능
⑧ 메이트 아이디(maid ID)등록기능
⑨ 객실교체 및 변경기능
⑩ 고객정보 입력 및 변경기능
⑪ 객실에서 특정번호로의 발신제어기능
⑫ 착신거부기능

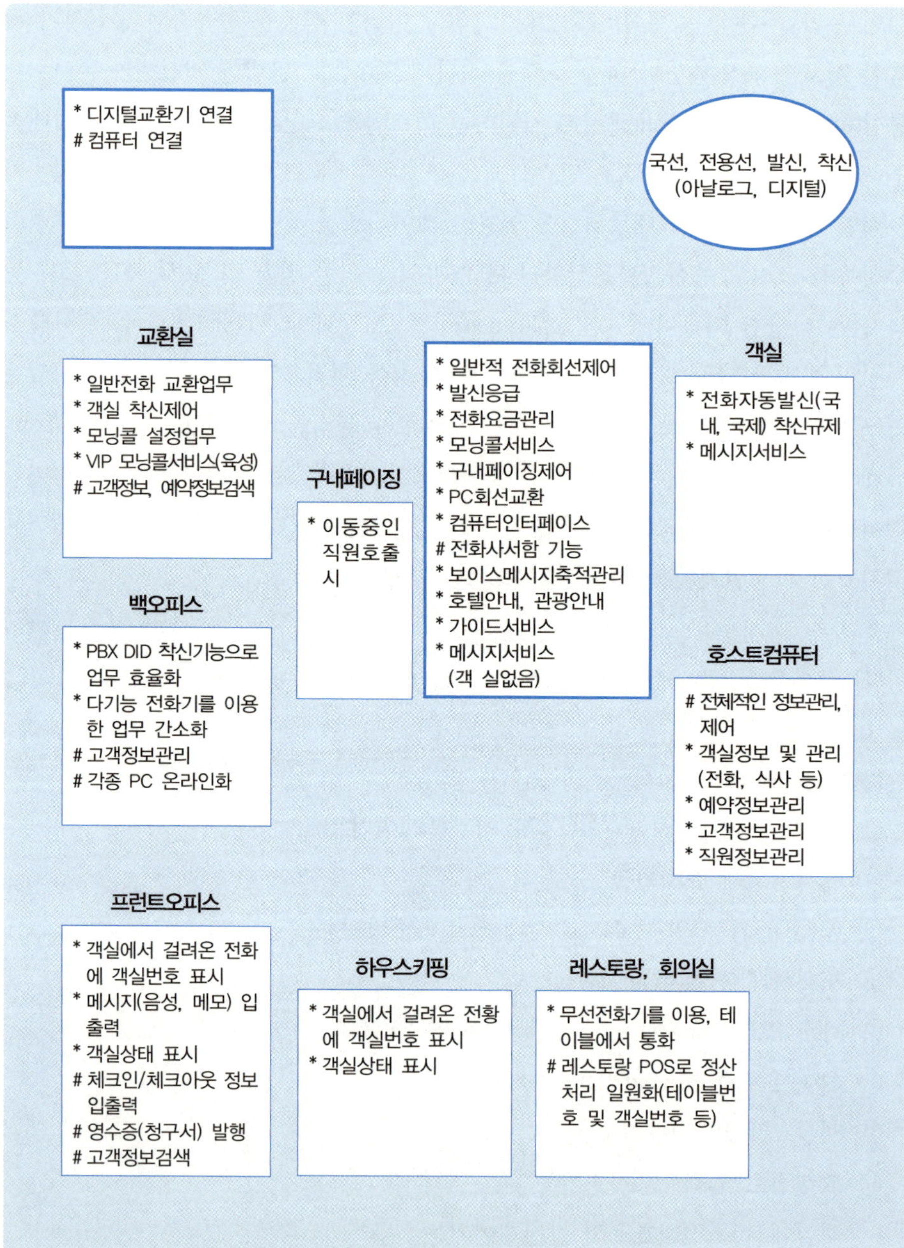

[그림 9-12] 호텔전용 디지털전자교환기 역할

(2) VMS(Voice Mail System) 제공기능

① 체크인 시 패스워드 할당기능
② 체크아웃 시 메일박스 해제기능
③ 재체크인을 위한 메일박스 복구기능
④ 개인안내문 등록기능
⑤ 메시지 등록일자, 시간 제공기능
⑥ 모든 청취 메시지 삭제기능
⑦ 메시지 보안기능
⑧ TEXT/FAT메시지 수신상황을 전화의 메일에 남기는 기능
⑨ 전화기에 메시지대리램프(waiting lamp) 작동기능
⑩ 객실변경 시 메일박스(mailbox) 자동변경기능
⑪ 체크아웃 후에도 메일박스 확인가능기능
⑫ 음성안내를 동시에 여러 사람에게 전송할 수 있는 기능
⑬ 사용방법 안내기능

(3) FMS(Fax Mail System) 제공기능

① 환영 메시지(welcome message) 전송기능(다국적 언어)
② 페이퍼 메시지(paper message) 전송기능
③ 체크아웃 시 특정장소로 팩스보관기능
④ 체크인 시 신규팩스번호 부여기능

결론적으로 각 산업의 정보화의 보급은 너무 빠르게 확산 이용되고 있다. 비록 IMF의 한파가 있다하지만 정보분야의 개발 및 육성은 멈출 수 없을 것이다. 이와 함께 관광산업분야의 정보화의 물결도 급속도로 확산되어야 하며, 특히 관광산업의 80% 이상을 차지하는 숙박산업의 정보화는 신속하게 세계의 흐름에 대처하지 않으면 국제경쟁력에서 뒤떨어질 수밖에 없다. 수많은 국가에서 몰려오는 관광객, 비즈니스맨들의 체류편의를 제공하기 위한 정보활용, 선진국과 비교되는 객실의 정보화 운영과 편리성은 국제경쟁력 우위확보에 신경 써야 될 항목이다. 겉치레 좋

아하는 우리나라의 관광정책은 합리적인 서구식의 소프트한 관광정책을 본받아야 한다. 작금에 관광분야 정보관리 및 처리를 위한 학과가 각 전문대학에서 신설되고 있다. 이는 앞으로 우리나라 관광정보 분야의 발전에 밑거름이 될 것이라는 희망과 기대감을 가져본다. 그 동안 발전되어 온 호텔정보화의 변천사를 도표로 나타내 보면 <표 9-2>와 같다.

〈표 9-2〉 호텔객실관리 정보시스템 변천사

구 분 \ 세 대	제1세대(1970년대)	제2세대(1980년대)	제3세대(1990년대)
하드웨어	ECR	Host computer	PC-LAN
소프트웨어	–	HIS(Hotel Information System)	Fidelio
네트워크 네트워크오퍼레이팅시스템	– –	– –	Ethnet, Token Ring Network Novel, Windows NT

제5절 식음료 관리시스템

1. 식음료관리를 위한 하드웨어시스템

식음료를 관리하는 컴퓨터시스템으로 대표적으로 POS시스템을 사용한다. POS시스템이란 Point of Sales System의 약어로서 각 영업장에서 발생하는 모든 판매현황을 일정한 시점에서 화면, 보고서 형식으로 파악 분석할 수 있도록 구성된 외식산업의 식음료영업장 및 유통관련업소의 경영관리를 위한 정보기기시스템이다.

1) POS 기기의 주요기능

(1) 호텔 호스트컴퓨터의 조회기능

POS기기와 호텔에서 사용하고 있는 호스트컴퓨터가 연결되어 영업장 POS기기를 통하여 객실투숙고객에 관한 정보를 파악하여 서비스를 할 수 있고 업장에서 사용된 요금을 호스트컴퓨터의 고객계정으로 자동이체되므로 요금을 지불하지 않는 사고의 발생을 사전에 막을 수 있어 영업의 누수가 방지된다.

(2) 항목별, 그룹별, 영업장별 등으로 다양한 메뉴관리가 가능하다.

(3) 주방프린터와 서버용단말기가 연결되어 있어 고객주문 시 자동으로 주방에 주문내용이 출력되어 편리한 기능을 가지고 있다.

(4) 달러, 엔 등 다른 나라 지폐 지불 시 자동으로 환전할 수 있는 기능이 있다.

(5) 주차장 등의 유·무료 이용쿠폰이 자동 발행된다.

(6) 각 업장별로 수십만 개의 메뉴관리가 가능하며 항목별, 그룹별, 식·음료별, 시간대별, 직원별, 테이블 등의 매출집계 분석이 즉시 처리되므로 매출현황 파악 및 각종 분석자료를 신속하게 제공한다.

(7) 캐셔, 서버, 주방 등 각 부문에서 자료의 상호비교체크를 통한 감사업무의 기능이 있다.

이외에도 대 고객서비스 차원의 신속하고 정확한 계산, 깨끗하고 보기 좋은 영수증발행, 고객이 기다리는 시간을 대폭 단축하며 기기의 에러발생시 간단한 회복기능도 다양하다.

2) POS시스템의 종류

일반적으로 POS의 종류를 크게 두 종류로 분류하면 ECR(electric cash register)형과 PC(personal computer)형 POS이다. PC-POS를 디스플레이(display) POS 또는 인텔리전트(intelligent) POS라고 부르기도 한다. 두 종류의 POS기기 차이점은 여러 가지가 있으나, 가장 큰 근본적인 차이는 ECR POS는 그 설계 자체가 거의 백년 전에 등장한 금전등록기를 원형으로 하고 있으며 아직 그 기본 테두리를 벗어나지 못하는 숫자관리와 계산지향적인 장비란 것이다. 그에 반해 PC-POS는 금세기 최고의 문명의 이기라고 하는 퍼스널컴퓨터를 근간으로 하고 있어 정보화된 사회가 요구하고 있는 기본적인 요건, 즉 정보의 효과적인 처리 및 가공과 상호교환을 위해 어떠한 사용자 형태의 요구라도 대응할 수 있는 처리능력과 다양한 통신기능을 갖고 사용자의 환경에 접근하므로 ECR POS 개념에서 비교하면 가히 충격적이라 할 것이다.

PC-POS의 대표적인 기능을 나열하면 다음과 같다.

(1) 업무처리의 범용성과 유연성이 뛰어나다

ECR POS시스템은 내부에 기 프그램밍되어 있는 기본업무처리 루틴 내에서만 업무처리가 가능하며 사용자 고유환경에 맞게 수정하여 고객화 할 수 있는 능력이 거의 없고 내부에 축적시킬 수 있는 프로그램 및 자료의 양도제한을 둔다.

따라서 각 사용자의 특수한 업무여건과 처리형태에 관계없이 생산자가 장비설계 시 예측한 모델화된 업무한계 내에서만 운용이 가능하다. 그러나 PC-POS는 동일한 하드웨어에 사용자의 업무프로그램을 어떻게 하느냐에 따라 업종에 관계없이 사용이 가능하며 업무의 변화에 따라 퍼스널컴퓨터에서와 같이 프로그램만 수정하거나 추가하면 얼마든지 손쉽게 바꿀 수 있어 가까운 장래에 사용자의 업무변경이나 수년 후의 유통환경과 새로운 영업방침에도 하드웨어의 교체 없이 능동적으로 대응할 수 있다.

(2) 통신기능 및 확장성이 우수하다

ECR POS 시스템은 생산자가 장비설계 시 접속할 수 있는 장비를 정하고 그것을 처리할 수 있는 기능을 부여하였다. 그렇기 때문에 생산자입장에서 사용이 예상된 표준장비 이외에 실사용자의 업무특성에 따라 요구될 수 있는 비표준장비의 접속 운용이 거의 불가능하다. 그러나 PC-POS는 상기와 같은 ECR POS의 한계를 충분히 극복하는데 ECR POS 기기에 부착할 수 있는 주변장치는 물론이고 사용자가 프로그램개발 시 적절히 고려한다면 ARS(Audio Response System)시스템이나 특수 목적의 가시적 디스플레이 기기 등의 연결이 가능하며 다양한 토폴로지(topology)의 통신망 구축뿐 아니라 그 통신망 상에서의 상호 POS단말기 간 메시지 송수신 등 얼마든지 부가가치의 여지가 있는 미래지향적 POS시스템이다.

(3) 업무처리능력이 뛰어나다

앞에서 언급했듯이 ECR POS는 매출수량과 금액을 위주로 한 숫자 계산지향적 POS시스템이다. 이것을 POS에서는 1차적 또는 2차적 POS기능이라고 한다면 PC-POS에서는 매출에 대한 분석기능, 예측기능 더 나아가 단일매장에서의 고객관리기능까지지도 탑재하는 프로그램의 개발에 따라 가능한 것을 생각한다면 3차원 또는 4차원적 POS기능이라고 할 수 있다. 이러한 장점 때문에 세계의 POS 시장은 PC-POS로 급격히 전이하는 추세에 있다. 국내에 있는 호텔업계에 사용되는 있는 POS도 PC-POS로 전이되고 있으며 체인호텔로 및 특1급 호텔에서는 이미 마이크로스(micros) 8700이라는 PC-POS로 완전하게 교체된 실정이다. 이 변화는 PC-POS가 현대의 서비스 및 유통산업구조가 급속히 개인화, 세분화, 고급화되어 가는 소비자의 성향에 능동적으로 대응할 수 있으며 영업방침의 변경 또는 관련 법규의 빈번한 변화 등에도 신속히 대응할 수 있는 미래지향적인 POS시스템이기 때문이다. [그림 9-13]은 현재 호텔업계에서 전 세계적으로 확산되고 있는 MICROS사의 POS기기 제품이다.

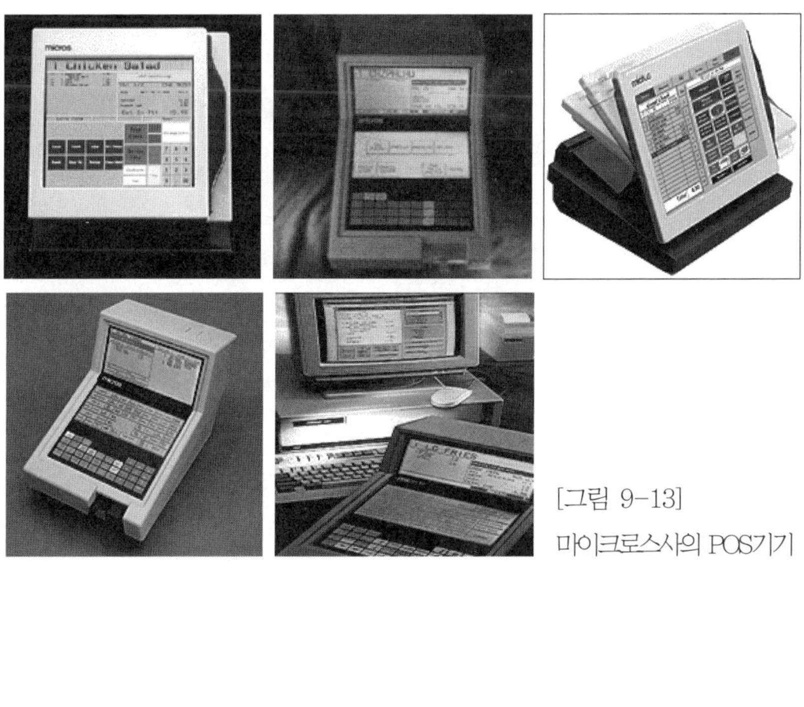

[그림 9-13]
마이크로스사의 POS기기

일반적인 호텔 POS 시스템의 구성도는 메인 controller에서 분류되어 각각의 레스토랑과 주방으로 네트워크가 구성되어 있으며 대표적인 시스템 구성도는 [그림 9-14]와 같다.

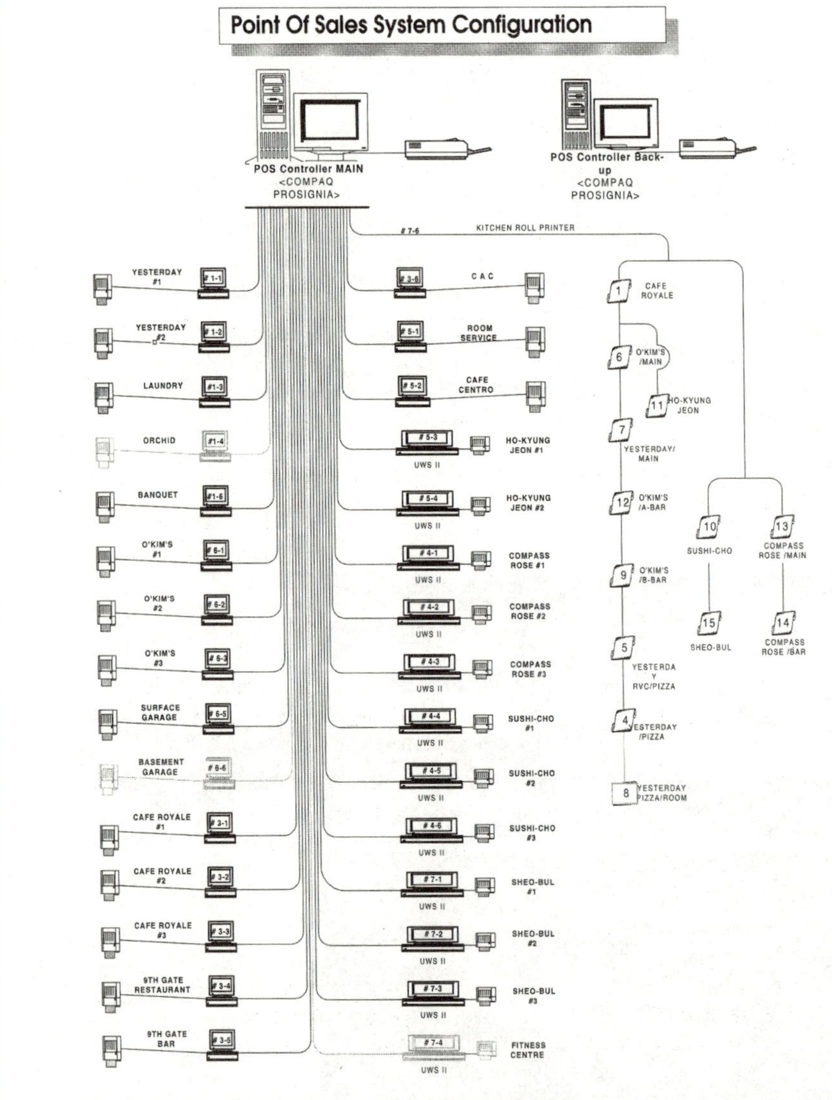

[그림 9-14] POS 시스템 구성도

2. 식음료관리를 위한 소프트웨어시스템

1) 소프트웨어의 구성도

POS기기의 모델에 따라 소프트웨어의 구성도는 다르지만, 일반적인 구성은 <표 9-3>과 같고 소프트웨어기능은 <표 9-4>와 같다.

〈표 9-3〉 소프트웨어의 구성

식·음료 업장
POS 시스템

유지·보수 기능	S. O. D	메인 기능
파라메트 관리 메뉴 관리 운영자 관리 Flash 파일 관리	파일 체크 코드 파일 다운 로딩 시간 셋업 처리	매출 등록 처리 VOID 처리 검 색 호스트 컴퓨터 조회 보고서 작성 일일 마감 작업

주) 파라메트(parameter) : 지불방법, 영업장명, 좌석번호, 할인율, 시간대주문, 메뉴수정, void/취소코드 등
보고서(report) : 영수증 제어보고서, 미정산 테이블보고서, void영수증 보고서, 지불수단별 보고서, 캐셔의 보고서, 중간 정산보고서, 메뉴별 판매현황, 직원별 매출현황, 시간대별 매출현황, 영세/면세처리 고객현황

〈표 9-4〉 소프트웨어의 주요 기능

기 능	설 명
1. 최대한의 데이터 입력 – 메뉴 항목 : 수천 개 – 지불 방법 : 수천 – 할인율 : 수천 – 캐셔번호 : 수천 – 서버번호 : 수천 – 좌석번호 : 수천	모든 족보의 자료는 사용자가 업장 특성에 맞추어 입력한다.
2. 한글 처리 가능	시스템의 종류에 따라 영문만 가능한 시스템이 있는가 하면 한글이 가능한 시스 템도 있다. 한글 가능한 시스템은 확실한 고객 및 회원을 관리한다.

기 능	설 명
3. 각종 옵션기기 채택에 따른 다양한 소프트웨어 지원	자사 발행카드 및 은행카드 등의 각종 실적 집계 관리기능
4. 다양한 호스트컴퓨터 인터페이스 소프트웨어 지원	사용자 임의로 프로그램을 변경하지 않고 수시로 변경 사용가능
5. 각 단계의 시스템 문제 및 오프라인 발생시 대응방법 다양	CONTROLLER 사용시 시스템 단계의 통합된 영수증 상태 내역 기록관리
6. 마그네틱 카드 운영	동일 메뉴에 여러 가지의 수정처리 가능
7. 사용하기 간편한 각종 기본 페라메트 관리	간이영수증/세금계산서 발행
8. 통합 저널링 기능	티켓/쿠폰 발행
9. 다양한 메뉴 수정 기능	감사보고서 및 각종 보고서 작성
10. 수많은 프로그램 가능한 키보드 채택	
11. 다양한 롤프린터 활용 소프트웨어 지원	PASSPORT번호, 성명, 매출액 등 별도 집계 및 보고서 작성
12. 당일 환율 처리에 따른 다양한 소프트웨어 지원	
13. 1대의 POS로 복수의 영업장 처리	필요에 따른 신규 보고서 작성
14. NO TAX(영세 및 면세)대상	
15. 확실한 비밀 코드관리	캐셔 활동도 재고를 통한 성력화 효과 및 초기 투자비 절감 효과
16. 테이블 합석 처리가능	
17. 호텔 실정에 맞는 다양한 보고서 작성	
18. TRANSFER 처리기능	등록된 코드에 따라 사용자별 범위 제한기능

2) 소프트웨어 내용

(1) 매장관리

① 캐셔 업무자동화

- 판매일보작성 전산화
- 가격자동산출
- 메뉴별 단가 즉시조회

② 일일결산 자동화

- 캐셔 및 매장 정산처리
- 업장별 매출현황
- 업장별 품목별 매출현황
- 업장별 목표대비 실적통계자료

- 할인금액 매출현황

③ 캐셔별 고객관리효과

- 직원의 코드부여로 근무시간 중 고객에 대한 판매상황이 철저하게 분리 집계되므로 직원의 대 고객서비스 및 근무효과를 높일 수 있다.

④ 신용고객에 대한 완벽한 관리

- POS 내에 부착된 카드리더기로 VIP고객에 대한 자동할인 및 고객서비스 증가

⑤ 수백 개의 고유품목버턴을 이용한 식음료별 품목관리를 신속하고 간편하게 처리

(2) 입금관리

① 입금형태분석

- 현금, 신용카드, 수표조회관리가 용이함

② 입금 증빙자료관리

- 카드 판독기로 신용카드번호 자동입력
- 신용카드 회사별 매출실적 및 대금청구서 발행

③ 정산 시 현금착오분석

④ 잔돈준비금, 중간입금, 현금판매, 현금잔고

제6절 연회·판촉 관리시스템

일반적인 호텔의 연회·판촉 관리정보시스템으로 고객관리, 예약 시 예약자관리, 영업활동내용, 연회기록관리, 우편물발송관리, 각종 보고서, 서신왕래 등을 관리한다.

1. 연회관리시스템

1) 연회관리시스템의 기능

연회관리 주요기능을 네 종류로 분류하면 예약관리, 확정관리, 실행관리, 기초자료관리로 구분한다.

다른 차원으로 분류하면 연회장관리, 행사스케줄관리, 연회예약(확정)관리, 메뉴원가분석, 연회이력관리, 선수금/후불관리로 구분할 수 있다.

예약관리란, 일자별, 행사장/식장별로 예약현황의 다양하고 신속한 조회와 금일예약현황, 당일 취소/노-쇼우(no show)현황, 사용가능 객실현황, 웨이팅예약, 기타 정보관리를 한다.

확정관리란, 예약사항을 확인하고 확인 후 행사청구서를 발행하여 관련부서 간 행사준비사항을 확인하고 일일행사예정표를 관리한다.

실행관리란, 행사의 정산 및 조정, 금일행사현황을 점검하고 행사별 예측과 실측을 비교하여 기간별 연회영업 분석을 하여 목표 대비 실적을 분석한다. 그리고 고객, 판촉자별 실적집계와 노-쇼우 현황, 단체객실사용 현황을 관리한다. 그리고 기초자료관리로는 고객마스트관리에 의해 고객관리를 연동하며 행사, 장소, 연회형태 등의 코드를 관리한다.

2) 연회관리시스템의 구성

연회관리시스템의 구성도를 그림으로 표시하면 [그림 9-15]와 같다.

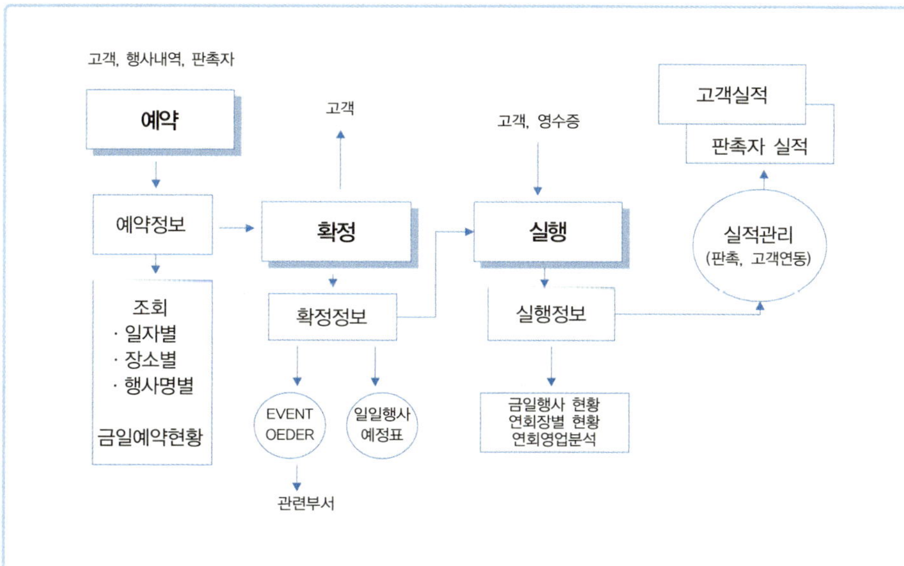

[그림 9-15] 연회관리시스템

연회업무흐름을 그려보면 [그림 9-16]과 같다.

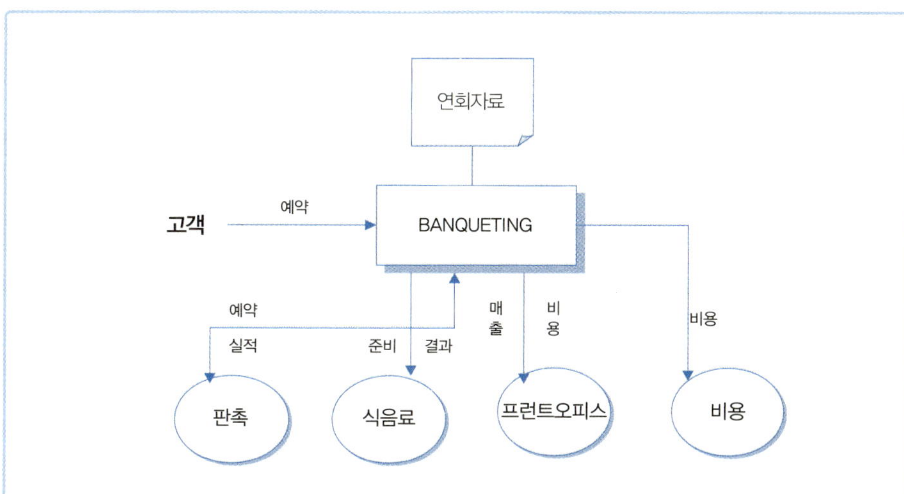

[그림 9-16] 연회업무 흐름

2. 객실판촉 관리시스템

객실판매를 보조해주는 시스템으로 기본적인 기능은 거래처관리, 계약자관리, 거래자 신상관리, 실적관리를 데이터베이스화하여 우대고객관리 및 판촉사원의 실적에 대한 보상제도를 통하여 판매를 돕는다.

제7절 경리·회계 관리시스템

호텔업의 경리·회계 원리는 일반 기업체에서 사용하는 일반회계와 원칙적으로 다르게 운영되어 있어 일반회계를 알고 있더라도 다시 호텔회계를 공부해야 한다. 특히 체인으로 경영되고 있는 우리나라의 대다수 호텔의 경리·회계 정보시스템의 기본원칙이 표준화된 형식과 계정분류를 통해 다른 기업들과의 비교를 가능하게 해주는 Uniform System of Accounts를 사용하고 있다.

1. 시스템의 종류

경리·회계 정보시스템을 세분화하면 일반적으로 외상매출금관리(account receivable, A/R), 외상매입금관리(account payable, A/P), 총계정원장관리(general ledger, G/L), 재정보고서(financial reporting), 관리손익모듈로 구분할 수 있으며 시스템 도입 시 어떠한 필요성이나 요구에 의해 경리·회계 패키지 내의 응용소프트웨어를 통합해서 구입할 것인지 나누어서 구입할지를 결정한다.

1) 외상매출금 관리 모듈

숙박료, 식·음료의 외상판매에 대한 채권관계에 대한 기능을 관리하며 고객계정의 유지, 계산서 처리, 받을 계정보고서를 작성하며 회계감사보고서까지 산출한다. 특히 에이징(aging)보고서를 가지고 여신담당과 경영진은 고객채무사항을 주기적으로 회의를 통하여 검토한다. 에이징(aging) 보고서란, 외상매출금의 발생시점에 의거 30일, 60일, 90일, 120일로 기간결과를 구분하여 표기되며 그룹별 또는 알파벳 순서로 출력할 수도 있다.

이 기능은 고객의 신용한계를 설정하고 신용한도액 이상을 초과한 모든 고객 계정을 관리하며 신용거래의 자료를 보존한다. 여기에 표시되는 자료는 고객이 미지급한 약속경과기간을 표시하여 나타낸다.

따라서 외상매출금 관리모듈은 고객마스트파일의 자료관리가 중요하다. 고객마스트파일에 구성되는 자료는 고객계정코드, 고객 또는 계정이름, 주소, 전화번호, 구좌종류, 보증인, 신용한도액, 신용거래 이력현황, 마지막으로 지급된 금액 및 일자이다.

이 모듈의 메뉴화면은 [화면 - 1]과 같다.

【화면-1】 외상매출금관리모듈 메뉴

01. Load POS A/R Data
02. Print POS A/R Data
03. Update & Confirm

11. Entry & Update Transaction
12. Entry & Update Deposit T/R
13. Entry Payment 1
14. Entry Payment 2
15. Deposit Transfer
18. Transfer

20. Print Transaction
21. Print Transaction - By User
22. Print Transaction - By Outlet
23. Print Transaction - By A/R Code
24. Print Transaction - Not Invoice
25. Print Deposit/Transfer
26. Print Transaction-ONLY A/R Code

31. Grant Invoice No
32. Print Invoice
33. On Demand Invoice

41. Print Aging report
42. Monthly Summary report
51. Invoice/Receipt Inquiry

79. Work Active Job
80. Accounting System Backup
88. Goto Maintenance Menu
89. Goto KICC DDC Menu
90. Work with spool file

2) 외상매입금 관리모듈

지급관리계정은 호텔에서 사용되는 물품을 구입한 후 거래처에 자급되는 회계에 관한 내용이다. 이 모듈은 독립적으로 운영되거나 다른 자동회계시스템과 연계하여 작동된다. 도움을 주는 기능들은 송장과 거래처관리정보를 갱신하고 송장에 중복된 자료 입력을 방지한다.

그리고 이 모듈은 거래처 마스트파일, 송장등록파일, 수표등록파일을 관리하며 다음 기능들을 수행한다.

① 식·음료 거래업체 송장관리
② 거래업체 지급할인기간 조절
③ 총채무 파악
④ 지급 완료된 수표조회
⑤ 다양한 관리보고서 산출

[화면-2]는 외상매입금 관리모듈 메뉴이다.

【화면-2】 외상매입금 관리모듈 메뉴

Invoice Maintenance
01. Accounts Payable Data Entry
02. Update Account Payable Data
03. Confirm Account Payable Data
04. Accounts Paid Data Entry
05. Update Account Paid Data
06. A/P Slip Check List
07. Confirm Whole A/P Data

Balance Procedure
21. Accounts Payable Inquiry
22. A/P Daily Journal
23. A/P Trial Balance
24. A/P Sub-Ledger List
25. A/P Interface G/L Check List
26. A/P Interface To G/L

Automatic Slip Maintenance
41. Make Account Paid Automatically
42. Update Automatic Slip
43. Confirm All Automatic Slip
Vendor Maintenance

Note Payable Maintenance
31. Note Payable List By Issue Day
32. Note Payable List By Due Day
33. Note Payable List By Account
34. Update Note Payable

11. Maintain Vendor Code
12. Vendor Code List
13. Vendor Invoice Inquiry
14. Vendor Invoice List - Summary
15. Vendor invoice History - Summary
16. Vendor Invoice List - Detail
17. Vendor invoice History - Detail
18. Sub_Ledger Inquiry (19. Cash)

35. Note Payable Payment
87. GOTO G/L Menu
88. GOTO A/P Menu 2
89. GOTO A/P Menu 3
90. Spool File
91. Select Co
99. End job

3) 총계정원장 관리모듈

외상매출금 및 외상매입금관리를 일정한 시점을 기준으로 하여 호텔재무경영의 균형을 파악하여 월말결산을 관리하는 시스템으로 호텔경영에 중요한 자료가 된다.

[화면-3]은 총계정원장 관리모듈 메뉴이다.

【화면-3】 총계정원장 관리모듈 메뉴

Maintain Daily Job

01. G/L Slip Entry
02. Update G/L Slip
03. Slip Check List-Pre Confirm
04. Confirm G/L Slip
05. G/L Slip Inquiry
06. Slip Check List-Confirmed
07. Daily Trial Balance
08. Delete Slip Record
09. Sub-Ledger List
    - Assign Period
10. G/L Data Inquiry(Monthly)

Closing Accounts

20. Sub-Ledger List-Period
21. Sub-Ledger List
22. Sub-Ledger List-Summary
23. Sub-Ledger List-Order by C.C
24. Sub-Ledger List-Balance
25. General Ledger List
26. General Ledger List-Summary
30. Undo Monthly Closing
31. Statistic Entry
32. Closing Accounts -Monthly
33. Closing Accounts -Yearly

Maintain Repeat Voucher

11. Repeat Voucher Define
12. Repeat Voucher Define List
13. Repeat Voucher Process
91. Select Co
9. End Job

70. EIS Check Menu
80. Goto Monthly Report Menu
90. Spool File

2. 재정보고서시스템

다른 말로 오퍼레이팅보고서(operating report)라고도 하며 월말결산 후 호텔경영성과분석에 참고하며 체인호텔 경우에는 이 보고서를 통하여 호텔별 이익분석을 한다.

[화면-4]는 손익계산서를 출력한 자료이고 [화면-5]는 대차대조표를 출력한 자료이다.

【화면-4】 손익계산서 출력자료

손익계산서(월간) Date : 1998 06

(Unit : W 1,000)	월	간
계정과목	당기	전기
Ⅰ. 매출액	4354752	4417534
Ⅱ. 매출원가	3437265	3789088
Ⅲ. 매출총이익(매출총손실)	917486	628445
Ⅳ. 판매비와 관리비	942358	742128
Ⅴ. 영업이익(영업손실)	-24871	-113683
Ⅵ. 영업외수익	317801	234622
Ⅶ. 영업외비용	183966	154095
Ⅷ. 경상이익(경상손실)	108963	-33156
Ⅸ. 특별이익		20997
Ⅹ. 특별손실		32372
XI. 법인세비용차감전순이익	108963	-44531
XII. 법인세비용		
XIII. 당기순이익(당기순손실)	108963	-44531

대표계정을 선택하시면 상세내역을 조회하실 수 있습니다. F9 : 누계 F3 : EXIT

【화면-5】 대차대조표 자료출력

대차대조표(당기)	Date : 1998 06	
	당	기
계정과목	당기	전기
자 산	83,070,207,718	0
Ⅰ. 유동자산	15,899,273,474	0
Ⅱ. 고정자산	67,170,934,244	0
부 채	0	-51,276,341,056
Ⅰ. 유동부채	0	-28,506,174,974
Ⅱ. 고정부채	0	-22,770,166,082
자 본	0	-31,793,866,662
Ⅰ. 자본금	0	-20,200,000,000
Ⅱ. 자본잉여금	0	-11,383,046,391
Ⅲ. 이익잉여금	0	-210,820,271
Ⅳ. 자본조정	0	0
부채와 자본총계	0	-83,070,207,718
대차대조표	0	384,198,713

대표계정을 선택하시면 상세내역을 조회하실 수 있습니다. F9 : 전기 F3 : EXIT

제8절 인사·교육 관리시스템

1. 시스템의 분류

인사·급여관리시스템 범위를 나열하면 7가지로 분류할 수 있다.

① 기준정보 : 모든 코드관리를 한다.

② 인사관리 : 인사관리, 발령관리, 근태관리를 한다.

③ 부가급여관리 : 가압류관리, 학자금관리, 저축보험관리, 사우회관리, 동우회관리를 한다.

④ 급여관리 : 급여관리 및 상여금관리를 한다.
⑤ 정산/퇴직관리 : 퇴직정산관리, 연말정산관리, 퇴직금관리, 퇴직충당금관리를 한다.
⑥ 인상관리 : 인상테이블관리, 인상안에 따른 명세서관리를 한다.
⑦ 소급관리 : 호봉인상관리, 소급급여관리, 소급상여관리를 한다.

2. 시스템의 구현방향

① 유연한 시스템의 구조의 실현 : 통합데이터베이스 구축, 데이터베이스의 개방성, 완벽한 보완체제구축, 개방형시스템의 구조
② 시스템의 연계성 및 통합성 : 외부정보와의 원활한 연계, 각각의 시스템 간의 통합성과 정보공유체제 구축
③ 안전성 : 장애의 유형별, 단계별로 대처할 수 있는 총체적인 복구기능 확보, 시스템·통신망·복잡화에 대응한 통일된 관리체계구축, 완벽한 보안관리체계 구축
④ 경제성 : 운영관리 비용의 최소화를 위한 시스템 구축, 유지보수의 용이성 확보
⑤ 사용자 중심 : 최종 사용자의 편리성 극대화, 정보의 신뢰성 및 Performance의 극대화를 구현하는 방향으로 한다.

3. 시스템의 구성

기존 개발 운영되고 있는 인사·급여 관리시스템을 예를 들면, [화면 - 6]인 인사, 급여, 근태 및 휴가, 교육 관리를 보여준다.

【화면-6】 인사, 급여, 근태 및 휴가, 교육관리

인사관리

채용관리
01. 서류전형자등록
02. 학력사항등록－전형자
03. 사외경력등록－전형자
04. 자격면허등록－전형자
05. 면접대장
06. 지원자명단
07. 불합격자자료이관

발령관리
11. 발령등록
12. 발령 HISTORY 등록
13. 최종발령 LIST
14. 개인발령 LIST
15. 발령자 LIST
16. 인사발령품의서
17. 발령통지서(75)
18. 인사가발령등록
19. 인사가발령장출력－발령일
20. 인사발령장출력
27. 기간확인출력

신상관리
21. 개인신상등록
22. 가족사항등록
23. 학력사항등록
24. 신원보증등록
25. 사외경력등록
26. 해외거주경력등록
31. 표창 및 징계등록
32. 자격면허등록
33. 인사고과등록
34. 조건별사원조회
40. 복리후생관리
50. 퇴직관리
55. 웨스틴생산성분석
60. 조직관리
70. 승진/승급관리
80. 인사보고서
85. 급호관리
88. 사업부별 Log-on
90. SPOOL FILE

급여관리

급여기초작업
01. 인사자료이관 및 기초작업
02. 급여 M-F 조회 및 수정
03. 급여 Master 및 변동자 List
04. 고정수당공제통상급여 List
05. 서클별서클비현황 List
06. 국민연금공제액예상명세

봉사료/특근비계산작업
11. 근태자료이관
12. 이관된근태자료수정
13. 이관된근태 Check-List
14. 봉사료 및 특근비계산

변동수당/공제등록
21. 변동수당등록－사번
22. 변동공제등록－사번
23. 변동수당등록－부서
24. 변동공제등록－부서
25. 변동수당/공제등록－부서
26. 변동수당/공제 Check-List
27. 변동수당/공제조회/수정
30. 상여계산 Menu

급여계산작업
31. 급여계산작업 1
32. 급여계산작업 2

15. 사업부별봉사료배부
16. 봉사료/특근비 Check-List
17. 봉사료/특근비조회/수정
18. 봉사료배분집계표
19. 등급별봉사료배분상세
88. 사업부변경 Log-on
90. Spool File
99. 종료
선택 :

33. 당월급여결과조회/수정
34. 급여 History조회
급여관련작업 Menu
40. 저축/연금/고용/의보 Menu
50. 퇴직금계산/퇴직정산 Menu
60. 급여계산후작업처리 Menu
70. 연말정산 Menu
80. 급여시스템관리자 Menu
85. 근속수당소급자료

<u>근태 및 휴가관리</u>

근태 자료 생성
01. 근태코드등록
02. Monthly Schedule Setting
03. 월근태일/특근시간입력
04. 월근태일/코드별입력

05. 월근태자료마감 Setting
06. 월근태자료집계작업

07. 개인별근태상세조회
21. 근태코드표
22. 조건별근태자료
23. 근태입력전기본자료
24. 근태입력후집계자료

휴가자료출력/연차생성
11. 연초사원별연차생성
12. 개인별연월차조회/수정
13. 개인별휴가내역(부서)
14. 개인별휴가내역원가)
15. 개인별휴가비내역

88. 사업부변경 Log-on
90. SPOOL FILE
99. 종료
선택 :

<u>교육관리</u>

01. 교육일정등록
02. 교육일정출력

11. 교육대상자등록
12. 교육대상자출력
52. 교육코드출력
21. 교육실적등록
22. 교육실적출력
23. 교육실적출력－직위별

41. 교육비현황－사번별
42. 교육비현황－부서별
43. 교육비현황－직위별

51. 교육코드등록

53. 교육분야코드등록
54. 교육분야코드출력
55. 미수료사유등록

24. 교육 HISTORY 등록
25. 개인별교육 HISTORY
31. 순위별 LIST
32. 미수료자 LIST
33. 미입과자 LIST
34. 교육일정/실시현황
90. SPOOL FILE
40. 교육 HISTORY 조정

56. 미수료사유출력
57. 외국어코드등록
58. 외국어코드출력
59. 외국어 TEST 구분등록
60. 외국어 TEST 구분출력
88. 사업부별 Log-on

99. 종료

제9절 시설관리시스템

1. 호텔시설관리시스템 개요

호텔시설관리의 대부분은 객실과 관련된 설비로 구성되어 있는데, 즉 전등조명, 냉・난방에 관련된 동력부문이다.

이러한 시설도 시스템화하면 여러 가지 이점을 얻을 수 있다.

첫째, 대폭적인 에너지절약이 가능하고 이로 인한 단기간 내에 시설투자비를 회수할 수 있다. 둘째, 고객에 대한 서비스향상으로 쾌적한 실내온도를 유지시켜 주며 입실 시 전등의 자동점등, 부재중 메시지전달기능, 청소 시 룸 메이드가 객실상황을 정확하게 파악하며 고객의 프라이버시 보호기능이 있다. 셋째, 호텔경영의 합리화로서 객실상황의 정확한 파악으로 객실의 정비상황, 메이드청소 실행 여부, 청소시간, 객실의 온도상황을 관리한다. 넷째, 객실 내의 화재발생 및 비상의 경우 프런트 및 교환실판넬에 경보음과 객실번호의 표시 및 해당 램프의 고속점멸이 가능하다.

2. 시스템의 구성

시스템의 구성을 Room Indicator System, 객실전원 제어시스템, 객실공조 제어시스템, 객실서비스시스템으로 구분하여 설명한다.

1) Room Indicator System

시스템의 구성의 출력 장소는 프런트, 하우스키핑, 메이드스테이션, 객실복도이며 출력기기는 operation panel의 consol unit, 중앙표시패널의 terminal printer와 floor 표시 패널 등이 있다.

2) 관리항목과 표시방법

(1) 객실 사용상황

관리항목	입력방법	LED 표시	CRT/P 기호 표시
체크인	인터페이스에 의한 체크인	점멸표시	CI 외출 +
	프런트 콘솔에 의한 체크인 조작	점멸표시	CI 외출 +
객 실	객실문 스위치와 센서로 감지	점등표시	CI 재실 *
외 출	객실문 스위치와 센서로 감지	점멸표시	CI 외출 +
체크아웃	인터페이스에 의한 체크아웃 신호	소등표시	CO 공실 −
	프런트 콘솔에 의한 체크아웃 조작	소등표시	CO 공실 −
전일 공실	객실사용 상황과 시계신호에 의해 입력		전1 − 전9

(2) 객실 청소상황

관리항목	입력 방법	LED표시	CRT/P 기호표시
청소지시	체크아웃 신호에 의해 자동입력	점멸표시	지시 #
연박청소	C/P에 의한 조작, 프런트에서 시각설정	점멸표시	지시 연박 S#
청소중	객실복도에 설치된 플레토에 의해 핀조작	점등표시	청소중 =
청소완료	객실복도에 설치된 플레토에 의해 핀조작	점멸표시	청소완 A

(3) 객실 요망상황

관리항목	입력 방법	LED표시	CRT/P기호표시
D.D	Night Table에 의한 Key 입력	점멸(F.C)	D
M.R	Night Table에 의한 Key 입력	점등(F.C)	M

3) 객실전원 제어시스템

(1) 전원관리

입구등, Floor Stand, Down Light, Lighting Stand, 일반조명, Bath조명, 환기통, 일반콘센트, TV, Foot Light, 기타(냉장고, 시계, 비디오 단말기) 등을 관리한다.

(2) 제어방법

입실후 외출시	소등
재 실	점등(입구 Entry Plate/나이트 테이블로 On/Off)
외 출	소등(Door 개폐 후 설정시간에 의해 Off)
퇴실후 공실	소등
메이드 청소중	점등 (Maid 조작으로 On)
메이드 청소완료	소등 (Maid 조작으로 Off)

3. 객실공조 제어시스템

2관 방식에 의해 Fan Coil Unit의 자동풍량제어 및 Relay의 On/Off의 조합으로 제어하는 시스템이다.

1) 온도측정과 표시 – 전 객실온도의 측정과 표시

2) 온도제어 프로그램

재실중	설정치 제어 (난방 시 설정온도차에 대해 –1도 범위로 제어) (냉방 시 설정온도차에 대해 +1도 범위로 제어)
외출중	온도차 제어 (난방 시 설정온도차에 대해 d도 낮은 온도차로 제어) (냉방 시 설정온도차에 대해 d도 높은 온도차로 제어)
공실중	제어장치
메이드입실중	온도차 제어 (난방 시 설정온도차에 대해 d도 낮은 온도차로 제어) (냉방 시 설정온도차에 대해 d도 높은 온도차로 제어)

3) 온도의 설정

- 전객실 일제히 설정변경 : Operation Panel에서 설정
- 개별객실 단독설정변경 : Operation Panel에서 설정
- 각 객실의 Night Table Sensor에 의해 고객이 조작

4) Fan Coil Unit의 자동풍량제어

설정온도 차와 실온과의 편차에 의해 Fan Motor의 풍량을 자동제어한다.

Fan모터 풍량	온도편차
Off	온도편차가 1도 미만 일 때, 센서가 Off일 때
약(L)	온도편차가 1~2도일 때
중(M)	온도편차가 2~3도일 때
강(H)	온도편차가 3도 이상

5) Relay에 의한 On/Off제어

- 난방 시 설정온도치 이하일 때 : On
  설정온도치 되면 : Off
- 냉방 시 설정온도치 이상일 때 : On
  설정온도치 되면 : Off

6) 예냉, 예열객실의 설정

Front Operation Panel로 설정객실을 즉시 또는 시각설정에 의해 예냉, 예열(온도차 제어)이 실시된다.

7) 냉/난방모드의 일괄절환

Front Operation Panel의 Key Switch로 냉난방모드의 일괄전환이 가능하다.

4. 객실 서비스시스템

1) 이상온도의 객실의 경보표시

객실 내의 온도센서는 항상 온도를 측정한다. 미리 Operation Panel에서 객실의 경보온도치를 설정해서 온도가 경보온도 이상으로 측정될 때 CRT상에 이상온도객실을 경보표시하게 된다.

2) Don't Disturb의 확인표시

객실 내의 Night Table의 Key에 의해 복도 Outside Plate 중앙표시 Panel, Floor표시 Panel의 고객요망사항 표시등이 점멸한다.

3) Make Up The Room 확인표시

객실 내의 Night Table의 Key에 의해 복도 Outside Plate, 중앙표시 Panel Floor표시 Panel의 고객요망 상황표시등이 점멸되고 CRT화면에 M표시가 된다.

4) 전일공실관리

판매되지 않은 객실의 상황이 Front의 CRT에 표시되며 전 객실을 대상으로 연속해서 1~9일간까지의 상태가 전1~전9로 표시되어 각 객실의 판매상황 및 청소상태를 파악할 수 있다.

이와 같이 호텔시설자동화는 고객의 편의를 생각하며 에너지를 최대한 절약하는 연구까지 고려해서 설치・유지된다.

그리고 시설부 직원들의 근무스케줄과 호텔 내에서 발생하는 각종 시설문제점을 컴퓨터의 자료를 토대로 생산성을 향상시키며 합리적으로 운영할 수 있는 훌륭한 소프트웨어가 출시되어 운영되고 있다.

제10절 전산감사 및 경영자 관리시스템

1. 전산감사

전산감사는 주로 데이터의 발생, 준비, 입력, 처리, 저장, 접근, 안전, 관리, 통제 및 사용에 관계되며 주된 목적 중의 하나는 모든 계층의 경영의사결정에 도움이 되는 자료와 정보를 제공함으로써 조직의 목표와 목적을 달성하는데 있고, 그 목표는 산출된 출력이 완전하고 정확하게 승인받았고 일관성이 있고 적시성이 있으며 신뢰할 수 있고 적절하며 의도한 목적에 유용함을 보장하기 위하여 처리와 통제를 검증함에 있다.

1) 통제목표와 기법

(1) 자료준비 통제

① 거래와 활동의 발생, 기록, 준비, 처리, 정정 및 보고에 관한 승인단계

② 자료 수집, 준비, 오류수정 및 재제출활동에 관한 충분하고 최신의 문서화된 절차

③ 승인받지 않은 접근을 방지하기 위하여 중요한 입력양식을 안전한 장소에 보관

④ 입력통제합계의 작성 및 출력통제합계와 일치확인

⑤ 데이터통제와의 임무

- 사용자부서에서의 입력데이터 도착기일, 사용자부서에 출력인도기일이 규정된 마감계획
- 사용자부서로부터의 입력통제합계와 컴퓨터에 의하여 생성된 합계 일치시킴. 출력배부의 실행 또는 감독

⑥ 사용자의 오류수정과 재 제출절차의 충분성과 적시성 검토

(2) 자료입력 통제

① 부정확, 불완전 또는 비합리적인 입력자료가 처리주기에서 가능한 한 조기에 발견될 수 있도록 자료입력 검증프로그램 루틴 사용

② 온라인시스템에서 입력자료가 완전하고 정확함을 보증하기 위하여 포맷과 대화식 디스플레이기법 사용

③ 내부표(도시 코드, 거래 코드, 이자율, 감가상각률 등)를 인쇄하여 사용자에게 주어서 내부표값의 정확성 검증

④ 자료입력편집과 검증오류무시기능은 감독자와 관리자에 한하여 제한한다.

⑤ 온라인단말기에 의하여 입력된 거래에 대하여 모든 입력거래는 입력일시와 함께 자동적으로 기록되는지 확인하며 사용자 부서, 단말기, 사용자 식별명이 입력거래코드 일부로서 포함되는지 확인

⑥ 어떤 중대한 오류코드나 메시지가 발생하였으나 오류보고서에 나타나지 않았는지 사용자와 함께 확인

(3) 자료처리 및 갱신 통제

① 정기적으로 컴퓨터오퍼레이트 문제점과 활동을 확인하기 위하여 운영감독자는 거래기록(history log)을 검사

② 자료가 처리입무, 사이클, 또한 프로그램 사이에서 분실되지 않도록 실행 간 통제합계 사용

③ 디폴트 옵션(default option)이나 강제값(forced value)코딩기능이 적용업무 소프트웨어에 포함되어 있는지 확인한다. 그들이 적절하게 작용하고 있는지 확인하고 제대로 작용하지 않을 경우의 발생 가능한 결과평가

④ 충분한 경영, 감사, 처리의 종적을 제공하기 위하여 통제합계를 보고서 말미에 인쇄

(4) 자료출력 통제

① 빈도, 계획된 인도일자, 사용자와 부서명을 나타내는 보고서 배부시스템 개발

② 온라인 환경에서 승인받은 사용자만이 특성보고서를 인쇄할 수 있도록 보증

하기 위하여 단말기접근통제 마련

③ 정기적으로 현재의 보고서가 통폐합 · 수정 · 신규보고서 필요성 검토

④ 출력보고서 배부처와 실제로 보고서 수령자 비교

⑤ 출력보고서 보존기간 검사, 충분성 평가

(5) 문서화 통제

① 목적

- 적용업무시스템의 명확하고 이해 가능한 기술과 사용 제공
- 적용업무시스템의 내부통제평가 시 객관적 기준 제공
- 수정 · 변경을 쉽고 정확하게 하여 감사자, 관리자, 사용자, EDP품질 보증업무 담당자 및 자료처리직원에게 효율적인 시스템검사와 의사소통수단 제공

② 문서화가 시스템개발과 유지활동의 일부로서 만들어졌는지 확인

③ 누군가가 여러 형태의 문서화를 이용 가능하게 그리고 계속 갱신해 나가는 책임을 지고 있는가.

(6) 백업 및 복구 통제

① 컴퓨터 처리운용 중의 장애 시에 데이터 파일, 프로그램, 그리고 문서화의 재구축을 필요

② 중요한 적용업무시스템은 대체적인 수작업 절차와 서식이 사용 가능하여야 함.

③ 중요한 소프트웨어, 데이터파일 그리고 소모품은 사용장소 및 격리장소에 예비로 보관

④ 온라인 통신시스템은 데이터화일의 재구축을 위하여 모든 거래와 시스템 명령의 자동적인 기록과 수록이 필요

⑤ 비상계획의 정기적 갱신 및 매년 테스트 실시

(7) 감사소프트웨어 통제

① 단지 승인받은 직원(감사자와 EDP품질보증 담당자 등)만이 감사소프트웨어의 도구와 기법에 접근하여 사용

② 감사자는 데이터처리 및 감사관리자에 의하여 승인된 소프트웨어만 사용
③ 충분하고 효율적인 통제가 주문감사 소프트웨어에 내장
④ 감사소프트웨어의 선택, 평가, 수정, 설계, 개발 등에 감사자가 적극 참여
⑤ 감사소프트웨어 및 유틸리티 프로그램 사용 시에 감사자에 대한 훈련

(8) 사용자 만족 및 사용자 통제

① 사용자는 다음 분야에 적극참여
- 개발, 유지, 사용자 기능에 영향을 주는 컴퓨터 운영
- 원시자료, 입력서식, 데이터 파일 등의 보존기간의 설정

② 자료처리부서 활동에서 발견된 통제약점에 대하여 보상적 통제절차 수립
③ 사용자는 적용업무시스템에 제공한 정보를 이해할 수 있고 사용할 수 있는지 평가

2) 감사 실행계획

- 1단계 : 예비감사계획 작성
  - 감사계획표에 기초하거나 피감사부서의 요청에 의하여 감사할 적용업무 시스템의 확인 및 선정
  - 전기 감사조서와 보고서 검토
  - 피감사관리자와 예 회의(entrance conference)
- 2단계 : 검토 및 테스트를 위한 정보원(source of information) 확인
  - 정보원은 감사증거수집과 통제검사활동을 검토하고 문서화하는 수단
  - 정보원(영구 조서, 정기감사 조서 등)
- 3단계 : 운영 중인 적용 업무시스템에 관한 일반적인 정보수집
  - 감사목적과 범위 정의, 전반적인 기업환경 이해
  - 이 정보는 최종감사보고서의 목적이나 범위를 쓰는데 유용
  - 컴퓨터테스트시간 추정, 감사소프트웨어의 이용 가능성과 이용 결정
- 4단계 : 운영 중인 적용업무시스템의 상세이해

- 사용자 및 데이터처리 면접직원과 면접, 문서화 검토
- 시스템의 주요기능이해, 입출력 통제
- 필요 시 컨트롤 플로우차트 사용

• 5단계 : 중요한 통제점 확인
- 중요한 통제점이란 위험이 가장 큰, 즉 통제필요성이 가장 높은 활동이나 기능
- 각 중요한 통제점에서 위험, 취약점, 손실을 줄이기 위하여 필요한 통제의 유형
- 예방, 검출, 정정을 확인하고 문서화
- 자기 매체상의 전자적인 증거를 사용하기 위하여 감사인은 테스트할 파일과 프로그램명 파악
- 다음 기의 검토를 위하여 보존할 데이터파일의 선정 및 보존에 필요한 시간에 대하여 데이터처리관리자와 협의

• 6단계 : 감사절차 및 단계의 설계 및 작성
- 적용 업무시스템 통제의 충분성과 효과성을 결정하기 위하여 통제를 검토, 테스트, 평가하는 감사접근과 방법을 확인 선택

• 7단계 : 중요한 통제점의 감사 및 테스트
- 준거검사(compliance test) : 충분하고 적절한 내부통제절차가 규정되어 있으며 적절하게 지켜지고 있는가?
- 실질검사(Substantive test) : 거래분류의 타당성, 외상매출금 또는 감가상각비 등의 개별계정잔액의 타당성, 비율과 추세의 분석적 검사
- 준거검사의 결과를 신뢰할수록 실질검사의 크기와 정도 감소

• 8단계 : 감사 및 테스트결과 평가
- 내부 통제절차와 실행의 장점과 단점의 인식 및 평가
- 단점이 인식되면 인과관계 결정
- 어떤 통제기법이나 통제가 누락되었는지 파악하여 어떤 부가적인 통제기법, 통제지침, 그리고 감사절차가 필요한지 결정
- 감사결론, 감사의견

- 9단계 : 발견과 권고에 대한 보고서 작성
  - 중간감사보고서

    감사자와 피감사인 사이의 원만한 업무관계의 유지 및 증진 문제점과 진전 상황 설명이 방법 및 감사발견과 권고작성 시에 피감사인의 참여는 나중에 피감사인이 발견과 권고를 더 잘 수용
  - 최종감사보고서

    각 문제점에 대하여 손실의 발생빈도와 금액을 곱한 Exposure 표시 결함 발견에 대한 구체적이고 실제적인 해결(권고) 포함

    현장감사 완료 후에 합리적인 기간(2~4주) 안에 제출

    상위관리자를 위한 요약 감사보고서(1~2 페이지) 작성

2. 경영자 관리시스템

자동화된 호텔과 레스토랑의 컴퓨터시스템은 관리자들을 위해서 많은 정보를 제공하여 준다. 그러나 단순한 정보는 정보시스템을 효율적으로 사용하지 못하게 한다. 정보시스템의 잠재적인 기능까지도 잘 활용하기 위해서는 컴퓨터의 기능이 경영정보의 기능과 통합되어야만 한다. 경영정보시스템은 관리자에게 계획과 조직, 매출, 관리와 통제에 필요한 정보를 제공하기 위해서 설계되었다. 효과적으로 경영정보시스템을 이용하기 위해서는 일상적인 보고서 작업과 관리자들이 그들에게 필요한 정보활용단계를 넘어 컴퓨터의 능력을 확장시켜 나가야만 한다.

- 목적수행을 위한 과정의 감독
- 수행의 측정
- 방향 확인
- 선택사항의 평가
- 결정수립의 지지
- 교정적인 활동의 협조

이 절에서는 경영정보시스템의 설계와 기능을 밝히고 복합적인 처리환경과 관련된 정보시스템관리자의 책임에 관해서 설명해준다.

1) 경영정보시스템 설계 및 기능

효과적인 경영정보시스템의 설계는 관리자들에게 필요한 모든 정보를 모두 처리할 수 있도록 설계하는 것이다. 관리자들은 필요한 특정 정보들에 대하여 우선순위를 메기고 확실히 정의하여야 한다. 정보시스템은 조직체 내의 모든 정책결정단계를 지지하기 위하여 컴퓨터를 응용할 수 있도록 설계되어 있다. 경영정보시스템에 의한 정책결정의 단계는 전략상의 계획, 전략적 정책결정, 정책결정작업을 포함한다. 전략상의 계획이란 장래성과 조직 내의 목적수립을 통한 정책결정활동단계이다. 전략적인 결정은 전략상의 계획을 수단으로 하여 결정되는 단계이다. 정책작업은 업무에 따르는 설계되기 전의 원칙과 형식에 관한 특별한 업무를 가리킨다. 일단 관리자에게 필요한 정보가 확인되었다면 경영정보시스템은 아래의 기능을 수행할 수 있도록 설계되어진다.

- 관리자들에게 사업에 관계된 일을 처리, 수행활동을 잘 감독하고 지배할 수 있게 해준다.
- 사업자원에 필요한 자원과 내부통제에 관한 높은 단계를 제공해준다.
- 관리자에게 특별히 필요한 정보를 만들어준다.
- 불필요한 자료를 제거하고 간소화함으로써 경영자의 문서업무와 작업비용을 줄여준다.

위의 기능을 효과적으로 수행하기 위해서 경영정보시스템은 다양한 정보작업기술과 시스템결정에 사용된다.

정보처리기술은 독립된 컴퓨터시스템으로부터 정보를 옮기는 통신처리기능을 기술처리할 수 있도록 설계되었다. 정보를 옮기는 것은 정책결정이전의 법칙과 재정모델 또는 다른 분석적인 방법에 따라 처리한다. 처리된 정보는 정보저장창고에 저장되어 필요한 관리자 개개인들이 필요 시 출력할 수 있게 해준다. 정보처리기술은 또한 모의 실험능력과 전문시스템을 조직하는 것도 포함한다. 의사결정시스템과 모의실험능력은 관리자에게 "~하면 어떨까" 하는 탐구능력을 가능하게 해준다. 전문시스템은 의사결정시스템과는 정책결정에 사용된다는 것 외는 문제 수용방법에 있어서 서로 다르다.

경영정보 자동화된 서비스소품들로 가득찬 MIS 관리체계는 소유시스템 관리자와 부분시스템 관리자로 구성되어 있다. 일반적으로 소유시스템 관리자는 견적, 선택 그리고 컴퓨터에 설치된 하드웨어와 소유를 통해 사용되는 소프트웨어에 따라 분리된다. 소유시스템 관리자는 시스템의 온라인을 유지하고 필요할 때 그리고 소프트웨어의 적용에 해결을 할 수 있는 기능을 제공한다. 소유시스템 관리자는 각 분야에서 사용하는 소프트웨어의 작동방법을 숙지한 특별한 고용인을 말한다. 이 감독자들은 그들의 분야와 기술적인 서비스까지도 제공할 수 있도록 훈련되어 있다. 소유시스템 관리자는 광범위한 책임을 지니고 있다. 그들은 기술인이라기보다는 만능인에 가깝다. 소유시스템 관리자는 컴퓨터기술, 정보처리기술관리의 원칙, 작동방법과 소유에 포함된 전 기능을 이해할 수 있어야 한다. 이러한 능력이 없다면 MIS 내의 관리자들에게 필요한 특정 정보를 찾아 다루는 것이 매우 힘들 것이다. 또 다른 소유시스템 관리자의 의무는 다음과 같다.

- 시스템 내의 처리과정을 포함한 MIS 활동을 계획하고 통제한다.
- 소유시스템 관리자 중 선택된 프로그램을 익힌다.
- 하드웨어와 소프트웨어의 처리능력과 적절한 선택문제 그리고 발전적인 구성을 포함한 멀티프로세서 환경을 관리한다.
- 정보의 통제를 설계하고 실행한다.

다중처리 관리정보시스템의 효율성과 효과성을 극대화하기 위해서 많은 호텔들은 다중처리환경의 관리환경을 사용한다. 다중처리환경은 독립된 컴퓨터작업의 통합을 초래하고 데이터를 나눌 수 있게 하고 외부장치(프린터와 같은) 그리고 시스템을 작동시킨다. 컴퓨터시스템의 접속능력을 평가하는 기준은 다음과 같다.

- 협조를 통한 상승작용의 효과와 문제를 접속하는데 있어 재정적인 효과를 정한다.
- 각 시스템이 접속될 수 있는지 테스트한다.
- 같은 컴퓨터를 가지고도 성공적인 호환을 할 수 있도록 세밀하게 조사한다.
- 준비된 것을 익힌다.
- 호환 중에 선택할 것을 계획한다.

상승효과란 호환을 통해 각 컴퓨터의 효용가치를 높이는 것을 말한다. 호환은 다비용효과 중 처리 환경에서 할 수 있다. 즉 각 개개인의 컴퓨터를 합한 것보다 훨씬 더 큰 가치를 낼 수 있다. 예를 들어, 전통적인 호텔의 입력제도와 POS/PMS(Performance Measurement System)의 호환의 효과를 통해 얻을 수 있는 상승효과를 비교한다. 프런트데스크의 고용인들은 POS/PMS의 호환 없이 업장영수증을 직접 손으로 작업해야만 한다.

이와 반대로 POS/PMS 호환이 가능한 식당에서는 전자적인 방법에 의한 계산이 가능할 것이다. 상승효과를 결정한 후의 관리이익연구에 관한 처리는 비용호환 효과와 계획호환 효과의 이익이 더 중요한지 아닌지에 대하여 분석해야만 한다. 이러한 분석과정 중에 그 계획이 유리한지 불리한지에 대해 고려해 보아야만 한다. 비록 불리해도 그 계획은 무시될 수 없다.

2) 시스템테스팅

어떤 개인 컴퓨터시스템을 호환하기 전에 관리자는 각 시스템이 만족스럽게 그리고 적절하게 기능을 수행할 수 있는지 확실히 알아보아야 한다. 다중처리환경에 PMS가 제공해 준 이래로 어떤 독립시스템을 호환할 때 그것을 평가하고 실험하는데 꼭 긴요한 것이 되었다. 각 서비스의 코드가 POS시스템과 호텔의 소유관리시스템이 호환되었을 때 레스토랑의 관계자들은 POS의 장단점을 인식하여 그것과 매우 친근해졌다. POS시스템의 성공적인 호환을 위한 능력은 PMS의 필요와 그것에 관한 완전한 실험과 분석을 했기 때문이다. 고객계산의 통합만을 저장한 POS시스템을 고려한 시스템은 이미 레스토랑 관리의 필요부분을 찾았을 것이고 PMS와 호환했을 때와 다른 수많은 문제를 발견했을 것이다.

예를 들면, 어떤 연회행사단체는 음식값은 마스트폴리오로 입력되기를 원하고 주류는 각각 개인의 폴리오로 지급되기를 바랄 것이다. 이러한 특별한 경우에 데이터들은 POS로부터 고객의 총금액만 고객의 양식으로부터 이동되어지며 프런트오피스 지원들은 수작업으로 업장고객영수증으로부터 음식과 주류의 소합산을 결정하는 분류작업을 해야 할 것이다. 이 소합계는 적당하게 수작업으로 폴리오에 분산되어야 할 것이다. 이것을 소비과정시간이라 할 수 있다. POS/PMS인터페이스 운영은 업장으로부터 전송되는 데이터가 호텔의 고객계정모듈의 입력요구를 만나지 않을 것이다.

참고문헌

국내문헌

허정봉, 호텔경영정보시스템, 백산출판사, 1998.

Westin Hotel, Servive Mannual, 1995.

http://www.shilla.samsung.co.kr/

http://www.hilton.com/

http://www.hyatt.com/

http://www.interconti.com/

http://www.travelweb.com/

http://www.sheraton.com/quickview/ho735.htm/

저자소개

김의근

Florida International University 호텔 · 외식경영학 석사
아주대학교 경영학 박사
동아대학교 국제관광학과 교수

선동규

Florida International University 호텔 · 외식경영학 석사
동아대학교 관광경영학 박사
동아대학교 국제관광학과 초빙교수

문성열

동주대학교 호텔 · 관광계열 교수
경영학 박사(호텔회계 전공)
한국관광학회 이사
한국관광레저학회 총무이사
관광호텔등급심사위원 역임

이철우

동아대학교 관광경영학 석사
동아대학교 관광경영학 박사
부산여자대학교 겸임교수

전용수

부경대학교 경영학 석사
동아대학교 관광경영학 박사
청주대학교 호텔경영학과 교수

추승우

동아대학교 관광경영학 석사
동아대학교 관광경영학 박사
동의대학교 호텔경영학과 교수

김영식

세종대학교 호텔경영학 석사
청주대학교 관광경영학 박사
청주대학교 호텔경영학과 교수

호텔경영학원론

2013년 2월 20일 초판1쇄 인쇄
2013년 2월 28일 초판1쇄 발행

김의근 · 선동규 · 문성열
공저자 이철우 · 전용수 · 추승우
김영식

발행인 寅製 진 욱 상

발행처 백산출판사

서울시 성북구 정릉3동 653-40
등록 : 1974. 1. 9. 제 1-72호
전화 : 914-1621, 917-6240
FAX : 912-4438
http://www.ibaeksan.kr
editbsp@naver.com

값 25,000원
ISBN 978-89-6183-695-1